SW 코딩 역량 평가

# TOSC 실전 기출문제

## 파이썬 편

김문석, 강병현, 이수진,
이은상, 이현석, 김도엽, 홍석민 지음

3·4·5급



"본 도서는 2025년 과학기술정보통신부 및 정보통신기획평가원의
SW중심대학사업 지원을 받아 수행되었음"(2024-0-00037)

길벗캠퍼스

**김문석** | Mun-Suk Kim | msk@sejong.ac.kr
연세대학교 박사(컴퓨터공학)
2021~2024 세종대학교 컴퓨터공학과 조교수
2024~현재 세종대학교 컴퓨터공학과 부교수

**강병현** | Brian, Byung-Hyun Kang | brianbkang@sejong.ac.kr
서울대학교 박사(기계공학)
2021~현재 세종대학교 AI로봇학과 부교수

**이수진** | Su-Jin Lee | genegraphy@sejong.ac.kr
서강대학교 박사(미디어공학전공)
2021~현재 세종대학교 인공지능데이터사이언스학과 조교수
- 예술가의 메타버스 사용법,
  인공지능 생성 모델 예술 집필

**이은상** | Eun-Sang Lee | eslee3209@sejong.ac.kr
서울대학교 박사(전기정보공학)
2022~현재 세종대학교 콘텐츠소프트웨어학과 조교수

**이현석** | Hyun-Suk Lee | hyunsuk@sejong.ac.kr
연세대학교 박사(전기전자공학)
2020~2024 세종대학교 AI로봇학과 조교수
2024~현재 세종대학교 AI로봇학과 부교수

**김도엽** | Do-Yup Kim | doyup@inu.ac.kr
연세대학교 박사(전자통신공학)
2022~2024 경남대학교 정보통신AI공학과 조교수
2024~현재 인천대학교 정보통신공학과 조교수
- 회로이론(12판) 공역

**홍석민** | Seok-Min Hong | kr00125@sejong.ac.kr
세종대학교 석사(소프트웨어학)
2024~현재 세종대학교 SW중심대학, SW역량평가인증원 연구원

SW코딩역량평가

# TOSC 실전 기출문제 파이썬 편 - 3/4/5급

TOSC Python Coding Proficiency Test: Real Exam Questions for Levels 3–5

**초판 1쇄 발행** · 2025년 12월 31일 | **지은이** · 김문석, 강병현, 이수진, 이은상, 이현석, 김도엽, 홍석민
**발행인** · 이종원 | **발행처** · (주)도서출판 길벗 | **브랜드** · 길벗캠퍼스
**출판사 등록일** · 1990년 12월 24일 | **주소** · 서울시 마포구 월드컵로 10길 56(서교동) | **대표 전화** · 02)332-0931 | **팩스** · 02)323-0586
**홈페이지** · www.gilbut.co.kr | **이메일** · gilbut@gilbut.co.kr
**기획 및 책임편집** · 신유진(backdoosan@gilbut.co.kr) | **표지·본문 디자인** · 강은경 | **제작** · 이준호, 이진혁
**마케팅** · 박성용(psy1010@gilbut.co.kr) | **유통혁신** · 한준희 | **영업관리** · 김명자 | **독자지원** · 윤정아
**편집진행** · 앤미디어 | **전산편집** · 앤미디어 | **CTP 출력 및 인쇄** · 정민 | **제본** · 정민



**ISBN** 979-11-407-1651-7 93000(길벗 도서번호 060180)
**정가** 27,000원

요즘은 전공에 상관없이 누구나 기본적인 코딩 실력을 갖추는 것이 중요한 시대가 되었습니다. 전공자에게는 더 깊은 지식이 필요하지만, 비전공자에게도 코딩은 더 이상 특별한 기술이 아니라 생활 곳곳에서 활용할 수 있는 필수 도구가 되었습니다. 문제를 분석하고, 단계별로 해결책을 만들어 가는 과정에서 논리적인 사고와 창의적인 접근을 배울 수 있기 때문입니다.

이 책은 이러한 흐름에 맞추어 세종대학교에서 운영하는 SW코딩역량평가(TOSC) 인증시험 기출 문제를 중심으로 구성되었습니다. TOSC는 누구나 응시할 수 있으며, 실제 시험에서는 OJ(Online Judge) 시스템을 통해 자동 채점이 이루어집니다. 이 책을 학습하면 단순히 문법을 익히는 데 그치지 않고, 실제 시험처럼 문제를 풀고 피드백을 받으며 실력을 키워 나갈 수 있습니다.

## 이 책의 목표와 특징

▶ **Part 1**에서는 TOSC와 OJ 시스템을 소개합니다. 시험 구조와 채점 방식, 문제 제출 방법을 이해하면 전체적인 학습 방향을 잡는 데 도움이 됩니다.

▶ **Part 2**에서는 파이썬 기초 문법을 다룹니다. 변수, 조건문, 반복문 등 기본 개념을 차근차근 설명하고 예시를 통해 직접 실습할 수 있도록 구성하였습니다.

▶ **Part 3**에서는 실제 TOSC 3/4/5급 기출문제를 담았습니다. 각 문제는 지문, 문제 접근 방법, 풀이 및 입출력 설명, 정리, 그리고 풀이 코드 순으로 구성되어 있습니다. 이를 통해 문제 해결 과정 전체를 따라가며 학습할 수 있습니다.

▶ **Part 4**는 실전 모의고사입니다. 실제 시험과 유사한 환경에서 연습하면서 학습자 스스로 자신의 수준을 점검하고 부족한 부분을 보완할 수 있도록 하였습니다.

이 책은 프로그래밍을 처음 접하는 학습자도 부담 없이 시작할 수 있도록 친절한 설명을 목표로 하였습니다. 문제와 해설을 따라가다 보면 어느새 기본기가 다져지고, 코드 작성이 한층 자연스러워질 것입니다. 또한 도해 자료와 구체적인 풀이 과정을 통해 어려운 개념도 쉽게 이해할 수 있도록 구성하였습니다.

마지막으로, 이 책이 코딩을 단순히 시험을 위한 공부가 아닌, 문제를 해결하는 즐거운 경험으로 느낄 수 있도록 돕기를 바랍니다. 본 교재에 담긴 다양한 문제와 해설, 그리고 모의고사가 학습자 여러분의 코딩 여정을 든든히 채워 줄 것이라 믿습니다.

저자 일동

# 이 책의 구성과 활용 방법

이 책은 총 4개의 파트로 구성되어 있으며, TOSC와 OJ 시스템 소개, 파이썬 기초 코딩, TOSC 3/4/5급 기출문제, 그리고 실전 모의고사를 차례로 담고 있습니다. 학습자는 먼저 TOSC와 OJ 시스템의 구조를 이해하고, 이어서 파이썬의 기초 문법을 익힌 뒤, 기출문제를 통해 단계별 문제 해결 능력을 기를 수 있습니다. 또한 실전 모의고사를 통해 실제 시험과 동일한 방식으로 최종 점검이 가능합니다.

TOSC 3/4/5급 기출문제는 전체 지문과 각 소문제의 지문이 주어집니다.

입출력 예시에는 입력에 따른 출력 결과가 주어집니다.

어떤 관점에서 문제를 바라봐야 하는지 먼저 안내하며, 해결 전략을 명확히 이해할 수 있습니다.

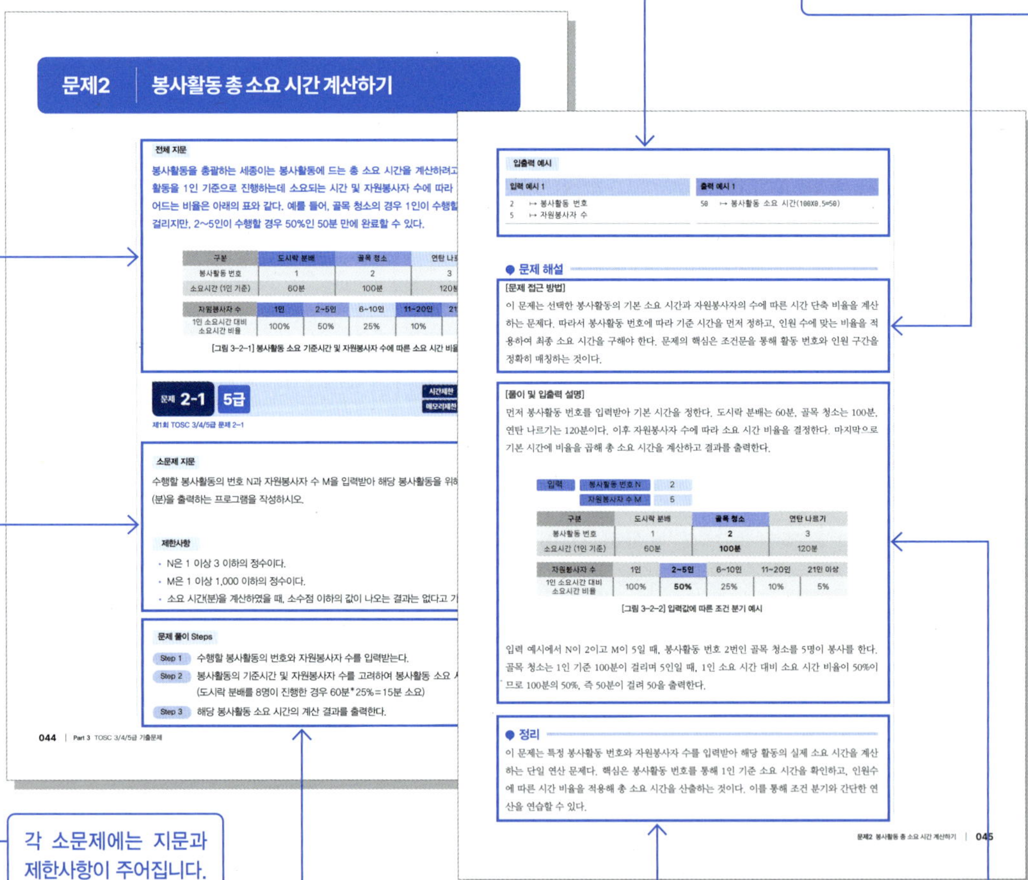

문제2 봉사활동 총 소요 시간 계산하기

전체 지문

봉사활동을 총괄하는 세종이는 봉사활동에 드는 총 소요 시간을 계산하려고 … 활동을 1인 기준으로 진행하는데 소요되는 시간 및 자원봉사자 수에 따라 … 어드는 비율은 아래의 표와 같다. 예를 들어, 골목 청소의 경우 1인이 수행할 … 걸리지만, 2~5인이 수행할 경우 50%인 50분 만에 완료할 수 있다.

| 구분 | 도시락 분배 | 골목 청소 | 연탄 나르기 |
|---|---|---|---|
| 봉사활동 번호 | 1 | 2 | 3 |
| 소요시간 (1인 기준) | 60분 | 100분 | 120분 |

| 자원봉사자 수 | 1인 | 2~5인 | 6~10인 | 11~20인 | 21인 이상 |
|---|---|---|---|---|---|
| 1인 소요시간 대비 소요시간 비율 | 100% | 50% | 25% | 10% | 5% |

[그림 3-2-1] 봉사활동 소요 기준시간 및 자원봉사자 수에 따른 소요 시간 비율

문제 2-1 5급

제1회 TOSC 3/4/5급 문제 2-1

소문제 지문

수행할 봉사활동의 번호 N과 자원봉사자 수 M을 입력받아 해당 봉사활동을 위해 … (분)을 출력하는 프로그램을 작성하시오.

제한사항

- N은 1 이상 3 이하의 정수이다.
- M은 1 이상 1,000 이하의 정수이다.
- 소요 시간(분)을 계산하였을 때, 소수점 이하의 값이 나오는 결과는 없다고 …

문제 풀이 Steps

- Step 1 수행할 봉사활동의 번호와 자원봉사자 수를 입력받는다.
- Step 2 봉사활동의 기준시간 및 자원봉사자 수를 고려하여 봉사활동 소요 … (도시락 분배를 8명이 진행한 경우 60분*25%=15분 소요)
- Step 3 해당 봉사활동 소요 시간의 계산 결과를 출력한다.

044 | Part 3 TOSC 3/4/5급 기출문제

입출력 예시

| 입력 예시 1 | 출력 예시 1 |
|---|---|
| 2 ↦ 봉사활동 번호<br>5 ↦ 자원봉사자 수 | 50 ↦ 봉사활동 소요 시간(100X0.5=50) |

● 문제 해설

[문제 접근 방법]

이 문제는 선택한 봉사활동의 기본 소요 시간과 자원봉사자의 수에 따른 시간 단축 비율을 계산하는 문제다. 따라서 봉사활동 번호에 따라 기준 시간을 먼저 정하고, 인원 수에 맞는 비율을 적용하여 최종 소요 시간을 구해야 한다. 문제의 핵심은 조건문을 통해 활동 번호와 인원 구간을 정확히 매칭하는 것이다.

[풀이 및 입출력 설명]

먼저 봉사활동 번호를 입력받아 기본 시간을 정한다. 도시락 분배는 60분, 골목 청소는 100분, 연탄 나르기는 120분이다. 이후 자원봉사자 수에 따라 소요 시간 비율을 결정한다. 마지막으로 기본 시간에 비율을 곱해 총 소요 시간을 계산하고 결과를 출력한다.

| 입력 | 봉사활동 번호 N | 2 |
|---|---|---|
| | 자원봉사자 수 M | 5 |

| 구분 | 도시락 분배 | 골목 청소 | 연탄 나르기 |
|---|---|---|---|
| 봉사활동 번호 | 1 | 2 | 3 |
| 소요시간 (1인 기준) | 60분 | 100분 | 120분 |

| 자원봉사자 수 | 1인 | 2~5인 | 6~10인 | 11~20인 | 21인 이상 |
|---|---|---|---|---|---|
| 1인 소요시간 대비 소요시간 비율 | 100% | 50% | 25% | 10% | 5% |

[그림 3-2-2] 입력값에 따른 조건 분기 예시

입력 예시에서 N이 2이고 M이 5일 때, 봉사활동 번호 2번인 골목 청소를 5명이 봉사를 한다. 골목 청소는 1인 기준 100분이 걸리며 5인일 때, 1인 소요 시간 대비 소요 시간 비율이 50%이므로 100분의 50%, 즉 50분이 걸려 50을 출력한다.

● 정리

이 문제는 특정 봉사활동 번호와 자원봉사자 수를 입력받아 해당 활동의 실제 소요 시간을 계산하는 단일 연산 문제다. 핵심은 봉사활동 번호를 통해 1인 기준 소요 시간을 확인하고, 인원수에 따른 시간 비율을 적용해 총 소요 시간을 산출하는 것이다. 이를 통해 조건 분기와 간단한 연산을 연습할 수 있다.

문제2 봉사활동 총 소요 시간 계산하기 | 045

각 소문제에는 지문과 제한사항이 주어집니다.

문제 풀이 Steps는 문제 풀이에 대한 힌트입니다.

마지막 정리 파트를 통해 문제의 핵심 개념을 다시 한 번 확인합니다.

문제 해결 과정을 단계적으로 풀어내고, 예시 입,출력을 통해 실제 동작 흐름을 확인할 수 있습니다.

TOSC 3/4/5급 기출문제의 문제는 5급, 4급, 3급의 소문제로 이루어져 있습니다. 난이도에 따라 순차적으로 풀이할 수 있으며, 문제 접근 방법, 풀이 및 입출력 설명을 통해 각 문제의 해결 흐름을 단계적으로 확인할 수 있습니다. 또한 정리와 풀이 코드가 함께 제공되어 학습자가 문제 해결 과정을 명확히 이해하고 실습까지 연계할 수 있도록 구성하였습니다.

문제는 5급부터 3급 순으로 배치되어 있으며, 급수에 따라 코드 출력 소요 시간제한과 메모리의 제한이 주어집니다.

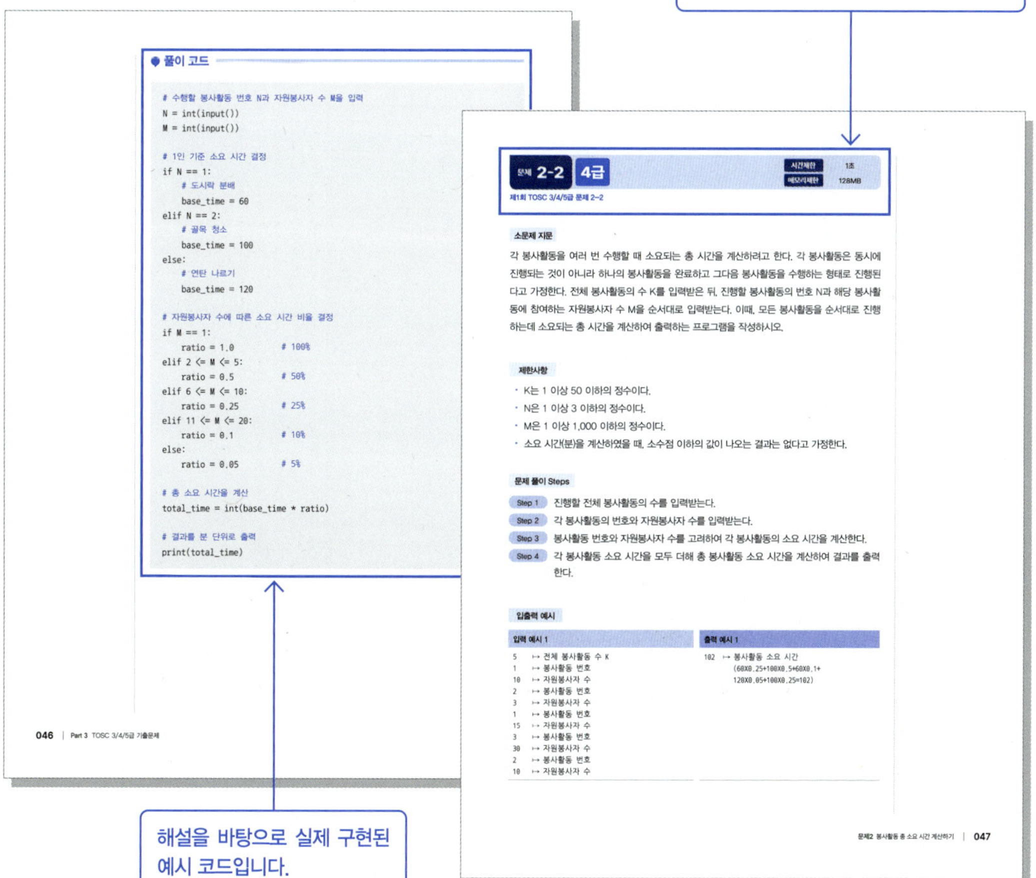

● 풀이 코드

```
# 수행할 봉사활동 번호 N과 자원봉사자 수 M을 입력
N = int(input())
M = int(input())

# 1인 기준 소요 시간 결정
if N == 1:
    # 도시락 분배
    base_time = 60
elif N == 2:
    # 골목 청소
    base_time = 100
else:
    # 연탄 나르기
    base_time = 120

# 자원봉사자 수에 따른 소요 시간 비율 결정
if M == 1:
    ratio = 1.0         # 100%
elif 2 <= M <= 5:
    ratio = 0.5         # 50%
elif 6 <= M <= 10:
    ratio = 0.25        # 25%
elif 11 <= M <= 20:
    ratio = 0.1         # 10%
else:
    ratio = 0.05        # 5%

# 총 소요 시간을 계산
total_time = int(base_time * ratio)

# 결과를 분 단위로 출력
print(total_time)
```

046 | Part 3 TOSC 3/4/5급 기출문제

문제 2-2 4급 | 시간제한 1초 | 메모리제한 128MB

제1회 TOSC 3/4/5급 문제 2-2

소문제 지문

각 봉사활동을 여러 번 수행할 때 소요되는 총 시간을 계산하려고 한다. 각 봉사활동은 동시에 진행되는 것이 아니라 하나의 봉사활동을 완료하고 그다음 봉사활동을 수행하는 형태로 진행된다고 가정한다. 전체 봉사활동의 수 K를 입력받은 뒤, 진행할 봉사활동의 번호 N과 해당 봉사활동에 참여하는 자원봉사자 수 M을 순서대로 입력받는다. 이때, 모든 봉사활동을 순서대로 진행하는데 소요되는 총 시간을 계산하여 출력하는 프로그램을 작성하시오.

제한사항

- K는 1 이상 50 이하의 정수이다.
- N은 1 이상 3 이하의 정수이다.
- M은 1 이상 1,000 이하의 정수이다.
- 소요 시간(분)을 계산하였을 때, 소수점 이하의 값이 나오는 결과는 없다고 가정한다.

문제 풀이 Steps

Step 1 진행할 전체 봉사활동의 수를 입력받는다.
Step 2 각 봉사활동의 번호와 자원봉사자 수를 입력받는다.
Step 3 봉사활동 번호와 자원봉사자 수를 고려하여 각 봉사활동의 소요 시간을 계산한다.
Step 4 각 봉사활동 소요 시간을 모두 더해 총 봉사활동 소요 시간을 계산하여 결과를 출력한다.

입출력 예시

| 입력 예시 1 | 출력 예시 1 |
| --- | --- |
| 5 ↦ 전체 봉사활동 수 K<br>1 ↦ 봉사활동 번호<br>10 ↦ 자원봉사자 수<br>2 ↦ 봉사활동 번호<br>3 ↦ 자원봉사자 수<br>1 ↦ 봉사활동 번호<br>15 ↦ 자원봉사자 수<br>3 ↦ 봉사활동 번호<br>30 ↦ 자원봉사자 수<br>2 ↦ 봉사활동 번호<br>10 ↦ 자원봉사자 수 | 102 ↦ 봉사활동 소요 시간<br>(60X0.25+100X0.5+60X0.1+<br>120X0.05+100X0.25=102) |

문제2 봉사활동 총 소요 시간 계산하기 | 047

해설을 바탕으로 실제 구현된 예시 코드입니다.

# 차례

## Part 3 TOSC 3/4/5급 기출문제

## Part 4 TOSC 3/4/5급 실전 모의고사

# Part 1

# TOSC와 OJ 시스템

# 1-1 SW코딩역량평가(TOSC) 소개

SW코딩역량평가는 세종대학교 산학협력단 SW역량평가인증원에서 주관하는 전 국민 대상의 프로그래밍 활용 능력 인증 시험이다. SW코딩역량평가는 Python 또는 C 언어를 사용하여 기초적인 코딩 기술부터 알고리즘, 자료구조를 활용한 문제 해결 능력까지 등급별로 평가한다. 시험은 난이도에 따라 1/2급과 3/4/5급으로 분류되며, 응시자는 원하는 등급을 선택해 Python 또는 C 언어 중 선호하는 언어로 응시할 수 있다. [그림 1-1]은 큰 범주에서 1/2급과 3/4/5급의 수준을 구분한 뒤, 각 등급에서 평가하는 구체적인 역량과 수준을 설명한다.

| 급수 | 대영역 | 세부영역 | 수준 |
|---|---|---|---|
| 1급 | 논리적 사고를 통한 알고리즘을 구현할 수 있는 수준 | • 복잡한 논리 구조와 정의가 복잡한 문제에 대한 개념 이해<br>• 알고리즘, 자료구조를 활용한 문제해결 능력<br>• 함수 및 클래스를 활용한 코딩 스킬<br>• 정확하고 효율적인 프로그램 작성 | 프로그래밍 언어를 능숙하게 다루고 **복잡한 알고리즘 및 자료구조를 활용**할 수 있는 우수한 SW전공자 학생 수준 |
| 2급 | | • 사고력에 기반한 간단한 논리 구조 이해<br>• 다소 복잡한 조건을 명세대로 구현<br>• 기본적인 프로그래밍 언어 활용 | 프로그래밍 언어의 **기초적인 내용을 모두 활용**할 수 있으며 준수한 문제해결능력을 가진 SW전공자 학생 수준 |
| 3급 | 코딩 기술을 적용하여 문제를 해결할 수 있는 수준 | • 복합 반복문, 배열(리스트), 탐색, 정렬 등 기본적인 프로그래밍 코딩 스킬 평가<br>• 다양한 조건을 명세대로 구현<br>• 반복을 이용한 메뉴 선택 및 가격 계산 등 복잡한 문제 해결 | **고급 코딩 스킬**을 문제에 맞게 능숙하게 활용할 수 있는 비전공자 학생 수준 |
| 4급 | | • 복합 조건문, 단순 반복문 등의 코딩 스킬 평가<br>• 간단한 조건을 명세대로 구현<br>• 점수 계산기, 최대 및 최소 찾기, 팩토리얼 계산 등 간단한 문제 해결 | **중급 코딩 스킬**을 문제에 맞게 활용할 수 있는 비전공자 학생 수준 |
| 5급 | | • 변수 입출력, 단순 조건문 등의 기초 코딩 스킬 평가<br>• 매우 간단한 조건을 명세대로 구현<br>• 단순 계산 문제, 데이터 교환, 홀수/짝수 판단하기 등 기초 문제 해결 | **간단한 입출력과 연산 및 조건문**을 사용할 수 있는 코딩입문자 학생 수준 |

[그림 1-1] SW코딩역량평가 등급별 구분 및 평가 역량

응시자는 정해진 장소에서 시험이 시작되면 문제지를 배부받는다. 응시자는 준비된 컴퓨터와 프로그램(Visual Studio, IDLE Python)을 사용하여 시험 문제에 대한 코드를 작성한다. 작성한 코드는 세종대학교에서 개발한 온라인 코딩평가 시스템(OJ)에 제출하여 채점을 진행한다. 응시자는 온라인 코딩평가 시스템으로 실시간 점수 확인이 가능하다.

SW코딩역량평가를 통해 취득한 급수에 따라, 세종대학교 산학협력단 SW역량평가인증원에서 제공하는 인증서를 받을 수 있다. 인증서는 시험 종료 후 3주 이내 SW코딩역량평가 홈페이지(https://tosc.sejong.ac.kr/ko/)에서 출력할 수 있다.

# 1-2 3/4/5급 문제 구성 및 등급 산정 기준

SW코딩역량평가 3/4/5급 시험은 SW비전공 학생이 조건문, 반복문, 배열, 리스트 등 기본적인 프로그래밍 기술을 활용하여 해결할 수 있는 문제로 구성된다. 3/4/5급 문제는 세 개의 문제세트로 구성된다. 각 문제세트는 3급, 4급, 5급 문제를 모두 포함한다. [그림 1-2]는 3/4/5급 시험의 문제세트 예시를 보여준다. [그림 1-2]에서 보듯이, 문제세트 내에는 3급, 4급, 5급 문제를 모두 포함하고 있고, '이사 비용 계산하기'라는 같은 문제 시나리오를 가진다.

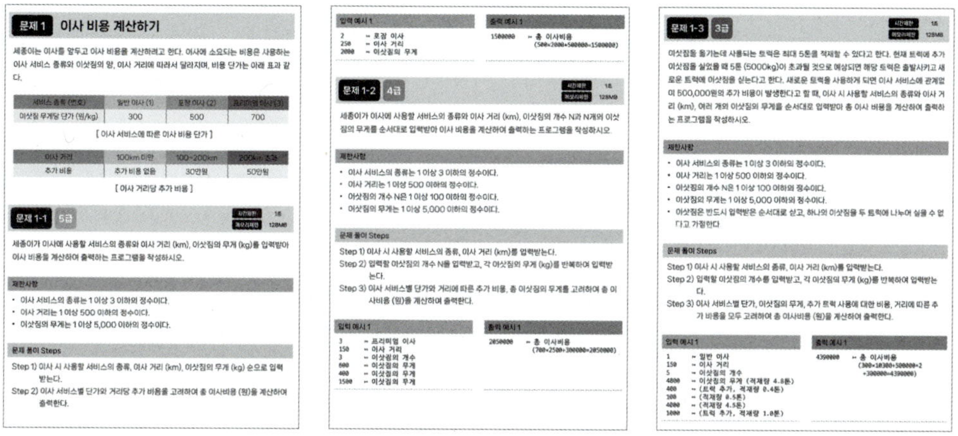

**문제 1 이사 비용 계산하기**

세종이는 이사를 앞두고 이사 비용을 계산하려고 한다. 이사에 소요되는 비용은 사용하는 이사 서비스 종류와 이삿짐의 양, 이사 거리에 따라서 달라지며, 비용 단가는 아래 표과 같다.

| 서비스 종류 (번호) | 일반 이사 (1) | 포장 이사 (2) | 프리미엄 이사 (3) |
|---|---|---|---|
| 이삿짐 무게당 단가 (원/kg) | 300 | 500 | 700 |

[ 이사 서비스에 따른 이사 비용 단가 ]

| 이사 거리 | 100km 미만 | 100~200km | 200km 초과 |
|---|---|---|---|
| 추가 비용 | 추가 비용 없음 | 30만원 | 50만원 |

[ 이사 거리당 추가 비용 ]

**문제 1-1 5급** 시간제한 1초 메모리제한 128MB

세종이가 이사에 사용할 서비스의 종류와 이사 거리 (km), 이삿짐의 무게 (kg)를 입력받아 이사 비용을 계산하여 출력하는 프로그램을 작성하시오.

제한사항

- 이사 서비스의 종류는 1 이상 3 이하의 정수이다.
- 이사 거리는 1 이상 500 이하의 정수이다.
- 이삿짐의 무게는 1 이상 5,000 이하의 정수이다.

문제 풀이 Steps

Step 1) 이사 시 사용할 서비스의 종류, 이사 거리 (km), 이삿짐의 무게 (kg) 순으로 입력받는다.
Step 2) 이사 서비스별 단가와 거리당 추가 비용을 고려하여 총 이사비용 (원)을 계산하여 출력한다.

입력 예시 1

```
2      ← 포장 이사
250    ← 이사 거리
2000   ← 이삿짐의 무게
```

출력 예시 1

```
1500000   ← 총 이사비용
            (500×2000+500000=1500000)
```

**문제 1-2 4급** 시간제한 1초 메모리제한 128MB

세종이가 이사에 사용할 서비스의 종류와 이사 거리 (km), 이삿짐의 개수 N과 N개의 이삿짐의 무게를 순서대로 입력받아 이사 비용을 계산하여 출력하는 프로그램을 작성하시오.

제한사항

- 이사 서비스의 종류는 1 이상 3 이하의 정수이다.
- 이사 거리는 1 이상 500 이하의 정수이다.
- 이삿짐의 개수 N은 1 이상 100 이하의 정수이다.
- 이삿짐의 무게는 1 이상 5,000 이하의 정수이다.

문제 풀이 Steps

Step 1) 이사 시 사용할 서비스의 종류, 이사 거리 (km)를 입력받는다.
Step 2) 입력할 이삿짐의 개수 N을 입력받고, 각 이삿짐의 무게 (kg)를 반복하여 입력받는다.
Step 3) 이사 서비스별 단가와 거리에 따른 추가 비용, 총 이삿짐의 무게를 고려하여 총 이사비용 (원)을 계산하여 출력한다.

입력 예시 1

```
3      ← 프리미엄 이사
150    ← 이사 거리
3      ← 이삿짐의 개수
600    ← 이삿짐의 무게
400    ← 이삿짐의 무게
1500   ← 이삿짐의 무게
```

출력 예시 1

```
2050000   ← 총 이사비용
            (700×2500+300000=2050000)
```

**문제 1-3 3급** 시간제한 1초 메모리제한 128MB

이삿짐을 옮기는데 사용되는 트럭은 최대 5톤을 적재할 수 있다고 한다. 현재 트럭에 추가 이삿짐을 실었을 때 5톤 (5000kg)이 초과될 것으로 예상되면 해당 트럭은 출발시키고 새로운 트럭에 이삿짐을 싣는다고 한다. 새로운 트럭을 사용하게 되면 이사 서비스에 관계없이 500,000원의 추가 비용이 발생한다고 할 때, 이사 시 사용할 서비스의 종류와 이사 거리 (km), 여러 개의 이삿짐의 무게를 순서대로 입력받아 총 이사 비용을 계산하여 출력하는 프로그램을 작성하시오.

제한사항

- 이사 서비스의 종류는 1 이상 3 이하의 정수이다.
- 이사 거리는 1 이상 500 이하의 정수이다.
- 이삿짐의 개수 N은 1 이상 100 이하의 정수이다.
- 이삿짐의 무게는 1 이상 5,000 이하의 정수이다.
- 이삿짐은 반드시 입력받은 순서대로 싣고, 하나의 이삿짐을 두 트럭에 나누어 실을 수 없다고 가정한다.

문제 풀이 Steps

Step 1) 이사 시 사용할 서비스의 종류, 이사 거리 (km)를 입력받는다.
Step 2) 입력할 이삿짐의 개수를 입력받고, 각 이삿짐의 무게 (kg)를 반복하여 입력받는다.
Step 3) 이사 서비스별 단가, 이삿짐의 무게, 추가 트럭 사용에 대한 비용, 거리에 따른 추가 비용을 모두 고려하여 총 이사비용 (원)을 계산하여 출력한다.

입력 예시 1

```
1      ← 일반 이사
150    ← 이사 거리
5      ← 이삿짐의 개수
4800   ← 이삿짐의 무게 (적재량 4.8톤)
400    ← (트럭 추가, 적재량 0.4톤)
100    ← (적재량 0.5톤)
4000   ← (적재량 4.5톤)
1000   ← (트럭 추가, 적재량 1.0톤)
```

출력 예시 1

```
4390000   ← 총 이사비용
            (300×10300+500000×2
            +300000=4390000)
```

[그림 1-2] SW코딩역량평가 3/4/5급 문제세트 구성 예시

각 문제는 온라인 코딩평가 시스템에서 미리 작성된 입력을 받아 출력하는 방식으로 코드를 작성하여 문제를 해결한다. [그림 1-2]에 나타낸 것처럼 각 문제에는 1개 또는 2개의 입출력 예시를 제공한다. 5급 문제는 단순 연산, 단순 조건문 등을 사용하는 프로그래밍 입문 수준의 문제로 출제된다. 4급 문제는 복잡 연산, 문자열 처리, 단순 반복문, 복합 조건문 등의 프로그래밍 기술을 활용하여 문제를 해결하도록 출제된다. 3급 문제는 중첩 반복문, 복합 조건문, 배열, 탐색, 정렬 등의 기본적인 프로그래밍 기술을 활용하여 문제 지문에서 요구하는 복잡한 조건을 해결하도록 출제된다. 각 문제에는 소요되는 시간과 사용되는 메모리에 제한이 표시되어 있고, 응시자는 문제에 표시된 시간과 메모리 제한 내에 실행되도록 코드를 작성해야 한다.

응시자는 3급, 4급, 5급 문제 중에 취득하기 원하는 급수의 문제를 선택하여 코드를 작성한다. 작성한 코드는 온라인 코딩평가 시스템에 제출한다. 온라인 코딩평가 시스템에는 각 문제에 해당하는 다수의 입력과 각 입력에 따른 출력값을 저장하고 있다. 채점은 온라인 코딩평가 시스템에서 응시자가 제출한 코드를 실행시켜 각 입력에 따른 출력을 미리 저장된 출력과 비교하여 점수를 평가한다. 예를 들어, 온라인 코딩평가 시스템에 10개의 입력과 출력값이 저장되어 있다고 가정하고, 응시자의 코드를 실행시켰을 때의 출력이 저장된 10개 중 5개의 출력값과 일치한 경우 50점을 부여한다.

등급 산정을 위해 같은 문제세트 내에서 하나의 등급을 선택하여 해당 등급의 문제를 풀면, 같은 문제세트 내의 선택된 등급의 문제보다 낮은 등급의 문제도 푼 것으로 인정한다. 등급 산정 방식을 설명하기 위해 [그림 1–3]의 3/4/5급 시험 예시를 참고한다. [그림 1–3]에서 보듯이, 3/4/5급 시험은 총 3문제세트(문항A, 문항B, 문항C)를 포함한다.

| 급수 | 문항A | 문항B | 문항C |
| --- | --- | --- | --- |
| 5급 | A5 | B5 | C5 |
| 4급 | A4 | B4 | C4 |
| 3급 | A3 | B3 | C3 |

(위 표에서 A5는 문항 A의 5급 문제에서 실제 획득한 점수)

**[그림 1–3] SW코딩역량평가 3/4/5급 문제세트 예시**

[그림 1–3]의 예시에서 각 등급 점수를 계산하면 다음의 계산식을 따른다.

5급 점수 = $A3, A4, A5$ 중 높은 점수 + $B3, B4, B5$ 중 높은 점수 + $C3, C4, C5$ 중 높은 점수
$= \max(A3, A4, A5) + \max(B3, B4, B5) + \max(C3, C4, C5)$

4급 점수 = $A3, A4$ 중 높은 점수 + $B3, B4$ 중 높은 점수 + $C3, C4$ 중 높은 점수
$= \max(A3, A4) + \max(B3, B4) + \max(C3, C4)$

3급 점수 = $A3$ 점수 + $B3$ 점수 + $C3$ 점수
$= A3 + B3 + C3$

3급 점수가 250점 이상일 경우 3급으로 산정하고, 3급 점수가 250점 미만이고 4급 점수가 250점 이상일 경우 4급으로 산정하고, 3급과 4급 점수가 250점 미만이고 5급 점수가 250점 이상일 경우 5급으로 산정한다.

# 1-3 온라인 코딩평가 시스템(OJ) 사용법

온라인 코딩평가 시스템은 응시자가 시험 중 각 문제에 대해 작성한 코드를 실시간으로 평가하기 위해 세종대학교에서 개발한 시스템이다. 응시자는 시스템을 이용하기 위해 온라인 코딩평가 시스템 웹페이지(oj.sejong.ac.kr)에 접속한다. [그림 1-4]는 로그인 페이지이다. 시험 시작 전, 응시자는 아이디와 비밀번호를 부여받는다.

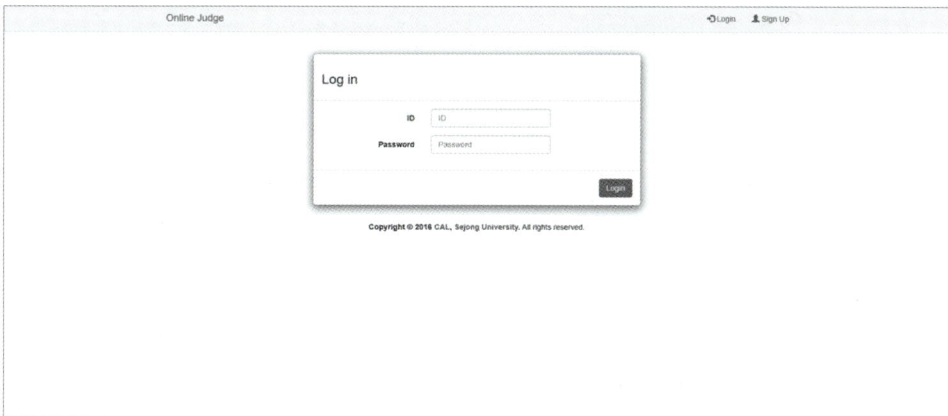


[그림 1-4] OJ 시스템 로그인 페이지

응시자는 로그인 후에 [그림 1-5]와 같이 My Class에서 시험 항목을 클릭한다.

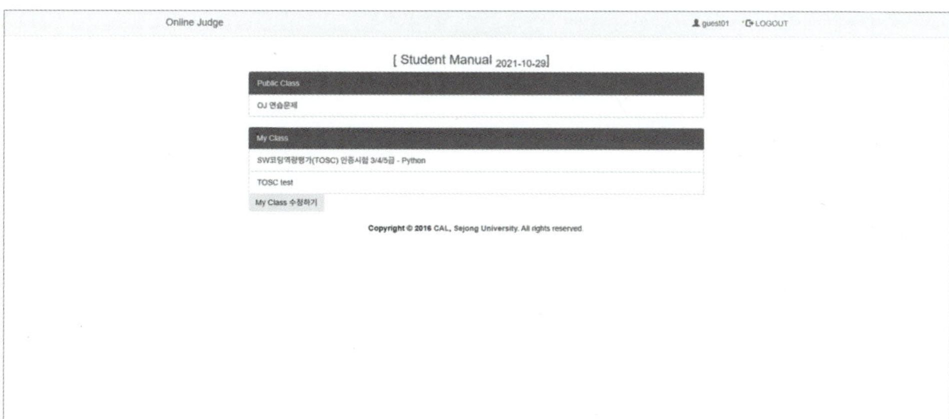


[그림 1-5] OJ 시스템 'My Class' 메뉴

응시자는 왼쪽 'CONTEST' 메뉴에서 시험 항목을 클릭하면, [그림 1-6]과 같이 화면 오른쪽 상단에 시작 시간과 종료 시간이 표시되고 각 문제 리스트가 화면에 보인다. 문제의 이름을 클릭하면 문제를 확인할 수 있다. 'TEST' 문항은 응시자가 시험을 진행하기 전에 온라인 코딩평가 시스템 사용을 확인하기 위한 화면이다.

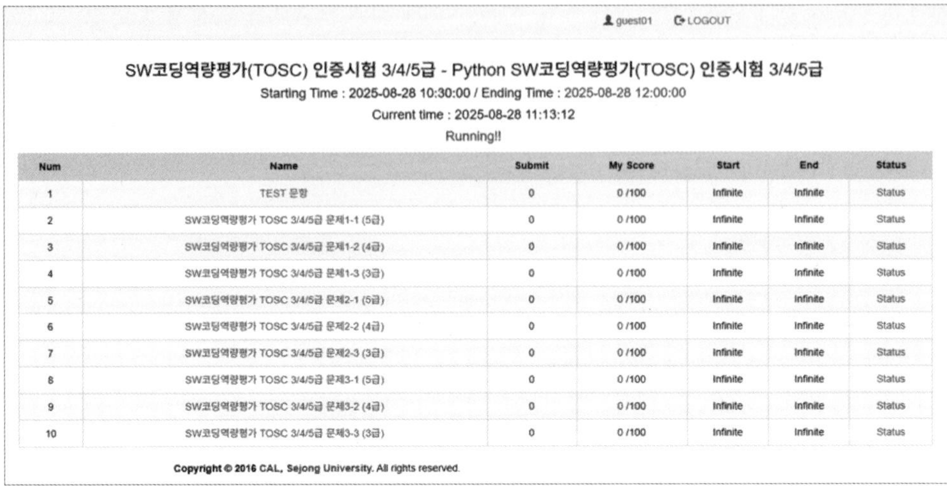

guest01 LOGOUT

SW코딩역량평가(TOSC) 인증시험 3/4/5급 - Python SW코딩역량평가(TOSC) 인증시험 3/4/5급

Starting Time : 2025-08-28 10:30:00 / Ending Time : 2025-08-28 12:00:00

Current time : 2025-08-28 11:13:12

Running!!

| Num | Name | Submit | My Score | Start | End | Status |
|---|---|---|---|---|---|---|
| 1 | TEST 문항 | 0 | 0 /100 | Infinite | Infinite | Status |
| 2 | SW코딩역량평가 TOSC 3/4/5급 문제1-1 (5급) | 0 | 0 /100 | Infinite | Infinite | Status |
| 3 | SW코딩역량평가 TOSC 3/4/5급 문제1-2 (4급) | 0 | 0 /100 | Infinite | Infinite | Status |
| 4 | SW코딩역량평가 TOSC 3/4/5급 문제1-3 (3급) | 0 | 0 /100 | Infinite | Infinite | Status |
| 5 | SW코딩역량평가 TOSC 3/4/5급 문제2-1 (5급) | 0 | 0 /100 | Infinite | Infinite | Status |
| 6 | SW코딩역량평가 TOSC 3/4/5급 문제2-2 (4급) | 0 | 0 /100 | Infinite | Infinite | Status |
| 7 | SW코딩역량평가 TOSC 3/4/5급 문제2-3 (3급) | 0 | 0 /100 | Infinite | Infinite | Status |
| 8 | SW코딩역량평가 TOSC 3/4/5급 문제3-1 (5급) | 0 | 0 /100 | Infinite | Infinite | Status |
| 9 | SW코딩역량평가 TOSC 3/4/5급 문제3-2 (4급) | 0 | 0 /100 | Infinite | Infinite | Status |
| 10 | SW코딩역량평가 TOSC 3/4/5급 문제3-3 (3급) | 0 | 0 /100 | Infinite | Infinite | Status |

Copyright © 2016 CAL, Sejong University. All rights reserved.

[그림 1-6] OJ 시스템 'CONTEST' 페이지

'TEST 문항'을 클릭하면 응시자는 [그림 1-7]과 같이 'TEST 문항'에 대한 시간제한과 메모리 제한을 확인할 수 있다. Coding 버튼을 클릭하면, 코드 작성을 위한 페이지로 이동한다.

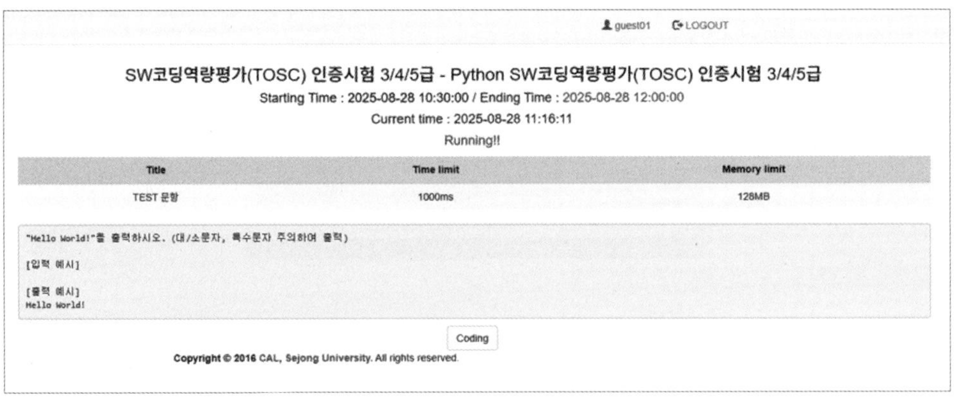

guest01 LOGOUT

SW코딩역량평가(TOSC) 인증시험 3/4/5급 - Python SW코딩역량평가(TOSC) 인증시험 3/4/5급

Starting Time : 2025-08-28 10:30:00 / Ending Time : 2025-08-28 12:00:00

Current time : 2025-08-28 11:16:11

Running!!

| Title | Time limit | Memory limit |
|---|---|---|
| TEST 문항 | 1000ms | 128MB |

"Hello World!"를 출력하시오. (대/소문자, 특수문자 주의하여 출력)

[입력 예시]

[출력 예시]
Hello World!

Coding

Copyright © 2016 CAL, Sejong University. All rights reserved.

[그림 1-7] OJ 시스템 문제 페이지

응시자는 [그림 1-8]과 같이 코드 작성을 위한 페이지로 이동하면, 자신이 신청한 프로그래밍 언어를 확인할 수 있고 해당 문제에 대한 코드를 작성할 수 있다. 코드 작성 후 Submit 버튼을 클릭하면 작성된 코드가 제출되고 채점 페이지로 넘어간다.

[그림 1-8] OJ 시스템 코드 작성 페이지

채점 페이지에서는 [그림 1-9]와 같이 채점 결과, 점수, 제출 시간 등을 보여준다. 코드는 온라인 코딩평가 시스템에 미리 저장된 입력과 출력에 따라 실행되며 채점된다. 모든 입력에 출력이 정확히 일치하면, 채점 결과(Result)는 Accept로 표시되고 점수(Score)는 100점으로 표시된다. 일부 출력이 미리 저장된 출력과 일치하지 않다면, 일치한 출력의 개수에 따라 점수가 결정되고 결과는 Wrong Answer로 표시된다.

[그림 1-9] OJ 시스템 채점 페이지

# Part 2

# 파이썬 기초 코딩

# 2-1 파이썬 소개 및 설치

파이썬은 1991년 귀도 반 로섬(Guido van Rossum)이 개발한 프로그래밍 언어로, 최근에 인공지능 분야를 비롯한 다양한 분야에서 가장 많이 사용되는 프로그래밍 언어 중 하나이다. 파이썬이 인기 있는 이유는 문법을 배워서 사용하기 쉽고 코드 작성에 도움을 주는 많은 라이브러리를 제공하기 때문이다.

파이썬은 코드를 컴파일하지 않고 한 줄씩 읽어 바로 실행하는 인터프리터 방식의 언어이다. 따라서 코드를 한 줄씩 실행하여 결과를 즉시 확인할 수 있다는 장점이 있다. 파이썬 코드를 실행하려면 컴퓨터에 인터프리터가 설치되어야 한다. 파이썬 인터프리터를 포함하는 설치 프로그램은 파이썬 홈페이지(https://www.python.org/)에서 다운로드할 수 있다. [그림 2-1-1]은 파이썬 설치 프로그램 다운로드 웹페이지 화면이다. 파이썬 설치 프로그램은 버전별로 문법, 내장 함수, 표준 라이브러리 등에 차이가 있으며, SW코딩역량평가 시험을 위한 온라인 코딩평가 시스템에서 지원하는 파이썬 버진은 3.6.9이다. 본 교재는 호환성을 고려해, 실행 파일이 제공되지 않는 3.6.9 대신 3.6.8 버전을 기준으로 설명한다.

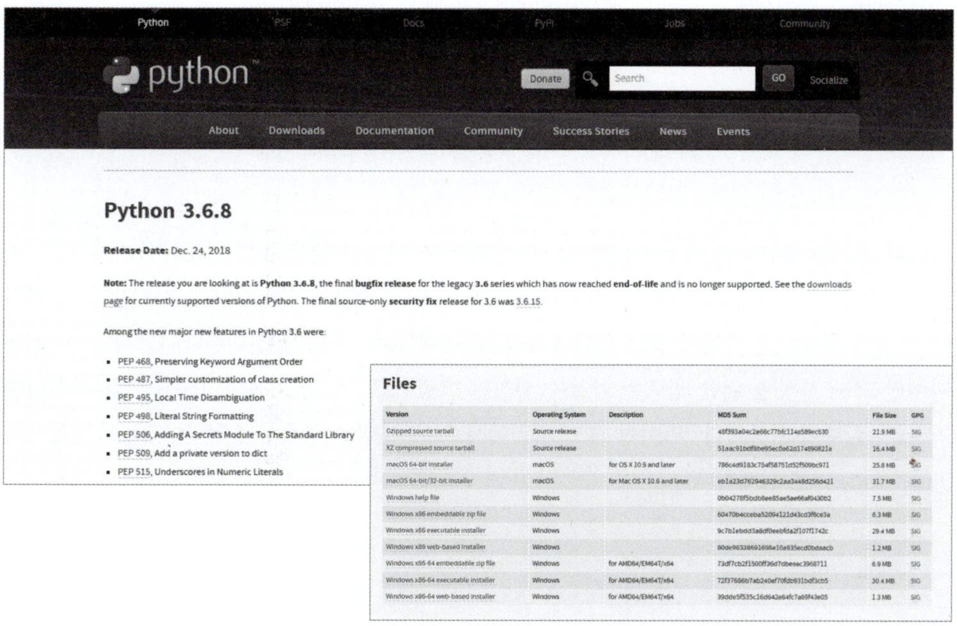


[그림 2-1-1] 파이썬(3.6.8) 인터프리터 다운로드 웹페이지 화면

파이썬 설치 프로그램은 파이썬 인터프리터와 함께 파이썬 코드 작성과 실행을 위한 IDLE(Integrated Development and Learning Environment)이라는 통합 개발 및 학습 환경을 포함한다. 설치가 완료되면 [그림 2-1-2]와 같이 컴퓨터에 'IDLE'을 검색하여 실행할 수 있다.

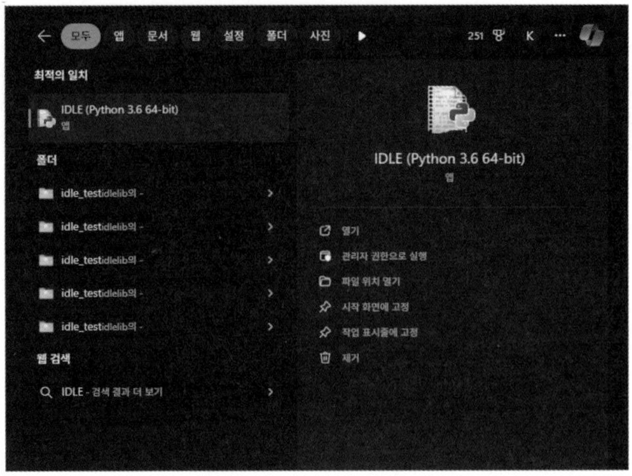


[그림 2-1-2] 시작 화면에서 'IDLE'를 실행하기 위한 검색 화면

IDLE을 실행하면 [그림 2-1-3]과 같이 파이썬 쉘이 열리고, 파이썬 쉘에 파이썬 코드를 입력하고 키보드 엔터 키를 누르면 코드가 실행되어 결과를 출력한다.

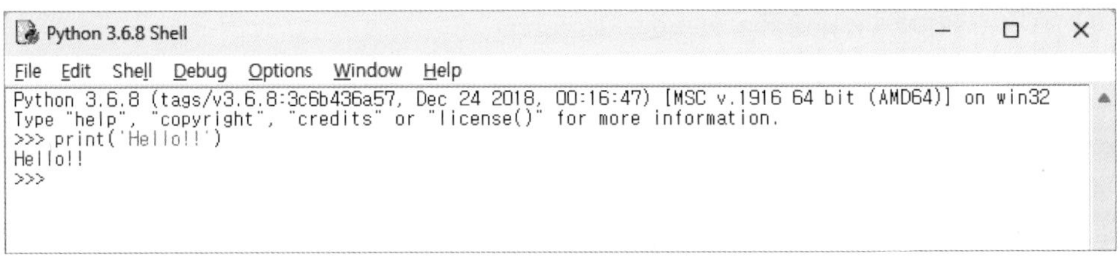


[그림 2-1-3] 파이썬 쉘에 파이썬 코드를 실행한 화면

간단한 파이썬 명령어의 경우는 [그림 2-1-3]과 같이 파이썬 쉘을 통해 실행하여 사용하고, 파이썬 코드가 긴 경우는 확장자 .py의 파이썬 코드 파일을 만들어 실행시킨다. 파이썬 코드 파일을 만들기 위해서는 파이썬 쉘의 상단에 'File' 메뉴에 'New File'을 선택한다. [그림 2-1-4]는 파이썬 코드 작성을 위한 새로운 파일이 생성된 그림이고, 이 파일에 파이썬 코드를 작성하여 저장 후 실행이 가능하다. 파이썬 코드 파일에서 코드 실행을 위해서는 상단에 'Run' 메뉴에서 'Run Module'을 선택한다.

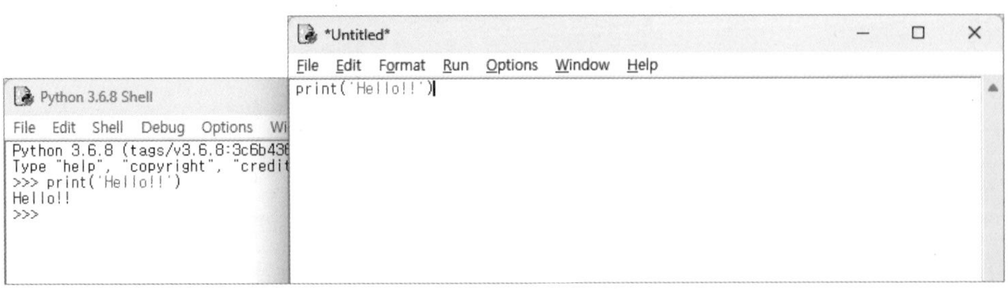


[그림 2-1-4] 파이썬 쉘을 통해 파이썬 코드 작성을 위한 새로운 파일을 생성한 화면

# 2-2 변수와 연산자

변수는 숫자나 문자 같은 데이터를 저장하는 공간을 의미하며, 각각의 변수를 구별하기 위해 이름을 가진다. 변수 이름은 문자, 숫자, 언더바(_)를 사용할 수 있지만, 숫자로 시작할 수 없고 공백을 포함할 수 없다. 또한 대소문자를 구분하며, if, for, class와 같은 파이썬 예약어는 변수 이름으로 사용할 수 없다.

변수는 '변수이름 = 데이터' 또는 '변수이름 = 다른 변수이름'과 같은 대입문으로 선언하며, 자료형은 대입되는 데이터에 따라 파이썬이 자동으로 결정한다. 예를 들어 [그림 2-2-1]과 같이 A = 10으로 선언된 변수 A는 정수형(int)으로 결정된다. type() 함수는 변수의 자료형을 확인할 때 사용된다.

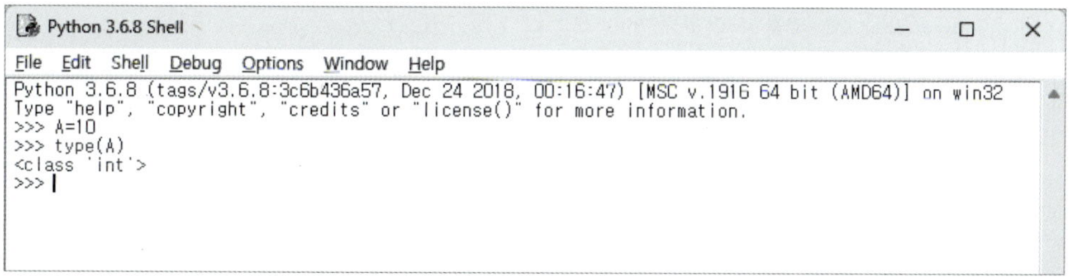


[그림 2-2-1] 정수형 변수 A를 선언하는 코드 예시

변수는 '+', '−', '*', '/' 와 같은 연산자를 통해서 각각 더하기, 빼기, 곱하기, 나누기 연산이 가능하다. 추가로, '//' 연산자는 나누기의 몫만, '%' 연산자는 나머지를 구하며, '**' 연산자는 거듭제곱을 구하는 연산을 수행한다. 파이썬은 '+=', '−=', '*=', '/=' 와 같은 복합 대입 연산자를 제공하는데, 예를 들어, 'a += b'는 'a = a + b'와 같은 연산을 수행한다.

사칙연산을 포함하는 산술연산 외에도 변수를 통해 비교 연산이 가능하며, 두 변수 사이의 비교 연산 결과는 True 또는 False의 부울(bool)형으로 리턴된다. [그림 2-2-2]는 대표적인 비교 연산자를 설명한다.

| 연산자 | 동작 설명 |
|---|---|
| a > b(또는 a < b) | 변수 a가 b보다 크면(또는 a가 b보다 작으면) True 리턴, 그 외의 경우 False 리턴 |
| a >= b(또는 a <= b) | 변수 a가 b보다 크거나 같으면(또는 a가 b보다 작거나 같으면) True 리턴, 그 외의 경우 False 리턴 |
| a == b(또는 a != b) | 변수 a와 b가 같으면(또는 a와 b가 다르면) True 리턴, 그 외의 경우 False 리턴 |

[그림 2-2-2] 대표적인 비교 연산자의 동작 설명

# 2-3 주석문과 입출력 함수

주석문은 코드에 부가적인 설명을 위해 남기며 인터프리터가 해석하지 않기 때문에 실행되지 않는다. [그림 2-3-1]은 주석문 사용 예시를 나타낸다. 한 줄로 된 주석문은 '#'을 입력하고 같은 줄에 주석을 작성한다. 여러 줄 주석문의 경우는 작은따옴표 3개(''')를 연속으로 입력하고 여러 줄에 걸쳐 작성한 후에 주석문 종료를 위해 다시 작은따옴표 3개로 종료한다.

```
*untitled*
File  Edit  Format  Run  Options  Window  Help
'''
여러줄에 걸쳐서
주석문을 작성하기 위한 방법
'''
a = 10
b = 3;
c = a + b; # 변수 c는 변수 a 더하기 변수 b의 값 13을 가진다
print(c);
|
                                                Ln: 9  Col: 0
```

[그림 2-3-1] 한 줄 주석문과 여러 줄 주석문 예시

파이썬에서는 데이터를 화면에 출력하기 위해 print() 함수를 이용한다. [그림 2-3-2]에서는 print() 함수에 다양한 인자를 전달하여 실행 결과를 확인하였다. print() 함수에는 [그림 2-3-2]에서처럼 'Hello'와 같은 문자열 값이나 3과 같은 정수 값을 직접 인자로 전달하여 사용 가능하고, 변수 a와 b에 각각 10과 'Good'을 할당한 뒤 변수를 인자로 전달하여 사용할 수 있다.

```
Python 3.6.8 Shell
File  Edit  Shell  Debug  Options  Window  Help
Python 3.6.8 (tags/v3.6.8:3c6b436a57, Dec 24 2018, 00:16:47) [MSC v.1916 64 bit (AMD64)] on win32
Type "help", "copyright", "credits" or "license()" for more information.
>>> print('Hello')
Hello
>>> print(3)
3
>>> a=10; b='Good'
>>> print(a)
10
>>> print(b)
Good
>>>
                                                Ln: 12  Col: 4
```

[그림 2-3-2] print() 함수 사용 예시

파이썬에서는 사용자로부터 키보드 입력을 전달받기 위하여 input() 함수를 사용한다. [그림 2-3-3]은 input() 함수 사용 예시를 보여준다. input() 함수는 문자열을 사용자 키보드로부터 입력받아 리턴한다. [그림 2-3-3]에서는 오늘 무슨 요일인지 사용자 키보드로 입력을 받고 변수 today에 입력받은 문자열 'Saturday'를 할당한다. 사용자 키보드로 숫자를 입력받아도 input() 함수는 문자열의 형태로 리턴한다. 따라서, [그림 2-3-3]에서처럼 문자열을 정수형으로 변환하는 int() 함수를 사용하여 정수형으로 변환하여 사용이 가능하다.

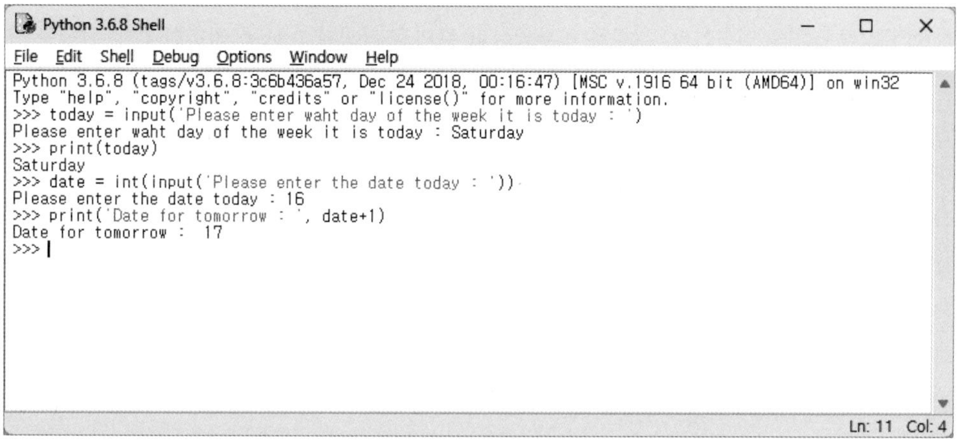


[그림 2-3-3] 사용자 키보드 입력을 위한 input() 함수 사용 예시

# 2-4 조건문

파이썬은 조건문을 통해 제시한 조건을 만족하는지에 따라 코드를 다르게 실행할 수 있다. [그림 2-4-1]과 같이 파이썬은 if-elif-else 문을 통해 조건문 코드 작성이 가능하며 if, elif, else 키워드를 사용한다. if 키워드를 작성한 다음 같은 줄에 True 또는 False를 리턴하는 조건식을 작성하고 콜론 ':'을 입력한다. 그다음 줄부터는 if 문의 조건식이 True를 리턴한 경우 실행할 코드를 작성한다. 이때 주의해야할 점은, if 문의 실행코드는 여러 줄을 걸쳐서 작성이 가능하지만 if 문 하위 블록임을 나타내기 위해 같은 크기만큼 들여쓰기를 해야한다. elif 문은 if 키워드 대신에 elif 키워드를 사용하여 동일한 구조로 작성이 가능하고 if 문 다음에 하나 또는 여러 개 작성이 가능하다. if 문 또는 상위 elif 문의 조건식이 False를 리턴하고 현재 elif 문의 조건식이 True를 리턴하면 현재 elif 문 하위 블록의 코드를 실행한다. if 문과 동일하게 elif 문의 하위 블록의 코드는 같은 크기의 들여쓰기를 해야 한다. else 문은 조건식을 사용하지 않고 else 키워드 다음에 콜론 ':'을 입력한다. else 문 하위 블록의 코드는 if 문과 elif 문의 조건식이 모두 False를 리턴하면 실행된다. if-elif-else 문에서 elif 문과 else 문은 생략 가능하다.

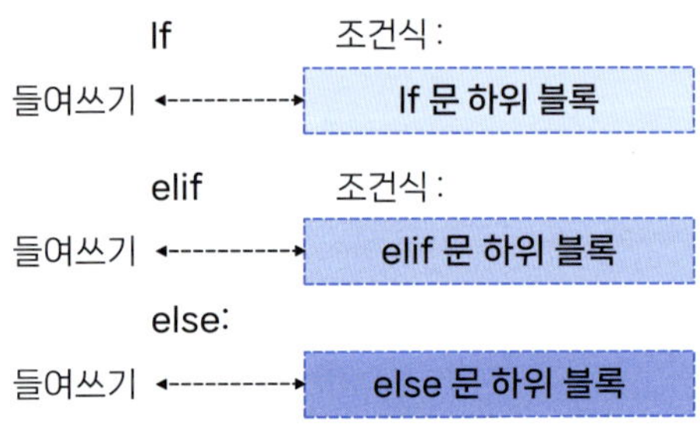


[그림 2-4-1] if-elif-else 조건문의 구조

[그림 2-4-2]는 if-elif-else 조건문을 사용한 코드 예시이다. 변수 score는 65로 초기화 되고, if 문과 첫 번째와 두 번째 elif 문의 조건식이 모두 False이고 세 번째 elif 문의 조건식 'sore >= 60'이 True를 리턴하기 때문에 세 번째 elif 문 하위 블록에 코드 'print('4급')'가 실행된다.

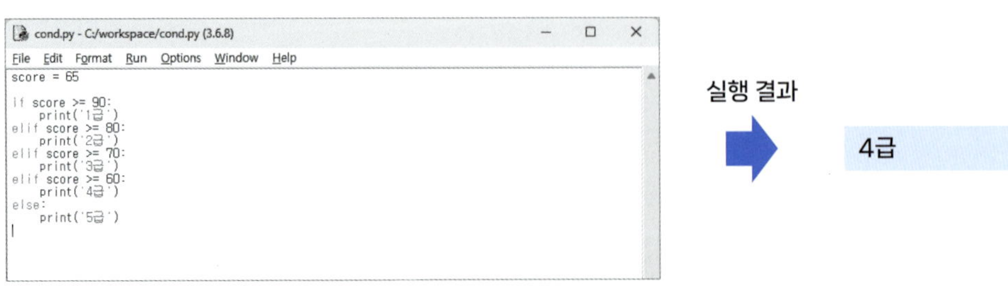


[그림 2-4-2] if-elif-else 조건문 코드 예시

# 2-5 반복문

파이썬에서 반복문은 for 문과 while 문을 통해 수행된다. for 문은 정해진 횟수만큼 반복하는 특징이 있고 while 문은 반복하는 횟수가 주어지지 않기 때문에 무한 반복을 피하기 위해 반복을 종료하는 조건이 포함되어야 한다.

## 1. for 문

파이썬에서 for 문은 for 키워드를 이용한 반복문이고, [그림 2–5–1–1]과 같은 구조를 가진다. [그림 2–5–1–1]에서 for 키워드 다음에 매번 반복마다 새로운 값이 할당되는 변수가 정의되고 그다음에 in 키워드가 입력된다. range()는 파이썬에서 제공하는 함수로써 start, stop, step의 매개변수를 가진다. start는 시작하는 값이고 stop은 반복이 종료되는 값을 그리고 step은 매번 반복마다 증가하는 값을 의미한다. 예를 들어, range(1, 4, 2)인 경우는 시작하는 값이 1이고 반복은 4와 같거나 큰 값에서 종료되고, 반복마다 2씩 증가한다. 따라서, range(1, 4, 2)는 1, 3을 제공하고 각각 반복이 수행될 때 변수에 할당된다. range() 함수의 매개변수 중에 start와 step은 생략 가능하고, 생략된 경우 start는 0의 값을 step은 1의 값을 가진다. for 키워드가 작성된 코드는 콜론 ':'으로 종료되고, 그다음 줄부터 for 문 하위 블록의 코드가 작성된다. for 문 하위 블록의 코드는 일정 크기의 들여쓰기 이후에 작성되고 반복 때마다 수행된다.

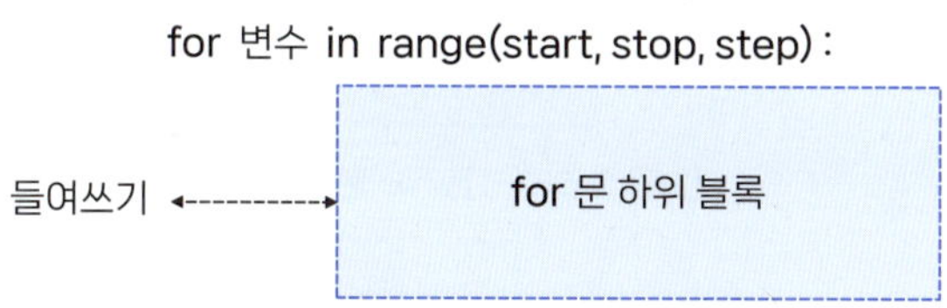


[그림 2–5–1–1] for 문의 구조

[그림 2–5–1–2]는 for 문을 이용하여 for 문의 반복마다 변수에 할당되는 값들의 합을 구하는 코드의 예시이다. 앞에서 설명했듯이 range(1, 4, 2)는 변수 i에 첫 번째 반복 때 1을 두 번째 반복 때 3을 할당한다. for 문을 통해 두 번의 반복을 수행한 후 변수에 할당된 값의 합은 4인 것을 알 수 있다.

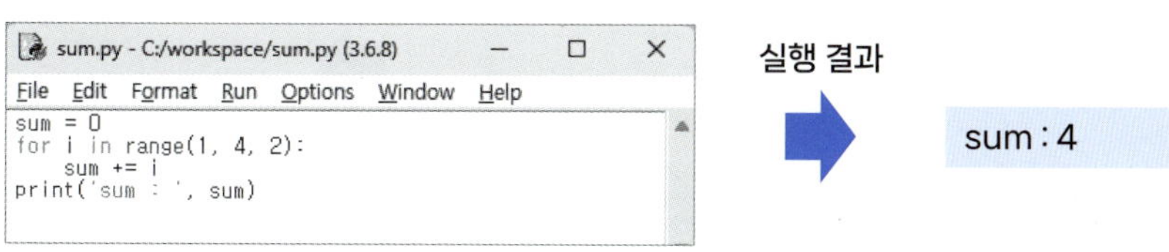


[그림 2–5–1–2] for 문 코드 예시

for 문에서 range() 함수를 이용하는 대신에 리스트에 for 문의 반복마다 변수에 할당된 값을 지정해서 사용이 가능하다. [그림 2-5-1-3]은 range() 함수를 사용하지 않고 리스트 변수 list1에 1과 3을 포함하고 for 문의 range() 함수가 사용되었던 위치에 list1을 작성한다. [그림 2-5-1-2]와 동일하게 정상적인 실행 결과를 확인할 수 있다.

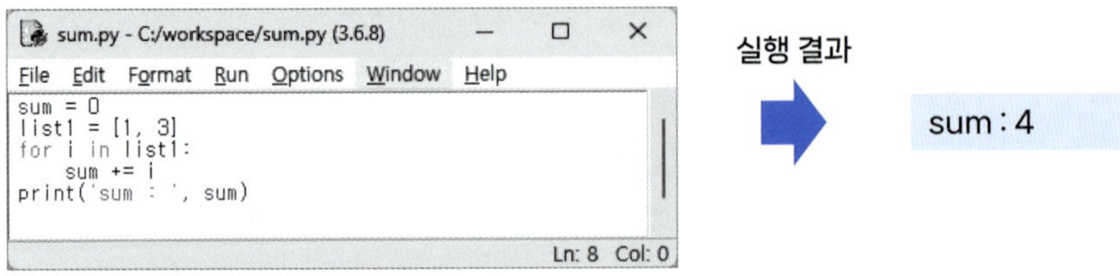


[그림 2-5-1-3] range( ) 함수 대신에 리스트에 값을 지정한 for 문 사용 코드 예시

## 2. while 문

while 키워드를 통한 반복문은 [그림 2-5-2-1]와 같은 구조로 작성한다. while 키워드 다음에 True 또는 False를 리턴하는 조건식을 작성하고 콜론 ':'을 작성한다. 조건식이 True를 리턴하면 while 키워드 아래의 while 문 하위 블록의 코드가 실행된다. while 문 하위 블록의 코드는 일정 크기의 들여쓰기 이후에 작성된다. 반복이 수행될 때마다 조건식을 확인하여 조건식이 False를 리턴할 때까지 while 문 하위 블록의 코드를 반복하여 실행한다.

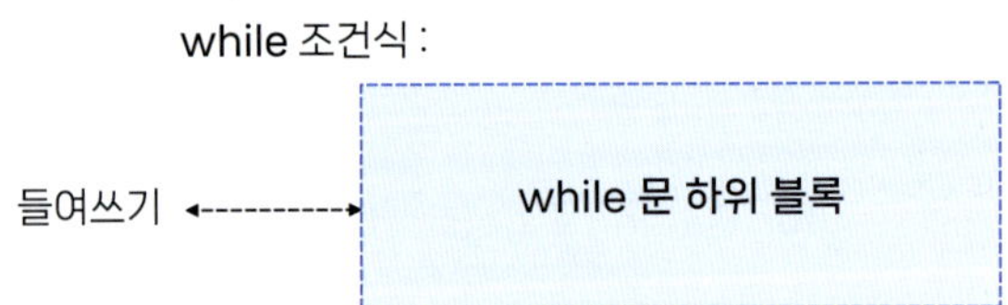


[그림 2-5-2-1] while 문의 구조

[그림 2-5-2-2]는 while 문을 사용한 코드 예시이다. for 문과 달리 while 문은 while 문 내에서 변수를 정의하지 않기 때문에 먼저 0으로 초기화하는 변수 i를 선언한다. while 문은 변수 i가 10보다 작으면 while 문 하위 블록코드인 'i += 1'를 수행하고, 변수 i가 10보다 같거나 클 때까지 반복해서 수행한다. while 문은 변수 i가 반복마다 1씩 증가하여 10이 될 때 반복을 종료하고 while 문을 빠져나온다.

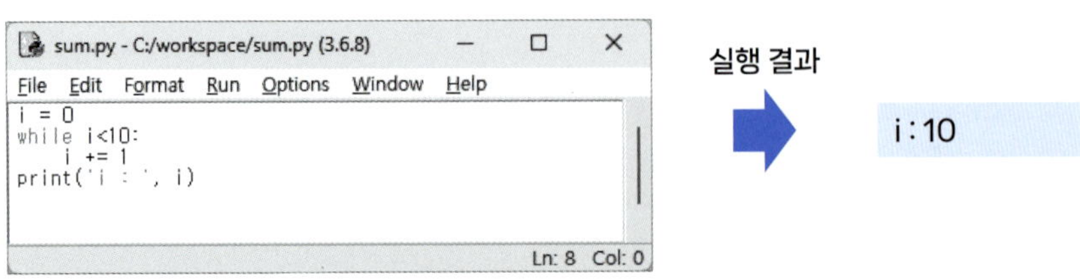


[그림 2-5-2-2] while 문 코드 예시

## 3. 반복문 제어를 위한 break와 continue

반복문 for 문 또는 while 문 하위 블록의 코드에서 break 키워드를 만나면 break 키워드 이후의 코드 실행 없이 바로 반복문을 빠져나온다. [그림 2-5-3-1]은 while 반복문에서 break 키워드를 사용하여 동작을 확인하는 코드 예시이다. 변수 i를 0으로 초기화하고 while 문 하위 블록의 코드에서 반복마다 1씩 증가시킨다. 또한, while 문 하위 블록의 코드에서 if 조건문을 사용하여 변수 i가 5일 때 break 키워드를 만나도록 코드를 작성한다. [그림 2-5-3-1]의 실행 결과를 확인할 수 있듯이 변수 i가 반복마다 1씩 증가하다 i가 5일 때 break 문을 만나고 즉시 while 문을 빠져나가고 while 반복문 다음에 'print('i : ', i)' 출력문을 실행한다.

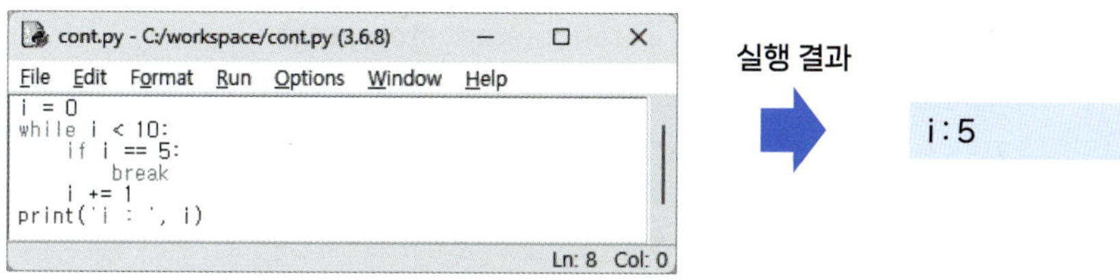


[그림 2-5-3-1] while 반복문에서 break 키워드를 사용한 코드 예시

continue 키워드를 반복문 하위 블록의 코드에서 만나면 break 키워드와 달리 즉시 반복문을 빠져나가지 않고 현재 반복에서 continue 키워드 하위의 코드를 실행하지 않고 다음 반복으로 넘어간다. [그림 2-5-3-2]는 while 반복문에서 continue 키워드를 만났을 때 동작을 나타낸다. while 문 하위 블록의 코드에서 변수 i를 1씩 증가시키고 print() 함수를 통해 변수 i의 값을 출력한다. 추가로, 조건문을 통해 변수 i가 5일 때 continue 키워드를 만난다. [그림 2-5-3-2]의 실행 결과를 통해 while 반복문에서 변수 i가 5일 때 continue 키워드를 만나고 현재 반복에서 continue 키워드 하위의 'print('i : ', i)' 코드를 실행하지 않고 while 문에서 다음 반복으로 넘어간다.

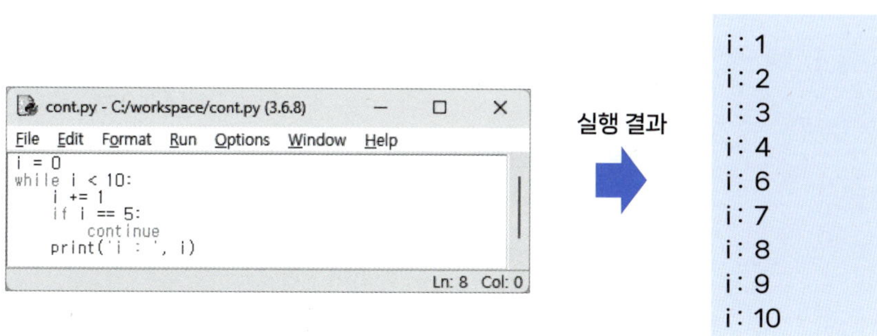


[그림 2-5-3-2] while 반복문에서 continue 키워드를 사용한 코드 예시

## 4. 중첩 반복문

반복문 내에는 하나 이상의 반복문을 포함할 수 있다. [그림 2-5-4-1]은 첫 번째 for 문 하위 블록코드에 두 번째 for 문이 포함된 구조를 나타낸다. 파이썬 인터프리터에 의해 첫 번째 for 문 하위 블록의 코드로 인식되기 위해서는 들여쓰기의 크기를 맞춰주어야 한다. 마찬가지로 두 번째 for 문 하위 블록의 코드로 인터프리터에 의해 인식되기 위해서는 두 번째 for 문 하위 블록의 코드는 같은 크기의 들여쓰기를 사용해야 한다.

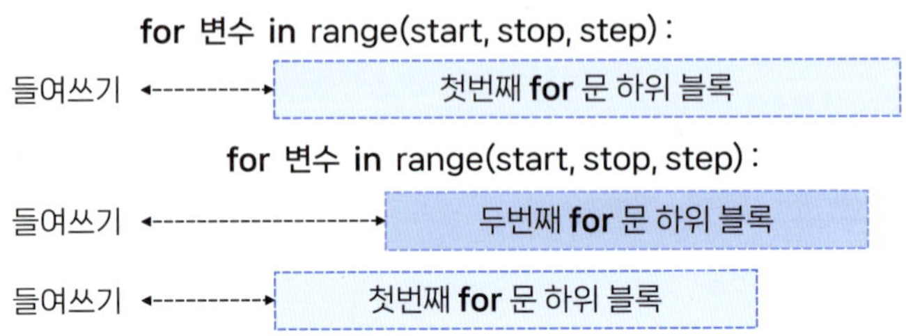


[그림 2-5-4-1] 중첩 for 문의 구조

[그림 2-5-4-2]는 중첩 for 문을 사용한 코드 예시이다. 첫 번째 for 문은 변수 i의 각각의 반복에 대해 0, 1, 2가 할당된다. 두 번째 for 문은 첫 번째 for 문의 각 반복에 대해서 수행되기 때문에, 변수 i의 값이 일정할 때 변수 j는 각각의 반복에 대해 0과 1의 값을 가진다. 'print()' 출력문은 첫 번째 for 문 하위 블록의 코드이기 때문에 첫 번째 for 문에 각 반복에 대해 줄 바꿈을 출력한다.

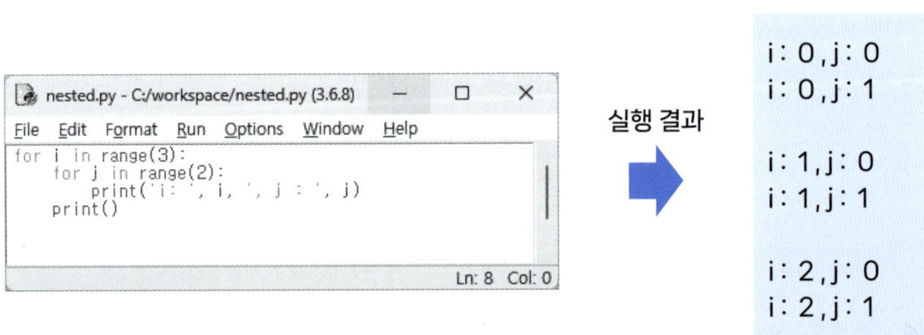


[그림 2-5-4-2] 중첩 for 문을 사용한 코드 예시

# 2-6 함수

함수는 특정 작업을 수행하는 독립적인 코드의 모음이다. 함수는 사용자가 필요한 작업을 함수의 형태로 코드를 작성하는 사용자 정의 함수가 있고, 파이썬에서 미리 함수의 형태로 만들어 사용자에게 제공하는 내장 함수가 있다.

## 1. 사용자 정의 함수

사용자 정의 함수를 만들기 위해서는 def 키워드를 사용한다. [그림 2-6-1-1]은 사용자 정의 함수의 구조를 나타낸다. def 키워드 다음에 함수의 이름을 작성하고 같은 줄에 괄호 안에 함수에서 사용할 매개변수를 정의한다. 매개변수가 없을 경우에는 비어있는 괄호만 작성하고, 여러 개인 경우 콤마 ','로 구분하여 나열한다. def 키워드가 사용된 줄은 콜론 ':'을 입력하여 마무리한다. 함수의 하위 블록에는 해당 함수가 호출되었을 때 실행될 코드를 작성하고, 함수의 하위 블록임을 나타내기 위해 일정 크기로 들여쓰기한다. 이후에 실행 결과를 리턴하기 위해 return 키워드를 사용한다. 리턴할 변수를 콤마 ','로 구분하여 나열하고 만약 함수에 리턴할 결과가 없다면 return 키워드를 생략할 수 있다.

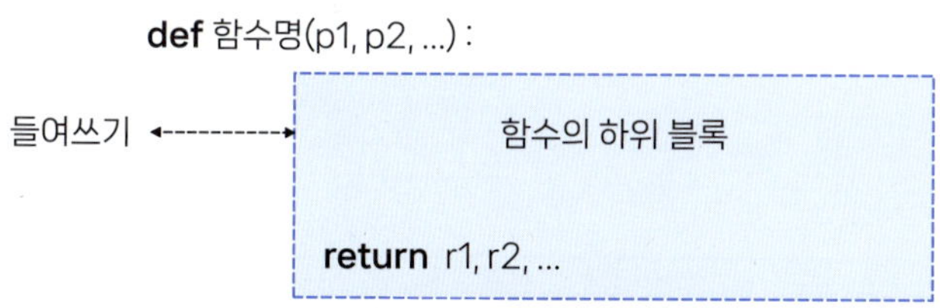


[그림 2-6-1-1] 사용자 정의 함수의 구조

[그림 2-6-1-2]는 함수를 사용한 간단한 코드 예시이다. def 키워드로 정의한 calc 함수는 두 개의 매개변수 a와 b를 받는다. 함수는 a + b의 값을 변수 r1에, a×b의 값을 r2에 할당하고, return 키워드를 사용해 r1과 r2를 리턴한다.
함수 하위 블록 아래에는 인자로 2와 3을 전달하여 calc 함수를 호출하고, 리턴 값을 변수 c와 d에 할당하는 코드가 있다. 마지막으로, 변수 c와 d를 출력하여 함수의 리턴 값을 확인한다.

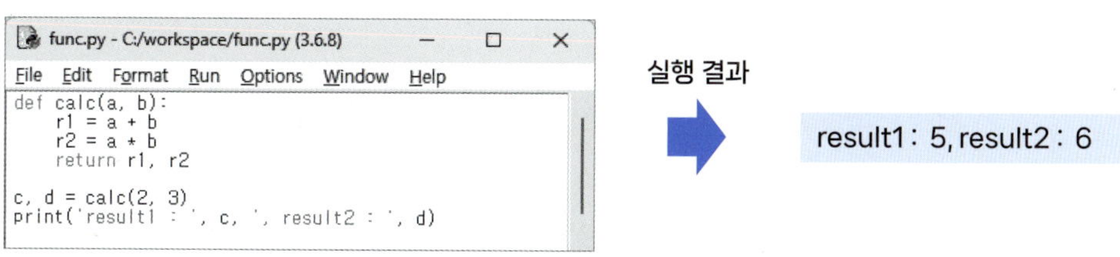


[그림 2-6-1-2] 사용자 정의 함수의 구조

## 2. 내장 함수

사용자 정의 함수와 달리 사용자의 구현 없이 파이썬에서 미리 구현하여 사용자에게 제공하는 함수를 내장 함수라고 한다. 특히, 산술 연산을 할 때 많이 사용되는 대표적인 내장 함수는 [그림 2-6-2-1]과 같다. [그림 2-6-2-2]는 실제로 각 내장 함수를 사용한 코드 예시이다.

| 내장 함수 | 동작 설명 |
|---|---|
| abs(a) | 변수 a가 정수형(int) 또는 실수형(float)인 경우 절대값을 리턴 |
| min(a, b, …) | 여러 개의 정수 또는 실수 인자 a, b, … 를 전달 받아 가장 작은 값을 리턴 |
| max(a, b, …) | 여러 개의 정수 또는 실수 인자 a, b, … 를 전달 받아 가장 큰 값을 리턴 |
| pow(a, b) | 인자 a와 b에 대하여 a를 b 제곱한 값을 리턴 |
| round(a, b) | 인자 a는 반올림할 수이고 인자 b는 소수점 이하 몇 자리까지 반올림할지 지정한 수(b는 생략 가능하고 생략된 경우 a는 반올림하여 정수로 표현) |

[그림 2-6-2-1] 파이썬에서 제공하는 산술 연산에 많이 쓰이는 내장 함수 설명

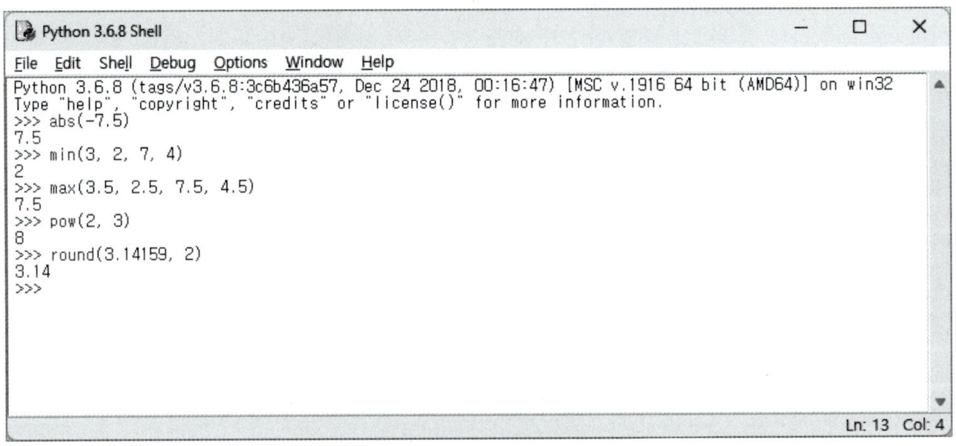


[그림 2-6-2-2] 내장 함수를 사용한 코드 예시

# 2-7 리스트

리스트는 여러 개의 데이터를 하나의 변수로 저장할 수 있도록 지원한다. [그림 2-7-1]은 리스트 변수를 선언하고 인덱스를 통해 값을 참조하는 예시이다. 리스트는 변수 A에 대괄호 '[]'를 사용하여 여러 데이터를 묶어서 할당한다. 하나의 리스트로 묶이는 데이터는 콤마 ','로 구분하고 서로 다른 자료형도 가능하다. 하나의 리스트로 묶이는 각각의 데이터를 리스트의 원소라고 하며, 변수와 인덱스를 통해 참조할 수 있다. 예를 들면, 인덱스는 맨 앞의 원소는 0부터 시작하여 순차적으로 1씩 증가시킨다. 인덱스는 음수 사용도 가능한데 가장 마지막 원소의 인덱스를 −1로 설정하여 역순으로 1씩 감소시킨다.

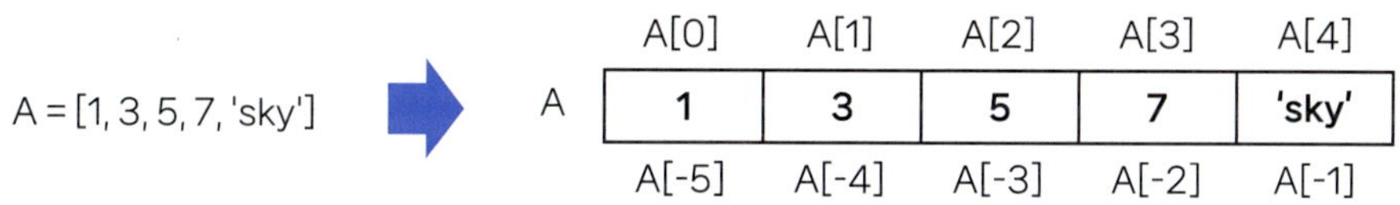


[그림 2-7-1] 리스트의 인덱스를 통한 원소 참조 코드 예시

[그림 2-7-2]는 리스트의 각 원소를 인덱스를 통해 참조한 코드 예시이다. 리스트 변수 A와 함께 대괄호 안에 참조하기 원하는 원소의 인덱스를 넣는다. 인덱스 2를 가지는 리스트의 원소는 'A[2]'로 참조하고, 같은 원소를 음수 인덱스를 통해 'A[−3]'로 참조할 수 있다.

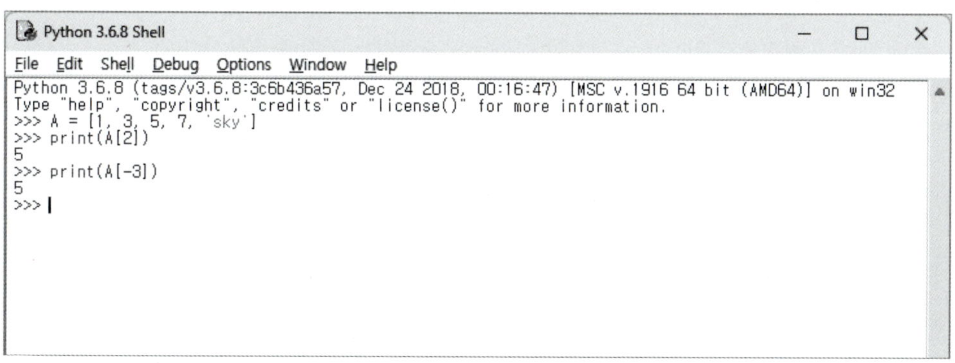


[그림 2-7-2] 리스트의 인덱스를 통한 원소 참조 코드 예시

## 1. 리스트의 메소드

리스트는 편리하게 사용 가능한 다양한 메소드를 제공한다. [그림 2-7-1-1]은 리스트의 주요 메소드에 대한 동작을 설명한다. [그림 2-7-1-2]는 리스트의 주요 메소드를 사용한 코드의 예시이다.

| 메소드 | 동작 설명 |
|---|---|
| A.append(a) | 리스트 A의 맨 마지막에 변수 a의 값을 추가 |
| A.remove(a) | 리스트 A에서 변수 a의 값과 같은 첫 번째 원소를 찾아 제거 |
| A.insert(i, a) | 리스트 A의 인덱스 i의 위치에 변수 a의 값을 삽입 |
| A.sort() | 리스트 A의 원소들에 대해 정렬을 수행 |
| A.reverse() | 리스트 A의 원소들의 순서를 거꾸로 뒤집음 |

[그림 2-7-1-1] 리스트의 주요 메소드에 대한 동작 설명

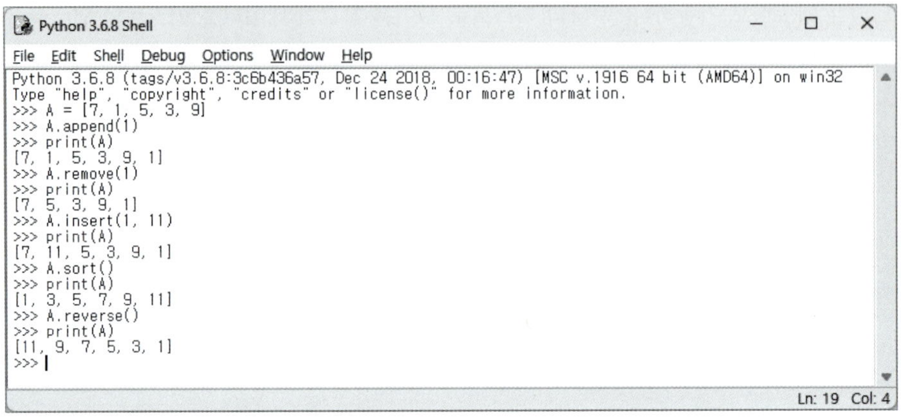


[그림 2-7-1-2] 리스트의 주요 메소드를 사용한 코드의 예시

## 2. 리스트 표현식

파이썬은 표현식을 통해서 효율적으로 리스트를 생성하도록 지원한다. [그림 2-7-2-1]은 리스트 표현식을 작성하는 구조를 나타낸다. 리스트를 나타내는 대괄호 '[]' 안에서 for 문을 통해 각 변수에 대한 표현식으로 원소를 구성하여 리스트에 포함하는 동작을 수행한다.

```
[ 표현식 for 변수 in range(start, stop, step) 또는 리스트 ]
```

[그림 2-7-2-1] 리스트 표현식의 구조

예를 들어, [그림 2-7-2-2]는 왼쪽의 코드를 리스트 표현식을 사용하여 오른쪽과 같이 효율적으로 나타낸 것이다. 'range(5)' 함수를 통해서 for 문을 통해 각 반복에 0에서부터 4까지 변수 i에 할당이 되면 'i*10' 표현식을 통해 계산된 값이 리스트의 원소로 포함된다.

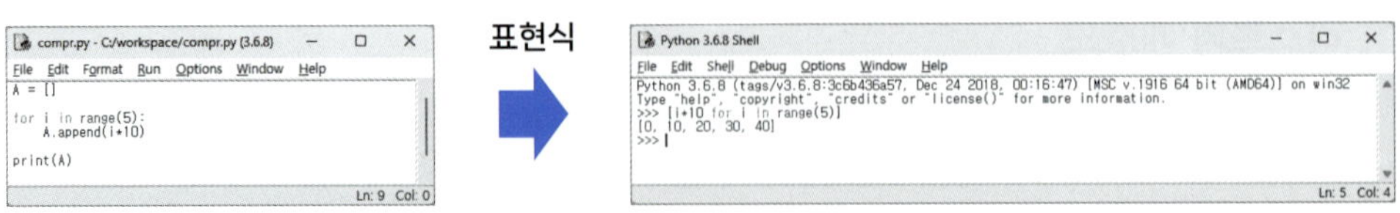


[그림 2-7-2-2] 리스트 표현식 사용 코드 예시

## 3. 리스트 슬라이싱

리스트 슬라이싱은 하나의 리스트에 포함된 전체 원소들 중에서 부분 원소들을 포함한 리스트를 가져오는 방법이다. [그림 2-7-3-1]은 리스트 슬라이싱을 위한 문법과 동작을 설명한다. [그림 2-7-3-2]는 리스트 슬라이싱을 사용한 코드 예시이다.

| 슬라이싱 | 동작 설명 |
| --- | --- |
| A[i : j] | 리스트 A에서 인덱스 i부터 인덱스 (j-1)까지의 원소들의 리스트를 리턴 |
| A[i : ] | 리스트 A에서 인덱스 i부터 마지막 인덱스까지의 원소들의 리스트를 리턴 |
| A[ : j] | 리스트 A에서 첫 인덱스부터 인덱스 (j-1)까지의 원소들의 리스트를 리턴 |
| A[ : ] | 리스트 A의 전체 원소들을 포함하는 리스트 리턴 |

[그림 2-7-3-1] 리스트 슬라이싱을 위한 문법

```
Python 3.6.8 Shell
File Edit Shell Debug Options Window Help
Python 3.6.8 (tags/v3.6.8:3c6b436a57, Dec 24 2018, 00:16:47) [MSC v.1916 64 bit (AMD64)] on win32
Type "help", "copyright", "credits" or "license()" for more information.
>>> A = [11, 9, 7, 5, 3, 1]
>>> print(A[1:3])
[9, 7]
>>> print(A[1: ])
[9, 7, 5, 3, 1]
>>> print(A[ :3])
[11, 9, 7]
>>> print(A[ : ])
[11, 9, 7, 5, 3, 1]
>>> |
                                                        Ln: 12  Col: 4
```

[그림 2-7-3-2] 리스트 슬라이싱을 사용한 코드 예시

# 2-8 문자열

문자열은 말 그대로 문자의 나열을 의미하고, 큰따옴표 "…" 또는 작은따옴표로 '…'로 싸여진 데이터는 문자열이 된다. [그림 2-8-1]은 문자열 'Good'로 초기화된 변수 A를 선언하고 print() 함수를 통한 출력과 + 연산자를 이용한 연산을 수행한 코드의 예시이다. 변수 A에 'morning' 문자열과 + 연산자로 연산을 수행하면 [그림 2-8-1]과 같이 문자열이 합쳐져 'Good morning'이 변수 A에 할당된다.

```
Python 3.6.8 Shell
File Edit Shell Debug Options Window Help
Python 3.6.8 (tags/v3.6.8:3c6b436a57, Dec 24 2018, 00:16:47) [MSC v.1916 64 bit (AMD64)] on win32
Type "help", "copyright", "credits" or "license()" for more information.
>>> A = 'Good'
>>> print(A)
Good
>>> A = A + ' morning'
>>> print(A)
Good morning
>>>
```

**[그림 2-8-1] 문자열 변수의 선언과 출력 및 연산 수행 코드 예시**

문자열 변수는 인덱스를 통해서 문자열의 각 문자로 참조가 가능하다. [그림 2-8-2]는 'Hello' 문자열을 할당한 변수 A에 대해서 인덱스를 통해 각 문자의 참조를 나타낸다. [그림 2-8-3]은 문자열 변수 A에서 인덱스 1과 −4에 해당하는 문자를 출력한 코드 예시이다.

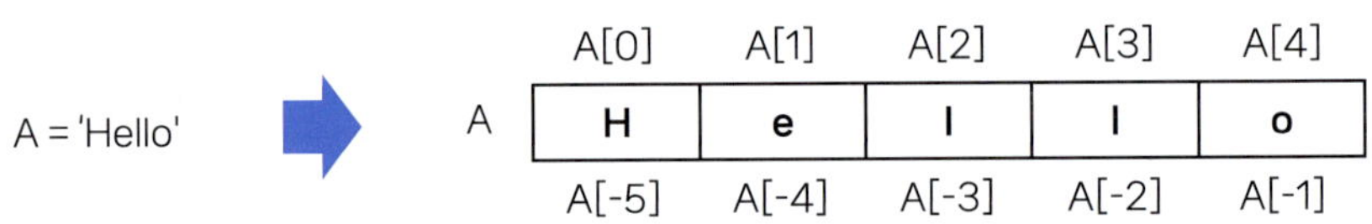


**[그림 2-8-2] 문자열 변수에서 인덱스를 통한 각 문자의 참조 예시**

```
Python 3.6.8 Shell
File Edit Shell Debug Options Window Help
Python 3.6.8 (tags/v3.6.8:3c6b436a57, Dec 24 2018, 00:16:47) [MSC v.1916 64 bit (AMD64)] on win32
Type "help", "copyright", "credits" or "license()" for more information.
>>> A = 'Hello'
>>> print(A[1])
e
>>> print(A[-4])
e
>>> |
```

**[그림 2-8-3] 문자열 변수에서 인덱스를 통한 각 문자의 참조를 수행한 코드 예시**

문자열은 정수 또는 소수와 같은 숫자로 변환이 가능하다. 반대로, 정수 또는 소수와 같은 숫자도 문자열로 변환이 가능하다. [그림 2-8-4]는 파이썬 내장 함수를 사용하여 문자열을 숫자로, 숫자를 문자열로 변환하는 동작을 보여준다.

| 변환 함수 | 동작 설명 |
|---|---|
| int(A) | 문자열 변수 A를 입력하면 정수로 변환 |
| float(A) | 문자열 변수 A를 입력하면 부동소수점 수로 변환 |
| str(a) | 정수 또는 부동소수점 변수 a를 입력하면 문자열로 변환 |

[그림 2-8-4] 문자열을 숫자로, 숫자를 문자열로 변환하는 내장 함수

[그림 2-8-5]는 int() 함수를 통해 문자열 '33'을 정수로 변환하여 2를 곱하는 연산과 float() 함수로 문자열 '4.4'를 부동소수점 수로 변환하여 2를 곱하는 연산을 수행한다. 또한, 반대로 숫자인 33과 4.4를 str() 함수를 통해 문자열로 변환한 후 + 연산을 수행하면, 문자열 사이의 + 연산이 수행되어 하나의 문자열로 출력된다.

```
Python 3.6.8 Shell
File Edit Shell Debug Options Window Help
Python 3.6.8 (tags/v3.6.8:3c6b436a57, Dec 24 2018, 00:16:47) [MSC v.1916 64 bit (AMD64)] on win32
Type "help", "copyright", "credits" or "license()" for more information.
>>> print(int('33')*2)
66
>>> print(float('4.4')*2)
8.8
>>> print(str(33) + str(4.4))
334.4
>>> |
```

[그림 2-8-5] 문자열을 숫자로, 숫자를 문자열로 변환하는 내장 함수를 사용한 코드 예시

파이썬 문자열에는 유용한 메소드를 지원한다. [그림 2-8-6]은 문자열을 위한 주요 메소드의 동작을 설명한다. [그림 2-8-7]은 문자열 메소드를 사용한 코드의 예시이다.

| 메소드 | 동작 설명 |
|---|---|
| A.lower() | 문자열 변수 A에 대문자를 소문자로 변환하여 리턴 |
| A.upper() | 문자열 변수 A에 소문자를 대문자로 변환하여 리턴 |
| A.replace(a, b) | 문자열 변수 A에 포함된 문자열 a를 문자열 b로 교체하여 리턴 |
| A.split() | 변수 A의 문자열을 공백 기준으로 분리한 결과를 담은 리스트 리턴 |
| A.split(a) | 변수 A의 문자열을 문자열 a 기준으로 분리한 결과를 담은 리스트 리턴 |

[그림 2-8-6] 파이썬 문자열을 위한 유용한 메소드 동작 설명

```
Python 3.6.8 Shell
File Edit Shell Debug Options Window Help
Python 3.6.8 (tags/v3.6.8:3c6b436a57, Dec 24 2018, 00:16:47) [MSC v.1916 64 bit (AMD64)] on win32
Type "help", "copyright", "credits" or "license()" for more information.
>>> A = 'Good Morning'
>>> print(A.lower())
good morning
>>> print(A.upper())
GOOD MORNING
>>> print(A.replace('Morning', 'Evening'))
Good Evening
>>> print(A.split())
['Good', 'Morning']
>>> print(A.split('r'))
['Good Mo', 'ning']
>>> |
```

[그림 2-8-7] 문자열을 위한 메소드를 사용한 코드 예시

# Part 3

# TOSC 3/4/5급 기출문제

# 문제 1 해적 통아저씨 룰렛 게임

**전체 지문**

아래 [그림 3-1-1]과 같은 "해적 통아저씨 룰렛 게임"을 하려고 한다. 24개의 구멍이 뚫려 있는 장난감 통나무 안에 검은 수염과 안대를 한 해적이 박혀있고, 이 구멍에 나이프를 꽂아 넣으면 버튼이 눌리면서 해적이 튀어나온다. 해적이 튀어나오는 버튼이 있는 구멍은 단 한 군데뿐이며 이 구멍에 나이프를 꽂아 넣은 사람이 패배하는 게임이다. 해적이 튀어나오는 버튼이 있는 구멍은 매번 바뀐다.

[그림 3-1-1] 해적 통아저씨 룰렛 게임

## 문제 1-1 5급

| 시간제한 | 1초 |
|---|---|
| 메모리제한 | 128MB |

제1회 TOSC 3/4/5급 문제 1-1

**소문제 지문**

세종이는 코로나로 인해 혼자 "해적 통아저씨 룰렛 게임"을 하려고 한다. 세종이는 24개의 칼을 총 3번에 나누어 통나무에 꽂아 넣으려고 한다. 먼저, 꽂으면 패배하는 칼의 순서 N을 입력한다. 다음 24개의 칼을 3번에 나누어 꽂아 넣기 위해 3그룹으로 나누고 각 그룹의 칼 개수를 차례로 입력한다. 입력이 완료되면 몇 번째 그룹에서 해적이 튀어나왔는지 출력하는 프로그램을 작성하시오.

**제한사항**

- N은 1 이상 24 이하의 정수이다.
- 세 번의 나누어 꽂히는 칼의 개수의 합은 24이다.

**문제 풀이 Steps**

- **Step 1** 꽂으면 해적이 튀어나오는 칼 번호 N을 입력받는다.
- **Step 2** 그룹이 꽂아야 하는 칼 수를 세 번 입력받는다.
- **Step 3** 그룹에서 칼을 꽂을 때, 칼의 합이 N 이상이 되는 그룹을 계산하여 출력한다.

**입출력 예시**

| 입력 예시 1 | 출력 예시 1 |
|---|---|
| 18 ↦ 18번째의 칼이 패배<br>10 ↦ 1번째 그룹의 칼 수<br>9 ↦ 2번째 그룹의 칼 수<br>5 ↦ 3번째 그룹의 칼 수 | 2 ↦ 18번째 칼은 2번째 그룹이 꽂았기 때문에 2를 출력 |

## 문제 해설

**[문제 접근 방법]**

이 문제는 주어진 순서대로 값을 누적해서 특정 조건을 만족하는 순간을 찾는 문제다. 해적이 튀어나오는 칼의 번호와 세 개의 그룹에서 사용한 칼의 수를 입력받고 순서대로 더하며 해적이 튀어나오는 칼의 번호가 포함되는 그룹을 찾는 방식으로 접근한다.

**[풀이 및 입출력 설명]**

해적이 튀어나오는 칼 번호 N을 입력받고 세 그룹이 차례대로 칼을 몇 개씩 꽂는지를 입력받는다. 이제 각 그룹이 몇 개의 칼을 꽂는지 누적해서 더하다가, 그 누적 합이 N 이상이 되는 가장 처음 등장한 그룹의 번호를 출력하면 된다.

| N (18) | 그룹 | 1 | 2 | 3 |
|---|---|---|---|---|
| | 칼의 수 | 10 | 9 | 5 |
| | 누적합 | 10 | 19 | 24 |

[그림 3-1-2] 입력값에 따른 칼의 수 누적 합 계산

입력 예시에서, N이 18일 때, 각 그룹이 10개, 9개, 5개를 꽂는다. 첫 번째 그룹이 10개를 꽂은 후에도 해적은 튀어나오지 않고, 두 번째 그룹이 추가로 9개를 꽂는 순간 누적 합이 19가 된다. 이는 N인 18보다 크기 때문에 두 번째 그룹에서 해적이 튀어나오게 된다.

## 정리

이 문제는 입출력과 누적 합을 이용해 조건을 만족하는 순간을 찾아내는 기본 문제다.

## 풀이 코드

```python
# 꽂으면 해적이 튀어나오는 칼 번호 N 입력
N = int(input())

# 각 그룹이 꽂을 칼의 개수 입력 (3개)
group = int(input())   # 세 개의 그룹의 칼 개수 입력
group2 = int(input())
group3 = int(input())

# 칼 수 누적 합을 저장할 변수
total = 0

# 첫 번째 그룹의 칼 개수를 추가함
total += group
if total >= N:  # group >= N
    print(1)    # 첫 번째 그룹에서 해적이 튀어나옴
else:
    # 첫 번째 그룹에서 튀어나오지 않았다면, 두 번째 그룹까지 합산
    total += group2
    if total >= N:  # (group + group2) >= N
        print(2)    # 두 번째 그룹에서 해적이 튀어나옴
    else:  # (group + group2) < N
        # 두 번째 그룹에서 튀어나오지 않았다면 세 번째 그룹에서 튀어나옴
        print(3)
```

## 문제 1-2 4급

| 시간제한 | 1초 |
|---|---|
| 메모리제한 | 128MB |

제1회 TOSC 3/4/5급 문제 1-2

**소문제 지문**

1년이 지났지만 코로나가 끝나지 않아 세종이는 아직도 혼자 "해적 통아저씨 룰렛 게임"을 한다. 이제 세종이는 임의의 개수로 칼을 나누어 통나무에 꽂는다. 먼저, 꽂으면 패배하는 칼의 순서 N을 입력한다. 다음 임의의 개수로 칼을 나누고 이를 차례로 입력한다. 칼의 총수가 24를 초과하면 더 이상 입력이 되지 않고 출력한다. 입력이 완료되면 먼저 세종이가 몇 개의 그룹으로 칼을 나누어 꽂았는지 출력하고, 몇 번째 그룹에서 해적이 튀어나왔는지 출력하는 프로그램을 작성하시오.

**제한사항**

- N은 1 이상 24 이하의 정수이다.
- 각 그룹에서 꽂는 칼의 개수는 1 이상 24 이하의 정수이다.
- 입력된 칼의 총합이 24이거나 초과하는 경우, 즉시 입력을 종료하고 결과를 출력한다.

**문제 풀이 Steps**

**Step 1** 꽂으면 해적이 튀어나오는 칼 번호 N을 입력받는다.

**Step 2** 칼 개수의 합이 24와 같거나 초과하기 전까지 각 그룹이 꽂아야 하는 칼 수를 반복하여 입력받는다.

**Step 3** 입력받은 그룹의 개수와 N 번째 칼을 꽂은 그룹을 출력한다.

**입출력 예시**

**입력 예시 1**

```
18    ↦ 18번째의 칼이 패배
5     ↦ 1번째 그룹의 칼 수
3     ↦ 2번째 그룹의 칼 수
5     ↦ 3번째 그룹의 칼 수
7     ↦ 4번째 그룹의 칼 수
3     ↦ 5번째 그룹의 칼 수
2     ↦ 6번째 그룹의 칼 수
```

**출력 예시 1**

```
6     ↦ 총 6개의 그룹이 칼을 나눠 꽂음
4     ↦ 18번째 칼은 4번째 그룹이 꽂았기 때문에
        4를 출력
```

## 문제 해설

**[문제 접근 방법 및 풀이]**

이 문제는 주어진 순서대로 값을 누적해서 특정 조건을 만족하는 순간을 찾는 문제다. 반복문을 통해 누적 합을 계산하여 몇 번째 그룹에서 해적이 튀어나왔는지 계산하는 방법으로 접근한다.

**[입출력 설명]**

해적이 튀어나오는 칼 번호 N을 입력받고 칼 24개를 임의의 개수로 여러 그룹에 나누어 통에 꽂는다. 각 그룹이 꽂는 칼의 개수를 하나씩 입력하며, 칼의 총합이 24를 초과하면 즉시 입력을 종료한다. 입력이 끝나면 총 몇 개의 그룹으로 칼을 나눠 꽂았는지와 해적이 튀어나온 칼이 속하는 그룹을 출력해야 하므로 칼의 수를 입력받으면서 칼 개수의 누적 합과 그룹의 개수를 계산해야 한다.

| N (18) | 그룹 | 1 | 2 | 3 | 4 | 5 | 6 |
|---|---|---|---|---|---|---|---|
| | 칼의 수 | 5 | 3 | 5 | 7 | 3 | 2 |
| | 누적합 | 5 | 8 | 13 | 20 | 23 | 25 |

[그림 3-1-3] 입력값에 따른 칼의 수 누적 합 계산

입력 예시에서 N이 18일 때, 그룹이 꽂는 칼이 각각 5, 3, 5, 7, 3, 2라면 누적 합은 각 5 → 8 → 13 → 20 → 23 → 25가 되므로 마지막 여섯 번째 그룹의 칼을 입력받고 입력을 종료해야 한다. 또한 18번째 칼은 누적 합이 20이 되는 4번째 그룹에 포함되므로 그룹의 개수는 6, 18번째 칼을 포함한 그룹 4를 출력하면 된다.

**잠깐만요**

이 문제에서는 입력할 그룹의 수가 정해져 있지 않기 때문에 while 반복문을 이용하여 조건(총합 ≥ 24)을 만족할 때까지 계속 입력받아야 합니다.

## 정리

이 문제는 정해지지 않은 반복 입력 처리와 누적 합 계산을 통해 조건을 만족하는 순간을 찾아내는 문제다.

## 풀이 코드

```python
# 해적이 튀어나오는 칼 번호 N 입력
N = int(input())

# 총 칼 수의 누적 합을 저장할 변수
total = 0

# 그룹의 개수를 세는 변수
group_count= 0

# 해적이 튀어나온 그룹 번호를 저장할 변수
pirate_group= 0


# 칼의 총합이 24를 넘지 않는 동안 반복
while total < 24:
    group_count+= 1  # 그룹 수 1 증가
    knives = int(input())  # 이번 그룹이 꽂을 칼 수 입력
    total += knives  # 누적 합에 더하기

    # 해적이 튀어나오는 칼 번호 N이 포함되는 그룹을 처음으로 찾으면 저장
    if total >= N and pirate_group== 0:
        pirate_group= group_count

    # 총합이 24를 초과하면 반복 중단
    if total >= 24:
```

```
        break

# 결과 출력
print(group_count)      # 총 몇 개의 그룹으로 나누었는지 출력
print(pirate_group)     # 해적이 튀어나온 칼이 몇 번째 그룹에 있는지 출력
```

## 문제 1-3 3급

시간제한 1초
메모리제한 128MB

제1회 TOSC 3/4/5급 문제 1-3

**소문제 지문**

1년이 더 지나 코로나가 끝이 나고 드디어 세종이는 친구 대한이를 불러 같이 “해적 통아저씨 룰렛 게임”을 한다. 이제 세종이와 대한이는 가위바위보를 하여 진 사람부터 번갈아 가며 임의의 개수로 칼을 나누어 통나무에 꽂는다. 먼저, 꽂으면 패배하는 칼의 순서 N을 입력한다. 다음 세종이가 먼저 꽂으면 1을 입력받고 대한이가 먼저 꽂으면 2를 입력받는다. 이후 먼저 시작하는 사람부터 번갈아 꽂은 칼의 수를 입력받는다. 총 칼의 수가 24 이상이거나 초과하게 되면 더 이상 입력되지 않는다. 첫 번째 출력은 세종이가 꽂았을 때 해적이 튀어나오면 A를 출력하고, 대한이가 꽂았을 때 해적이 튀어나오면 B를 출력한다. 그다음 칼을 꽂았을 때 해적이 튀어나온 사람이 본인의 몇 번째 그룹의 칼에서 해적이 튀어나왔는지 출력하는 프로그램을 작성하시오.

**제한사항**

- N은 1 이상 24 이하의 정수이다.
- 각 그룹에서 꽂는 칼의 개수는 1 이상 24 이하의 정수이다.
- 입력된 칼의 총합이 24이거나 초과하는 경우, 즉시 입력을 종료하고 결과를 출력한다.

**문제 풀이 Steps**

Step 1 꽂으면 해적이 튀어나오는 칼 번호 N을 입력받는다.

Step 2 먼저 시작하는 사람을 입력받는다.

Step 3 각 그룹에서 꽂는 칼 수의 합이 24가 넘기 전까지 반복하여 칼 수를 입력받는다.

Step 4 해적이 튀어나온 사람과 해당 사람의 몇 번째 그룹의 칼에서 해적이 튀어나왔는지 출력한다.

**입출력 예시**

| 입력 예시 1 | |
|---|---|
| 18 | ↦ 18번째의 칼이 패배 |
| 1 | ↦ 세종(A)부터 먼저 시작 |
| 1 | ↦ 세종(A)의 1번째 그룹 칼 수 |
| 5 | ↦ 대한(B)의 1번째 그룹 칼 수 |
| 3 | ↦ 세종(A)의 2번째 그룹 칼 수 |
| 5 | ↦ 대한(B)의 2번째 그룹 칼 수 |
| 7 | ↦ 세종(A)의 3번째 그룹 칼 수 |
| 1 | ↦ 대한(B)의 3번째 그룹 칼 수 |
| 4 | ↦ 세종(A)의 4번째 그룹 칼 수 |
| | 총 칼의 수가 24 이상이므로 입력 종료 |

| 출력 예시 1 | |
|---|---|
| A | ↦ 세종이가 칼을 꽂았을 때 해적이 튀어나옴 |
| 3 | ↦ 세종이의 3번째 그룹의 칼에서 해적이 튀어나왔으므로 3을 출력 |

## 문제 해설

**[문제 접근 방법]**

이 문제는 주어진 순서대로 값을 누적해서 특정 조건을 만족하는 순간을 찾는 누적 합 및 시뮬레이션 문제다. 해적이 튀어나오는 칼 번호가 누구의 몇 번째 그룹에 해당하는지 반복문을 통해 누적 합을 계산하는 방법으로 접근한다.

**[풀이 및 입출력 설명]**

해적이 튀어나오는 칼 번호 N을 입력받고 세종이와 대한이 중 누가 먼저 시작하는지 입력받은 후, 세종이와 대한이가 번갈아 가며 칼 24개를 임의의 개수로 나누어 통에 꽂는다. 세종이와 대한이가 번갈아 가며 각 그룹이 꽂는 칼의 개수를 하나씩 입력하며, 칼의 총합이 24를 초과하면 즉시 입력을 종료한다. 입력이 끝나면 두 가지를 출력해야 한다. 해적을 튀어나오게 한 사람과 해당 사람의 몇 번째 그룹의 칼에서 해적이 튀어나왔는지를 출력해야 한다.

해적을 튀어나오게 한 사람과 해당 사람의 그룹을 계산하기 위해서 칼의 수를 입력받을 때마다 1씩 증가하는 변수를 선언한다. 해당 변수를 2로 나눴을 때, 나머지 값의 홀수, 짝수 여부에 따라 해적을 튀어나오게 한 사람을 확인할 수 있다. 마찬가지로 해당 변수에 1을 더한 값을 2로 나눈 몫으로 몇 번째 그룹에서 해적이 튀어나왔는지 계산할 수 있다.

| 입력 |
|---|
| N |
| 18 |

| 순서 | 세종(A) | 대한(B) | 세종(A) | 대한(B) | 세종(A) | 대한(B) | 세종(A) |
|---|---|---|---|---|---|---|---|
| 전체 그룹 | 1 | 2 | 3 | 4 | 5 | 6 | 7 |
| 그룹 | 1 | 1 | 2 | 2 | 3 | 3 | 4 |
| 칼의 수 | 1 | 5 | 3 | 5 | 7 | 1 | 4 |
| 누적합 | 1 | 6 | 9 | 14 | **21** | 22 | 26 |

[그림 3-1-4] 입력값에 따른 칼을 찌른 사람과 칼의 수 누적 합 계산

입력 예시에서 N이 18일 때, 세종이와 대한이 중 세종이가 먼저 칼을 꽂는다. 세종이와 대한이가 번갈아 가며 꽂는 칼이 각각 1, 5, 3, 5, 7, 1, 4라면 누적 합은 각 1 → 6 → 9 → 14 → 21

→ 22 → 26이 되므로 마지막 세종이의 4번째 그룹의 칼을 입력받고 입력을 종료해야 한다. 또한 18번째 칼은 누적 합이 21이 되는 세종이의 3번째 그룹에 포함된다. 누적 합이 21이 되었을 때, 전체 그룹은 5이며, 5를 2로 나눴을 때, 나머지가 1이므로 홀수(홀수이면 세종, 짝수이면 대한)이고, 5에 1을 더하여 2로 나눈 몫이 3이므로 세종이의 3번째 그룹에서 해적이 튀어나왔음을 알 수 있다. 따라서 A와 3을 출력한다.

## 정리

이번 문제는 정해지지 않은 반복 입력 처리와 누적 합 계산을 통해 복잡한 조건을 만족하는 순간을 찾아내는 문제이다.

## 풀이 코드

```
# 해적이 튀어나오는 칼 번호 N 입력
N = int(input())

# 먼저 시작하는 사람 입력 (1이면 세종(A), 2면 대한(B))
start = int(input())

total = 0            # 꽂은 칼 누적 합
global_group= 0      # 전체 그룹 개수
pirate_group= 0      # 해적이 튀어나온 전체 그룹 번호

# 총합이 24가 되거나 넘기 전까지 반복
while total < 24:
    global_group+= 1
    k = int(input())
    total += k

    # 처음으로 N 번째 칼이 포함된 그룹을 저장
    if total >= N and pirate_group== 0:
        pirate_group = global_group

# 누구 턴에서 해적이 튀어나왔는지 판정
if start == 1:
    # 세종(1)부터 시작
    if pirate_group % 2 == 1:
        pirate_person= 'A'
    else:
        pirate_person= 'B'
else:
```

```
    # 대한(2)부터 시작
    if pirate_group% 2 == 1:
        pirate_person= 'B'
    else:
        pirate_person= 'A'

# 해당 사람의 몇 번째 그룹에서 해적이 튀어나왔는지 계산
local_group= (pirate_group + 1) // 2

# 결과 출력
print(pirate_person)
print(local_group)
```

# 문제 2 봉사활동 총 소요 시간 계산하기

**전체 지문**

봉사활동을 총괄하는 세종이는 봉사활동에 드는 총 소요 시간을 계산하려고 한다. 각 봉사활동을 1인 기준으로 진행하는데 소요되는 시간 및 자원봉사자 수에 따라 소요 시간이 줄어드는 비율은 아래의 표와 같다. 예를 들어, 골목 청소의 경우 1인이 수행할 경우 100분이 걸리지만, 2~5인이 수행할 경우 50%인 50분 만에 완료할 수 있다.

| 구분 | 도시락 분배 | 골목 청소 | 연탄 나르기 |
|---|---|---|---|
| 봉사활동 번호 | 1 | 2 | 3 |
| 소요시간 (1인 기준) | 60분 | 100분 | 120분 |

| 자원봉사자 수 | 1인 | 2~5인 | 6~10인 | 11~20인 | 21인 이상 |
|---|---|---|---|---|---|
| 1인 소요시간 대비 소요시간 비율 | 100% | 50% | 25% | 10% | 5% |

[그림 3-2-1] 봉사활동 소요 기준시간 및 자원봉사자 수에 따른 소요 시간 비율

## 문제 2-1 5급

시간제한 1초
메모리제한 128MB

제1회 TOSC 3/4/5급 문제 2-1

**소문제 지문**

수행할 봉사활동의 번호 N과 자원봉사자 수 M을 입력받아 해당 봉사활동을 위해 소요되는 시간(분)을 출력하는 프로그램을 작성하시오.

**제한사항**

- N은 1 이상 3 이하의 정수이다.
- M은 1 이상 1,000 이하의 정수이다.
- 소요 시간(분)을 계산하였을 때, 소수점 이하의 값이 나오는 결과는 없다고 가정한다.

**문제 풀이 Steps**

- Step 1 수행할 봉사활동의 번호와 자원봉사자 수를 입력받는다.
- Step 2 봉사활동의 기준시간 및 자원봉사자 수를 고려하여 봉사활동 소요 시간을 계산한다.
(도시락 분배를 8명이 진행한 경우 60분*25%=15분 소요)
- Step 3 해당 봉사활동 소요 시간의 계산 결과를 출력한다.

**입출력 예시**

| 입력 예시 1 | 출력 예시 1 |
|---|---|
| 2 ↦ 봉사활동 번호<br>5 ↦ 자원봉사자 수 | 50 ↦ 봉사활동 소요 시간(100X0.5=50) |

## 문제 해설

**[문제 접근 방법]**

이 문제는 선택한 봉사활동의 기본 소요 시간과 자원봉사자의 수에 따른 시간 단축 비율을 계산하는 문제다. 따라서 봉사활동 번호에 따라 기준 시간을 먼저 정하고, 인원 수에 맞는 비율을 적용하여 최종 소요 시간을 구해야 한다. 문제의 핵심은 조건문을 통해 활동 번호와 인원 구간을 정확히 매칭하는 것이다.

**[풀이 및 입출력 설명]**

먼저 봉사활동 번호를 입력받아 기본 시간을 정한다. 도시락 분배는 60분, 골목 청소는 100분, 연탄 나르기는 120분이다. 이후 자원봉사자 수에 따라 소요 시간 비율을 결정한다. 마지막으로 기본 시간에 비율을 곱해 총 소요 시간을 계산하고 결과를 출력한다.

| 입력 | 봉사활동 번호 N | 2 |
|---|---|---|
| | 자원봉사자 수 M | 5 |

| 구분 | 도시락 분배 | 골목 청소 | 연탄 나르기 |
|---|---|---|---|
| 봉사활동 번호 | 1 | **2** | 3 |
| 소요시간 (1인 기준) | 60분 | **100분** | 120분 |

| 자원봉사자 수 | 1인 | 2~5인 | 6~10인 | 11~20인 | 21인 이상 |
|---|---|---|---|---|---|
| 1인 소요시간 대비 소요시간 비율 | 100% | **50%** | 25% | 10% | 5% |

[그림 3-2-2] 입력값에 따른 조건 분기 예시

입력 예시에서 N이 2이고 M이 5일 때, 봉사활동 번호 2번인 골목 청소를 5명이 봉사를 한다. 골목 청소는 1인 기준 100분이 걸리며 5인일 때, 1인 소요 시간 대비 소요 시간 비율이 50%이므로 100분의 50%, 즉 50분이 걸려 50을 출력한다.

## 정리

이 문제는 특정 봉사활동 번호와 자원봉사자 수를 입력받아 해당 활동의 실제 소요 시간을 계산하는 단일 연산 문제다. 핵심은 봉사활동 번호를 통해 1인 기준 소요 시간을 확인하고, 인원수에 따른 시간 비율을 적용해 총 소요 시간을 산출하는 것이다. 이를 통해 조건 분기와 간단한 연산을 연습할 수 있다.

## 풀이 코드

```
# 수행할 봉사활동 번호 N과 자원봉사자 수 M을 입력
N = int(input())
M = int(input())

# 1인 기준 소요 시간 결정
if N == 1:
    # 도시락 분배
    base_time = 60
elif N == 2:
    # 골목 청소
    base_time = 100
else:
    # 연탄 나르기
    base_time = 120

# 자원봉사자 수에 따른 소요 시간 비율 결정
if M == 1:
    ratio = 1.0          # 100%
elif 2 <= M <= 5:
    ratio = 0.5          # 50%
elif 6 <= M <= 10:
    ratio = 0.25         # 25%
elif 11 <= M <= 20:
    ratio = 0.1          # 10%
else:
    ratio = 0.05         # 5%

# 총 소요 시간을 계산
total_time = int(base_time * ratio)

# 결과를 분 단위로 출력
print(total_time)
```

## 문제 2-2 4급

시간제한 1초
메모리제한 128MB

제1회 TOSC 3/4/5급 문제 2-2

### 소문제 지문

각 봉사활동을 여러 번 수행할 때 소요되는 총 시간을 계산하려고 한다. 각 봉사활동은 동시에 진행되는 것이 아니라 하나의 봉사활동을 완료하고 그다음 봉사활동을 수행하는 형태로 진행된다고 가정한다. 전체 봉사활동의 수 K를 입력받은 뒤, 진행할 봉사활동의 번호 N과 해당 봉사활동에 참여하는 자원봉사자 수 M을 순서대로 입력받는다. 이때, 모든 봉사활동을 순서대로 진행하는데 소요되는 총 시간을 계산하여 출력하는 프로그램을 작성하시오.

### 제한사항

- K는 1 이상 50 이하의 정수이다.
- N은 1 이상 3 이하의 정수이다.
- M은 1 이상 1,000 이하의 정수이다.
- 소요 시간(분)을 계산하였을 때, 소수점 이하의 값이 나오는 결과는 없다고 가정한다.

### 문제 풀이 Steps

Step 1 진행할 전체 봉사활동의 수를 입력받는다.

Step 2 각 봉사활동의 번호와 자원봉사자 수를 입력받는다.

Step 3 봉사활동 번호와 자원봉사자 수를 고려하여 각 봉사활동의 소요 시간을 계산한다.

Step 4 각 봉사활동 소요 시간을 모두 더해 총 봉사활동 소요 시간을 계산하여 결과를 출력한다.

### 입출력 예시

**입력 예시 1**

```
5    ↦ 전체 봉사활동 수 K
1    ↦ 봉사활동 번호
10   ↦ 자원봉사자 수
2    ↦ 봉사활동 번호
3    ↦ 자원봉사자 수
1    ↦ 봉사활동 번호
15   ↦ 자원봉사자 수
3    ↦ 봉사활동 번호
30   ↦ 자원봉사자 수
2    ↦ 봉사활동 번호
10   ↦ 자원봉사자 수
```

**출력 예시 1**

```
102  ↦ 봉사활동 소요 시간
       (60X0.25+100X0.5+60X0.1+120X0.05
       +100X0.25=102)
```

## 문제 해설

**[문제 접근 방법]**

이 문제는 여러 번 수행되는 봉사활동의 총 소요 시간을 계산하는 문제다. 각 활동의 기본 소요 시간을 기준으로 자원봉사자 수에 따른 비율을 적용해 개별 소요 시간을 계산하고, 이를 모두 더해 총 소요 시간을 구한다.

**[풀이 및 입출력 설명]**

먼저 총 봉사활동 횟수 K를 입력받고, 반복문을 통해 각 봉사활동의 번호와 참여 인원을 차례로 입력받는다. 활동 번호는 배열을 통해 기준 소요 시간을 매칭하고, 참여 인원은 조건문을 통해 비율을 결정한다. 이후 기준 시간과 비율을 곱하여 해당 활동 소요 시간을 구해 누적한다. 모든 활동의 소요 시간을 더한 최종 합이 결과가 된다.

| 입력 | 총 봉사활동 수 K | 5 |
|---|---|---|

| 구분 | 도시락 분배 | 골목 청소 | 연탄 나르기 |
|---|---|---|---|
| 봉사활동 번호 | 1 | 2 | 3 |
| 소요시간 (1인 기준) | 60분 | 100분 | 120분 |

| 자원봉사자 수 | 1인 | 2~5인 | 6~10인 | 11~20인 | 21인 이상 |
|---|---|---|---|---|---|
| 1인 소요시간 대비 소요시간 비율 | 100% | 50% | 25% | 10% | 5% |

| 봉사활동 수 | 봉사활동 번호 N | 자원봉사자 수 M | 소요시간 |
|---|---|---|---|
| 1 | 1 | 10 | 60 × 0.25 = 15 |
| 2 | 2 | 3 | 100 × 0.5 = 50 |
| 3 | 1 | 15 | 60 × 0.1 = 6 |
| 4 | 3 | 30 | 120 × 0.05 = 6 |
| 5 | 2 | 10 | 100 × 0.25 = 25 |

**[그림 3-2-3] 입력값에 따른 봉사활동 소요 시간 계산 과정**

K가 5이므로 N과 M을 5번 반복하여 입력받는다. 5번의 봉사활동 번호와 자원봉사자 수를 입력받고 소요 시간을 계산한다. 예를 들어, 봉사활동 1번과 자원봉사자 수가 10명이라면 도시락 분배의 1인 기준 소요 시간 60분에 10인일 때, 1인 소요 시간 대비 소요 시간 비율인 25%를 곱하여 총 소요 시간 15분을 계산할 수 있다.

이렇게 각 봉사활동의 소요 시간을 계산하면 15분, 50분, 6분, 6분, 25분이며 모두 합한 결과는 102분이 나오므로 102를 출력한다. 이처럼 계산된 활동 별 소요 시간을 모두 더해 최종 결과를 출력한다.

## 정리

이 문제는 정해진 횟수만큼 봉사활동 정보를 입력받아 각 활동의 소요 시간을 계산하고, 이를 누적하여 합산하는 문제다. 자원봉사자 수에 따른 시간 비율을 적용해 실제 소요 시간을 산출해야 한다. 모든 활동의 소요 시간을 더한 뒤 최종 합계를 출력하는 것이 목표로, 반복문과 배열을 활용해 상태를 관리하는 연습에 적합하다.

## 풀이 코드

```python
# 총 봉사활동 수 K 입력
K = int(input())

# 봉사활동 번호에 대한 소요시간
volunteer_time = [60, 100, 120]

# 전체 소요 시간을 0으로 초기화
total_time = 0

# k번 반복
for i in range(K):
    # 활동 번호 N을 입력
    N = int(input())
    # 자원봉사자 수 M을 입력
    M = int(input())

    # 1인 기준 소요 시간을 결정
    base_time = volunteer_time[N-1]

    # M명일 때 소요 시간 비율을 결정
    if M == 1:
        ratio = 1.0     # 100%
    elif 2 <= M and M <= 5:
        ratio = 0.5     # 50%
    elif 6 <= M and M <= 10:
        ratio = 0.25    # 25%
    elif 11 <= M and M <= 20:
        ratio = 0.1     # 10%
    else:
        ratio = 0.05    # 5%

    # 해당 활동의 소요 시간을 계산하여 누적
    total_time += int(base_time * ratio)
```

```
# 전체 봉사활동 소요 시간을 출력
print(total_time)
```

## 문제 2-3 3급

| 시간제한 | 1초 |
| --- | --- |
| 메모리제한 | 128MB |

제1회 TOSC 3/4/5급 문제 2-3

**소문제 지문**

각 봉사활동을 여러 번 수행할 때 총 소요되는 시간을 계산하려고 한다. 각 봉사활동은 동시에 진행되는 것이 아니라 하나의 봉사활동을 완료하고 그다음 봉사활동을 수행하는 형태로 진행된다고 가정한다. 봉사활동을 진행한 전체 시간이 5시간(300분)을 초과하면 진행 중인 봉사활동까지만 완료한 뒤 일정을 종료하며, 같은 종류의 봉사활동을 여러 번 진행할 경우 점점 할 일이 많아져 봉사활동 소요 시간이 해당 봉사활동을 반복한 횟수에 비례하여 증가한다고 한다. 이때 진행할 봉사활동의 번호 N과 해당 봉사활동에 참여하는 자원봉사자 수 M을 일정이 종료될 때까지 입력받고 모든 봉사활동을 진행하는데 소요된 총 시간을 계산하여 출력하는 프로그램을 작성하시오.

**제한사항**

- N은 1 이상 3 이하의 정수이다.
- M은 1 이상 1,000 이하의 정수이다.
- 전체 봉사활동 시간이 300분을 넘을 경우 입력을 종료하고 전체 봉사활동 시간을 출력한다.

**문제 풀이 Steps**

Step 1 각 봉사활동의 번호와 자원봉사자 수를 입력받는다.

Step 2 봉사활동 번호와 자원봉사자 수, 해당 봉사활동이 이전에 진행된 횟수를 고려하여 각 봉사활동의 소요 시간을 계산한다(도시락 분배 봉사활동(1번)을 세 번째 수행하는 경우 해당 봉사활동의 1인 기준 소요 시간은 60X3회=180분으로 계산한다).

Step 3 소요된 총 봉사활동 시간이 300분을 초과할 때까지 반복한다.

Step 4 각 봉사활동 소요 시간을 모두 더해 총 봉사활동 소요 시간을 계산하여 결과를 출력한다.

### 입출력 예시

**입력 예시 1**

```
1    ↦ 봉사활동 번호
5    ↦ 자원봉사자 수
2    ↦ 봉사활동 번호
3    ↦ 자원봉사자 수
1    ↦ 봉사활동 번호
15   ↦ 자원봉사자 수
3    ↦ 봉사활동 번호
30   ↦ 자원봉사자 수
3    ↦ 봉사활동 번호
4    ↦ 자원봉사자 수
1    ↦ 봉사활동 번호
3    ↦ 자원봉사자 수
```

**출력 예시 1**

```
308  ↦ 전체 봉사활동 시간
       (60*0.5+100*0.5+60*2*0.1+120*0.05
       +120*2*0.5+60*3*0.5=308)
```

## 문제 해설

**[문제 접근 방법 및 풀이]**

이 문제는 각 봉사활동을 여러 번 수행할 때, 누적된 총 소요 시간을 계산하는 누적 합 문제다. 각 활동의 시간을 하나씩 더해가며 합산해야 하고 동일한 종류의 활동을 반복할수록 소요 시간이 점차 증가하므로 수행 횟수를 기록하고, 이를 반영해 실제 시간을 갱신하는 구조가 필요하다.

**[입출력 설명]**

수행할 봉사활동의 번호 N과 자원봉사자 수 M을 입력받는다. 봉사활동 번호에 따라 1인 기준 소요 시간을 결정하고, 자원봉사자 수에 따라 주어진 비율을 적용하여 실제 소요 시간을 계산한다. 동일한 활동이 몇 번째 수행인지 카운트하여, 해당 횟수만큼 기본 시간을 곱해야 한다. 계산된 시간을 누적하면서, 누적 합이 300분을 초과하는 순간 반복을 종료한다. 마지막으로 전체 소요 시간을 출력한다.

| 구분 | 도시락 분배 | 골목 청소 | 연탄 나르기 |
|---|---|---|---|
| 봉사활동 번호 | 1 | 2 | 3 |
| 소요시간 (1인 기준) | 60분 | 100분 | 120분 |

| 자원봉사자 수 | 1인 | 2~5인 | 6~10인 | 11~20인 | 21인 이상 |
|---|---|---|---|---|---|
| 1인 소요시간 대비 소요시간 비율 | 100% | 50% | 25% | 10% | 5% |

| 봉사활동 번호 N | 자원봉사자 수 M | 각 봉사활동 횟수 | | | 소요시간 | 전체 봉사활동 소요시간 |
|---|---|---|---|---|---|---|
| | | 1 | 2 | 3 | | |
| 1 | 5 | **1** | 0 | 0 | 60 × 1 × 0.5 = 30 | 30 |
| 2 | 3 | 1 | **1** | 0 | 100 × 1 × 0.5 = 50 | 80 |
| 1 | 15 | **2** | 1 | 0 | 60 × 2 × 0.1 = 12 | 92 |
| 3 | 30 | 2 | 1 | **1** | 120 × 1 × 0.05 = 6 | 98 |
| 3 | 4 | 2 | 1 | **2** | 120 × 2 × 0.5 = 120 | 218 |
| 1 | 3 | **3** | 1 | 2 | 60 × 3 × 0.5 = 90 | **308** |

[그림 3-2-4] 입력값에 따른 전체 봉사활동 소요 시간 계산 과정

총 소요 시간이 300시간이 넘을 때까지 봉사활동 N과 자원봉사자 수 M을 반복하여 입력받는다. 입력받은 봉사활동 번호와 자원봉사자 수를 이용하여 해당 봉사활동의 소요 시간을 계산한다. 예를 들어, 봉사활동 1번과 자원봉사자 수가 5명이라면 도시락 분배의 1인 기준 소요 시간 60분에 5인일 때, 1인 소요 시간 대비 소요 시간 비율인 50%를 곱하여 총 소요 시간 30분을 계산할 수 있다. 또한, 봉사활동 2번과 자원봉사자 수가 3명이라면 소요 시간 50분을 계산할 수 있으며 전체 봉사활동 시간은 80분이 된다. 그리고 다음 봉사활동 1번과 자원봉사자 수 15명이라면 봉사활동 1번은 두 번째 진행되므로 1인 기준 소요 시간 120(60×2)분이 된다. 이때, 각 봉사활동 수행 횟수를 저장할 리스트를 선언하면 편리하게 계산할 수 있다.

이렇게 각 봉사활동의 소요 시간을 계산하면 30분(누적 30분), 50분(누적 80분), 12분(누적 92분), 6분(누적 98분), 120분(누적 218분), 90분(누적 308분)이며 전체 봉사활동 소요 시간이 300분을 초과했으므로 반복을 종료하고 전체 봉사활동 소요 시간 308을 출력한다.

## 정리

이 문제는 반복 입력을 통해 봉사활동별 소요 시간을 누적 계산하는 문제다. 핵심은 각 봉사활동의 수행 횟수를 기록해 기준 시간을 갱신하고, 자원봉사자 수에 따른 시간 비율을 곱해 실제 소요 시간을 구하는 과정이다. 반복문으로 입력을 처리하면서 누적 시간이 조건을 초과하면 종료해야 하므로, 배열을 활용한 상태 관리와 종료 조건 제어가 중요하다. 이를 통해 반복 구조 속에서 누적 합계와 조건 분기를 함께 다루는 연습을 할 수 있다.

## 풀이 코드

```
# 봉사활동 번호에 대한 소요시간
volunteer_time = [60, 100, 120]

# 전체 소요 시간을 0으로 초기화
total_time = 0

# 봉사활동 번호별 수행 횟수 저장용 리스트
counts = [0, 0, 0]

# 전체 봉사활동 시간이 300분을 초과할 때까지 반복
while total_time <= 300:
    # 활동 번호 N을 입력
    N = int(input())
    # 자원봉사자 수 M을 입력
    M = int(input())
    # 봉사활동 수행 횟수 업데이트
    counts[N - 1] += 1
```

```
    # 1인 기준 소요 시간을 결정 (봉사활동 수행 횟수에 따른 소요 시간 증가 적용)
    base_time = volunteer_time[N-1] * counts[N-1]

    # M명일 때 소요 시간 비율을 결정
    if M == 1:
        ratio = 1.0      # 100%
    elif 2 <= M <= 5:
        ratio = 0.5      # 50%
    elif 6 <= M <= 10:
        ratio = 0.25     # 25%
    elif 11 <= M <= 20:
        ratio = 0.1      # 10%
    else:
        ratio = 0.05     # 5%

    # 해당 활동의 소요 시간을 계산하여 누적
    total_time += int(base_time * ratio)

# 전체 봉사활동 소요 시간을 출력
print(total_time)
```

# 문제 3 | 세종야구 경기하기

**전체 지문**

Sejong SM 팀이 세종야구 경기를 진행한다. 세종야구는 기존 야구와 달리 루가 5개이고 도루가 없다. 타자, 주자들이 1루부터 2루, 3루, 4루를 거쳐 홈으로 들어오면 1점을 획득한다. 한 이닝이 시작하고 3아웃이 되면 이닝이 종료된다.

| 번호 | 결과 | 결과 설명 |
|---|---|---|
| 1 | 1루타 | 타자는 1루로 이동하며 주자는 1루씩 진루한다. |
| 2 | 2루타 | 타자는 2루로 이동하며 주자는 2루씩 진루한다. |
| 3 | 3루타 | 타자는 3루로 이동하며 주자는 3루씩 진루한다. |
| 4 | 4루타 | 타자는 4루로 이동하며 주자는 4루씩 진루한다. |
| 5 | 홈런 | 모든 주자들과 타자가 홈으로 들어온다. |
| 0 | 아웃 | 타자는 아웃되며 주자들은 진루하지 못한다. 1아웃이 추가된다. |

[그림 3-3-1] 세종야구의 타자의 결과 및 설명

| 상황 | 타자가 2루타를 치기 전 | 타자가 2루타를 친 후 |
|---|---|---|
| 예시 | 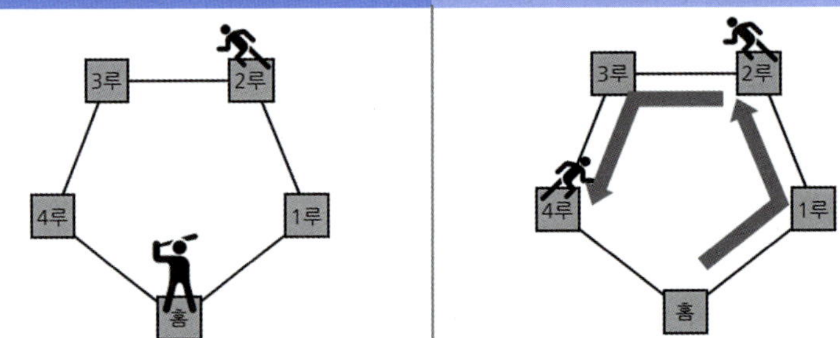 | |
| 설명 | 주자가 2루에 있고 타자가 홈에서 타격 | 2루에 있던 주자는 4루로, 타자는 2루로 이동 |

[그림 3-3-2] 세종야구 경기 중 상황 예시 및 설명

## 문제 3-1 5급

시간제한 1초
메모리제한 128MB

제1회 TOSC 3/4/5급 문제 3-1

**소문제 지문**

현재 루 상에 있는 주자가 한 명 있다. 주자의 위치 P와 타자의 결과 R을 입력받아 획득한 점수를 출력하는 프로그램을 작성하시오.

### 제한사항

- P는 1 이상 4 이하의 정수이다.
- R은 0 이상 5 이하의 정수이다.

### 문제 풀이 Steps

Step 1 루 상에 있는 주자의 위치와 타자의 결과를 입력받는다.

Step 2 타자의 결과에 따라 주자와 타자의 위치를 계산한다.

Step 3 주자와 타자의 위치에 따라 획득하는 점수를 출력한다.

### 입출력 예시

| 입력 예시 1 | 출력 예시 1 |
|---|---|
| 2 ↦ 주자의 위치<br>3 ↦ 타자의 결과 | 1 ↦ 획득하는 점수 |

| 입력 예시 2 | 출력 예시 2 |
|---|---|
| 1 ↦ 주자의 위치<br>5 ↦ 타자의 결과 | 2 ↦ 획득하는 점수 |

## 문제 해설

**[문제 접근 방법]**

이 문제는 주자와 타자의 위치를 단순히 합산하여 점수를 계산하는 단순 연산 문제다. 타자가 안타를 치면 주자는 일정 거리만큼 이동하고, 5루를 넘어가면 득점이 된다. 따라서 타자와 주자의 이동을 합산해 각각 득점 여부를 판정하는 구조로 접근하면 된다.

**[풀이 및 입출력 설명]**

입력으로 주자의 현재 위치 P와 타자의 결과 R이 주어진다. 먼저 주자의 위치에 타자의 결과를 더해 주자의 최종 위치를 구한다. 타자의 경우는 결괏값이 곧 이동 거리이므로 별도로 계산한다. 각각의 최종 위치가 5 이상이면 홈에 도달한 것이므로 점수를 1점씩 추가한다. 마지막으로 계산된 점수를 출력한다.

| | 주자의 위치 P | 2 | 타자의 결과 R | 3 |
|---|---|---|---|---|
| | 타격 전 위치 | 타격 후 위치 | 득점 | 최종 득점 |
| 주자 | 2 (P) | 5 (P+R) | 1점 | 1점 |
| 타자 | 0 | 3 (R) | 0점 | |

[그림 3-3-3] 입력값에 따른 주자와 타자의 결과 및 득점 계산 1

주자의 위치가 2, 타자의 결과가 3이라면 타자의 결과에 따라 2루에 있던 주자는 5루(홈)까지 도달하므로 1점을 득점할 수 있고, 타자는 3루에 도달하므로 0점 득점한다. 따라서 최종 득점은 1점이므로 1을 출력한다.

| | 주자의 위치 P | 1 | 타자의 결과 R | 5 |
|---|---|---|---|---|
| | 타격 전 위치 | 타격 후 위치 | 득점 | 최종 득점 |
| 주자 | 1 (P) | 6 (P+R) | 1점 | 2점 |
| 타자 | 0 | 5 (R) | 1점 | |

[그림 3-3-4] 입력값에 따른 주자와 타자의 결과 및 득점 계산 2

또한, 주자의 위치가 1, 타자의 결과가 5라면 타자의 결과에 따라 1루에 있던 주자와 타자 모두 홈까지 도달하며 총 2점을 획득하므로 2를 출력한다.

## 정리

이 문제는 단순 조건 분기와 합산 연산으로 해결되는 구현 문제다. 위치와 결과를 더해 득점 여부를 판단하는 기본적인 시뮬레이션 구조이며, 조건에 따라 득점을 체크하는 흐름을 연습하기에 적합하다.

## 풀이 코드

```
# 주자 위치 입력
P = int(input())
# 타자 결과 입력
R = int(input())

# 득점 변수 초기화
score = 0

# 주자의 위치(P+R)
runner = P + R
# 타자의 위치(R)
hitter = R

# 주자의 득점 여부 확인
if runner >= 5:
    score += 1
# 타자의 득점 여부 확인
if hitter >= 5:
    score += 1
```

```
# 최종 득점 결과 출력
print(score)
```

## 문제 3-2 4급

| 시간제한 | 1초 |
| --- | --- |
| 메모리제한 | 128MB |

제1회 TOSC 3/4/5급 문제 3-2

### 소문제 지문

Sejong SM 팀의 공격을 시작하고 1점 이상 획득할 때까지 타자의 결과 R을 입력받는다. 1점 이상 획득하면 현재까지 몇 명의 타자들이 나왔는지 출력하고 1점 이상을 획득하지 못했다면 'end'를 출력하는 프로그램을 작성하시오.

### 제한사항

- R은 0 이상 5 이하의 정수이다.
- 3아웃이 되면 공격을 종료한다.

### 문제 풀이 Steps

**Step 1** 반복하여 타자의 결과를 입력받는다.

**Step 2** 3 out이 되거나 1점을 획득할 때까지 반복하여 타자의 결과에 따라 첫 주자의 위치와 타자의 수를 계산한다.

**Step 3** 첫 주자가 홈으로 들어올 경우, 타자의 수를 출력하고 3 out일 경우 'end'를 출력한다.

### 입출력 예시

**입력 예시 1**

```
1    ↦ 타자의 결과(선두타자 1루)
0    ↦ (선두타자 1루, 1 out)
2    ↦ (선두타자 3루, 1 out)
1    ↦ (선두타자 4루, 1 out)
0    ↦ (선두타자 4루, 2 out)
1    ↦ (선두타자 홈, 2 out)
```

**출력 예시 1**

```
6    ↦ 1점 이상 획득했을 때의 타자의 수
```

**입력 예시 2**

```
0    ↦ 타자의 결과(1 out)
3    ↦ (선두타자 3루, 1 out)
1    ↦ (선두타자 4루, 1 out)
0    ↦ (선두타자 4루, 2 out)
0    ↦ (선두타자 4루, 3 out)
```

**출력 예시 2**

```
end  ↦ 1점 이상 획득하지 못하고
       이닝이 종료되었으므로 end
       출력
```

## 문제 해설

**[문제 접근 방법 및 풀이]**

이 문제는 세종야구 규칙에 따라 이닝이 진행되는 상황을 단순화해 시뮬레이션하는 문제다. 타자의 결과 입력을 반복적으로 받아 조건에 따라 반복을 종료하는 흐름을 구현한다. 불필요하게 주자 전원을 관리하지 않고 선두타자 진루만 추적하여 타자 수를 계산하여 출력한다.

**[풀이 및 입출력 설명]**

반복문을 통해 타자의 타격 결과 R을 입력받는다. 매 타석마다 타자 수와 아웃 수를 기록한다. 아웃일 경우 아웃 수를 1 증가시키고, 진루일 경우 선두타자의 위치에 결괏값을 더해 준다. 루프는 선두타자가 홈(5루) 이상 도달하거나 아웃이 3이 되면 반복을 종료한다. 종료 시 선두타자가 홈을 밟아 1점 이상 득점했다면 타자 수를 출력하고, 끝내 점수를 내지 못했다면 'end'를 출력한다.

| 타자 수 | 타자의 결과 (R) | out 수 | 선두 타자 위치 |
|---|---|---|---|
| 1명 | 1 | 0 | 1루 |
| 2명 | 0 | 1 | 1루 |
| 3명 | 2 | 1 | 3루 |
| 4명 | 1 | 1 | 4루 |
| 5명 | 0 | 2 | 4루 |
| **6명** | 1 | 2 | **5루(홈)** |

[그림 3-3-5] 입력값에 따른 선두 타자의 위치 계산 1

타격 결과가 1, 0, 2, 1, 0, 1 순서로 주어진다면, 1루 → 아웃 → 3루 → 4루 → 아웃 → 5루(홈)으로 점수를 획득하고 3 out이 되기 전에 점수를 획득했으므로 총 타자 수인 6을 출력한다.

| 타자 수 | 타자의 결과 (R) | out 수 | 선두 타자 위치 |
|---|---|---|---|
| 1명 | 0 | 1 | 0루 |
| 2명 | 3 | 1 | 3루 |
| 3명 | 1 | 1 | 4루 |
| 4명 | 0 | 2 | 4루 |
| 5명 | 0 | **3** | 4루 |

[그림 3-3-6] 입력값에 따른 선두 타자의 위치 계산 2

타격 결과가 0, 3, 1, 0, 0 순서로 주어진다면, 아웃 → 3루 → 4루 → 아웃 → 아웃으로 점수를 획득하지 못하고 3 out이 되었으므로 'end'를 출력한다.

## 정리

이 문제는 조건에 맞는 연산을 통해 한 이닝에서 얻을 수 있는 점수를 계산하는 시뮬레이션 문제이다. 1점 이상 득점 시와 3아웃 종료 조건을 정확히 구현하는 조건 분기, 선두타자의 위치와 아웃 수를 추적하는 단순화된 구조이다. 반복 제어와 조건 분기를 결합한 시뮬레이션의 기초를 연습할 수 있는 문제다.

## 풀이 코드

```
# 선두타자의 위치를 저장할 변수
first_runner= 0

# 총 타자 수를 저장할 변수
count_hitter= 0

# out 개수를 저장할 변수
out_count= 0

# 1점을 획득했거나 3 out이 될 때까지 반복
while first_runner< 5 and out_count< 3:
    # 타자 결과 입력
    R = int(input())
    # 타자 수 1 증가
    count_hitter+= 1
    # 타자의 결과가 아웃일 경우
    if R == 0:
        # out 횟수 1 증가
        out_count+= 1
    else:
        # out이 아닐 경우 선두타자 진루 계산
        first_runner+= R

# 1점 이상 획득했을 경우 타자 수 출력
if first_runner>= 5:
    print(count_hitter)
# 1점을 획득하지 못했을 경우 end 출력
else:
    print("end")
```

문제 **3-3** **3급**

| 시간제한 | 1초 |
|---|---|
| 메모리제한 | 128MB |

제1회 TOSC 3/4/5급 문제 3-3

**소문제 지문**

Sejong SM 팀 공격 이닝 동안 타자의 결과들을 입력받고 Sejong SM 팀이 획득하는 점수를 출력하는 프로그램을 작성하시오.

**제한사항**

- R은 0 이상 5 이하의 정수이다.
- 3아웃이 되면 공격을 종료한다.

**문제 풀이 Steps**

Step 1 3 out이 될 때까지 반복하여 타자의 결과를 입력받는다.

Step 2 타자의 결과에 따라 루 상의 주자들 위치와 점수를 계산한다.

Step 3 3 out이 되면 획득한 점수를 출력한다.

**입출력 예시**

**입력 예시 1**

```
2    ↦ 타자의 결과(주자 2루)
3              (주자 3루, 1점)
1              (주자 1, 4루, 1점)
0              (주자 1, 4루, 1점, 1 out)
0              (주자 1, 4루, 1점, 2 out)
2              (주자 2, 3루, 2점, 2 out)
5              (주자 없음, 5점, 2 out)
0              (주자 없음, 5점, 3 out)
```

**출력 예시 1**

```
5    ↦ 3 out이 될 때까지 획득한 점수
```

## 문제 해설

**[문제 접근 방법]**

이 문제는 세종야구 규칙에 따라 타자의 결과를 입력받고, 주자의 이동과 점수를 누적하는 시뮬레이션 문제다. 3 아웃이 될 때까지 반복하면서 타자의 결과에 따라 주자 리스트를 갱신해야 한다. 단순한 점수 계산이 아니라 주자의 위치를 계속 추적하며 홈 이상 도달한 경우를 처리해야 한다.

**[입출력 설명]**

먼저 전체 점수를 저장할 변수를 두고, 현재 루에 있는 주자들을 리스트로 관리한다. 매 입력마다 결과를 확인해 아웃일 경우는 out 카운트를 증가시키고, 안타일 경우는 모든 주자를 진루시킨 뒤 타자도 새로운 주자로 추가한다. 그 후 루를 돌아 홈 이상에 도달한 주자들의 수만큼 점수를 획득하고, 홈에 도달하지 못한 주자들만 다시 리스트에 저장한다. 이렇게 3 out이 될 때까지 과정을 반복한 뒤 누적된 점수를 출력한다.

| out 수 | 타자의 결과 (R) | 주자 리스트 | 총 득점 |
|---|---|---|---|
| 0 | 2 | [2] | 0점 |
| 0 | 3 | [~~5~~, 3] | 1점 |
| 0 | 1 | [4, 1] | 1점 |
| 1 | 0 | [4, 1] | 1점 |
| 2 | 0 | [4, 1] | 1점 |
| 2 | 2 | [~~6~~, 3, 2] | 2점 |
| 2 | 5 | [~~8~~, ~~7~~, ~~5~~] | 5점 |
| **3** | 0 | [ ] | **5점** |

**[그림 3-3-7] 입력값에 따른 주자 리스트 갱신 과정 및 총 득점 계산**

예를 들어, 타격 결과가 2, 3, 1, 0, 0, 2, 5, 0 순서이다. 다음과 같이 시뮬레이션이 진행된다.

- 첫 타자의 결과는 2이므로, 주자 리스트에 2를 추가한다.
- 두 번째 타자의 결과는 3이므로 기존 주자 리스트에 있던 값에 3을 더하고 타자도 리스트에 추가하여 리스트는 [5, 3]이다. 5 이상이 된 주자는 홈을 통과하였으므로 총 득점을 1 증가시키고 리스트에서 제거한다.
- 세 번째 타자의 결과는 1이므로 주자 리스트는 [4, 1]로 업데이트된다.
- 이후 두 타자가 연속으로 아웃 처리되며 아웃 카운트는 2까지 증가한다.
- 이후 타자가 2루타를 기록하면서 주자들은 6, 3으로 증가하고 리스트에 2가 추가되어 리스트는 [6, 3, 2]이다. 홈으로 들어온 주자는 득점 1 증가시키고 리스트에서 삭제한다.
- 그다음 타자가 홈런을 기록하면서, 기존 주자들은 각각 8, 7로 증가하고 리스트에 5가 추가되어 리스트는 [8, 7, 5]가 된다. 모두 홈을 통과하여 3 득점 후 모두 리스트에서 삭제한다.
- 마지막 타자가 아웃되면서 아웃 카운트가 3이되고 공격이 종료된다.

공격이 종료되었으므로 최종 득점 점수 5를 출력한다.

## 정리

이 문제는 주자 이동과 점수 계산을 동시에 처리해야 하는 시뮬레이션 문제다. 단순히 점수를 합산하는 것이 아니라 주자의 위치 변화를 리스트로 관리하고, 홈 도달 여부를 판별하는 과정이 핵심이다. 시뮬레이션 문제 풀이 연습과 더불어 조건 분기와 리스트 갱신 로직을 동시에 다뤄볼 수 있는 좋은 예제다.

## 풀이 코드

```
# 총 점수를 저장할 변수
score = 0

# 현재 루에 있는 주자들의 위치 리스트 (숫자: 루 위치)
runners = []

# out 개수를 저장할 변수
out_count= 0

# 3 out이 될 때까지 반복
while out_count< 3:
    # 타자 결과 입력
    R = int(input())

    # 1. 아웃인 경우 아웃 카운트 1 증가
    if R == 0:
        out_count+= 1
    else:
        # 2. 기존 주자들 이동
        for i in range(len(runners)):
            runners[i] += R

        # 3. 타자도 주자로 진루
        runners.append(R)

        # 4. 홈 이상 도달한 주자 수만큼 점수 획득
        for r in runners:
            if r >= 5:
                score += 1

        # 5. 홈에 도달하지 못한 주자들만 새로운 리스트에 저장
        new_runners= []
        for r in runners:
            if r < 5:
                new_runners.append(r)
        runners = new_runners

# 최종 점수 출력
print(score)
```

# 문제 4 | 전기요금 계산하기

**전체 지문**

**세종이는 집에서 사용하는 전기료가 얼마인지 궁금하여 하루 중 사용하는 전기 사용량에 따른 전기료를 계산해 보려고 한다. 전기 사용량은 1시간 단위로 측정할 수 있으며 단위 전기 사용량 당 전기료는 4시간 단위로 아래와 같이 달라진다(0~3시는 0시, 1시, 2시, 3시).**

| 시간 | 0~3시 | 4~7시 | 8~11시 | 12~15시 | 16~19시 | 20~23시 |
|---|---|---|---|---|---|---|
| 전기료(원/kWh) | 80 | 100 | 200 | 300 | 150 | 100 |

[그림 3-4-1] 단위 전기 사용량 당 전기료

## 문제 4-1 5급

시간제한 1초
메모리제한 128MB

제2회 TOSC 3/4/5급 문제 1-1

**소문제 지문**

세종이는 사용 시간에 따른 전기 사용량에 대한 전기료를 계산하려고 한다. 전기료는 전기 사용량 당 전기료(원/kWh)와 전기 사용량(kWh)의 곱으로 계산된다. 전기 사용 시간 H와 전기 사용량(kWh) E를 입력받아 해당 전기료를 출력하는 프로그램을 작성하시오.

**제한사항**

- H는 0 이상 23 이하의 정수이다.
- E는 0 이상 100,000 이하의 정수이다.

**문제 풀이 Steps**

Step 1 전기 사용 시간 H와 전기 사용량(kWh) E를 입력받는다.
Step 2 전기 사용 시간의 단위 전기료를 고려하여 해당 시간의 전기 사용료를 계산한다.
Step 3 계산 결과를 출력한다.

입출력 예시

| 입력 예시 1 | 출력 예시 1 |
|---|---|
| 4 ↦ 전기 사용 시간 H<br>10 ↦ 전기 사용량 E | 1000 ↦ 총 전기 사용료 |

## 문제 해설

**[문제 접근 방법]**

이 문제는 전기 사용 시간(H)에 따라 전기 단가가 다르며, 그 단가에 전기 사용량(E)을 곱해 총 전기 요금을 계산하는 구조이다. 단가는 시간대를 6개 구간(4시간 단위)으로 나누어 정의되어 있으므로, 입력된 시간 H가 어느 구간에 속하는지를 조건문으로 확인하여 단가를 결정하면 된다.

**[풀이 및 입출력 설명]**

사용 시간 H와 전기 사용량 E를 입력받는다. H값이 속한 시간대에 따라 단가를 결정한다. 최종 전기요금은 단가와 사용량의 곱을 통해 계산한다. 계산한 결과를 출력한다.

| 시간 | 0~3시 | **4~7시** | 8~11시 | 12~15시 | 16~19시 | 20~23시 |
|---|---|---|---|---|---|---|
| 전기료(원/kWh) | 80 | **100** | 200 | 300 | 150 | 100 |

| 전기 사용 시간 H | 4 |
|---|---|
| 전기 사용량 당 전기료 | 100 |
| 전기 사용량 E | 10 |
| 전기료 | 100×10=1000 |

[그림 3-4-2] 입력값에 따른 전기료 계산 과정

전기 사용 시간 H가 4시이며 전기 사용량 E는 10이다. H가 4인 경우 4~7시에 속하며 단가는 100이다. 단가와 사용량을 곱하면 전기료를 계산할 수 있다. 단가 100, 사용량은 10이므로 곱한 값 1,000을 출력한다.

## 정리

시간대별 단가가 명확히 정해진 상태에서, 조건문을 통해 해당 구간의 단가를 정확히 선택하고 계산하는 구조다. 조건 분기와 간단한 산술 연산 처리 능력을 점검할 수 있다.

## 풀이 코드

```
H = int(input())     # 전기 사용 시간(H) 입력
E = int(input())     # 전기 사용량(E) 입력

unit_price = 0       # 전기 사용량 당 전기료를 저장할 변수

# 전기 사용량 당 전기료
if H < 4:            # 4시간 미만
    unit_price = 80
elif 4 <= H < 8:     # 4시간 이상 8시간 미만
    unit_price = 100
elif 8 <= H < 12:    # 8시간 이상 12시간 미만
    unit_price = 200
elif 12 <= H < 16:   # 12시간 이상 16시간 미만
    unit_price = 300
elif 16 <= H < 20:   # 16시간 이상 20시간 미만
    unit_price = 150
else:                # 20시간 이상
    unit_price = 100

# 전기료 계산
cost = unit_price * E

print(cost) # 전기료 출력
```

## 문제 4-2 4급

| 시간제한 | 1초 |
| --- | --- |
| 메모리제한 | 128MB |

제2회 TOSC 3/4/5급 문제 1-2

### 소문제 지문

세종이는 하루 중 여러 시간에 걸쳐 사용된 하루 총 전기료를 계산하려고 한다. 사용한 총 전기 사용량을 입력받은 뒤, 전기가 사용된 각 시간과 전기 사용량을 입력받는다. 전기료는 전기 사용량 당 전기료(원/kWh)와 전기 사용량(kWh)의 곱으로 계산된다. 이때의 총 전기 사용료를 출력하는 프로그램을 작성하시오.

### 제한사항

- 하루 총 전기 사용량은 1 이상 100,000 이하의 정수이다.

- 각 전기 사용 시간은 0 이상 23 이하의 정수이다.
- 각 전기 사용량은 0 이상 100,000 이하의 정수이다.
- 각 전기 사용량의 합은 하루 총 전기 사용량과 같다.

**문제 풀이 Steps**

- Step 1 하루 중 사용한 총 전기 사용량을 입력받는다.
- Step 2 전기가 사용된 각 시간과 전기 사용량을 입력받는다.
- Step 3 전기 사용 시간의 단위 전기료를 고려하여 각 시간의 전기 사용료를 계산한다.
- Step 4 하루 총 전기 사용료를 계산하여 결과를 출력한다.

**입출력 예시**

**입력 예시 1**

```
100   ↦ 하루 총 전기 사용량
4     ↦ 전기 사용 시간
10    ↦ 전기 사용량(kWh)
5     ↦ 전기 사용 시간
10    ↦ 전기 사용량(kWh)
11    ↦ 전기 사용 시간
20    ↦ 전기 사용량(kWh)
12    ↦ 전기 사용 시간
40    ↦ 전기 사용량(kWh)
19    ↦ 전기 사용 시간
10    ↦ 전기 사용량(kWh)
20    ↦ 전기 사용 시간
10    ↦ 전기 사용량(kWh)
```

**출력 예시 1**

```
20500    ↦ 총 전기 사용료
```

## 문제 해설

**[문제 접근 방법]**

이 문제는 여러 시간대의 전기 사용량과 사용 시각을 입력받고, 각 시간대에 맞는 단가를 적용하여 총 전기요금을 계산하는 방식이다. 시간대별 단가가 고정되어 있으므로, 조건문을 이용해 각 시간대에 해당하는 단가를 판별하고, 해당 시간의 사용량에 곱해 누적한다. 총 전기 사용량은 처음 한 번만 입력되고, 입력된 시간대와 사용량의 누적 합이 이 총량에 도달하면 입력이 종료된다.

**[풀이 및 입출력 설명]**

먼저 하루 총 전기 사용량을 입력받고 누적 전기 사용량이 총 전기 사용량이 될 때까지 다음 순서를 반복한다.

- 전기가 사용된 각 시간과 전기 사용량을 순차적으로 입력받는다.
- 입력된 시간에 따라 단가를 판별한다.

- 단가와 사용량을 곱하여 전기료를 계산하여 누적한다.

반복이 종료되면 누적된 전기 요금을 출력한다.

| 시간 | 0~3시 | 4~7시 | 8~11시 | 12~15시 | 16~19시 | 20~23시 |
|---|---|---|---|---|---|---|
| 전기료(원/kWh) | 80 | 100 | 200 | 300 | 150 | 100 |

| 총 전기 사용량 | 100 | | | | | |
|---|---|---|---|---|---|---|
| 전기 사용 시간 | 4 | 5 | 11 | 12 | 19 | 20 |
| 전기 사용량 당 전기료 | 100 | 100 | 200 | 300 | 150 | 100 |
| 전기 사용량 | 10 | 10 | 20 | 40 | 10 | 10 |
| 누적 사용량 | 10 | 20 | 40 | 80 | 90 | **100** |
| 전기료 | 1000 | 1000 | 4000 | 12000 | 1500 | 1000 |
| 누적 전기료 | 1000 | 2000 | 6000 | 18000 | 19500 | **20500** |

[그림 3-4-3] 입력값에 따른 누적 전기료 계산 과정

총 전기 사용량이 100이고 전기 사용 시간과 전기 사용량이 각 (4, 10), (5, 10), (11, 20), (12, 40), (19, 10), (20, 10)이다.

먼저 전기가 사용된 시간이 4이고 사용량이 10이다. 4시의 단가는 100이며 사용량 10을 곱하여 전기료는 1,000 이 된다. 다음 전기가 사용된 시간이 5이고 사용량이 10이다. 5시의 단가는 100이며 사용량 10을 곱하여 전기료는 1,000 이 되고, 누적 사용량은 20, 누적 전기료는 2,000이다.

이와 같은 방법으로 누적 사용량이 100이 될 때까지 반복하여 계산한 누적 전기료를 출력한다. 위 예시의 경우 각 전기료가 1,000, 1,000, 4,000, 12,000, 1,500, 1,000이고 이를 모두 누적한 값인 20,500을 출력한다.

## 정리

이 문제는 입력을 누적하면서 조건에 따라 단가를 적용해 계산하는 기본적인 누적 합 계산, 조건 분기 구조이다. 입력이 고정된 횟수가 아니라 누적된 총합 기준으로 반복이 종료된다는 점에서 흐름 제어에 유의해야 하며, 전기요금 계산 기준표를 그대로 코드로 옮기는 조건 처리 능력이 중요하다.

## 풀이 코드

```
# 하루 동안 사용한 총 전기 사용량을 입력
total_energy= int(input())
```

```
# 현재까지 입력된 전기 사용량의 누적 합을 저장할 변수
sum_energy= 0

# 총 전기료를 저장할 변수 초기화
total_cost= 0

# 총 사용량을 모두 입력받을 때까지 반복
while total_energy> sum_energy:
    H = int(input())  # 전기 사용 시간 입력
    E = int(input())  # 전기 사용량 입력

    # 누적 전기 사용량에 현재 입력된 사용량을 더함
    sum_energy+= E

    # 사용 시간에 따라 단위 전기료 결정
    if H < 4:                       # 4시간 미만 사용한 경우
        unit_price= 80
    elif 4 <= H < 8:                # 4시간 이상 8시간 미만
        unit_price= 100
    elif 8 <= H < 12:               # 8시간 이상 12시간 미만
        unit_price= 200
    elif 12 <= H < 16:              # 12시간 이상 16시간 미만
        unit_price= 300
    elif 16 <= H < 20:              # 16시간 이상 20시간 미만
        unit_price= 150
    else:                           # 20시간 이상 사용한 경우
        unit_price= 100

    # 전기요금을 계산하여 누적
    total_cost+= unit_price* E

# 총 전기요금을 합산하여 출력
print(total_cost)
```

## 문제 4-3 3급

| 시간제한 | 1초 |
|---|---|
| 메모리제한 | 128MB |

제2회 TOSC 3/4/5급 문제 1-3

### 소문제 지문

세종이는 하루 중 여러 시간에 걸쳐 사용된 하루 총 전기료를 계산하려고 한다. 하루 각 시간에서 사용한 전기 사용량 중 전기를 가장 많이 사용한 시간을 기준으로 추가적인 요금을 부과하는 최대수요 기준 요금을 반영할 때, 하루 중 전기를 가장 많이 사용한 시간과 총 전기 사용료를 출력하는 프로그램을 작성하시오.

최대수요 기준 요금이 부과된 총 전기 사용료 계산 방식은 아래 설명과 같다.

▶ 하루의 각 시간 중 가장 많이 사용한 시간의 전기 사용량(kWh)에 최대수요 기준 요금 100원/kWh을 곱하여 요금을 부과함

▶ 예를 들어, 하루 중 4시와 10시에만 전기를 사용했고, 4시에는 10kWh, 10시에는 40kWh를 사용했다면 최대수요 기준 요금은 40kWh * 100원/kWh로 4000원이 부과됨

▶ 총 하루 전기 사용료는 각 시간별 전기 사용료의 총합과 최대수요 기준 요금을 더하여 계산함

### 제한사항

- 하루 총 전기 사용량은 1 이상 100,000 이하의 정수이다.
- 각 전기 사용 시간은 0 이상 23 이하의 정수이다.
- 각 전기 사용량은 0 이상 100,000 이하의 정수이다.
- 각 전기 사용량의 합은 하루 총 전기 사용량과 같다.

### 문제 풀이 Steps

**Step 1** 하루 중 사용한 총 전기 사용량과 전기가 사용된 각 시간과 전기 사용량을 입력받는다.

**Step 2** 전기 사용 시간의 단위 전기료를 고려하여 각 시간의 전기 사용료를 계산한다.

**Step 3** 하루 중 전기를 가장 많이 사용한 시간을 기준으로 최대수요 기준 요금을 계산한다.

**Step 4** 각 시간별 전기료와 최대수요 기준 요금을 더하여 하루 총 전기 사용료를 계산한다.

**Step 5** 하루 중 전기를 가장 많이 사용한 시간과 하루 총 전기 사용료를 출력한다.

### 입출력 예시

**입력 예시 1**

```
100   ↦ 하루 총 전기 사용량
4     ↦ 전기 사용 시간
10    ↦ 전기 사용량(kWh)
5     ↦ 전기 사용 시간
10    ↦ 전기 사용량(kWh)
```

**출력 예시 1**

```
12    ↦ 전기를 가장 많이 사용한 시간
24500 ↦ 총 전기 사용료
        (각 시간별 전기 사용료의 합
        + 최대수요 기준 요금)
```

```
11    ↦ 전기 사용 시간
20    ↦ 전기 사용량(kWh)
12    ↦ 전기 사용 시간
40    ↦ 전기 사용량(kWh)
19    ↦ 전기 사용 시간
10    ↦ 전기 사용량(kWh)
20    ↦ 전기 사용 시간
10    ↦ 전기 사용량(kWh)
```

## 문제 해설

**[문제 접근 방법]**

이 문제는 시간대별로 전기 사용량이 다를 수 있고, 시간대마다 전기 단가가 다르므로 조건 분기를 통해 단가를 결정해야 한다. 또한 하루 동안 여러 시간대에 걸쳐 전기를 사용하므로 각 시간의 사용량과 요금을 누적 계산해야 한다. 여기에 더해, 가장 많은 전기가 사용된 시간을 기준으로 추가 요금이 부과되기 때문에, 반복하면서 최댓값을 추적하는 구조의 시뮬레이션적 사고가 필요하다.

**[풀이 및 입출력 설명]**

먼저 하루 총 전기 사용량을 입력받고 누적 전기 사용량이 총 전기 사용량이 될 때까지 다음 순서를 반복한다.

- 전기가 사용된 각 시간과 전기 사용량을 순차적으로 입력받는다.
- 전기 사용량이 가장 많았던 시간을 비교하고 시간과 사용량을 기록한다.
- 입력된 시간에 따라 단가를 판별한다.
- 단가와 사용량을 곱하여 전기료를 계산하여 누적한다.

반복이 종료되면 가장 많이 사용된 시간에 해당하는 전기 사용량에 100을 곱한 추가 요금을 누적된 전기 요금에 더하여 출력한다.

| 시간 | 0~3시 | 4~7시 | 8~11시 | 12~15시 | 16~19시 | 20~23시 |
|---|---|---|---|---|---|---|
| 전기료(원/kWh) | 80 | 100 | 200 | 300 | 150 | 100 |

| 전기 사용 시간 | 4 | 5 | 11 | 12 | 19 | 20 |
|---|---|---|---|---|---|---|
| 전기 사용량 당 전기료 | 100 | 100 | 200 | 300 | 150 | 100 |
| 전기 사용량 | 10 | 10 | 20 | 40 | 10 | 10 |
| 누적 사용량 | 10 | 20 | 40 | 80 | 90 | **100** |
| 전기료 | 1000 | 1000 | 4000 | 12000 | 1500 | 1000 |
| 누적 전기료 | 1000 | 2000 | 6000 | 18000 | 19500 | **20500** |
| 최대수요 전기 사용량 | 10 | 10 | 20 | 40 | 40 | 40 |
| 최대수요 시간대 | 4 | 4 | 11 | 12 | 12 | 12 |

| 누적 전기료 | 20500 |
|---|---|

| 최대수요 전기 사용량 | 40 |
|---|---|
| 최대수요 기준 요금 | 40×100=**4000** |

| 최대수요 시간대 | 12 |
|---|---|
| 총 전기료 | 24500 |

[그림 3-4-4] 입력값에 따른 총 전기료 계산 과정

총 전기 사용량이 100이고 전기 사용 시간과 전기 사용량이 각 (4, 10), (5, 10), (11, 20), (12, 40), (19, 10), (20, 10)이다. 먼저 전기가 사용된 시간이 4이고 사용량이 10이다. 4시의 단가는 100이며 사용량 10을 곱하여 전기료는 1,000이 된다. 최대수요 시간대는 4이며 해당 시간의 전기 사용량은 10이다.

다음 전기가 사용된 시간이 5이고 사용량이 10이다. 5시의 단가는 100이며 사용량 10을 곱하여 전기료는 1,000 이 되고, 누적 사용량은 20, 누적 전기료는 2,000이다. 최대수요 시간대는 4이며 해당 시간의 전기 사용량은 10이다.

다음 전기가 사용된 시간이 11이고 사용량이 20이다. 11시의 단가는 200이며 사용량 20을 곱하여 전기료는 4,000 이 되고, 누적 사용량은 40, 누적 전기료는 6,000이 된다. 최대수요 시간대는 11이며 해당 시간의 전기 사용량은 20이다.

이와 같은 방법으로 누적 사용량이 100 이 될 때까지 반복하여 누적 전기료를 계산하고 최대수요 시간대와 해당 시간의 전기 사용량을 저장한다. 저장된 최대수요 시간대의 전기 사용량은 40이며 100을 곱한 값 4,000을 누적 전기료 20,500에 더하여 총 전기료를 구한다. 총 전기료는 24,500이며 24,500을 출력한다.

## 정리

시간대별 요금을 조건문으로 처리하고, 반복문을 통해 사용량과 요금을 누적하며, 동시에 최대 사용 시간대를 추적하는 방식으로 풀 수 있다. 최대수요 기준 요금이라는 별도 조건이 추가되므로, 일반적인 누적 계산 문제보다 한 단계 더 확장된 시뮬레이션 구조다. 필요한 변수를 설정하고 조건에 맞게 로직을 구현하는 것이 중요하다.

## 풀이 코드

```
# 하루 동안 사용한 총 전기 사용량 입력
total_energy= int(input())

# 변수 초기화
sum_energy= 0                 # 현재까지 누적된 사용량
total_cost= 0                 # 시간별 전기요금의 총합
```

```
max_energy= 0                  # 가장 많이 사용한 전기량
max_hour= -1                    # 가장 많이 사용한 시간대

# 입력된 전기 사용량이 총 사용량에 도달할 때까지 반복
while sum_energy< total_energy:
    H = int(input())            # 전기 사용 시간대 입력
    E = int(input())            # 전기 사용량 입력

    sum_energy+= E              # 누적 사용량 증가

    # 최대 사용량 및 해당 시간대 추적
    if E > max_energy:
        max_energy= E
        max_hour= H

    # 사용 시간에 따라 단위 전기료 결정
    if H < 4:
        unit_price= 80
    elif H < 8:
        unit_price= 100
    elif H < 12:
        unit_price= 200
    elif H < 16:
        unit_price= 300
    elif H < 20:
        unit_price= 150
    else:
        unit_price= 100

    # 전기요금을 계산하여 누적
    total_cost+= unit_price* E

# 최대수요 기준 요금 추가
total_cost+= max_energy* 100

# 전기를 가장 많이 사용한 시간, 총 전기 사용료 출력
print(max_hour)
print(total_cost)
```

# 문제 5 패턴 출력하기

**전체 지문**

대양이는 천에 다양한 모양의 패턴을 출력하여 판매하려고 한다. 대양이를 도와 패턴을 출력해보자.

## 문제 5-1 5급

| 시간제한 | 1초 |
|---|---|
| 메모리제한 | 128MB |

제2회 TOSC 3/4/5급 문제 2-1

**소문제 지문**

대양이는 3×3 크기의 천에 '0', '/'의 문자를 통해 3가지 패턴을 출력하고자 한다. 문자 C를 입력받고 아래와 같이 3×3 정사각형 형태의 패턴을 출력하는 프로그램을 작성하시오.

| | | |
|---|---|---|
| 0 | / | 0 |
| / | 0 | / |
| 0 | / | 0 |

[그림 3-5-1] '%' 패턴

| | | |
|---|---|---|
| / | 0 | / |
| 0 | 0 | 0 |
| / | 0 | / |

[그림 3-5-2] '+' 패턴

| | | |
|---|---|---|
| 0 | 0 | / |
| 0 | / | 0 |
| / | 0 | 0 |

[그림 3-5-3] '/' 패턴

**제한사항**

- 출력 패턴인 '0'은 숫자이다.
- 입력은 '%', '+', '/'중 하나의 문자로 입력된다.

**문제 풀이 Steps**

Step 1 문자 C를 입력받는다.

Step 2 입력받은 문자에 맞는 패턴을 출력한다.

**입출력 예시**

| 입력 예시 1 | 출력 예시 1 |
|---|---|
| % ↦ C | 0/0 ↦ %에 맞는 3×3 패턴 출력<br>/0/<br>0/0 |

## 문제 해설

**[문제 접근 방법]**

이 문제는 입력된 문자에 따라 3×3 형태의 정사각형 패턴을 출력하는 구조다. 총 3가지 문자('%', '+', '/') 중 하나가 입력되며, 이에 따라 출력 패턴이 미리 정해져 있으므로 조건문을 이용한 분기 처리를 통해 해당 패턴을 출력해야 한다.

**[풀이 및 입출력 설명]**

먼저 하나의 문자를 입력받는다. 입력된 문자가 '%', '+', '/'에 맞춰 각각의 경우에 대응하는 3×3 패턴을 미리 정해진 형태로 출력한다. 이때 각 줄의 출력 내용을 print() 출력문을 사용하여 직접 출력하면 된다.

## 정리

이 문제는 조건문을 이용해 분기하고, 입력에 따라 정해진 문자열 패턴을 그대로 출력하는 단순 구현 문제다. 문자열 출력의 기본 흐름과 조건 분기 처리 능력을 연습할 수 있는 문제로, 출력 위치와 형식을 정확히 맞추는 것이 중요하다.

## 풀이 코드

```
# 문자 C 입력
C = input()

# 문자에 따라 패턴 출력
if C == '%':     # 입력 문자가 %인 경우
    print("0/0")
    print("/0/")
    print("0/0")
elif C == '+':  # 입력 문자가 +인 경우
    print("/0/")
    print("000")
    print("/0/")
```

```
elif C == '/':  # 입력 문자가 /인 경우
    print("00/")
    print("0/0")
    print("/00")
```

## 문제 5-2 4급

시간제한 1초
메모리제한 128MB

제2회 TOSC 3/4/5급 문제 2-2

### 소문제 지문

대양이는 N×N 크기의 천에 패턴을 출력하고자 한다. 패턴은 다음 규칙을 따른다.

▶ 오른쪽 위 모서리에서부터 왼쪽 아래 모서리 방향의 대각선 문자에는 '/'를 출력한다.
▶ '/' 외의 나머지 문자에는 '0'을 출력한다.
▶ 문자 사이에는 공백이 없다.

N을 입력받고, 위의 규칙에 맞게 패턴을 출력하는 프로그램을 작성하시오.

### 제한사항

- N은 1 이상 50 이하의 정수이다.
- 입력되는 '0' 문자는 숫자이다.

### 문제 풀이 Steps

Step 1 N을 입력받는다.
Step 2 조건에 맞게 패턴을 출력한다.

### 입출력 예시

| 입력 예시 1 | 출력 예시 1 |
|---|---|
| 5 ↦ N | 0000/ ↦ 조건에 맞는 N×N 패턴 출력<br>000/0<br>00/00<br>0/000<br>/0000 |

## 문제 해설

**[문제 접근 방법]**

이 문제는 N×N 정사각형 안에 규칙적으로 /와 0을 배치하는 구조다. 출력 패턴은 우상향 대각선 위치에만 '/' 문자, 그 외에는 모두 0을 출력해야 하므로 행과 열의 인덱스 관계를 이용한 조건 분기, 반복 출력 처리가 핵심이다.

**[입출력 설명]**

먼저 정사각형의 한 변의 길이 N을 입력받는다. 이후 0부터 N−1까지의 행과 열에 대해 중첩 반복문을 실행하며, 각 위치 (i, j)에서 i + j == N − 1일 때만 '/'를 출력하고, 그 외에는 모두 '0'을 출력한다. 출력 형식은 줄마다 공백 없이 문자들을 붙여 한 줄씩 출력한다.

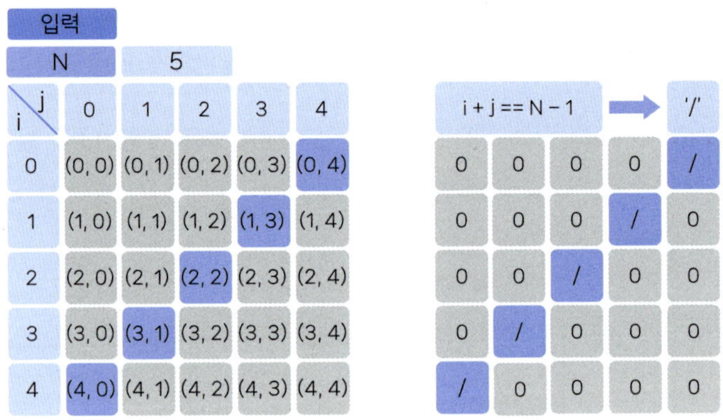


**[그림 3-5-4] 중첩 반복문을 활용한 패턴 출력**

N이 5이다. 5×5 크기의 패턴을 출력한다. 중첩 반복문을 실행하면서 각 위치가 (i, j)에 대해 i+j == N−1 인 경우에는 '/'을 출력하고 그 외에는 '0'을 출력한다. 출력 시 한 줄에 공백 없이 문자를 붙여 출력해야 하므로 print(문자, end="")의 형태를 사용한다. end=""를 쓸 경우 줄을 바꾸지 않고 이어서 출력할 수 있다. 한 줄을 모두 출력한 다음 print() 함수를 이용해 줄 바꿈을 해주면 된다.

## 정리

대각선 출력 문제의 기본형으로, 인덱스 조건에 따른 문자 선택이 핵심이다. 행과 열의 합이 일정한 조건을 만족할 때만 특정 문자를 출력하고, 그 외의 경우 기본 문자로 채워 넣는 방식으로 문제를 해결할 수 있다. 중첩 반복문을 활용하는 문제 중 기본적인 문제이다.

## 풀이 코드

```python
# N 입력
N = int(input())

# N×N 격자를 출력
for i in range(N):
    for j in range(N):
        # 우상향 대각선 조건: i + j == N - 1
        if i + j == N - 1:
            print("/", end="")
        else:
            print("0", end="")
    print()  # 줄 바꿈
```

## 문제 5-3 3급

| 시간제한 | 1초 |
|---|---|
| 메모리제한 | 128MB |

제2회 TOSC 3/4/5급 문제 2-3

**소문제 지문**

대양이는 N×N 천에 좀 더 복잡한 패턴을 출력하고자 한다. 패턴은 다음 규칙을 따른다.

- ▶ 천의 외곽에는 '1'을 출력하시오.
- ▶ 오른쪽 위 모서리에서부터 왼쪽 아래 모서리 방향의 대각선 문자에는 '/'를 출력하시오.
- ▶ 중앙을 기준으로 십자 문자에는 '+'를 출력하시오.
- ▶ '1', '/', '+' 이외의 나머지는 '0'을 출력하시오.
- ▶ 출력 우선순위는 1, /, +, 0 순으로 출력하시오.

아래 예시는 N이 7일 때의 출력 예시이다.

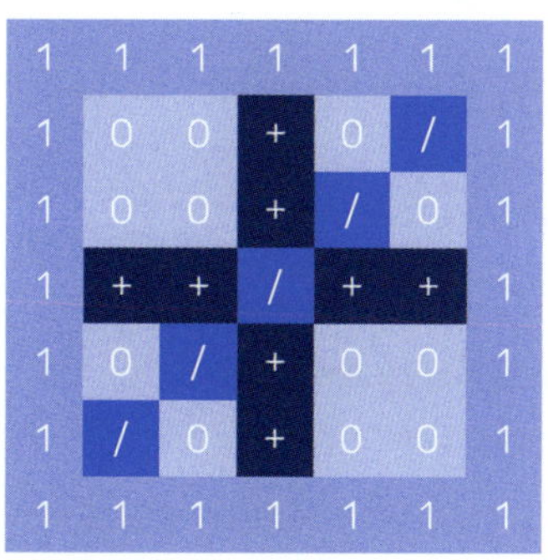


[그림 3-5-5] N이 7인 경우 출력되는 패턴 예시

홀수인 천의 크기 N을 입력받고 N×N 크기의 패턴을 규칙에 맞게 출력하는 프로그램을 작성하시오.

**제한사항**

- N은 1 이상 20 이하의 홀수이다.
- 1, /, +, 0 순으로 우선순위를 적용하여 출력한다.

**문제 풀이 Steps**

**Step 1** N을 입력받는다.

**Step 2** 규칙과 우선순위에 맞게 패턴을 출력한다.

**입출력 예시**

| 입력 예시 1 | 출력 예시 1 |
|---|---|
| 7 ↦ N | 1111111 ↦ 규칙에 맞게 7×7 패턴 출력<br>100+0/1<br>100+/01<br>1++/++1<br>10/+001<br>1/0+001<br>1111111 |

## 문제 해설

**[문제 접근 방법]**

이 문제는 특정 조건에 따라 다양한 문자를 정해진 위치에 출력해야 한다. 또한 N×N 격자의 각 좌표마다 출력 문자가 달라지므로, 모든 좌표에 대해 반복문을 사용해 검사해야 하고, 출력 조건이 여러 가지로 중첩되어 있기 때문에 조건 분기 처리가 핵심이다.

**[풀이 및 입출력 설명]**

먼저 천의 크기 N을 입력받는다. 이후 2중 반복문을 통해 N×N 격자의 각 위치 (i, j)를 탐색하면서 다음 조건에 따라 출력을 결정한다.

- 격자의 바깥 테두리에 있는 경우, 즉 i == 0, j == 0, i == N–1, j == N–1 중 하나라도 해당되면 '1'을 출력한다.
- 오른쪽 위 모서리에서 왼쪽 아래로 향하는 대각선, 즉 i+j == N–1 조건에 해당하면 '/'를 출력한다.
- 격자의 정중앙에 위치한 경우, 즉 i == N // 2 이거나 j == N // 2인 경우에는 '+'를 출력한다.
- 위의 모든 조건을 만족하지 않으면 '0'을 출력한다.

또한 문제에서 우선순위를 '1', '/', '+', '0' 순서로 정해두었으므로, 조건문을 이 순서대로 처리해야 한다. 출력 시 줄 바꿈 없이 한 줄에 모든 문자를 붙여서 출력해야 하므로, 파이썬에서는 print() 함수의 end="" 옵션을 활용해 공백 없이 이어서 출력하고, 행이 끝날 때마다 줄 바꿈을 수행한다.

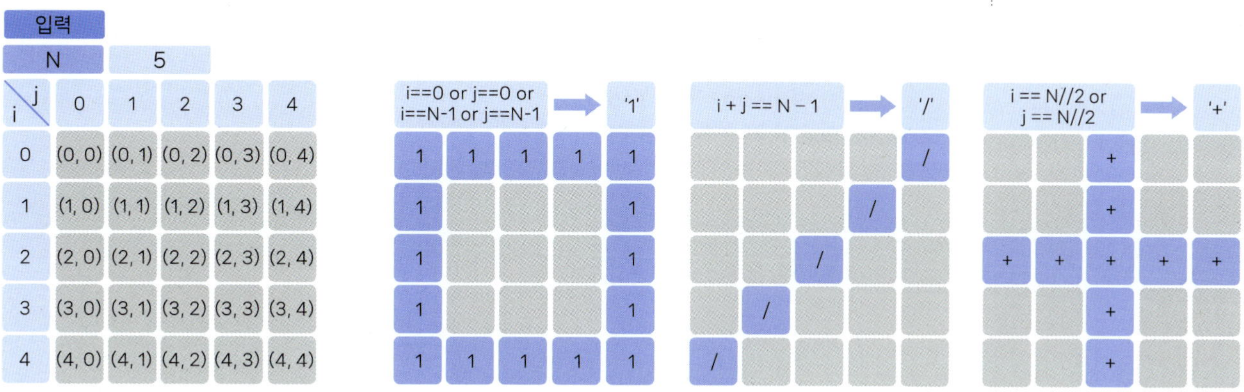


[그림 3-5-6] 각 패턴의 조건 및 출력 과정

N이 5이다. 중첩 반복문을 활용해 5×5의 천에 출력할 패턴을 다음과 같이 출력한다.
우선순위가 가장 높은 바깥 테두리일 경우 '1'을 출력한다. 바깥 테두리는 각 위치를 (i, j)라고 할 때, i 또는 j가 0 이거나 4(N−1)인 위치이다. 다음 우선순위가 높은 오른쪽 위 모서리에서 왼쪽 아래로 향하는 대각선은 '/'을 출력한다. i와 j의 합이 4(N−1)인 위치이다. 다음 우선순위로 격자의 중앙으로 i 또는 j가 2(N//2)인 위치이다. 마지막으로 위의 조건에 모두 맞지 않는 위치는 '0'으로 출력한다.

## 정리

이 문제는 격자 전체를 2중 반복문으로 순회하면서 각 위치의 조건을 판단해 출력하는 문제이다. 테두리 조건, 대각선 조건, 중앙 조건을 우선순위에 따라 순서대로 검사해야 하므로 조건을 알맞게 작성해야 하며 조건이 3개 이상 중첩되어 있어, 다중 조건문을 체계적으로 구성하는 것이 중요하다.

## 풀이 코드

```python
# 천 한 변의 길이 입력
N = int(input())

# N x N 격자를 순회하며 출력
for i in range(N):
    for j in range(N):
        if i == 0 or j == 0 or i == N - 1 or j == N - 1: # '1' 조건
```

```
            print('1', end='')
        elif i + j == N - 1: # '/' 조건
            print('/', end='')
        elif i == N // 2 or j == N // 2: # '+' 조건
            print('+', end='')
        else: # 그 외에는 '0' 출력
            print('0', end='')
    print()  # 행 출력 후 줄 바꿈
```

# 문제 6 | 소수 카드 게임

**전체 지문**

석민이는 소수 카드 게임을 하려고 한다. 소수 카드 게임의 카드에는 0부터 9까지의 숫자가 적혀있다. 소수 카드 게임은 아래 사진과 같이 카드를 N 장 받고 N 장의 카드를 일렬로 놓아 N 자리 수의 숫자를 만들어 해당 숫자가 소수이면 승리하고 소수가 아니면 패배하는 게임이다. 소수는 1과 자신만을 약수로 가지는 숫자이다.

[그림 3-6-1] N이 3인 소수 카드 게임 예시

위의 예시와 같이 N이 3이고 카드가 순서대로 2, 8, 3일 때, 만들어진 숫자는 283이 되며 소수이므로 석민이는 승리하게 된다.

## 문제 6-1 5급

| 시간제한 | 1초 |
|---|---|
| 메모리제한 | 128MB |

제2회 TOSC 3/4/5급 문제 3-1

**소문제 지문**

석민이는 총 두 장의 카드를 받으려고 한다. 먼저 받은 십의 자리 카드가 1인 상태이다. 일의 자리 카드인 M을 입력받고 만들어진 수가 소수인지 판별하여 소수이면 'Win'을 출력하고 소수가 아니라면 'Lose'를 출력하는 프로그램을 작성하시오.

**제한사항**

- M은 0 이상 9 이하의 정수이다.
- 만들어질 수 있는 숫자 중 소수는 11, 13, 17, 19 이다.
- 출력 시 대/소문자에 주의한다.

**문제 풀이 Steps**

- Step 1 일의 자리 카드 M을 입력받는다.
- Step 2 두 자리 숫자가 소수인지 확인한다.
- Step 3 소수이면 'Win'을 소수가 아니면 'Lose'를 출력한다.

**입출력 예시**

| 입력 예시 1 | 출력 예시 1 |
|---|---|
| 1 ↦ 석민이가 뽑은 두 번째 카드 | Win ↦ 소수 카드 게임 결과 |

| 입력 예시 2 | 출력 예시 2 |
|---|---|
| 4 ↦ 석민이가 뽑은 두 번째 카드 | Lose ↦ 소수 카드 게임 결과 |

## 문제 해설

**[문제 접근 방법]**

이 문제는 단순한 숫자 조합과 조건 판별 문제다. 주어진 수를 조합하여 하나의 수를 만들고, 그 수가 소수에 해당하는지를 검사해야 한다. 반복문이나 복잡한 계산 없이 주어진 몇 개의 값과 비교하는 구조이기 때문에, 간단한 if 조건문으로 충분히 해결할 수 있다.

**[입출력 설명]**

십의 자리 숫자 1이 고정된 상태에서, 일의 자리 숫자를 입력받는다. 이 두 숫자를 조합하여 두 자릿수를 만든다. 예를 들어, 일의 자리에 3이 입력되면 3에 10을 더하여 13으로 처리한다. 이후 만들어진 숫자가 11, 13, 17, 19 중 하나가 되면 소수이므로 이기는 조건이 된다. 따라서 입력값 M을 이용해 만든 숫자가 이 네 개의 소수 중 하나인지 여부를 판단하여 승패를 결정한다. 소수가 만들어졌다면 'Win'을 소수가 만들어지지 않았다면 'Lose'를 출력한다.

| 두 번째 카드 M | 0 | 1 | 2 | 3 | 4 | 5 | 6 | 7 | 8 | 9 |
|---|---|---|---|---|---|---|---|---|---|---|
| 완성된 숫자 | 10 | 11 | 12 | 13 | 14 | 15 | 16 | 17 | 18 | 19 |
| 게임 결과 | Lose | Win | Lose | Win | Lose | Lose | Lose | Win | Lose | Win |

[그림 3-6-2] 두 번째 카드 M에 따라 완성되는 숫자 및 게임 승리 여부

N이 1이고 만들어진 숫자는 1에 10을 더한 값인 11이다. 11은 소수이므로 'Win'을 출력한다. N이 4이면 만들어진 숫자는 4에 10을 더한 값인 14이다. 14는 소수가 아니므로 'Lose'를 출력한다.

## 정리

간단한 조건문을 통해 소수 여부를 판단하는 연습에 초점을 둔 문제이다. 반복문이나 복잡한 계산 없이 정해진 조건만으로 승패를 판단하기 때문에, 조건 분기 구조에 익숙해지는 데 도움이 된다. 기본적인 소수 개념을 접하고, 조건문만으로 다양한 결과를 도출하는 연습을 할 수 있어 기초 다지기에 유용한 문제다.

## 풀이 코드

```
# 일의 자리 카드 M을 입력
M = int(input())

# 고정된 두 자리 수 10에 일의 자리 수를 더하여 최종 숫자를 만듦
number = 10 + M

# 해당 숫자가 소수(11, 13, 17, 19) 중 하나인지 확인하여 결과 출력
if number == 11 or number == 13 or number == 17 or number == 19:
    print("Win")   # 승리 조건
else:
    print("Lose")  # 패배 조건
```

## 문제 6-2 4급

| 시간제한 | 1초 |
|---|---|
| 메모리제한 | 128MB |

제2회 TOSC 3/4/5급 문제 3-2

### 소문제 지문

석민이가 받을 카드는 모두 3장이다. 백의 자리, 십의 자리 카드와 일의 자리를 차례로 입력받는다. 만들어진 숫자가 소수이면 'Win'을 출력하고 소수가 아니라면 'Lose'를 출력하는 프로그램을 작성하시오.

### 제한사항

- 입력받는 카드는 0 이상 9 이하의 정수이다.
- 만들어진 숫자는 2 이상 999 이하의 정수이다.
- 출력 시 대/소문자에 주의한다.

**문제 풀이 Steps**

- Step 1 백의 자리, 십의 자리, 일의 자리 순으로 숫자를 입력받는다.
- Step 2 입력으로 만들어진 세 자리 수가 소수인지 확인한다.
- Step 3 소수이면 'Win'을 소수가 아니면 'Lose'를 출력한다.

**입출력 예시**

| 입력 예시 1 | 출력 예시 1 |
|---|---|
| 2 ↦ 석민이가 뽑은 백의 자리 카드<br>8 ↦ 석민이가 뽑은 십의 자리 카드<br>3 ↦ 석민이가 뽑은 일의 자리 카드 | Win ↦ 283은 소수이므로 승리 |

| 입력 예시 2 | 출력 예시 2 |
|---|---|
| 8 ↦ 석민이가 뽑은 백의 자리 카드<br>6 ↦ 석민이가 뽑은 십의 자리 카드<br>5 ↦ 석민이가 뽑은 일의 자리 카드 | Lose ↦ 865은 소수가 아니라 패배 |

## 문제 해설

**[문제 접근 방법]**

이 문제는 주어진 숫자가 소수인지 판별하는 조건 분기 문제다. 소수는 1과 자기 자신으로만 나누어지는 수이므로, 반복문을 활용해 2부터 해당 숫자의 제곱근까지 나누어지는 수가 있는지를 확인하면 된다.

**잠깐만요**

**왜 제곱근까지 검사할까요?**

소수를 판별할 때는 일반적으로 2부터 n−1까지 모든 수로 나누어 보는 방법을 떠올릴 수 있습니다. 하지만 이는 매우 비효율적인 방식입니다. 실제로는 n의 제곱근($\sqrt{n}$)까지만 나누어 보면 충분합니다.

그 이유는 다음과 같습니다. 어떤 수 n이 소수가 아니라면, n은 두 자연수의 곱으로 표현될 수 있습니다. 이때 곱해지는 두 수 중 하나는 반드시 $\sqrt{n}$ 이하의 값을 가집니다. 만약 두 수 모두 $\sqrt{n}$보다 크다면, 그들의 곱은 n보다 더 커지기 때문입니다.

예를 들어 n=30이라면, 2 × 15, 3 × 10, 5 × 6 등과 같이 약수 쌍이 존재합니다. 이 중 작은 값들은 모두 $\sqrt{30} \approx 5.47$ 이하입니다. 즉, 2부터 5까지만 확인해도 30이 소수가 아님을 판별할 수 있습니다. 따라서 소수 판별 시에는 2부터 $\sqrt{n}$까지만 나누어 보면 되고, 이 범위 내에 나누어 떨어지는 수가 하나라도 있다면 n은 소수가 아닙니다.
이 방법은 불필요한 반복을 줄이고 효율적인 코드를 작성하는 데 큰 도움이 됩니다.

**[풀이 및 입출력 설명]**

백의 자리, 십의 자리, 일의 자리에 해당하는 세 개의 숫자를 순서대로 받는다. 이 숫자들을 이용해 숫자를 조합한다. 백의 자리 숫자에는 100을 곱하고 십의 자리 숫자에는 10을 곱한 후 세 숫자를 모두 더한다.
그다음, 해당 숫자가 소수인지 판별한다. 소수 판별은 2부터 해당 수의 제곱근까지 나누어떨어지는 수가 있는지를 반복문으로 확인한다. 만약 나누어 떨어지는 수가 있다면 'Lose', 없다면 'Win'을 출력한다.

| 입력 | | | | | | | |
|---|---|---|---|---|---|---|---|
| 첫 번째 카드 | 2 | 두 번째 카드 | 8 | 세 번째 카드 | 3 | 만들어진 숫자 | 283 |
| 소수 판별 | 2 | 3 | 4 | 5 | 6 | ••• | 15 | 16 |
| 283 % i == 0 | False | False | False | False | False | ••• | False | False |

[그림 3-6-3] 입력값에 따른 소수 판별 과정 1

뽑은 카드가 순서대로 2, 8, 3이다. 만들어진 숫자는 2와 100을 곱한 값과 8과 10을 곱한 값과 3을 모두 더하여 283이 된다. 283의 제곱근을 정수로 변환하면 16이므로 2부터 16까지 반복하여 해당 숫자가 283의 약수인지 확인한다. 283에서 2~16의 숫자로 나눈 나머지 값이 0인지 확인한다. 283을 2부터 16까지 나누었을 때 나머지가 0인 경우가 없으므로 283은 소수이다. 따라서 'Win'을 출력한다.

| 입력 | | | | | | | | |
|---|---|---|---|---|---|---|---|---|
| 첫 번째 카드 | 8 | 두 번째 카드 | 6 | 세 번째 카드 | 5 | 만들어진 숫자 | 865 | |
| 소수 판별 | 2 | 3 | 4 | 5 | 6 | ••• | 28 | 29 |
| 865 % i == 0 | False | False | False | True | | | | |

[그림 3-6-4] 입력값에 따른 소수 판별 과정 2

뽑은 숫자가 순서대로 8, 6, 5이다. 같은 방법으로 865를 만들고 2부터 865의 제곱근을 정수로 변환한 29까지 반복하여 약수를 판별한다. 865에서 5를 나누면 나머지가 0이므로 5는 865의 약수가 된다. 따라서 865는 소수가 아니므로 'Lose'를 출력한다.

## 정리

이 문제는 단순한 조건 판단과 반복문을 활용한 종료 조건 제어가 핵심이다. 조건이 충족될 때 루프를 종료하고, 그 시점에서 누적된 정보를 기반으로 출력을 결정한다. 비교적 간단한 시뮬레이션 구조이지만, 종료 조건이 2가지라는 점에서 조건 제어 훈련에 적합하다.

## 풀이 코드

```
# 백의 자리, 십의 자리, 일의 자리 입력
a = int(input())  # 백의 자리
b = int(input())  # 십의 자리
c = int(input())  # 일의 자리

# 숫자 조합
number = a * 100 + b * 10 + c
```

```
# 소수 판별
is_prime = True
for i in range(2, int(number ** 0.5) + 1): # 2부터 만들어진 수의 제곱근까지 탐색
    if number % i == 0:
        is_prime = False
        break

# 결과 출력
if is_prime:
    print("Win")
else:
    print("Lose")
```

## 문제 6-3 3급

| 시간제한 | 1초 |
|---|---|
| 메모리제한 | 128MB |

제2회 TOSC 3/4/5급 문제 3-3

### 소문제 지문

석민이가 받을 카드는 모두 3장이다. 먼저 카드 두 장을 받았다. 카드 두 장의 위치를 입력받는다. 카드 위치를 입력받을 때, 백의 자리는 1, 십의 자리는 2, 일의 자리는 3으로 입력된다. 이후 순서대로 해당 위치의 카드를 입력받는다. 석민이가 게임에서 이길 확률을 소수점 첫째 자리까지 출력하는 프로그램을 작성하시오.

### 제한사항

- 카드는 0부터 9까지의 숫자로 이루어져 있으며, 숫자 당 1개의 카드로 총 10장으로 게임을 진행한다.
- 입력받는 카드의 위치는 1 이상 3 이하의 정수이다.
- 입력받는 카드는 0 이상 9 이하의 정수이다.

### 문제 풀이 Steps

**Step 1** 카드를 받을 위치를 입력받고 해당 자리의 숫자를 입력받는다.

**Step 2** 입력으로 만들어진 세 자리 수의 두 자리를 보고 소수가 만들어질 확률을 계산한다.

**Step 3** 계산한 확률을 소수점 첫째 자리까지 출력한다.

**입출력 예시**

| 입력 예시 1 | 출력 예시 1 |
| --- | --- |
| 2 3 ↦ 십의 자리, 일의 자리 카드 입력<br>8 3 ↦ 십의 자리는 8, 일의 자리는 3이므로 X83 으로 만들어질 수 있는 숫자는 083, 183, 283, 483, 583, 683, 783, 983으로 총 8개 이다. 8개 중 소수는 83, 283, 683, 983로 4개이므로 50% 확률을 가짐 | 50.0% ↦ 석민이가 승리할 확률 |

## 문제 해설

**[문제 접근 방법]**

이 문제는 가능한 모든 숫자 조합을 만들어 조건을 만족하는 경우를 세야 하므로 모든 경우의 수를 탐색해야 한다. 주어진 두 자리를 제외한 나머지 한 자리를 0부터 9까지 바꿔가며 3자리 수를 만들고, 각 수에 대해 소수 여부를 판단해 확률을 계산한다.

**[풀이 및 입출력 설명]**

먼저 세 카드 중 두 자리가 고정되어 있으므로, 나머지 한 자리를 0부터 9까지 모두 시도하여 입력된 두 숫자 카드를 제외한 나머지 숫자들로 총 8개의 3자리 수 조합을 만든다. 각 조합은 세 자리를 순서대로 이어 붙여 3자리 숫자를 구성한다. 각 숫자에 대해 소수 판별을 진행하고, 소수인 경우를 센다. 마지막으로 (소수 개수 / 전체 경우의 수) × 100을 계산해 백분율 확률로 출력한다.

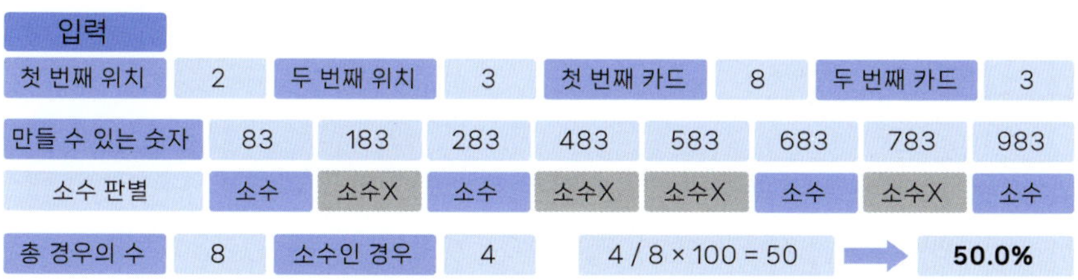


[그림 3-6-5] 입력값에 따른 소수 카드 게임 승리 확률 계산 과정

위치가 각 2, 3이고 해당 위치의 숫자가 8, 3이다. 만들어질 수 있는 숫자는 83, 183, 283, 483, 583, 683, 783, 983이다. 순차적으로 해당 숫자들이 소수인지 판별하고 총 경우의 수와 소수인 경우 체크한다.

소수 판별 방법은 2부터 해당 숫자의 제곱근을 정수로 변환한 값까지 반복하여, 나누어떨어지는 수가 있는지 검사하는 방식으로 진행한다. 총 8개의 조합 중 83, 283, 683, 983 이 소수로 판별되었고 4개의 조합이 소수이다. 따라서 4에서 8을 나누고 100을 곱한 값이 석민이가 이길 확률이다. 따라서 석민이가 이길 확률 50을 소수점 첫째 자리까지 출력하고 '%'를 출력한다.

## 정리

이 문제는 모든 경우의 수 탐색과 조건 분기, 그리고 소수 판별 로직을 함께 다루는 연습 문제로 적절하다. 특히 반복문과 조건문을 활용해 가능한 모든 조합을 점검하고, 수학적인 소수 개념을 코드로 구현하는 과정에서 탐색 순서, 효율적인 조건 분기, 정확한 소수 판별이 얼마나 중요한지를 자연스럽게 익힐 수 있다. 입력 순서에 따라 숫자를 조합하고, 결과를 백분율로 출력하는 포맷에도 익숙해질 수 있다.

## 풀이 코드

```
# 카드 위치 입력
pos1, pos2 = input().split(" ")
pos1 = int(pos1) # 숫자로 변환
pos2 = int(pos2)

# 해당 위치에 있는 숫자 입력
card1, card2 = input().split(" ")
card1 = int(card1)
card2 = int(card2)

# 숫자를 자리 수에 맞게 저장
cards = [-1, -1, -1]
cards[pos1 - 1] = card1
cards[pos2 - 1] = card2

prime_count = 0

# 나머지 빈자리에 0~9 숫자를 넣어 모든 경우 확인
for i in range(10):
    if i == card1 or i == card2: # 중복 카드는 건너뜀
        continue
    temp = cards[:]
    for j in range(3): # 빈자리를 찾아 숫자 넣기
        if temp[j] == -1:
            temp[j] = i
    number = temp[0] * 100 + temp[1] * 10 + temp[2]

    # 소수 판별
    is_prime = True

    for k in range(2, int(number ** 0.5) + 1):
        if number % k == 0:
```

```
            is_prime = False
            break
    # 소수 개수 카운트
    if is_prime:
        prime_count += 1

# 확률 계산 및 출력
percent = prime_count / 8 * 100
print("%.1f%%" % percent)
```

# 문제 7 액티비티 비용 계산하기

**전체 지문**

세종 액티비티 센터에서는 세 가지 종류의 액티비티를 제공한다. 각 액티비티의 금액은 비성수기(3~7월, 10~12월) 및 성수기(1~2월, 8~9월)에 따라 다르며 각 액티비티에 참여할 때마다 일정한 마일리지가 적립된다고 한다. 액티비티 별 금액 및 마일리지 적립액은 아래와 같다.

| 액티비티 종류 | 1 | | 2 | | 3 | |
|---|---|---|---|---|---|---|
| 금액(원) | 비성수기 | 성수기 | 비성수기 | 성수기 | 비성수기 | 성수기 |
| | 5,000 | 8,000 | 15,000 | 20,000 | 30,000 | 45,000 |
| 마일리지 적립액 | 500 | | 2,000 | | 5,000 | |

[그림 3-7-1] 액티비티 별 금액 및 마일리지 적립액

마일리지는 5000점이 넘으면 사용할 수 있고 1마일리지는 1원의 가치를 갖는다. 액티비티 금액의 일부를 마일리지로 차감할 경우에는 사용한 마일리지의 크기와 관계없이 해당 액티비티의 마일리지 적립이 되지 않는다고 가정한다.

## 문제 7-1 5급

시간제한 1초
메모리제한 128MB

제3회 TOSC 3/4/5급 문제 2-1

**소문제 지문**

참여한 액티비티와 해당 참여 월을 입력받아 해당 액티비티의 비용 및 마일리지 적립액을 출력하는 프로그램을 작성하시오.

**제한사항**

- 입력되는 액티비티 번호는 1 이상 3 이하의 정수이다.
- 입력되는 참여 월은 1 이상 12 이하의 정수이다.

### 문제 풀이 Steps

**Step 1** 참여한 액티비티의 번호와 참여한 월을 입력받는다.

**Step 2** 액티비티의 기간별 금액 및 마일리지 적립액을 고려하여 금액과 마일리지 적립액을 계산한다(예를 들어, 2번 액티비티를 5월에 참여한 경우 비성수기 비용 15,000원 및 마일리지 2,000을 적립한다).

**Step 3** 해당 액티비티의 비용 및 마일리지 적립액을 출력한다.

### 입출력 예시

**입력 예시 1**

```
2        ↦ 액티비티 번호
5        ↦ 참여 월
```

**출력 예시 1**

```
15000    ↦ 액티비티 비용
2000     ↦ 마일리지 적립액
```

## 문제 해설

**[문제 접근 방법]**

이 문제는 선택한 액티비티 번호와 참여 월을 기준으로, 표에 정해진 금액과 마일리지 적립값을 찾아 출력하는 문제다. 조건문을 통해 월이 성수기인지 비성수기인지 먼저 구분하고, 액티비티 종류에 맞는 값을 표에서 선택하는 방식으로 쉽게 구현할 수 있다.

**[풀이 및 입출력 설명]**

먼저 참여 월이 성수기(1~2월, 8~9월)인지 비수기(3~7월, 10~12월)인지 판정한다. 그런 다음 액티비티 번호가 1, 2, 3중 무엇인지에 따라 표에서 해당 시즌의 요금을 선택한다. 마일리지 적립액은 시즌과 무관하게 액티비티 종류에 의해 고정되므로 같은 분기에서 함께 결정한다. 마지막으로 계산된 요금과 적립 마일리지를 각각 출력한다.

입력

| 액티비티 번호 | 2 | 참여 월 | 5 |
|---|---|---|---|

| 액티비티 종류 | 1 | | 2 | | 3 | |
|---|---|---|---|---|---|---|
| 금액(원) | 비성수기 | 성수기 | **비성수기** | 성수기 | 비성수기 | 성수기 |
| | 5,000 | 8,000 | **15,000** | 20,000 | 30,000 | 45,000 |
| 마일리지 적립액 | 500 | | **2,000** | | 5,000 | |

[그림 3-7-2] 입력값에 따른 조건 분기 예시

액티비티 번호가 2이고 참여 월이 5이다. 참여 월이 1, 2, 8, 9가 아니므로 비성수기임을 확인한다. 액티비티 종류 2의 비성수기 금액은 15,000원이며 마일리지 적립액은 2,000이다. 따라서 15000, 2000을 순서대로 출력한다.

## 정리

표의 내용을 조건문으로 옮기고, 입력된 월과 번호를 기준으로 요금과 마일리지를 선택하는 구조다. 성수기와 비성수기를 정확히 나누고 액티비티 번호별 표의 금액, 적립액을 매핑하여 올바르게 출력해야 한다.

## 풀이 코드

```
# 입력
activity = int(input())
month = int(input())

# 성수기 여부 판정
if (month == 1) or (month == 2) or (month == 8) or (month == 9):
    is_peak = True
else:
    is_peak = False

# 요금 및 적립 마일리지 결정
# 액티비티 1: 비수기 5,000 / 성수기 8,000, 적립 500
if activity == 1:
    if is_peak == True:
        cost = 8000
    else:
        cost = 5000
    mileage = 500
# 액티비티 2: 비수기 15,000 / 성수기 20,000, 적립 2,000
elif activity == 2:
    if is_peak == True:
        cost = 20000
    else:
        cost = 15000
    mileage = 2000
# 액티비티 3: 비수기 30,000 / 성수기 45,000, 적립 5,000
else:
    if is_peak == True:
        cost = 45000
    else:
        cost = 30000
    mileage = 5000

# 출력 형식: 요금, 적립 마일리지 각각 한 줄
print(cost)
print(mileage)
```

## 문제 7-2 4급

| 시간제한 | 1초 |
|---|---|
| 메모리제한 | 128MB |

제3회 TOSC 3/4/5급 문제 2–2

### 소문제 지문

액티비티를 여러 번 참여한 경우 총 비용 및 총 마일리지 적립액을 계산하려고 한다. 참여한 전체 액티비티의 수를 입력받은 뒤, 각 액티비티의 번호와 해당 액티비티의 참여 월을 참여한 순서대로 입력받는다. 마일리지를 전혀 사용하지 않는다고 할 때, 전체 액티비티의 총 비용 및 총 마일리지 적립액을 출력하는 프로그램을 작성하시오.

### 제한사항

- 전체 액티비티 수는 1 이상 20 이하의 정수이다.
- 입력되는 액티비티 번호는 1 이상 3 이하의 정수이다.
- 입력되는 참여 월은 1 이상 12 이하의 정수이다.

### 문제 풀이 Steps

**Step 1** 참여한 전체 액티비티의 수를 입력받는다.

**Step 2** 각 액티비티의 번호와 해당 액티비티의 참여 월을 입력받는다(전체 액티비티의 수를 초과하여 입력받지 않는다).

**Step 3** 액티비티 번호와 참여 월을 고려하여 액티비티의 비용 및 마일리지 적립액을 계산한다.

**Step 4** 각 액티비티의 비용 및 마일리지 적립액을 모두 더해 총 액티비티 비용 및 총 마일리지 적립액을 계산하여 결과를 출력한다.

### 입출력 예시

**입력 예시 1**

```
5      ↦ 전체 액티비티 수
1      ↦ 액티비티 번호
10     ↦ 참여 월
2      ↦ 액티비티 번호
3      ↦ 참여 월
1      ↦ 액티비티 번호
1      ↦ 참여 월
3      ↦ 액티비티 번호
8      ↦ 참여 월
2      ↦ 액티비티 번호
10     ↦ 참여 월
```

**출력 예시 1**

```
88000      ↦ 총 액티비티 비용
10000      ↦ 총 마일리지
```

## 문제 해설

**[문제 접근 방법]**

액티비티 번호와 월을 입력받아 표에서 해당 요금과 마일리지를 찾아 합산하는 문제다. 전체 횟수를 먼저 입력받고, 한 건씩 처리하면서 월이 성수기인지 판정하고 번호별로 금액과 마일리지를 결정해 누적한다. 표 값이 고정되어 있어 조건문만으로 쉽게 구현할 수 있다.

**[풀이 및 입출력 설명]**

먼저 전체 참여 횟수를 입력받고 합계 변수를 0으로 초기화한다. 건마다 번호와 월을 입력받아 성수기 여부를 확인한다. 이후 번호와 성수기 여부에 맞춰 요금과 마일리지를 정해 합계에 더한다. 모든 입력이 끝나면 총 비용과 총 마일리지를 출력한다.

| 액티비티 종류 | 1 | | 2 | | 3 | |
|---|---|---|---|---|---|---|
| 금액(원) | 비성수기 | 성수기 | 비성수기 | 성수기 | 비성수기 | 성수기 |
| | 5,000 | 8,000 | 15,000 | 20,000 | 30,000 | 45,000 |
| 마일리지 적립액 | 500 | | 2,000 | | 5,000 | |

| 입력 | 전체 액티비티 수 | 5 | | | |
|---|---|---|---|---|---|
| 액티비티 번호 | 참여 월 | 금액 | 마일리지 | 총 금액 | 총 마일리지 |
| 1 | 10 | 5,000 | 500 | 5,000 | 500 |
| 2 | 3 | 15,000 | 2,000 | 20,000 | 2,500 |
| 1 | 1 | 8,000 | 500 | 28,000 | 3,000 |
| 3 | 8 | 45,000 | 5,000 | 73,000 | 8,000 |
| 2 | 10 | 15,000 | 2,000 | **88,000** | **10,000** |

[그림 3-7-3] 액티비티 소요 비용 및 마일리지 계산 과정

전체 액티비티 수가 5이고, 각 액티비티 번호와 참여 월이 (1, 10), (2, 3), (1, 1), (3, 8), (2, 10)이다. 총 금액과 총 마일리지를 계산할 변수를 0으로 초기화하고 반복문을 통해 각 액티비티와 참여 월에 대한 금액과 마일리지를 계산한다.

먼저 1번 액티비티를 10월에 참여했다. 비성수기이므로 1번 비성수기 금액 5,000원에 마일리지 적립액 500이다. 해당 금액과 마일리지를 총 금액과 총 마일리지 변수에 더한다.

다음 2번 액티비티를 3월에 참여했다. 비성수기이므로 2번 비성수기 금액 15,000원에 마일리지 적립액 2,000원이다. 마찬가지로 총 금액과 총 마일리지 변수에 더한다.

이와 같은 방법으로 액티비티 번호와 참여 월에 맞게 금액과 마일리지를 계산한 후 총 금액, 총 마일리지에 누적하여 더한다. 결과적으로 총 금액은 88,000원, 총 마일리지는 10,000이 적립되므로 88000, 10000을 출력한다.

## 정리

반복문을 이용하여 성수기/비성수기를 먼저 구분하고 번호별 금액, 마일리지를 표에 따라 선택하여 누적하는 문제이다. 반복문의 기초를 다지기 좋은 문제이며 반복마다 조건을 판단하고 해당하는 값을 더하는 과정을 통해 입력 처리와 누적 계산의 흐름을 익힐 수 있다.

## 풀이 코드

```
# 전체 참여 횟수 입력받기
count_all = int(input())

# 총 비용과 총 마일리지를 저장할 변수 초기화
total_cost = 0
total_mileage = 0

# 입력받은 횟수만큼 반복
for i in range(count_all):
    # 액티비티 번호 입력
    activity = int(input())
    # 참여 월 입력
    month = int(input())

    # 성수기 판정 (1, 2, 8, 9월 성수기)
    if month == 1 or month == 2 or month == 8 or month == 9:
        is_peak = True
    else:
        is_peak = False

    # 액티비티 번호와 성수기 여부에 따라 요금과 마일리지 결정
    if activity == 1:
        if is_peak:
            cost = 8000      # 성수기 요금
        else:
            cost = 5000      # 비수기 요금
        mileage = 500        # 마일리지

    elif activity == 2:
        if is_peak:
            cost = 20000
        else:
            cost = 15000
        mileage = 2000
```

```
    else:
        if is_peak:
            cost = 45000
        else:
            cost = 30000
        mileage = 5000

    # 이번 건의 요금과 마일리지를 총합에 더하기
    total_cost += cost
    total_mileage += mileage

# 모든 입력이 끝난 뒤 최종 합계 출력
print(total_cost)     # 총 비용
print(total_mileage) # 총 마일리지
```

## 문제 7-3 3급

| 시간제한 | 1초 |
|---|---|
| 메모리제한 | 128MB |

제3회 TOSC 3/4/5급 문제 2-3

### 소문제 지문

액티비티를 여러 번 참여하면서 마일리지를 사용한 경우 총 비용 및 잔여 마일리지 적립액을 계산하려고 한다. 참여한 전체 액티비티의 수를 입력받은 뒤, 각 액티비티의 번호와 해당 액티비티의 참여 월을 참여한 순서대로 입력받는다. 누적된 마일리지가 5000점이 넘을 때마다 마일리지를 최대한 사용했다고 할 때, 마일리지 사용분을 제외한 총 액티비티 비용 및 잔여 마일리지를 계산하여 출력하는 프로그램을 작성하시오.

마일리지를 최대한 사용한다는 것은 다음을 의미한다.

1. 잔여 마일리지보다 액티비티 비용이 큰 경우 모든 마일리지를 사용
2. 잔여 마일리지가 액티비티 비용보다 큰 경우 액티비티 비용만큼 마일리지 사용

### 제한사항

- 전체 액티비티 수는 1 이상 20 이하의 정수이다.
- 입력되는 액티비티 번호는 1 이상 3 이하의 정수이다.
- 입력되는 참여 월은 1 이상 12 이하의 정수이다.
- 마일리지를 일부라도 사용하여 액티비티 금액을 지불한 경우 마일리지를 적립하지 않는다.

**문제 풀이 Steps**

- **Step 1** 참여한 전체 액티비티의 수를 입력받는다.
- **Step 2** 각 액티비티의 번호와 해당 액티비티의 참여 월을 입력받는다(전체 액티비티의 수를 초과하여 입력받지 않는다).
- **Step 3** 액티비티 번호와 참여 월, 현재 마일리지 잔액을 고려하여 액티비티의 비용을 계산하고 마일리지 적립액을 계산한다(예를 들어, 3월에 1번 액티비티를 참여하고 현재 마일리지가 9,500점일 경우 액티비티 비용은 0원=5,000원(비성수기)–5,000점(마일리지)이고 마일리지 적립액은 0점으로 계산한다. 5,000 마일리지를 사용하였으므로 마일리지 잔액은 4,500점으로 계산한다).
- **Step 4** 각 액티비티의 비용과 마일리지 사용을 고려하여 총 액티비티 비용과 잔여 마일리지를 계산하여 결과를 출력한다.

**입출력 예시**

**입력 예시 1**

```
5         ↦ 전체 액티비티 수
1         ↦ 액티비티 번호
10        ↦ 참여 월
2         ↦ 액티비티 번호
3         ↦ 참여 월
1         ↦ 액티비티 번호
1         ↦ 참여 월
3         ↦ 액티비티 번호
8         ↦ 참여 월
2         ↦ 액티비티 번호
10        ↦ 참여 월
```

**출력 예시 1**

```
80000     ↦ 총 액티비티 비용
0         ↦ 총 마일리지
```

## 문제 해설

**[문제 접근 방법]**

이 문제는 여러 번의 액티비티 참여 내역을 입력받아, 표에 맞는 요금과 마일리지를 계산하되 누적 마일리지가 5000점을 넘을 때마다 사용할 수 있는 규칙을 적용하는 문제다. 반복문을 이용해 한 건씩 처리하며, 현재 마일리지 잔액을 기준으로 결제 시 마일리지를 최대한 차감한다. 표의 값과 마일리지 사용 조건이 명확하므로, 조건문을 통해 각 상황을 처리하면 된다.

**[풀이 및 입출력 설명]**

먼저 전체 참여 횟수를 입력받고, 총 비용, 총 마일리지, 잔여 마일리지를 저장할 변수를 초기화한다. 반복문 안에서 액티비티 번호와 월을 입력받아 성수기 여부를 판정하고 요금과 마일리지 적립액을 결정한다. 이후 현재 잔여 마일리지가 5000 이상일 때 마일리지를 사용하는데 다음 조건을 적용한다.

1. 마일리지가 요금 이상이면 전액 마일리지로 결제하고 남은 마일리지를 보관한다.
2. 마일리지가 요금보다 적으면 가능한 만큼 차감하고 나머지는 비용에 추가한다.
3. 마일리지를 일부 또는 전부 사용한 경우 마일리지를 받지 않는다.

마지막으로 적립 마일리지를 잔여 마일리지에 더하며, 모든 입력을 처리한 후 총 비용과 잔여 마일리지를 출력한다.

| 액티비티 종류 | 1 | | 2 | | 3 | |
|---|---|---|---|---|---|---|
| 금액(원) | 비성수기 | 성수기 | 비성수기 | 성수기 | 비성수기 | 성수기 |
| | 5,000 | 8,000 | 15,000 | 20,000 | 30,000 | 45,000 |
| 마일리지 적립액 | 500 | | 2,000 | | 5,000 | |

| 입력 | 전체 액티비티 수 | 5 | | | | |
|---|---|---|---|---|---|---|
| 액티비티 번호 | 참여 월 | 마일리지 사용 여부 | 금액 | 마일리지 | 총 금액 | 총 마일리지 |
| 1 | 10 | X | 5,000 | 500 | 5,000 | 500 |
| 2 | 3 | X | 15,000 | 2,000 | 20,000 | 2,500 |
| 1 | 1 | X | 8,000 | 500 | 28,000 | 3,000 |
| 3 | 8 | X | 45,000 | 5,000 | 73,000 | 8,000 |
| 2 | 10 | **8,000원 전액사용** | 7,000 | 0 | **80,000** | **0** |

[그림 3-7-4] 입력값에 따른 총 금액 및 총 마일리지 누적 계산 과정

전체 액티비티 수가 5이고, 각 액티비티 번호와 참여 월이 (1, 10), (2, 3), (1, 1), (3, 8), (2, 10)이다. 총 금액과 총 마일리지를 계산할 변수를 0으로 초기화하고 반복문을 통해 각 액티비티와 참여 월에 대한 금액과 마일리지를 계산한다.

먼저 1번 액티비티를 10월에 참여했다. 비성수기이므로 1번 비성수기 금액 5,000원에 마일리지 적립액은 500이다. 해당 금액과 마일리지를 총 금액과 총 마일리지 변수에 더한다.

다음 2번 액티비티를 3월에 참여했다. 비성수기이므로 2번 비성수기 금액 15,000원에 마일리지 적립액은 2,000이다. 마찬가지로 총 금액과 총 마일리지 변수에 더한다.

이와 같은 방법으로 금액과 마일리지를 계산하여 누적하여 더한다. 마지막 입력에서 2번 액티비티를 10월에 참여했다. 총 마일리지가 5,000이 넘었으므로 액티비티 금액 15,000원에서 마일리지 전액 8,000을 전부 사용하여 액티비티 금액은 7,000(15,000−8,000)이 되고 마일리지를 사용하였으므로 마일리지를 받지 않는다. 따라서 총 금액에 7,000을 더하여 80,000원이 되고 총 마일리지는 0이 된다. 이를 순서대로 출력한다.

## 정리

이 문제는 조건 분기와 상태 갱신을 반복적으로 적용하여 총 금액과 마일리지를 계산하는 문제다. 핵심 포인트는 매번의 참여 시점에서 마일리지를 사용할 수 있는지 확인하고, 그에 따라 현금과 마일리지를 분리해 계산하는 것이다. 단순 누적 계산이 아닌 '시점별 자원 관리'가 필요한 문제이므로, 반복문 안에서 조건을 정확히 구현하는 훈련이 된다.

## 풀이 코드

```python
# 액티비티 비용
activity_cost = [
    [5000, 8000],      # 1번 액티비티 (비성수기, 성수기)
    [15000, 20000],    # 2번 액티비티
    [30000, 45000]     # 3번 액티비티
]

# 마일리지 적립액
activity_mileage = [500, 2000, 5000]

# 전체 참여 횟수 입력받기
count_all = int(input())

# 총 비용과 총 마일리지를 저장할 변수 초기화
total_cost = 0
total_mileage = 0

# K번 반복하여 입력 처리
for i in range(count_all):
    # 액티비티 번호 입력
    activity = int(input())
    # 참여 월 입력
    month = int(input())

    # 성수기 판정 (1, 2, 8, 9월 성수기)
    if month == 1 or month == 2 or month == 8 or month == 9:
        is_peak = 1
    else:
        is_peak = 0

    # 기본 비용과 적립 마일리지 확인
    cost = activity_cost[activity-1][is_peak]
    mileage = activity_mileage[activity-1]
```

```python
    # 마일리지 사용 여부 확인
    if total_mileage >= 5000:
        if total_mileage >= cost:
            # 전액 마일리지로 결제
            total_mileage -= cost
        elif mileage > 0:
            # 일부 마일리지를 사용하고, 나머지는 현금으로 결제
            cost -= total_mileage
            total_mileage = 0

        mileage = 0  # 마일리지 사용 시 적립 없음

    # 총 비용과 마일리지 갱신
    total_cost += cost
    total_mileage += mileage

# 결과 출력
print(total_cost)
print(mileage)
```

# 문제 8 원카드 게임

전체 지문

석민이는 친구가 없어 원카드 게임을 혼자 하려고 한다. 원카드 게임의 규칙은 단순하다. 원카드의 카드에는 1부터 10까지의 숫자와 4가지 모양(스페이드, 하트, 클로버, 다이아몬드)이 하나씩 그려져 있다. 내려져 있는 카드와 손에 들고 있는 카드의 모양이나 숫자가 같다면 해당 카드를 내려놓을 수 있다.

[그림 3-8-1] 내려져 있는 카드

[그림 3-8-2] 다음 차례에 낼 수 있는 카드

예를 들어 스페이드 5 카드가 내려져 있고 석민이가 손에 스페이드 8, 다이아몬드 6, 클로버 5 그리고 하트 3 카드들을 들고 있었다면, 석민이는 내려져 있는 카드와 같은 모양인 스페이드 8 카드와 같은 숫자인 클로버 5 카드를 내려놓을 수 있다.

**문제 8-1** **5급**

| 시간제한 | 1초 |
| --- | --- |
| 메모리제한 | 128MB |

제3회 TOSC 3/4/5급 문제 3-1

#### 소문제 지문

석민이의 손에는 3장의 카드가 있다. 석민이가 이번 차례에 내려놓을 수 있는 카드의 개수를 알아보려고 한다. 내려져 있는 카드를 입력받고 석민이의 손에 있는 카드 3장을 입력받는다. 석민이가 내려놓을 수 있는 카드의 개수를 출력하는 프로그램을 작성하시오.

#### 제한사항

- 카드는 모양부터 입력받고 스페이드는 S, 다이아몬드는 D, 클로버는 C, 하트는 H로 입력받는다.

#### 문제 풀이 Steps

**Step 1** 내려져 있는 카드 모양과 숫자를 입력받는다.

**Step 2** 손에 들고 있는 카드 모양과 숫자를 3개씩 입력받는다.

**Step 3** 내려져 있는 카드와 손에 들고 있는 카드를 비교하여 석민이가 내려놓을 수 있는 카드의 개수를 출력한다.

#### 입출력 예시

| 입력 예시 1 | 출력 예시 1 |
| --- | --- |
| S ↦ 내려져 있는 카드의 모양<br>5 ↦ 내려져 있는 카드의 숫자<br>S ↦ 손에 있는 카드1의 모양<br>8 ↦ 손에 있는 카드1의 숫자<br>D ↦ 손에 있는 카드2의 모양<br>6 ↦ 손에 있는 카드2의 숫자<br>C ↦ 손에 있는 카드3의 모양<br>5 ↦ 손에 있는 카드3의 숫자 | 2 ↦ 석민이가 낼 수 있는 카드는 스페이드 8과 클로버 5, 2장 |

## 문제 해설

**[문제 접근 방법]**

내려져 있는 카드와 손에 있는 3장의 카드를 비교하여, 같은 모양이거나 같은 숫자일 경우 내려놓을 수 있도록 조건을 확인하는 문제다. 각 카드를 개별적으로 비교하면 되기 때문에, 반복문 없이 단순 조건문을 사용해도 충분히 해결할 수 있다.

**[풀이 및 입출력 설명]**

먼저 내려져 있는 카드의 모양과 숫자를 입력받는다. 이어서 손에 있는 3장의 카드에 대해 모양과 숫자를 차례로 입력받는다. 카드마다 내려져 있는 카드의 모양이 같거나, 내려져 있는 카드의 숫자가 같으면 내려놓을 수 있으므로 개수를 센다. 세 카드 모두 확인한 뒤, 내려놓을 수 있는 카드 개수를 출력한다.

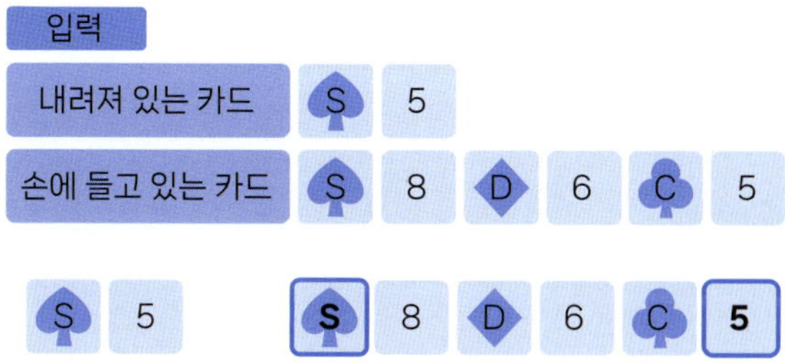

[그림 3-8-3] 입력값에 따른 다음 차례에 낼 수 있는 카드 확인

내려져 있는 카드가 스페이드(S) 5이고 손에 들고 있는 카드가 스페이드(S) 8, 다이아몬드(D) 6, 클로버(C) 5이다. 손에 들고 있는 카드 중 내려져 있는 카드와 모양이 같거나 숫자가 같은 카드만 내려놓을 수 있으므로 모양이 같은 스페이드 8 카드와 숫자가 같은 클로버 5 카드 총 2장을 내려놓을 수 있다. 따라서 2를 출력한다.

## 정리

이 문제는 각 카드의 정보를 개별 비교하여 내려놓을 수 있는 조건을 판별하는 문제다. 조건식이 참일 때마다 개수를 증가시켜 개수를 확인한다. 기본적인 조건문 연습을 위한 문제다.

## 풀이 코드

```
# 내려져 있는 카드 입력
s = input()
n = int(input())

# 손에 들고 있는 카드 입력
s1 = input()
n1 = int(input())
s2 = input()
n2 = int(input())
s3 = input()
n3 = int(input())

# 내려놓을 수 있는 카드 개수
```

```
total = 0

# 같은 모양, 숫자인지 확인
if s == s1 or n == n1: # 첫 번째 카드 비교
    total += 1
if s == s2 or n == n2: # 두 번째 카드 비교
    total += 1
if s == s3 or n == n3: # 세 번째 카드 비교
    total += 1

# 결과 출력
print(total)
```

## 문제 8-2 4급

| 시간제한 | 1초 |
|---|---|
| 메모리제한 | 128MB |

제3회 TOSC 3/4/5급 문제 3-2

### 소문제 지문

석민이 손에는 N 장의 카드가 있다. N 장의 카드 중 석민이가 이번 차례에 내려놓을 수 있는 카드의 개수를 알아보려고 한다. 내려져 있는 카드를 입력받고 석민이의 손에 있는 카드의 개수를 입력받은 후 손에 있는 카드들을 입력받는다. 석민이가 내려놓을 수 있는 카드의 개수를 출력하는 프로그램을 작성하시오.

### 제한사항

- 카드는 모양부터 입력받고 스페이드는 S, 다이아몬드는 D, 클로버는 C, 하트는 H로 입력받는다.
- N은 1 이상 10 이하의 정수이다.

### 문제 풀이 Steps

- **Step 1** 내려져 있는 카드 모양과 숫자를 입력받는다.
- **Step 2** 석민이가 손에 들고 있는 카드의 개수를 입력받는다.
- **Step 3** 손에 들고 있는 카드 모양과 숫자를 N개씩 입력받는다.
- **Step 4** 내려져 있는 카드와 손에 들고 있는 카드를 비교하여 석민이가 내려놓을 수 있는 카드의 개수를 출력한다.

**입출력 예시**

**입력 예시 1**

```
S    ↦ 내려져 있는 카드의 모양
5    ↦ 내려져 있는 카드의 숫자
3    ↦ 손에 있는 카드의 개수
S    ↦ 손에 있는 카드1의 모양
8    ↦ 손에 있는 카드1의 숫자
D    ↦ 손에 있는 카드2의 모양
6    ↦ 손에 있는 카드2의 숫자
C    ↦ 손에 있는 카드3의 모양
5    ↦ 손에 있는 카드3의 숫자
```

**출력 예시 1**

```
2    ↦ 석민이가 낼 수 있는 카드는 스페이드8과
       클로버5 2장
```

## ● 문제 해설

**[문제 접근 방법]**

내려져 있는 카드 1장과 손에 있는 N 장의 카드를 비교해, 같은 모양이거나 같은 숫자이면 내려놓을 수 있도록 판정하는 문제다. 손패의 개수가 입력으로 주어지기 때문에, 반복문을 이용해 한 장씩 조건을 확인하는 방식이 효율적이다. 이렇게 하면 카드 수가 많아져도 동일한 구조로 처리할 수 있다.

**[입출력 설명]**

먼저 내려져 있는 카드의 모양과 숫자를 입력받는다. 다음으로 손패의 개수를 입력받은 후, 해당 개수만큼 반복하여 각 카드의 모양과 숫자를 입력받는다. 반복문 안에서 내려져 있는 카드와 현재 손패 카드를 비교해 모양이 같거나 숫자가 같으면 개수를 하나 증가시킨다. 모든 손패를 확인한 후, 내려놓을 수 있는 카드 개수를 출력한다.

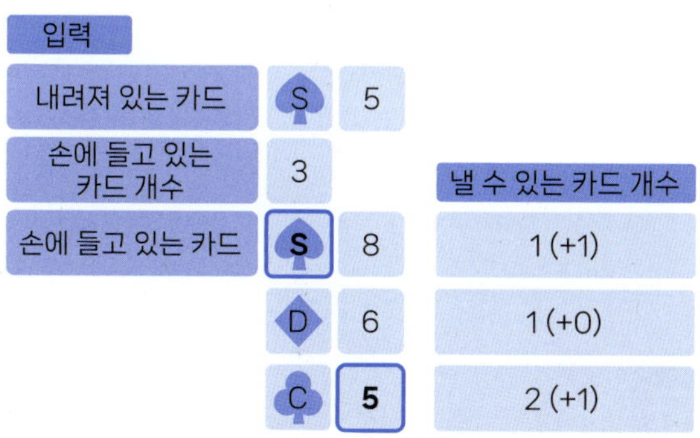


[그림 3-8-4] 입력값에 따른 다음 차례에 낼 수 있는 카드의 개수 계산 과정

내려져 있는 카드가 스페이드(S) 5이고 손에 들고 있는 카드 개수는 3개, 손에 들고 있는 카드가 스페이드(S) 8, 다이아몬드(D) 6, 클로버(C) 5이다. 반복문을 사용하여 손에 들고 있는 카드 중 내려져 있는 카드와 모양이 같거나 숫자가 같은 카드를 확인한다. 손에 있는 카드 중 모양이 같은 스페이드 8 카드와 숫자가 같은 클로버 5 카드 총 2장을 내려놓을 수 있다. 따라서 2를 출력한다.

## 정리

이 문제는 반복문을 이용해 손패를 한 장씩 비교하며 내려놓을 수 있는 조건을 판정하는 문제이다. 기초적인 반복문과 조건문을 연습하기 좋은 문제이며 손에 들고 있는 카드의 개수가 주어지기 때문에 반복 횟수가 정해져 있으므로 for 문을 사용하는 것이 편리하다.

## 풀이 코드

```python
# 내려져 있는 카드 입력
s = input()
n = int(input())

# 손에 들고 있는 카드의 개수 입력
card_num = int(input())

# 내려놓을 수 있는 카드 개수
total = 0

# 손패의 개수만큼 반복
for i in range(card_num):
    # 손패 카드의 모양과 숫자 입력
    hand_s = input()
    hand_n = int(input())

    # 내려져 있는 카드와 비교, 모양이 같거나 숫자가 같으면 가능
    if s == hand_s or n == hand_n:
        total += 1

# 결과 출력
print(total)
```

## 문제 8-3 3급

| 시간제한 | 1초 |
|---|---|
| 메모리제한 | 128MB |

제3회 TOSC 3/4/5급 문제 3-3

### 소문제 지문

석민이 손에는 4장의 카드가 있다. 석민이가 처음 손에서 카드를 내려놓을 때는 내려져 있는 카드와 손에 있는 카드의 모양이나 숫자가 같으면 내려놓을 수 있다. 이후 차례에는 내려져 있는 카드와 손에 있는 카드의 모양이나 숫자가 같은 카드를 내려놓아야 한다. 이러한 규칙으로 석민이는 최대한 많은 카드를 내려놓으려고 한다.

먼저 내려져 있는 카드를 입력받고 석민이의 손에 있는 카드 4장을 입력받는다. 석민이가 카드 4장 모두 내려놓았다면 'Win'을 출력하고, 4장 모두 내려놓지 못했다면 내려놓은 카드의 개수를 출력하는 프로그램을 작성하시오.

### 제한사항

- 카드는 모양부터 입력받고 스페이드는 S, 다이아몬드는 D, 클로버는 C, 하트는 H로 입력받는다.
- N은 1 이상 10 이하의 정수이다.
- 출력 시 대/소문자에 주의한다.

### 문제 풀이 Steps

**Step 1** 내려져 있는 카드 모양과 숫자를 입력받는다.

**Step 2** 석민이가 손에 들고 있는 카드 4장의 모양과 숫자를 입력받는다.

**Step 3** 석민이가 순서대로 카드를 내려놓을 수 있는 최대 개수를 계산한다.

**Step 4** 석민이가 내려놓을 수 있는 카드의 개수에 따라 결과를 출력한다.

### 입출력 예시

**입력 예시 1**

```
S    ↦ 내려져 있는 카드의 모양
5    ↦ 내려져 있는 카드의 숫자
S    ↦ 손에 있는 카드1의 모양
8    ↦ 손에 있는 카드1의 숫자
D    ↦ 손에 있는 카드2의 모양
8    ↦ 손에 있는 카드2의 숫자
D    ↦ 손에 있는 카드3의 모양
7    ↦ 손에 있는 카드3의 숫자
H    ↦ 손에 있는 카드4의 모양
3    ↦ 손에 있는 카드5의 숫자
```

**출력 예시 1**

```
3    ↦ 내려져 있는 카드 스페이드5 카드에서 스페이드8 -> 다이아몬드8 -> 다이아몬드7 카드를 순서대로 내려놓는 것이 석민이가 내려놓을 수 있는 최대의 카드 개수이므로 3을 출력
```

**입력 예시 2**

```
D    ↦ 내려져 있는 카드의 모양
7    ↦ 내려져 있는 카드의 숫자
H    ↦ 손에 있는 카드1의 모양
1    ↦ 손에 있는 카드1의 숫자
H    ↦ 손에 있는 카드2의 모양
9    ↦ 손에 있는 카드2의 숫자
D    ↦ 손에 있는 카드3의 모양
3    ↦ 손에 있는 카드3의 숫자
D    ↦ 손에 있는 카드4의 모양
9    ↦ 손에 있는 카드5의 숫자
```

**출력 예시 2**

```
Win  ↦ 모든 카드를 내려놓을 수 있으므로 Win을 출력
```

## 문제 해설

**[문제 접근 방법]**

이 문제는 처음 기준 카드(모양, 숫자)에서 시작해, 손패 4장 중 모양이 같거나 숫자가 같은 카드만 다음 카드로 낼 수 있다. 최대 몇 장을 연속으로 낼 수 있는지 찾아야 하므로, 낼 수 있는 순서를 전부 확인하는 4중 for 문으로 해결할 수 있다.

**[풀이 및 입출력 설명]**

먼저 기준 카드의 모양과 숫자를 입력받는다. 손패 4장의 모양과 숫자를 리스트에 저장한다. 4중 for 문을 돌며 카드 선택 순서를 만든다. 각 선택 단계에서 모양이나 숫자가 맞으면 다음 단계로 진행하고, 조건을 만족하지 않으면 중단한다. 가능한 모든 순서를 검사해 가장 많이 낼 수 있는 장수를 찾는다. 최댓값이 4면 'Win'을, 아니면 그 장수를 출력한다.

**[그림 3-8-5] 입력값에 따른 순서대로 낼 수 있는 최대 카드 개수 계산 과정**

내려져 있는 카드가 스페이드(S) 5이고 손에 들고 있는 카드는 스페이드(S) 8, 다이아몬드(D) 8, 다이아몬드(D) 7, 하트(H) 3이다. 반복문을 사용하여 내려져 있는 카드와 손에 들고 있는 카드를 비교하여 전에 사용하지 않았고 모양이 같거나 숫자가 같은 카드를 확인한다. 내려져 있는 카드가 스페이드 5 카드이면 손에 있는 카드 중 모양이 같은 스페이드 8 카드를 낸다. 다른 카드들은 같은 모양 또는 같은 숫자가 없기 때문에 낼 수 없다. 스페이드 8을 내고 다음 반복문을 확인한다. 손에 있는 카드는 스페이드 8은 이미 냈기 때문에 생략하고 다이아몬드 8은 숫자가 같기 때문에 다음에 낼 수 있다. 다른 카드들은 모양이나 숫자가 같지 않기 때문에 생략한다. 이와 같은 방법으로 4중 for 문을 진행하여 최대로 낸 카드의 개수를 저장한다.

위의 경우 처음 스페이드 5에서 스페이드 8, 다이아몬드 8, 다이아몬드 7 순서로 낼 수 있으며 최대 3개를 낼 수 있다. 따라서 3을 출력한다.

## 정리

이 문제는 원카드의 규칙을 통해 4중 for 문을 통해 조합이 가능한 개수를 찾는 문제이다. 내려놓인 카드와 조건에 맞게 카드를 선택해야 하며 선택된 카드 확인과 총 낼 수 있는 최대 카드를 세는 등 복잡한 조건을 논리적으로 구성해야 한다.

## 풀이 코드

```
# 내려져 있는 카드의 모양과 숫자 입력
s = input()
n = int(input())

# 손에 들고 있는 카드 4장의 모양과 숫자 입력
hand_s = []
hand_n = []
for i in range(4):
    hand_s.append(input())
    hand_n.append(int(input()))

max_play = 0  # 최대 낼 수 있는 장수

# 첫 번째 카드 선택
for i in range(4):
    # 모양이나 숫자가 같은 경우
    if hand_s[i] == s or hand_n[i] == n:
        # 첫 카드 사용 후
        count1 = 1
        prev_s = hand_s[i]
        prev_n = hand_n[i]

        # 두 번째 카드 선택
        for j in range(4):
            # 내려놓지 않은 카드이고 첫 카드와 모양이나 숫자가 같은 경우
            if j != i and (hand_s[j] == prev_s or hand_n[j] == prev_n):
                count2 = 2
                prev_s2 = hand_s[j]
                prev_n2 = hand_n[j]

                # 세 번째 카드 선택
                for k in range(4):
                    # 내려놓지 않은 카드이고 두 번째 카드와 모양이나 숫자가 같은 경우
                    if k != i and k != j and (hand_s[k] == prev_s2 or
                       hand_n[k] == prev_n2):
                        prev_s3 = hand_s[k]
```

```
                        prev_n3 = hand_n[k]

                        # 네 번째 카드 선택
                        for l in range(4):
                            # 내려놓지 않은 카드이고 세 번째 카드와 모양이나
                              숫자가 같은 경우
                            if l != i and l != j and l != k and (hand_s[l]
== prev_s3 or hand_n[l] == prev_n3):
                                if 4 > max_play:
                                    max_play = 4

                        # 세 번째까지 낸 경우 최댓값 갱신
                        if 3 > max_play:
                            max_play = 3

                # 두 번째까지 낸 경우 최댓값 갱신
                if 2 > max_play:
                    max_play = 2

        # 첫 번째까지 낸 경우 최댓값 갱신
        if 1 > max_play:
            max_play = 1

# 결과 출력
if max_play == 4:
    print("Win")
else:
    print(max_play)
```

# 문제 9 조 편성 프로그램 작성하기

**전체 지문**

세종여행사는 여행 참가자들의 조를 자동으로 편성하는 프로그램을 작성하고자 한다.

## 문제 9-1 5급

| 시간제한 | 1초 |
|---|---|
| 메모리제한 | 128MB |

제4회 TOSC 3/4/5급 문제 1-1

**소문제 지문**

여행을 위한 조는 4인 1조를 기본으로 편성하며, 남는 인원들을 마지막 조로 편성한다고 가정한다. 총 여행 참가자 수를 입력받으면, 전체 조의 개수를 출력하는 프로그램을 작성하시오.

**제한사항**

- 총 여행 참가자 수는 1 이상 1,000 이하의 정수이다.
- 총 여행 참가자 수가 4인보다 적다면, 모든 참가자를 한 조에 편성한다.

**문제 풀이 Steps**

Step 1 총 여행 참가자 수를 입력받는다.

Step 2 입력받은 인원수에 맞게 편성된 조의 개수를 출력한다.

**입출력 예시**

| 입력 예시 1 | 출력 예시 1 |
|---|---|
| 17 ↦ 총 여행 참가자 수 | 5 ↦ 전체 조의 개수<br>(4인 4조 + 1인 1조) |

## 문제 해설

**[문제 접근 방법]**

총 인원을 4명씩 나누어 조를 만들고, 나머지가 있으면 마지막에 한 조를 더 만든다. 나누기 연산과 나머지 연산을 이용해 간단하게 구현할 수 있는 문제다.

**[풀이 및 입출력 설명]**

먼저 전체 참가자 수를 입력받는다. 참가자 수를 4로 나누어 조의 기본 개수를 구하고, 나머지를 확인한다. 나머지가 0이 아니라면 마지막에 한 조를 추가해야 하므로 조의 개수에 1을 더한다. 이렇게 계산된 값을 출력한다.

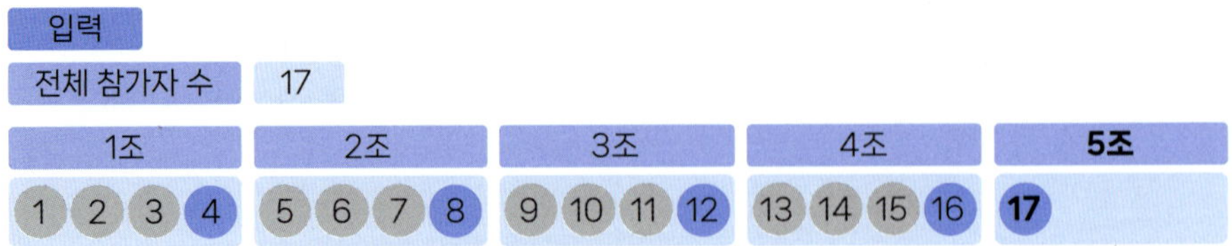


**[그림 3-9-1] 입력값에 따른 전체 조의 개수 계산 과정**

전체 참가자 수가 17이다. 참가자 수를 4로 나누어 4인인 조의 수를 계산하면 4(17//4)개의 조가 구성된다. 그리고 나머지는 1(17%4)이므로 1인 조 한 개가 구성된다. 따라서 4인 구성의 조 4개와 1인 구성의 조 1개로 총 5개 조가 구성되므로 5를 출력한다.

## 정리

이 문제는 나눗셈과 나머지 연산을 이용해 조의 개수를 구하는 단순 구현 문제다. 간단한 사고력을 요하며 기본 연산과 나머지 연산을 연습할 수 있는 문제이다.

## 풀이 코드

```python
# 전체 참가자 수 입력
N = int(input())

# 기본 4명의 조 개수
n = N // 4

# 나머지 인원이 있으면 한 조 추가
last = N % 4
if last != 0:
    n = n + 1

# 결과 출력
print(n)
```

문제 **9-2** **4급**

| 시간제한 | 1초 |
|---|---|
| 메모리제한 | 128MB |

제4회 TOSC 3/4/5급 문제 1-2

**소문제 지문**

여행을 위한 조는 4인 1조를 기본으로 편성하고, 남는 인원들은 마지막 조로 편성한다고 가정한다. 총 여행 참가자 수를 입력받으면, 전체 조의 개수를 출력하고 각 조의 인원수를 출력하는 프로그램을 작성하시오.

**제한사항**

- 총 여행 참가자 수는 1 이상 1,000 이하의 정수이다.
- 총 여행 참가자 수가 4인보다 적다면, 모든 참가자를 한 조에 편성한다.
- 각 조의 인원수는 인원수가 많은 순서대로 출력한다.

**문제 풀이 Steps**

Step 1 총 여행 참가자 수를 입력받는다.
Step 2 입력받은 인원수에 맞게 편성된 조의 개수를 출력한다.
Step 3 각 조의 인원수를 조의 인원수가 많은 순서대로 출력한다.

**입출력 예시**

**입력 예시 1**

```
17        ↦ 총 여행 참가자 수
```

**출력 예시 1**

```
5         ↦ 전체 조의 개수
4         ↦ 첫 번째 조의 인원수
4
4
4
1         ↦ 마지막 조의 인원수
```

## 문제 해설

**[문제 접근 방법]**

이 문제는 총 인원을 4명씩 나누어 조를 구성하고, 나머지가 있으면 마지막 조에 배정하는 방식으로 접근한다. 먼저 전체 조의 개수를 구한 뒤, 반복문을 통해 각 조의 인원을 순서대로 출력하는 구조로 구현한다.

**[풀이 및 입출력 설명]**

총 인원을 입력받아 4로 나누어 기본 조의 개수와 나머지를 구한다. 나머지가 있으면 조의 개수에 1을 더한다. 전체 조의 개수를 출력하고, 마지막 조를 제외한 조는 4명을 출력하며, 마지막 조는 나머지가 있으면 나머지 인원을, 아니면 4명을 출력한다.

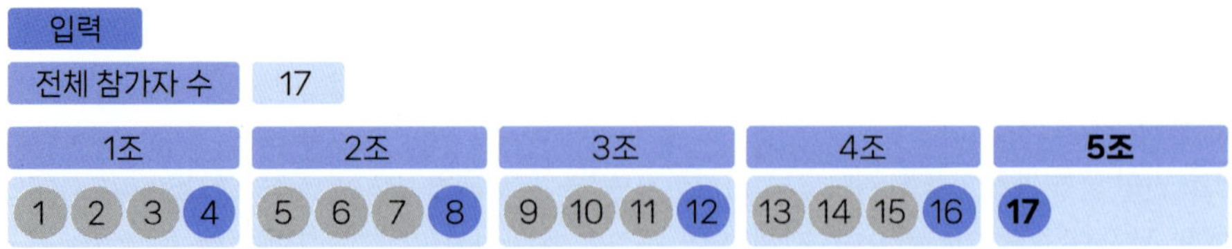


[그림 3-9-2] 입력값에 따른 전체 조의 개수와 마지막 조 인원 수 계산 과정

전체 참가자 수가 17이다. 참가자 수를 4로 나누어 4인인 조의 수를 계산하면 4(17//4)개의 조가 구성된다. 그리고 나머지는 1(17%4)이므로 1인 조 한 개가 구성된다. 따라서 총 5개의 조가 구성된다. 마지막 조를 제외하고 4인 구성의 조가 4개이므로 반복문을 통하여 4를 4번 출력한다. 마지막으로 4인 미만의 조의 인원수 1을 출력한다.

## 정리

이 문제는 단순한 수학 연산과 반복문을 결합해 해결하는 기초 구현 문제다. 나눗셈과 나머지 연산으로 조의 개수를 결정하고, 조건문으로 마지막 조의 인원을 처리하는 방식을 익히기에 좋다. 반복문을 통해 순차적으로 데이터를 출력하는 기본 흐름을 연습할 수 있다.

## 풀이 코드

```
# 전체 참가자 수 입력
N = int(input())

# 기본 조의 개수와 나머지 계산
n = N // 4
last = N % 4

# 나머지가 있으면 조 1개 추가
if last != 0:
    n = n + 1

# 전체 조의 개수 출력
print(n)

# 마지막 조를 제외한 조의 인원 출력
for i in range(n - 1):
    print(4)
```

```
# 마지막 조의 인원 출력
if last != 0:
    print(last)
else:
    print(4)
```

## 문제 9-3 3급

시간제한 1초
메모리제한 128MB

제4회 TOSC 3/4/5급 문제 1-3

### 소문제 지문

여행을 위한 조는 4인 1조를 기본으로 편성하지만, 원활한 여행 프로그램 운영을 위해 각 조의 인원이 최소 3명 이상으로 구성되어야 한다고 한다. 총 여행 참가자 수를 입력받으면, 전체 조의 개수와 각 조의 인원수를 출력하는 프로그램을 작성하시오.

### 제한사항

- 총 여행 참가자 수는 6 이상 1,000 이하의 정수이다.
- 각 조의 인원수는 인원수가 많은 순서대로 출력한다.

### 문제 풀이 Steps

**Step 1** 총 여행 참가자 수를 입력받는다.
**Step 2** 입력받은 인원수에 맞게 편성된 조의 개수를 출력한다.
**Step 3** 각 조의 인원수를 조의 인원수가 많은 순서대로 출력한다.

### 입출력 예시

**입력 예시 1**

```
17        ↦ 총 여행 참가자 수
```

**출력 예시 1**

```
5         ↦ 전체 조의 개수
4         ↦ 첫 번째 조의 인원수
4
3
3
3         ↦ 마지막 조의 인원수
```

## 문제 해설

**[문제 접근 방법]**

이 문제는 기본은 4인 1조로 나누되, 마지막에 남는 인원 때문에 3인 조가 필요하면 3인 조를 만들어 최소 인원(3명)을 만족시키는 방식으로 접근한다. 전체 조 개수를 먼저 구하고, 남는 인원에 따라 3인 조의 개수를 정한 뒤 각 조의 인원수를 순서대로 출력한다.

**[풀이 및 입출력 설명]**

먼저 전체 참가자 수 입력받고 4명씩 나누어 기본 조 개수를 구하고, 남는 인원수를 확인한다. 남는 인원이 있으면 조를 하나 더 만들고, 남는 인원에 따라 다음과 같이 조를 구성한다.

- 남는 인원이 1명일 경우에는 세 명씩 구성된 조를 3개 구성한다.
- 남는 인원이 2명일 경우에는 세 명씩 구성된 조를 2개 구성한다.
- 남는 인원이 3명일 경우에는 남는 인원끼리 3명인 조를 구성한다.

이렇게 결정된 3인 조의 수와 4인 조의 수를 이용해 전체 조의 개수와 인원 구성을 순서대로 출력한다.

**[그림 3-9-3] 입력값에 따른 전체 조의 개수와 각 조의 인원 수 계산 과정**

전체 참가자 수가 17이다. 참가자 수를 4로 나누어 4인인 조의 수를 계산하면 4(17//4)개의 조가 구성된다. 그리고 나머지는 1(17%4)이므로 1인 조 한 개가 구성된다. 남는 인원이 1명이므로 세 명씩 구성된 조를 3개 구성한다. 따라서 4명으로 구성된 조 2개와 3명으로 구성된 조 3개가 만들어진다. 전체 조의 개수 5와 각 조의 구성원 수 4, 4, 3, 3, 3을 순차적으로 출력한다.

## 정리

이 문제는 여행 조 편성을 수학적 규칙으로 풀어내는 기초 구현 문제다. 몫, 나머지 계산으로 전체 조 수를 정하고, 최소 인원 제약을 만족시키기 위해 3인 조를 몇 개 둘지 결정하는 수학적 사고력을 연습하는 문제이다.

## 풀이 코드

```python
# 전체 참가자 수 입력
N = int(input())

# 기본 조의 개수와 나머지 계산
n = N // 4
last = N % 4

# 3인 조의 개수(n3) 결정 및 전체 조 개수 보정
if last != 0:
    n = n + 1
    if last == 1:
        n3 = 3
    elif last == 2:
        n3 = 2
    else:  # last == 3
        n3 = 1
else:
    n3 = 0

# 전체 조의 개수 출력
print(n)

# 3인 조가 없는 경우: 전부 4명
if n3 == 0:
    i = 0
    while i < n:
        print(4)
        i = i + 1
# 3인 조가 있는 경우: (n - n3) 개의 조는 4명, 이어서 n3개의 조는 3명
else:
    i = 0
    while i < (n - n3):
        print(4)
        i = i + 1
    i = 0
    while i < n3:
        print(3)
        i = i + 1
```

# 문제 10 동영상 광고 시청 수입 계산하기

**전체 지문**

세종튜브 동영상 사이트에는 동영상 제작자들에게 사용자 광고 시청에 따른 수입을 제공한다. 단위 광고 시청 수입은 사용자의 분류(아동, 성인, 프리미엄)에 따르며, 광고 시청 수입이 일정 수준을 넘으면 단위 광고 수입은 줄어들지만, 대신 좋아요의 개수에 따라 추가로 인센티브를 제공한다고 한다. 사용자 분류 별 광고 시청 수입 및 좋아요 인센티브는 아래와 같다.

| 사용자 분류 | 아동 (번호 1) | 성인 (번호 2) | 프리미엄 (번호 3) |
|---|---|---|---|
| 단위 광고 시청 수입 (원 / 건) | 100 | 200 | 400 |
| 좋아요 인센티브 (원 / 건) | 200 | 400 | 800 |

[그림 3-10-1] 사용자 분류 별 광고 시청 수입 및 좋아요 인센티브

## 문제 10-1 5급

시간제한 1초
메모리제한 128MB

제4회 TOSC 3/4/5급 문제 2-1

**소문제 지문**

좋아요 인센티브가 따로 없이 광고 시청으로만 수입이 계산된다고 가정할 때, 각 사용자 분류의 광고 시청 건수를 모두 입력받으면, 총 광고 시청 수입을 출력하는 프로그램을 작성하시오.

**제한사항**

- 입력되는 사용자 분류 광고 시청 건수는 0 이상 100,000,000 이하의 정수이다.

**문제 풀이 Steps**

Step 1 아동, 성인, 프리미엄 사용자 순으로 광고 시청 건수를 입력받는다.

Step 2 사용자 분류 별 단위 광고 시청 수입 및 총 광고 시청 건수를 고려하여 총 광고 시청 수입을 계산하여 출력한다.

**입출력 예시**

| 입력 예시 1 | 출력 예시 1 |
|---|---|
| 500 ↦ 아동 사용자 시청 건수<br>200 ↦ 성인 사용자 시청 건수<br>300 ↦ 프리미엄 사용자 시청 건수 | 210000 ↦ 총 광고 시청 수입(100*500+200*200+400*300=210000) |

## 문제 해설

**[문제 접근 방법]**

이 문제는 사용자 분류별 광고 시청 건수를 입력받아, 각 분류에 해당하는 단가를 곱해 모두 더하는 방식으로 접근한다. 표에 주어진 아동, 성인, 프리미엄 사용자의 광고 시청 단가를 그대로 사용해 계산하면 된다.

**[풀이 및 입출력 설명]**

먼저 아동, 성인, 프리미엄 사용자의 광고 시청 건수를 순서대로 입력받는다. 각 분류별 단가를 곱해 분류별 수입을 구하고, 이 값을 모두 더해 전체 광고 시청 수입을 계산한다. 계산된 최종 금액을 출력한다.

## 정리

이 문제는 표에 주어진 단가와 입력받은 건수를 단순 곱셈 · 덧셈으로 처리하는 기초 연산 문제다. 분류별 값을 따로 계산한 뒤 합산하는 흐름을 이해하기에 적합하다.

## 풀이 코드

```
# 아동 사용자 광고 시청 건수 입력
child_count = int(input())
# 성인 사용자 광고 시청 건수 입력
adult_count = int(input())
# 프리미엄 사용자 광고 시청 건수 입력
premium_count = int(input())

# 각 분류별 단가
child_rate = 100
adult_rate = 200
premium_rate = 400

# 분류별 수입 계산
child_income = child_count * child_rate
```

```python
adult_income = adult_count * adult_rate
premium_income = premium_count * premium_rate

# 전체 광고 시청 수입 계산
total_income = child_income + adult_income + premium_income

# 결과 출력
print(total_income)
```

## 문제 10-2 4급

| 시간제한 | 1초 |
| --- | --- |
| 메모리제한 | 128MB |

제4회 TOSC 3/4/5급 문제 2-2

### 소문제 지문

월별 각 사용자 분류의 광고 시청 건수를 입력받아 총 누적 광고 시청 수입을 계산하려고 한다. 만약 누적 광고 시청 수입이 20만 원을 초과한다면, 해당 월의 다음 월부터는 단위 광고 시청 수입이 절반으로 줄어든다고 가정한다. 광고 시청 수입을 계산하고자 하는 개월 수를 먼저 입력받은 뒤, 월별 각 사용자 분류의 광고 시청 건수를 입력받아 누적 광고 시청 수입을 출력한다.

### 제한사항

- 전체 개월 수는 1 이상 100 이하의 정수이다.
- 입력되는 사용자 분류 광고 시청 건수는 0 이상 100,000,000 이하의 정수이다.
- 단위 광고 시청 수입이 20만 원을 초과하여 절반으로 줄어드는 규칙은 1회만 유효하다.
- 좋아요 인센티브는 고려하지 않는다.

### 문제 풀이 Steps

- Step 1 광고 시청 수입을 계산하고자 하는 개월 수를 입력받는다.
- Step 2 월별 각 사용자 분류의 광고 시청 건수를 입력받는다.
- Step 3 사용자 분류 및 단위 광고 시청 수입을 이용해 누적 광고 시청 수입을 계산하여 결과를 출력한다.

**입출력 예시**

**입력 예시 1**

```
3 ↦ 전체 개월 수
500 ↦ (1개월) 아동 사용자 시청 건수
200 ↦ (1개월) 성인 사용자 시청 건수
300 ↦ (1개월) 프리미엄 사용자 시청 건수
300 ↦ (2개월) 아동 사용자 시청 건수
100 ↦ (2개월) 성인 사용자 시청 건수
200 ↦ (2개월) 프리미엄 사용자 시청 건수
200 ↦ (3개월) 아동 사용자 시청 건수
100 ↦ (3개월) 성인 사용자 시청 건수
200 ↦ (3개월) 프리미엄 사용자 시청 건수
```

**출력 예시 1**

```
335000 ↦ 누적 광고 시청 수입

↦ (1개월차: 20만 원 초과
  100*500+200*200+400*300=210000,
  2개월차: 단위 수입 절반
  50*300+100*100 +200*200=65000,
  3개월차:
  50*200+100*100+200*200=60000
  누적 수입: 335000원)
```

## ● 문제 해설

**[문제 접근 방법]**

이 문제는 월별로 사용자 분류별 광고 시청 건수를 입력받아, 해당 월의 광고 시청 수입을 계산하고 누적 합을 구하는 방식으로 접근한다. 누적 수입이 20만 원을 초과하면 이후 월부터는 단가를 절반으로 적용하는 조건을 반영해야 한다.

**[입출력 설명]**

먼저 전체 개월 수를 입력받는다. 그 후 각 월마다 아동, 성인, 프리미엄 사용자 광고 시청 건수를 입력받아, 단가와 곱해 월 수입을 계산한다. 계산된 월 수입을 누적 합에 더하고, 누적 합이 20만 원을 초과한 이후부터는 단가를 절반으로 적용해 나머지 월 수입을 계산한다. 모든 개월을 처리한 뒤 최종 누적 수입을 출력한다.

| 사용자 분류 | 아동 (번호 1) | 성인 (번호 2) | 프리미엄 (번호 3) |
|---|---|---|---|
| 단위 광고 시청 수입 (원 / 건) | 100 | 200 | 400 |

| 입력 | 전체 개월 수 | 3 | | | | | |
|---|---|---|---|---|---|---|---|
| 아동 사용자 | | 성인 사용자 | | 프리미엄 사용자 | | | |
| 광고 시청자 수 | 광고 수입 | 광고 시청자 수 | 광고 수입 | 광고 시청자 수 | 광고 수입 | 수입 합계 | 총 수입 |
| 500 | 50,000 | 200 | 40,000 | 300 | 120,000 | 210,000 | 210,000 |
| 300 | 30,000 | 100 | 20,000 | 200 | 80,000 | 130,000/2 | 275,000 |
| 200 | 20,000 | 100 | 20,000 | 200 | 80,000 | 120,000/2 | **335,000** |

**[그림 3-10-2] 입력값에 따른 총 수입 계산 과정**

전체 개월 수는 3이고 각 개월마다 아동, 성인, 프리미엄 사용자 광고 시청 수가 (500, 200, 300), (300, 100, 200), (200, 100, 200) 이다. 첫 달 수입은 210,000(500×100 + 200×200 + 300×400) 이다. 총 누적 광고 수입이 200,000을 처음 넘었으므로 앞으로 입력되는 수입은 절반이 된다. 다음 달의 수입은 130,000이고 위의 규칙에 맞게 절반으로 나눈 값 65,000을 누적 수입 합계에 더한다. 이와 같은 방법으로 마지막 달까지 수입을 계산하여 누적 수입 합계는 335,000이 되므로 335000을 출력한다.

## 정리

이 문제는 월별 데이터를 순차적으로 읽어가며 누적 합계를 관리하는 조건 처리 문제다. 누적 금액에 따라 단가 변경이 발생하는 시점을 체크하는 로직이 핵심이며, 표에 있는 단가와 조건을 정확히 반영하는 것이 중요하다.

## 풀이 코드

```
# 각 사용자 분류별 광고 시청 단가
ad_price_child = 100
ad_price_adult = 200
ad_price_premium = 400

# 전체 개월 수 입력
month_count = int(input())

# 단가 조정 계수 (1이면 그대로, 2이면 절반 적용)
price_coeff = 1

# 누적 수입
total_income = 0

# 월별 데이터 처리
for _ in range(month_count):
    # 아동, 성인, 프리미엄 사용자 광고 시청 건수 입력
    child_views = int(input())
    adult_views = int(input())
    premium_views = int(input())

    # 이번 달 수입 계산 (현재 단가 계수 적용)
    month_income = (ad_price_child * child_views +
                    ad_price_adult * adult_views +
                    ad_price_premium * premium_views) // price_coeff

    # 누적 수입 갱신
    total_income += month_income

    # 누적 수입이 20만 원 초과하면 이후부터 단가 절반 적용
    if total_income > 200000:
        price_coeff = 2

# 결과 출력
print(total_income)
```

## 문제 10-3 3급

| 시간제한 | 1초 |
| --- | --- |
| 메모리제한 | 128MB |

제4회 TOSC 3/4/5급 문제 2-3

### 소문제 지문

월별 각 사용자 분류의 광고 시청 건수 및 좋아요 수를 입력받아 총 누적 광고 시청 수입과 좋아요 인센티브 수입을 계산하고자 한다. 만약 누적 광고 시청 수입이 20만 원을 초과한다면, 해당 월의 다음 월부터는 단위 광고 시청 수입이 절반으로 줄어들지만, 해당 월부터는 좋아요 인센티브가 주어진다고 가정한다. 광고 시청 수입을 계산하려고 하는 개월 수를 먼저 입력받은 뒤, 월별 각 사용자 분류의 광고 시청 건수 및 좋아요 수를 입력받아 누적 광고 시청 수입 및 누적 좋아요 인센티브를 출력하는 프로그램을 작성하시오.

### 제한사항

- 전체 개월 수는 1 이상 100 이하의 정수이다.
- 입력되는 사용자 분류 광고 시청 건수는 0 이상 100,000,000 이하의 정수이다.
- 단위 광고 시청 수입이 20만 원을 초과하여 절반으로 줄어드는 규칙은 1회만 유효하다.
- 좋아요 인센티브는 이전 월에 대해서는 소급하여 지급하지 않는다.

### 문제 풀이 Steps

**Step 1** 광고 시청 수입을 계산하고자 하는 개월 수를 입력받는다.

**Step 2** 월별 각 사용자 분류의 광고 시청 건수 및 좋아요 수를 입력받는다.

**Step 3** 사용자 분류 및 단위 광고 시청 수입을 고려하여 누적 광고 시청 수입 및 누적 좋아요 인센티브를 계산하여 결과를 출력한다.

### 입출력 예시

**입력 예시 1**

```
2   ↦ 전체 개월 수
500 ↦ (1개월) 아동 사용자 시청 건수
200 ↦ (1개월) 아동 사용자 좋아요 수
200 ↦ (1개월) 성인 사용자 시청 건수
300 ↦ (1개월) 성인 사용자 좋아요 수
300 ↦ (1개월) 프리미엄 시청 건수
200 ↦ (1개월) 프리미엄 사용자 좋아요 수
200 ↦ (2개월) 아동 사용자 시청 건수
100 ↦ (2개월) 아동 사용자 좋아요 수
400 ↦ (2개월) 성인 사용자 시청 건수
300 ↦ (2개월) 성인 사용자 좋아요 수
500 ↦ (2개월) 프리미엄 사용자 시청 건수
100 ↦ (2개월) 프리미엄 사용자 좋아요 수
```

**출력 예시 1**

```
360000 ↦ 누적 광고 시청 수입
220000 ↦ 누적 좋아요 인센티브

↦ (1개월차: 20만 원 초과
  100*500+200*200+400*300=210,000,
  2개월차: 단위 수입 절반
  50*200+100*400+200*500=150,000,
  누적 수입 360,000원)
  (2개월차 좋아요 인센티브:
  200*100+400*300+800*100=220,000원)
```

## 문제 해설

**[문제 접근 방법]**

이 문제는 월별로 사용자 분류별 광고 시청 건수를 입력받아, 해당 월의 광고 시청 수입을 계산하고 누적 합을 구하는 방식으로 계산한다. 누적 수입이 20만 원을 초과하면 이후 월부터는 단가를 절반으로 적용하는 조건을 반영하고 좋아요 인센티브를 계산해야 한다.

**[풀이 및 입출력 설명]**

먼저 전체 개월 수를 입력받는다. 그 후 각 월마다 아동, 성인, 프리미엄 사용자 광고 시청 건수와 좋아요 수를 입력받는다. 단가와 곱해 월 수입을 계산하고 월 수입을 누적 합에 더한다. 누적 합이 20만 원을 초과한 이후부터는 단가를 절반으로 적용해 나머지 월 수입을 계산하고 좋아요 수에 따른 인센티브도 개별로 누적하여 계산한다. 모든 개월을 처리한 뒤 총 광고 수입과 총 좋아요 인센티브를 출력한다.

| 사용자 분류 | 아동 (번호 1) | 성인 (번호 2) | 프리미엄 (번호 3) |
|---|---|---|---|
| 단위 광고 시청 수입 (원 / 건) | 100 | 200 | 400 |
| 좋아요 인센티브 (원 / 건) | 200 | 400 | 800 |

| 입력 | 전체 개월 수 | 2 | | | | | | | |
|---|---|---|---|---|---|---|---|---|---|
| | 아동 사용자 | | 성인 사용자 | | 프리미엄 사용자 | | | | |
| 개월 수 | 광고 시청자 수 | 광고 수입 | 광고 시청자 수 | 광고 수입 | 광고 시청자 수 | 광고 수입 | 수입 합계 | 총 광고 수입 |
| 1 | 500 | 50,000 | 200 | 40,000 | 300 | 120,000 | 210,000 | 210,000 |
| 2 | 200 | 20,000 | 400 | 80,000 | 500 | 200,000 | 300,000/2 | **360,000** |

| | 아동 사용자 | | 성인 사용자 | | 프리미엄 사용자 | | | |
|---|---|---|---|---|---|---|---|---|
| 개월 수 | 좋아요 수 | 인센티브 | 좋아요 수 | 인센티브 | 좋아요 수 | 인센티브 | 인센티브 합계 | 총 인센티브 |
| 2 | 100 | 20,000 | 300 | 120,000 | 100 | 80,000 | 220,000 | **220,000** |

**[그림 3-10-3] 입력값에 따른 총 광고 수입 및 총 인센티브 계산 과정**

전체 개월 수가 2고 아동, 성인, 프리미엄 사용자의 광고 시청자 수와 좋아요 수는 위의 예시와 같다. 첫 달 수입은 210,000(500×100 + 200×200 + 300×400)이다. 총 누적 광고 수입이 20만을 처음 넘었으므로 앞으로 입력되는 수입은 절반이 되고 좋아요 수에 따른 인센티브도 계산한다. 다음 달의 수입은 300,000이고 위의 규칙에 맞게 절반으로 나눈 값 150,000을 누적 수입 합계에 더한다. 또한 좋아요 수에 따른 인센티브는 220,000(100×200 + 300×400 + 100×800)이 된다. 누적 수입 합계는 360,000원이고 좋아요 누적 인센티브는 220,000원이다. 따라서 360000과 220000을 순서대로 출력한다.

## 정리

이 문제는 월별 데이터를 순차적으로 읽어가며 누적 합계를 관리하는 조건 처리 문제다. 누적 금액에 따라 단가 변경이 발생하고 좋아요 인센티브를 계산하는 시점을 확인하는 로직이 핵심이며, 표에 있는 단가와 문제의 조건을 정확히 반영하는 것이 중요하다.

## 풀이 코드

```python
# 각 사용자 분류별 광고 시청 단가
ad_price = [100, 200, 400]
like_incen = [200, 400, 800]

# 전체 개월 수 입력
month_count = int(input())

# 단가 조정 계수 (1이면 그대로, 2이면 절반 적용)
price_coeff = 1

# 누적 수입
total_income = 0
total_incentive = 0

# 월별 데이터 처리
for _ in range(month_count):
    # 아동, 성인, 프리미엄 사용자 광고 시청 건수 입력
    child_views = int(input())
    child_likes = int(input())
    adult_views = int(input())
    adult_likes = int(input())
    premium_views = int(input())
    premium_likes = int(input())
    # 이번 달 수입 계산 (현재 단가 계수 적용)
    month_income = (ad_price[0] * child_views +
                    ad_price[1] * adult_views +
                    ad_price[2] * premium_views) // price_coeff

    # 누적 광고 시청 수입 갱신
    total_income += month_income

    # 누적 광고 시청 수입이 20만을 넘기면 좋아요 인센티브 계산
    if price_coeff == 2:
        total_incentive = (like_incen[0] * child_likes +
                           like_incen[1] * adult_likes +
                           like_incen[2] * premium_likes)

    # 누적 수입이 20만 원을 초과하면 이후부터 단가 절반 적용
    if total_income > 200000:
        price_coeff = 2


# 결과 출력
print(total_income)
print(total_incentive)
```

# 문제 11. 도시 여행하기

**전체 지문**

세종이가 여행하려는 나라의 모든 도시가 일렬로 나열되어 있다고 가정하자. 도시들 간에는 기차를 타고 여행을 할 수 있으며, 각 도시의 기차는 특정 하나의 도시로만 이동 가능하다는 규칙이 있다. 각 도시의 기차는 A부터 H까지의 알파벳으로 라벨링이 되어있다.

각 알파벳이 의미하는 이동 규칙은 다음과 같다.

- ▶ A : 왼쪽으로 한 도시 이동
- ▶ B : 오른쪽으로 한 도시 이동
- ▶ C : 왼쪽으로 두 도시 이동
- ▶ D : 오른쪽으로 두 도시 이동
- ▶ E : 왼쪽으로 세 도시 이동
- ▶ F : 오른쪽으로 세 도시 이동
- ▶ G : 왼쪽으로 네 도시 이동
- ▶ H : 오른쪽으로 네 도시 이동

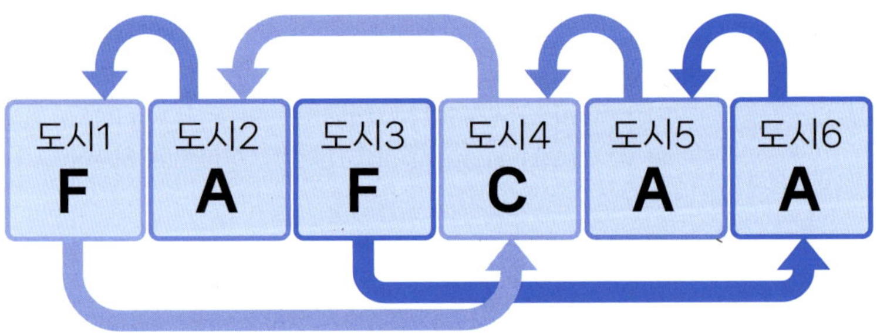


[그림 3-11-1] 도시 여행의 예시

모든 도시를 여행할 수 있는 시작 도시는 반드시 하나만 주어진다. 예를 들어, 위 그림에서 도시 3을 시작 도시로 선택하면 도시 3 → 도시 6 → 도시 5 → 도시 4 → 도시 2 → 도시 1 순서로 모든 도시를 여행한다. 반면, 도시 1을 선택하면 도시 1 → 도시 4 → 도시 2 순서로 3개의 도시를 여행하게 된다.

## 문제 11-1 5급

시간제한 1초
메모리제한 128MB

제4회 TOSC 3/4/5급 문제 3-1

### 소문제 지문

어떤 한 도시의 도시 번호와 그 도시 기차의 이동 규칙인 알파벳이 주어졌을 때, 그 도시에서 바로 이동할 수 있는 도시의 위치를 출력한다.

### 제한사항

- 도시의 번호는 1 이상 10,000 이하의 정수이다.
- 이동 규칙은 'A'부터 'H'까지의 알파벳 대문자로 입력되며 이외의 문자는 입력되지 않는다.
- 이동 규칙에 따라 도시를 이동했을 때, 도시의 번호가 0 이하인 경우는 없다.

### 문제 풀이 Steps

Step 1 시작 도시 위치를 입력받는다.

Step 2 그 도시 기차의 이동 규칙 알파벳을 입력받는다.

Step 3 그 도시에서 바로 이동할 수 있는 도시의 위치를 출력한다.

### 입출력 예시

| 입력 예시 1 | 출력 예시 1 |
|---|---|
| 50 ↦ 시작 도시 위치<br>H ↦ 시작 도시의 알파벳 | 54 ↦ 바로 이동할 수 있는 도시의 위치 |

| 입력 예시 2 | 출력 예시 2 |
|---|---|
| 1200 ↦ 시작 도시 위치<br>E ↦ 시작 도시의 알파벳 | 1197 ↦ 바로 이동할 수 있는 도시의 위치 |

## 문제 해설

**[문제 접근 방법]**

도시 번호와 이동 규칙 알파벳이 주어지면, 해당 알파벳 규칙에 따라 오른쪽이나 왼쪽으로 일정한 칸수를 이동해야 한다. 단순히 입력받은 도시 번호에 규칙을 통하여 숫자를 더하거나 빼는 방식으로 처리할 수 있다.

**[풀이 및 입출력 설명]**

먼저 시작 도시 번호와 이동 규칙 알파벳을 입력받는다. 알파벳은 'A'부터 'H'까지 있으며 각각 이동하는 칸수와 방향이 다르다.

- A : 왼쪽으로 한 도시 이동 (–1)
- B : 오른쪽으로 한 도시 이동 (+1)
- C : 왼쪽으로 두 도시 이동 (–2)
- D : 오른쪽으로 두 도시 이동 (+2)
- E : 왼쪽으로 세 도시 이동 (–3)
- F : 오른쪽으로 세 도시 이동 (+3)
- G : 왼쪽으로 네 도시 이동 (–4)
- H : 오른쪽으로 네 도시 이동 (+4)

이 규칙에 맞게 입력된 도시 번호에 더하거나 빼서 결과 도시 번호를 계산한다.

시작 도시 번호가 50이고 규칙이 'H'라면 오른쪽으로 4칸 이동하는 규칙에 의해 도시 번호 50에서 4를 더하여 54가 된다. 따라서 54를 출력한다.

## 정리

이 문제는 조건문을 이용하여 단순하게 규칙을 분기 처리하고, 입력값에 더하거나 빼는 방식으로 결과를 도출하는 단순 구현 문제이다. 규칙 표를 잘 이해하고 조건에 맞는 이동을 정확히 적용하는 것이 핵심이다.

## 풀이 코드

```
# 입력
city = int(input())        # 시작 도시 번호
rule = input()             # 이동 규칙

# 이동 규칙 처리
if rule == "A":
    city -= 1
elif rule == "B":
    city += 1
elif rule == "C":
    city -= 2
elif rule == "D":
    city += 2
elif rule == "E":
    city -= 3
elif rule == "F":
    city += 3
elif rule == "G":
    city -= 4
elif rule == "H":
```

```
    city += 4

# 결과 출력
print(city)
```

## 문제 11-2 4급

시간제한 1초
메모리제한 128MB

제4회 TOSC 3/4/5급 문제 3-2

### 소문제 지문

어느 한 나라의 도시의 개수가 N으로 주어지며, 일렬로 나열된 도시들은 순서대로 1번부터 시작하여 고유의 번호를 가진다. 나열된 도시들의 기차 이동 규칙 알파벳이 왼쪽부터 오른쪽 순서대로 한 문자열로 주어진다. 또한, 시작 도시 위치가 주어진다. 이때, 주어진 시작 도시에서 여행을 시작할 때 최대 여행 가능한 도시의 개수를 출력한다.

### 제한사항

- 도시의 개수 N은 1 이상 10,000 이하의 정수이다.
- 도시들의 이동 규칙은 길이가 N인 문자열로 입력되며 모두 'A'부터 'H'까지의 대문자 알파벳으로 이루어져 있다.
- 이동 규칙에 따라 도시를 이동했을 때, 도시의 번호가 0 이하이거나 도시의 개수 N 이상인 경우는 없다.

### 문제 풀이 Steps

Step 1 전체 도시들의 수를 입력받는다.
Step 2 일렬로 나열된 도시들의 기차 이동 규칙 알파벳들을 문자열로 입력받는다.
Step 3 시작 도시의 위치를 입력받는다.
Step 4 주어진 시작 도시에서 시작해 여행할 수 있는 도시들의 총 개수를 출력한다.

### 입출력 예시

| 입력 예시 1 | 출력 예시 1 |
|---|---|
| 6 ↦ 전체 도시들의 수<br>FAFCAA ↦ 도시들의 알파벳<br>5 ↦ 시작 도시 위치 | 4 ↦ 여행할 수 있는 도시들의 총 개수 |

| 입력 예시 2 | |
|---|---|
| 10 | ↦ 전체 도시들의 수 |
| FABADGBDEA | ↦ 도시들의 알파벳 |
| 1 | ↦ 시작 도시 위치 |

| 출력 예시 2 | |
|---|---|
| 3 | ↦ 여행할 수 있는 도시들의 총 개수 |

## 문제 해설

**[문제 접근 방법]**

이 문제는 도시마다 주어진 알파벳 규칙에 따라 좌우로 이동하며, 출발 도시에서 최대 몇 개의 도시를 방문할 수 있는지를 계산하는 문제다. 각 알파벳은 이동 거리를 의미하며, 방문한 도시는 다시 방문할 경우 해당 시점부터 방문했던 도시만을 순환하여 방문하기 때문에 더 이상 새로운 도시를 갈 수 없다. 따라서 방문 여부를 체크하면서 시뮬레이션을 진행해야 한다.

따라서, 규칙에 따른 이동을 조건문으로 해석하고, 방문 배열을 통해 순환을 방지하는 시뮬레이션 방식으로 접근한다.

**[풀이 및 입출력 설명]**

먼저 도시의 개수 N과 각 도시의 이동 규칙 문자열, 그리고 시작 도시 번호가 입력된다.
방문 확인 리스트를 만들어 아직 방문하지 않은 도시를 기준으로 이동을 반복한다.

- 현재 도시를 방문 처리한다.
- 현재 도시의 이동 규칙에 따라 다른 도시로 이동한다.
- 방문한 도시 개수를 1 증가시킨다.
- 이미 방문했던 도시에 다시 들어가면 순환이 발생하므로 반복을 종료한다.

반복이 종료되면 방문한 도시 개수를 출력한다.

| 입력 | | | | | |
|---|---|---|---|---|---|
| 도시 개수 | 6 | 규칙 | FAFCAA | 시작 도시 | 5 |

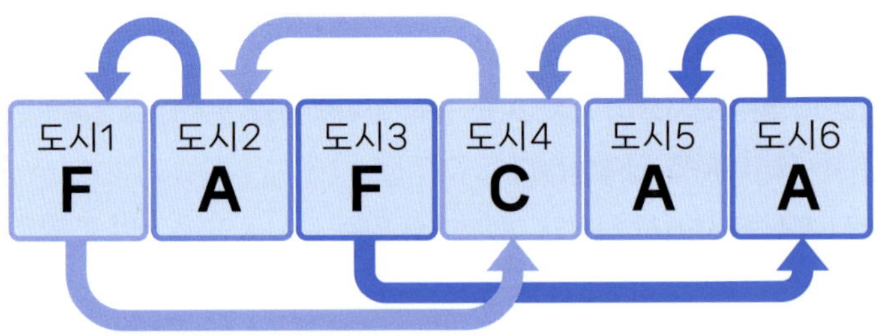


| 현재 도시 번호 | 도시 규칙 | 다음 도시 번호 | 방문한 도시 개수 | 방문한 도시 확인 리스트 |
|---|---|---|---|---|
| 도시 5 | A (-1) | 도시 4 | 1 | [ 0, 0, 0, 0, 1, 0 ] |
| 도시 4 | C (-2) | 도시 2 | 2 | [ 0, 0, 0, 1, 1, 0 ] |
| 도시 2 | A (-1) | 도시 1 | 3 | [ 0, 1, 0, 1, 1, 0 ] |
| 도시 1 | F (+3) | 도시 4 | **4** | [ 1, 1, 0, **1**, 1, 0 ] |

[그림 3-11-2] 도시 이동 규칙에 따른 방문한 도시 개수 계산 과정

도시의 개수는 6, 도시들의 규칙은 'FAFCAA', 시작 도시는 5이다. 방문한 도시를 확인하기 위해 길이가 N인 리스트를 만들어 모두 0으로 초기화하고 방문한 도시 개수도 0으로 초기화한다. 이후 도시를 방문할 때마다 해당 도시의 인덱스를 1로 갱신한다. 도시를 방문할 때마다 다음과 같은 규칙에 따라 시뮬레이션을 진행한다.

- 도시에 방문했을 경우 방문 확인 리스트에 해당하는 인덱스를 1로 바꾼다.
- 해당 도시의 규칙에 따라 다음 도시 번호를 계산한다.
- 방문한 도시 개수를 1 증가시킨다.
- 방문한 도시로 이동하게 될 경우 반복을 종료한다.

시작 도시는 5이므로 방문 확인 리스트의 5번째 인덱스 즉 5에서 1을 뺀 4 인덱스를 1로 갱신한다. 도시 5의 규칙은 'A'이므로 왼쪽으로 한 칸 이동해야 한다. 따라서 다음 이동 도시는 4이다. 그리고 방문한 도시 개수를 1 증가시켜 1이 된다. 도시 4는 방문하지 않았으므로 이동 가능하다. 방문 확인 리스트의 3 인덱스를 1로 갱신한다. 도시 4의 규칙은 'C' 이므로 왼쪽으로 두 칸 이동하여 다음 도시는 2가 된다. 또한 방문한 도시 개수를 1 증가시켜 2가 된다.

이와 같은 방법으로 진행하면 도시 1에서 'F' 규칙에 의해 도시 4로 이동하게 되지만 도시 4는 이미 방문했기 때문에 반복을 종료한다. 이후 지금까지 방문한 도시 개수 4를 출력한다.

## 정리

이 문제는 단순 조건문으로 알파벳 규칙을 해석하면서 방문 여부를 체크하는 전형적인 시뮬레이션 문제다. 핵심 포인트는 단순히 규칙에 따라 값을 계산하는 데 그치지 않고, 규칙별 이동 처리, 방문 배열을 통한 순환 방지 등 단계별로 시뮬레이션하는 구조를 설계하는 훈련이 된다.

## 풀이 코드

```
# 입력
N = int(input())                # 도시 수
rules = input()                 # 이동 규칙
# 시작 도시
current_city = int(input()) - 1

# 방문 기록 저장 리스트
visited = [0] * N
count = 0

# 이동 시뮬레이션
while visited[current_city] == 0:  # 방문한 도시를 만나면 반복 종료
    # 현재 도시 방문처리
```

```
        visited[current_city] = 1

        # 이동 규칙 처리
        if rules[current_city] == "A":
            current_city -= 1
        elif rules[current_city] == "B":
            current_city += 1
        elif rules[current_city] == "C":
            current_city -= 2
        elif rules[current_city] == "D":
            current_city += 2
        elif rules[current_city] == "E":
            current_city -= 3
        elif rules[current_city] == "F":
            current_city += 3
        elif rules[current_city] == "G":
            current_city -= 4
        elif rules[current_city] == "H":
            current_city += 4

        # 방문 도시 개수 1 증가
        count += 1

    # 결과 출력
    print(count)
```

## 문제 11-3 3급

| 시간제한 | 1초 |
| --- | --- |
| 메모리제한 | 128MB |

제4회 TOSC 3/4/5급 문제 3-3

### 소문제 지문

어느 한 나라의 도시들의 개수 N이 주어지며, 일렬로 나열된 도시들의 기차 이동 규칙 알파벳들이 왼쪽부터 오른쪽 순서대로 한 문자열로 주어진다. 이때, 모든 도시를 여행하기 위한 시작 도시의 위치를 출력한다.

### 제한사항

- 도시의 개수 N은 1 이상 10,000 이하의 정수이다.

- 도시들의 이동 규칙은 길이가 N인 문자열로 입력되며 모두 'A'부터 'H'까지의 대문자 알파벳으로 이루어져 있다.
- 이동 규칙에 따라 도시를 이동했을 때, 도시의 번호가 0 이하이거나 도시의 개수 N 이상인 경우는 없다.
- 모든 도시를 여행할 수 있는 시작 도시는 단 하나의 도시로 주어진다.

**문제 풀이 Steps**

**Step 1** 전체 도시들의 수를 입력받는다.

**Step 2** 일렬로 나열된 도시들의 알파벳들의 문자열을 입력받는다.

**Step 3** 모든 도시를 여행할 수 있게 하는 시작 도시 위치를 출력한다.

**입출력 예시**

| 입력 예시 1 | 출력 예시 1 |
|---|---|
| 6 ↦ 전체 도시들의 수<br>FAFCAA ↦ 도시들의 규칙 알파벳 | 3 ↦ 모든 도시를 여행할 수 있는 시작 도시의 위치 |

| 입력 예시 2 | 출력 예시 2 |
|---|---|
| 10 ↦ 전체 도시들의 수<br>FABADGBDEA ↦ 도시들의 규칙 알파벳 | 5 ↦ 모든 도시를 여행할 수 있는 시작 도시의 위치 |

## 문제 해설

**[문제 접근 방법]**

이 문제는 각 도시의 이동 규칙을 조건문으로 해석하며 시뮬레이션하는 문제다. 출발 도시에서 규칙을 반복적으로 적용해 이동을 진행하고, 방문 여부를 체크하며 모든 도시를 방문할 수 있는지 판별한다. 모든 도시를 방문 가능하게 하는 시작 도시가 반드시 하나만 존재한다는 점을 이용하여 모든 도시에 대해 해당 도시에서 시작하여 모든 도시를 방문할 수 있는지 확인하는 방식으로 접근한다.

**[풀이 및 입출력 설명]**

먼저 전체 도시 개수 N과 각 도시의 이동 규칙 문자열을 입력받는다. 이후 출발 도시 후보를 1번부터 N번까지 모두 시도한다. 특정 도시에서 시작했을 때는 방문 여부를 배열로 관리하고, 규칙에 따라 이동을 반복한다. 만약 순환이 발생하기 전 모든 도시를 방문하면 해당 도시가 해답이다. 문제 조건상 반드시 하나의 도시만 모든 도시를 방문할 수 있으므로, 이를 찾아 출력한다.

| 입력 | | | |
|---|---|---|---|
| 도시 개수 | 6 | 규칙 | FAFCAA |

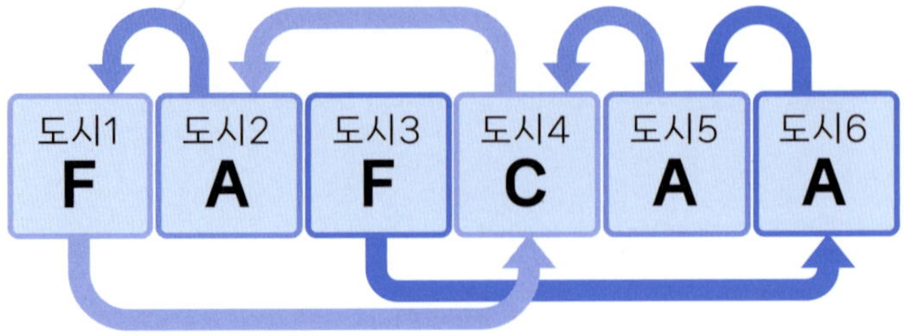


| 시작 도시 | 1 | | | |
|---|---|---|---|---|
| 현재 도시 번호 | 도시 규칙 | 다음 도시 번호 | 방문한 도시 개수 | 방문한 도시 확인 리스트 |
| 도시 1 | F (+3) | 도시 4 | 1 | [ 1, 0, 0, 0, 0, 0 ] |
| 도시 4 | C (-2) | 도시 2 | 2 | [ 1, 0, 0, 1, 0, 0 ] |
| 도시 2 | A (-1) | 도시 1 | 3 | [ 1, 1, 0, 1, 0, 0 ] |

**[그림 3-11-3] 1번 도시부터 시작하여 방문한 도시 개수 계산 과정**

도시의 개수는 6, 도시들의 규칙은 'FAFCAA'이다. 모든 도시에 대해 시작 도시로 설정하고 모든 도시를 방문할 수 있는지 확인한다. 방문한 도시를 확인하기 위해 길이가 N인 리스트를 만들어 모두 0으로 초기화하고 방문한 도시 개수도 0으로 초기화한다. 도시를 방문할 때마다 다음과 같은 규칙에 따라 시뮬레이션을 진행한다.

- 도시에 방문했을 경우 방문 확인 리스트에 해당하는 인덱스를 1로 바꾼다.
- 해당 도시의 규칙에 따라 다음 도시 번호를 계산한다.
- 방문한 도시 개수를 1 증가시킨다.
- 방문한 도시로 이동하게 될 경우 반복을 종료한다.

시작 도시는 1부터 도시 N까지 반복하여 모든 도시를 방문할 때까지 검사를 진행한다. 처음 시작 도시는 1이므로 방문 확인 리스트의 0 인덱스를 1로 갱신한다. 도시 1의 규칙은 'F'이므로 오른쪽으로 세 칸 이동해야 한다. 따라서 다음 이동 도시는 4이다. 그리고 방문한 도시 개수를 1 증가시켜 1이 된다. 도시 4는 방문하지 않았으므로 이동 가능하다. 방문 확인 리스트의 3 인덱스를 1로 갱신한다. 도시 4의 규칙은 'C'이므로 왼쪽으로 두 칸 이동하여 다음 도시는 2가 된다. 또한 방문한 도시 개수를 1 증가시켜 2가 된다.

이와 같은 방법으로 진행하면 도시 2에서 'A' 규칙에 의해 도시 1로 이동하게 되지만 도시 1은 이미 방문했기 때문에 반복을 종료한다. 지금까지 방문한 도시 개수는 3이므로 도시 1에서 시작하여 모든 도시를 방문할 수 없다. 같은 방법으로 1부터 N까지의 도시를 대상으로 시뮬레이션을 진행한다.

| 시작 도시 | 3 | | | |
|---|---|---|---|---|
| 현재 도시 번호 | 도시 규칙 | 다음 도시 번호 | 방문한 도시 개수 | 방문한 도시 확인 리스트 |
| 도시 3 | F (+3) | 도시 6 | 1 | [ 0, 0, 1, 0, 0, 0 ] |
| 도시 6 | A (-1) | 도시 5 | 2 | [ 0, 0, 1, 0, 0, 1 ] |
| 도시 5 | A (-1) | 도시 4 | 3 | [ 0, 0, 1, 0, 1, 1 ] |
| 도시 4 | C (-2) | 도시 2 | 4 | [ 0, 0, 1, 1, 1, 1 ] |
| 도시 2 | A (-1) | 도시 1 | 5 | [ 0, 1, 1, 1, 1, 1 ] |
| 도시 1 | F (+3) | 도시 4 | 6 | [ 1, 1, 1, 1, 1, 1 ] |

[그림 3-11-4] 3번 도시부터 시작하여 방문한 도시 개수 계산 과정

시작 도시가 3인 경우를 시뮬레이션 했을 때, 위와 같이 모든 도시를 방문할 수 있으므로 3을 출력한다.

## 정리

이 문제는 단순한 누적 합 판단에서 나아가, 시작 순서에 따라 그룹 소유자를 판별하는 로직이 추가된다. 특히 그룹의 순번과 사람의 순서를 연결 짓기 위해 조건 분기와 수학적 계산이 함께 요구되며, 시뮬레이션 요소가 가미된 문제로 입력 흐름에 따라 상황을 정확히 추적하는 능력이 필요하다. 각자의 차례와 그룹 번호 사이의 관계를 유연하게 이해하고 구현할 수 있어야 한다.

## 풀이 코드

```
# 입력
N = int(input()) # 도시 수
rules = input()  # 이동 규칙 문자열

# 이동 규칙 딕셔너리
move = {
    "A": -1, "B": +1,
    "C": -2, "D": +2,
    "E": -3, "F": +3,
    "G": -4, "H": +4
}

# 모든 도시를 시작점으로 시뮬레이션
for start in range(N):
    visited = [0] * N      # 방문 기록
    current_city = start  # 현재 도시
    count = 0             # 방문 도시 개수
    # 방문하지 않은 도시라면 계속 진행
```

```
while visited[current_city] == 0:
    visited[current_city] = 1 # 방문 체크
    current_city = current_city + move[rules[current_city]] # 다음 도시 계산
    count += 1 # 방문 도시 개수 1 증가

# 모든 도시 방문 가능하면 출력
if count == N:
    print(start + 1)  # 도시는 1번부터 시작하므로 +1
    break
```

# 문제 12 | 동전 던지기 게임

**전체 지문**

**동전 던지기 게임을 하려고 한다. 동전의 앞면이 나오면 'O'로 표시하며, 뒷면이 나오면 'X'로 표시한다. 예를 들어, 'XOXXO'의 경우에는 동전을 5번 던져서 '뒷면, 앞면, 뒷면, 뒷면, 앞면'이 나온 것을 의미한다. 한 게임에 동전은 최소 1번에서 최대 20번까지 던질 수 있다.**

## 문제 12-1 5급

| 시간제한 | 1초 |
|---|---|
| 메모리제한 | 128MB |

제5회 TOSC 3/4/5급 문제 1-1

**소문제 지문**

동전 던지기 게임을 진행하려고 한다. 동전을 던진 결과에 따라 앞면이 나오면 계속 던지고 뒷면이 나오면 게임을 종료한다. 동전은 최대 3번 던지며, 동전을 던진 결과를 입력받고 앞면이 몇 번 나왔는지 출력하는 프로그램을 작성하시오.

**제한사항**

- 동전의 앞면과 뒷면은 알파벳 대문자 'O', 'X'로 입력받는다.
- 동전은 최대 3번 던진다.
- 뒷면이 나온 즉시 게임을 종료하고 던진 횟수를 출력한다.

**문제 풀이 Steps**

Step 1 동전을 던진 결과를 입력받는다.

Step 2 뒷면이 나오거나 동전을 3번 던질 때까지 동전을 던진 결과를 입력받는다.

Step 3 앞면이 나온 횟수를 출력한다.

**입출력 예시**

**입력 예시 1**

```
0     ↦ 동전을 던진 결과(앞면)
0     ↦ 동전을 던진 결과(앞면)
X     ↦ 동전을 던진 결과(뒷면)
```

**출력 예시 1**

```
2     ↦ 앞면이 나온 횟수
```

## 문제 해설

**[문제 접근 방법]**

이 문제는 동전의 앞면이 나오는 횟수를 세되, 뒷면이 나오면 즉시 게임을 종료하는 방식으로 접근한다. 최대 3번까지 던질 수 있으므로, 매번 입력받고 조건에 따라 분기를 나눠 입력 또는 중단할지 결정한다.

**[풀이 및 입출력 설명]**

먼저 앞면이 나온 횟수를 0으로 시작한다. 첫 번째 던지기 결과를 입력받고 앞면이면 횟수를 1 증가시키고 다음 던지기를 진행한다. 두 번째와 세 번째 던지기도 동일하게 처리하되, 뒷면이 나오면 입력을 받지 않도록 if else 문을 통해 분기를 나눈다. 모든 과정을 마치면 앞면이 나온 총 횟수를 출력한다.

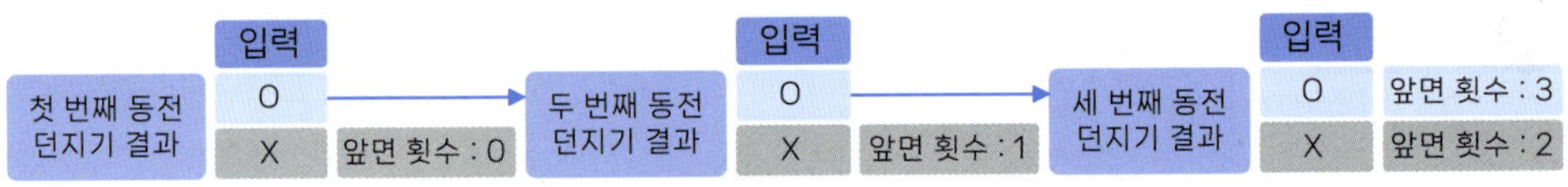


[그림 3-12-1] 동전 던지기 게임의 조건 분기

첫 번째 동전 던지기 결과가 'O'라면 앞면이 나온 횟수를 1 증가시키고 한 번 더 입력받는다. 만약 'X'라면 앞면이 나온 횟수 0을 출력하고 종료한다. 두 번째 동전 던지기 결과가 'O'라면 앞면이 나온 횟수를 1 증가시키고 한 번 더 입력받는다. 만약 'X'라면 앞면이 나온 횟수 1을 출력하고 종료한다. 마지막 동전 던지기 결과가 'O'라면 앞면이 나온 횟수 3을 출력하고 'X'라면 앞면이 나온 횟수 2를 출력한다.

## 정리

간단한 조건 분기와 횟수 누적을 활용한 기초 구현 문제다. 주어진 조건에 따라 조건 분기를 구현하는 연습에 적합하다. 최대 횟수가 정해져 있어 코드 구조를 단순하게 만들 수 있다.

## 풀이 코드

```
# 앞면이 나온 횟수를 저장할 변수
front_count = 0

# 첫 번째 던지기
coin = input()
if coin == 'O':
    front_count += 1
    # 두 번째 던지기
```

```
    coin = input()
    if coin == '0':
        front_count += 1
        # 세 번째 던지기
        coin = input()
        if coin == '0':
            front_count += 1

# 결과 출력
print(front_count)
```

## 문제 12-2 4급

| 시간제한 | 1초 |
|---|---|
| 메모리제한 | 128MB |

제5회 TOSC 3/4/5급 문제 1-2

**소문제 지문**

동전 던지기 게임을 한 번 진행하려고 한다. 동전을 던진 결과를 입력했을 때, 연속해서 앞면이 최대 몇 번 나왔는지 출력하는 프로그램을 작성하시오.

**제한사항**

- 동전의 앞면과 뒷면은 알파벳 대문자 'O', 'X'로 입력받는다.
- 입력받는 동전 던지기의 결과의 길이는 1 이상 20 이하의 정수이다.

**문제 풀이 Steps**

Step 1 동전을 던진 결과를 문자열로 입력받는다.

Step 2 연속해서 앞면이 최대 몇 번 나왔는지 출력한다.

**입출력 예시**

| 입력 예시 1 | 출력 예시 1 |
|---|---|
| OOXXOXXOOO ↦ 동전을 던진 결과 | 3 ↦ 연속해서 앞면이 나온 최대 횟수 |

## 문제 해설

**[문제 접근 방법]**

이 문제는 동전 던지기 결과를 순서대로 확인하면서 연속된 앞면의 개수를 세고, 그중 최댓값을 찾는 방식으로 접근한다. 앞면이 나오면 현재 연속 횟수를 증가시키고, 뒷면이 나오면 0으로 초기화하여 비교한다.

**[풀이 및 입출력 설명]**

먼저 최대 연속 앞면 횟수와 현재 연속 앞면 횟수를 0으로 초기화한다. 동전 던지기 결과 문자열을 입력받아 한 글자씩 확인하며, 앞면이면 현재 연속 횟수를 1 증가시키고 최댓값을 갱신한다. 뒷면이면 현재 연속 횟수를 0으로 초기화한다. 모든 입력을 확인한 후 최대 연속 앞면 횟수를 출력한다.

입력

| 동전 던지기 결과 | O | O | X | X | O | X | X | O | O | O |
|---|---|---|---|---|---|---|---|---|---|---|

| 동전을 던진 결과 | 현재 연속 앞면 횟수 | 최대 연속 앞면 횟수 |
|---|---|---|
| O (앞면) | 1 | 1 |
| O (앞면) | 2 | 2 |
| X (뒷면) | 0 | 2 |
| X (뒷면) | 0 | 2 |
| O (앞면) | 1 | 2 |
| X (뒷면) | 0 | 2 |
| X (뒷면) | 0 | 2 |
| O (앞면) | 1 | 2 |
| O (앞면) | 2 | 2 |
| O (앞면) | 3 | **3** |

**[그림 3-12-2] 입력값에 따른 최대 연속 앞면 횟수 계산 과정**

동전을 던진 결과를 입력받는다. 결과의 앞부터 순차적으로 문자 하나씩 확인하여 현재 연속 앞면 횟수와 최대 연속 앞면 횟수를 갱신한다. 처음 던진 결과는 'O'이므로 현재 연속 앞면 횟수를 1 증가시키고 최대 연속 앞면 횟수와 비교하여 큰 값을 최대 연속 앞면 횟수로 저장한다. 두 번째 던진 결과는 'O'이므로 같은 방법으로 진행한다. 최대 연속 앞면 횟수는 2가 된다. 세 번째로 던진 결과는 'X'이므로 현재 연속 앞면 횟수를 0으로 초기화한다. 이와 같은 방법으로 마지막으로 동전을 던진 결과까지 반복하면 최대 연속 앞면 횟수는 3이 되므로 3을 출력한다.

## 정리

이 문제는 문자열을 순차적으로 탐색하며 조건에 맞는 최장 구간을 찾는 기초 구현 문제다. 조건이 끊기는 시점에 카운트를 초기화하는 로직을 익힐 수 있고, 최댓값 갱신 방법을 반복문과 함께 연습할 수 있다.

## 풀이 코드

```python
# 최대 연속 앞면 횟수
max_front = 0
# 현재 연속 앞면 횟수
front_count = 0

# 동전 던진 결과 입력
coins = input()

# 연속된 앞면 횟수 계산
for coin in coins:
    if coin == 'O':  # 앞면일 경우
        front_count += 1
        if front_count > max_front:
            max_front = front_count
    else:  # 뒷면일 경우
        front_count = 0

# 결과 출력
print(max_front)
```

## 문제 12-3 3급

| 시간제한 | 1초 |
| --- | --- |
| 메모리제한 | 128MB |

제5회 TOSC 3/4/5급 문제 1-3

### 소문제 지문

동전 던지기 게임을 여러 번 진행하려고 한다. 동전을 던져 앞면이 나온 경우 그때까지 연속된 앞면의 횟수가 해당 앞면의 점수가 된다. 예를 들어, 'OOXXOXXOOOOX'에서 10번째 시도는 3점이 되며 11번째 시도는 4점이 되는 것이다.

플레이한 게임의 숫자 N을 입력받고, 각 게임 결과가 한 줄씩 입력된다. 각 게임 점수를 출력하는 프로그램을 작성하시오.

### 제한사항

- N은 1 이상 100 이하의 정수이다.
- 동전의 앞면과 뒷면은 알파벳 대문자 'O', 'X'로 입력받는다.
- 입력받는 동전 던지기의 결과의 길이는 1 이상 20 이하의 정수이다.

### 문제 풀이 Steps

**Step 1** 진행하려는 게임의 횟수를 입력받는다.

**Step 2** 동전을 던진 결과를 문자열로 게임의 횟수만큼 입력받는다.

**Step 3** 문제 조건에 따라 총 점수를 진행한 게임마다 계산하여 출력한다.

### 입출력 예시

**입력 예시 1**

```
4            ↦ 진행하려는 게임의 횟수
OOXXOXXOOOOX ↦ 각 게임의 결과
OOXXOOXX
OXOXOXOXOXOXOX
OOOOOOOOO
```

**출력 예시 1**

```
14    ↦ 1+2+0+0+1+0+0+1+2+3+4+0
6
7
45
```

## 문제 해설

**[문제 접근 방법]**

이 문제는 각 게임의 결과 문자열을 왼쪽부터 확인하면서, 연속 앞면 길이를 이용해 점수를 계산하는 방식으로 접근한다. 게임 수만큼 같은 과정을 반복해 각 게임의 총점을 구한다.

**[풀이 및 입출력 설명]**

전체 게임의 수 N을 입력받는다. 한 게임의 결과를 한 글자씩 보며, 앞면이 나오면 현재 연속 앞면 횟수를 1 증가시키고 그 값을 총점에 더한다. 뒷면이 나오면 연속 앞면 횟수를 0으로 초기화한다. 이 과정을 문자열 끝까지 수행하면 해당 게임의 총점이 완성된다. 같은 절차를 게임 수만큼 반복하여 각 게임의 점수를 차례대로 출력한다.

입력

| 동전 던지기 결과 | O | O | X | O | X | X | O | O | O | O | X |
|---|---|---|---|---|---|---|---|---|---|---|---|

| 동전을 던진 결과 | 현재 연속 앞면 횟수 | 총점 |
|---|---|---|
| O (앞면) | 1 | 1 |
| O (앞면) | 2 | 3 |
| X (뒷면) | 0 | 3 |
| O (앞면) | 1 | 4 |
| X (뒷면) | 0 | 4 |
| X (뒷면) | 0 | 4 |
| O (앞면) | 1 | 5 |
| O (앞면) | 2 | 7 |
| O (앞면) | 3 | 10 |
| O (앞면) | 4 | 14 |
| X (뒷면) | 0 | **14** |

[그림 3-12-3] 입력값에 따른 총점 계산 과정

N이 4이고 첫 게임의 결과가 'OOXOXXOOOOX'이다. 게임마다 결과의 앞부터 순차적으로 문자 하나씩 확인하여 현재 연속 앞면 횟수와 총점을 갱신한다. 처음 던진 결과는 'O'이므로 현재 연속 앞면 횟수를 1 증가시키고 총점에 더한다. 총점은 1이 된다. 두 번째 던진 결과는 'O'이므로 현재 연속 앞면 횟수를 1 증가시키고 총점에 더하면 총점은 3이 된다. 세 번째로 던진 결과는 'X'이므로 현재 연속 앞면 횟수를 0으로 초기화한다. 마찬가지로 마지막으로 동전을 던진 결과까지 반복하면 총점은 14가 되므로 14를 출력한다. 같은 방법으로 N 번의 동전 던지기 게임의 총점을 계산하여 출력한다.

## 정리

문자열을 순차 탐색하며 조건이 이어질 때 누적값을 더하는 기초 문제다. 연속 길이 갱신, 총점에 더하고 끊기면 초기화와 같이 조건 분기 흐름을 논리적으로 구현하는 연습하기 좋다. 게임이 여러 번 주어지므로 동일 로직을 반복문으로 적용하는 구현 습관을 익힐 수 있다.

## 풀이 코드

```python
# 동전 던지기 게임 횟수 입력
N = int(input())

# 게임 횟수만큼 반복하여 각 게임의 점수 계산
for i in range(N):
    # 이 게임의 총점
    score = 0
    # 현재 앞면 횟수 길이
    front = 0

    # 동전 던진 결과 문자열 입력
    coins = input()

    # 결과를 왼쪽부터 확인하면서 점수 계산
    for coin in coins:
        if coin == 'O':        # 앞면이면 연속 길이 +1, 그 값을 점수에 더함
            front += 1
            score += front
        else:                  # 뒷면이면 연속이 끊어지므로 0으로 초기화
            front = 0

    # 이 게임의 총점 출력
    print(score)
```

# 문제 13 서바이벌 오디션 프로그램 점수 계산

**전체 지문**

서바이벌 오디션 프로그램에서는 심사위원 점수 및 시청자 좋아요/싫어요 투표 결과, 미션 1등 여부에 따라 참가자 점수를 계산하여 우승자를 가린다고 한다. 심사위원 점수는 0점 ~100점 사이로 결정되며, 시청자 좋아요 하나당 1점, 싫어요 하나당 −0.5점으로 점수에 반영된다. 그리고 미션을 1등으로 마친 참가자의 경우 다른 모든 참가자의 좋아요를 10%씩 뺏어올 수 있다고 한다.

총 점수는 0보다 작거나 200점을 넘을 수 없으며, 만약 총 점수가 동점일 경우 좋아요 수가 가장 많은 참가자가 우승하는 것으로 한다. 좋아요 수를 비교할 때는 미션 1등으로 뺏어오거나 뺏긴 좋아요도 포함하여 고려하며, 좋아요 수도 동점인 경우는 발생하지 않는다. 좋아요는 항상 10의 단위로 주어지며 모든 점수 결과는 버림 한 정수로 출력한다.

## 문제 13-1 5급

| 시간제한 | 1초 |
|---|---|
| 메모리제한 | 128MB |

제5회 TOSC 3/4/5급 문제 2-1

**소문제 지문**

미션이 따로 없이 참가자의 심사위원 점수 및 시청자 좋아요/싫어요 투표 결과 만으로만 점수가 계산된다고 할 때, 한 참가자의 심사위원 점수 및 시청자 좋아요/싫어요 투표 결과를 입력받아 점수를 계산하는 프로그램을 작성하시오.

**제한사항**

- 심사위원의 점수는 1 이상 100 이하의 정수이다.
- 좋아요, 싫어요 수는 10단위로 입력되며 0 이상 100,000 이하의 정수이다.

**문제 풀이 Steps**

Step 1 심사위원 점수, 좋아요 수, 싫어요 수를 순서대로 입력받는다.

Step 2 입력된 결과를 기반으로 총 점수를 계산하여 출력한다.

**입출력 예시**

**입력 예시 1**

```
60          ↦ 심사위원 점수
120         ↦ 좋아요 수
100         ↦ 싫어요 수
```

**출력 예시 1**

```
130    ↦ 총 점수(60+120-100*0.5=130)
```

## 문제 해설

**[문제 접근 방법]**

이 문제는 심사위원 점수, 좋아요 수, 싫어요 수를 입력받아 규칙에 맞게 점수를 계산하는 문제다. 싫어요 수는 0.5배를 감점하며, 총 점수는 0보다 작을 수 없고 최대 200점을 넘을 수 없도록 조건 처리를 적용하여 연산한다.

**[풀이 및 입출력 설명]**

먼저 심사위원 점수와 좋아요, 싫어요 수를 입력받는다. 심사위원 점수에 좋아요 수를 더하고, 싫어요 수의 절반만큼을 감점한다. 계산된 점수가 200점을 초과하면 200점으로 제한하고, 0점 미만이면 0점으로 조정한다. 최종 점수를 출력한다. 심사위원 점수가 60, 좋아요 수가 120, 싫어요 수가 100이다. 점수는 심사위원 점수에 좋아요 수를 더하고, 싫어요 수의 절반만큼 빼서 (60 + 120 − (100 * 0.5)) 계산하므로 130점이다. 따라서 130을 출력한다.

## 정리

이 문제는 단순 산술 연산과 상한, 하한 조건 처리를 함께 구현하는 문제다. 입력값을 기반으로 점수를 조정하는 과정을 조건문으로 익힐 수 있으며, 범위를 제한하는 로직을 구현하는 기본기를 연습할 수 있다.

## 풀이 코드

```python
# 심사위원 점수 입력
judge_score = int(input())
# 좋아요 수 입력
like_count = int(input())
# 싫어요 수 입력
dislike_count = int(input())

# 최대 점수
max_score = 200

# 기본 점수 계산 (심사위원 점수 + 좋아요 수 - (싫어요 수 × 0.5))
```

```
score = judge_score + like_count - (dislike_count * 0.5)

# 점수가 최대 점수를 초과할 경우 제한
if score > max_score:
    score = max_score

# 점수가 0 미만일 경우 0으로 조정
if score < 0:
    score = 0

# 최종 점수 출력 (정수로 변환)
print(int(score))
```

## 문제 13-2 4급

시간제한 1초
메모리제한 128MB

제5회 TOSC 3/4/5급 문제 2-2

### 소문제 지문

미션이 따로 없이 참가자의 심사위원 점수 및 시청자 좋아요/싫어요 투표 결과만으로만 점수가 계산된다고 할 때, 참가자의 수 N을 입력받고 모든 참가자의 심사위원 점수 및 시청자 좋아요/싫어요 투표 결과를 입력받아 우승자 및 우승자의 점수를 출력하는 프로그램을 작성하시오(참가자는 입력 순서대로 1번부터 번호가 부여된다고 가정한다).

### 제한사항

- N은 1 이상 50 이하의 정수이다.
- 심사위원의 점수는 1 이상 100 이하의 정수이다.
- 좋아요, 싫어요 수는 10단위로 입력되며 0 이상 100,000 이하의 정수이다.
- 전체 참가자 수를 초과하여 입력받지 않는다.

### 문제 풀이 Steps

Step 1 총 참가 인원수를 입력받는다.

Step 2 각 참가자 별 심사위원 점수, 좋아요 수, 싫어요 수를 입력받는다.

Step 3 각 참가자의 총 점수를 계산하고 결과를 출력한다.

**입출력 예시**

**입력 예시 1**

```
3       ↦ 총 참가자수
90      ↦ (1번 참가자) 심사위원 점수
200     ↦ (1번 참가자) 좋아요 수
100     ↦ (1번 참가자) 싫어요 수
80      ↦ (2번 참가자) 심사위원 점수
190     ↦ (2번 참가자) 좋아요 수
100     ↦ (2번 참가자) 싫어요 수
60      ↦ (3번 참가자) 심사위원 점수
100     ↦ (3번 참가자) 좋아요 수
60      ↦ (3번 참가자) 싫어요 수
```

**출력 예시 1**

```
1          ↦ 우승자(1번 참가자)
200        ↦ 우승자 점수
↦ (1번 (90+200-100*0.5=240) → 200점
   2번 (80+190-100*0.5=220) → 200점
   3번 (60+100-60*0.5=130) → 130점
  (1번과 2번 참가자는 200점 동점이지만 좋아요가
  많은 1번 참가자 우승)
```

## 문제 해설

**[문제 접근 방법]**

이 문제는 반복문을 통해 참가자별 점수를 계산한 후, 최고 점수를 기준으로 우승자를 선정하고 동점일 경우 좋아요 수를 비교하는 문제다. 각 참가자는 심사위원 점수, 좋아요 수, 싫어요 수라는 세 가지 입력값을 가지며, 점수 계산 시 싫어요 수는 0.5배 감점으로 반영한다. 이렇게 계산된 점수는 반드시 0~200 범위로 제한해야 하므로, 범위를 벗어나면 상한, 하한을 조정하는 조건을 넣어야 한다. 이후 현재까지의 최고 점수와 새로 계산된 점수를 비교해 더 높은 점수가 나오면 우승자를 갱신하고, 점수가 같을 경우 좋아요 수가 더 많은 참가자를 우승자로 선택하는 추가 조건을 적용한다.

**[입출력 설명]**

먼저 전체 참가자 수 N을 입력받는다. 각 참가자의 심사위원 점수, 좋아요 수, 싫어요 수를 차례대로 입력받아 점수를 계산하고 범위를 0~200으로 조정한다. 참가자마다 현재 최고 점수와 비교하여 우승 후보를 갱신하며, 점수가 같으면 좋아요 수를 비교해 우승자를 정한다. 모든 참가자를 처리한 뒤 우승자의 번호와 점수를 출력한다.

입력

| 전체 참가자 수 (N) | 3 |
|---|---|

| 참가자 번호 | 심사위원 점수 | 좋아요 수 | 싫어요 수 | 점수 | 1등 참가자 번호 | 1등 점수 | 1등 좋아요 수 |
|---|---|---|---|---|---|---|---|
| 1 | 90 | 200 | 100 | **200** (240) | 1 | 200 | 200 |
| 2 | 80 | 190 | 100 | 200 (220) | 1 | 200 | 200 |
| 3 | 60 | 100 | 60 | 130 | **1** | **200** | 200 |

[그림 3-13-1] 입력값에 따른 각 참가자의 점수 계산 및 1등의 점수와 좋아요 수 계산 과정

N이 3, 각 참가자의 심사위원 점수, 좋아요 수, 싫어요 수는 (90, 200, 100), (80, 190, 100), (60, 100, 60)이다. 점수는 심사위원 점수에 좋아요 수를 더하고, 싫어요 수의 절반만큼을 감점하여 계산한다.

1번 참가자는 심사위원 점수 90점, 좋아요 수 200개, 싫어요 수 100개이므로 240(90+200−(100×0.5)) 점이므로 상한 조건으로 200점이 된다. 1등 참가자 번호는 1 이 되고 1등 점수, 1등 좋아요 수를 갱신한다. 2번 참가자는 심사위원 점수 80점, 좋아요 수 190개, 싫어요 수 100개로 220점이며 상한 조건으로 200점이다. 1등 참가자인 1번 참가자와 동점이지만 좋아요 수는 1번 참가자가 더 많으므로 1등 참가자는 1번 참가자로 유지된다.

이와 같은 방법으로 3번 참가자까지 계산하면 1등 참가자는 1번 참가자이며 점수는 200이므로 1, 200을 순서대로 출력한다.

## 정리

이 문제는 다수의 데이터를 순차적으로 처리하며 최댓값을 찾아내는 문제다. 점수 계산 시 범위 제한을 적용하고 조건을 통해 우승자를 가리는 로직을 구현하는 문제로 최댓값 계산 및 조건 처리 연습을 할 수 있는 문제다.

## 풀이 코드

```
# 전체 참가자 수 입력
participant_count = int(input())

# 현재 우승자의 점수, 번호(1부터), 좋아요 수를 저장할 변수
best_score = -1
best_index = 0
best_like = 0

# 참가자 수만큼 반복
for i in range(participant_count):
    # 한 참가자의 심사위원 점수, 좋아요 수, 싫어요 수 입력
    judge_score = int(input())
    like_count = int(input())
    dislike_count = int(input())

    # 점수 계산
    score = judge_score + like_count - (dislike_count * 0.5)

    # 점수 범위 제한
    if score > 200:
        score = 200
    if score < 0:
        score = 0
```

```python
    score = int(score)  # 정수 처리

    # 우승자 갱신
    if score > best_score or (score == best_score and like_count > best_like):
        best_score = score
        best_index = i + 1
        best_like = like_count

# 결과 출력
print(best_index)
print(best_score)
```

## 문제 13-3 3급

| 시간제한 | 1초 |
|---|---|
| 메모리제한 | 128MB |

제5회 TOSC 3/4/5급 문제 2-3

### 소문제 지문

참가자의 심사위원 점수 및 시청자 좋아요/싫어요 투표 결과와 함께 미션을 고려하여 점수가 계산된다. 미션 1등 참가자는 다른 모든 참가자의 좋아요를 10%씩 뺏어온다. 전체 참가자 수 N과 미션 1등 참가자의 번호, 모든 참가자의 심사위원 점수, 시청자 좋아요/싫어요 투표 결과를 입력받아 우승자 및 우승자의 점수를 출력하는 프로그램을 작성하시오(참가자는 입력 순서대로 1번부터 번호가 부여된다고 가정한다).

### 제한사항

- N은 1 이상 50 이하의 정수이다.
- 미션 1등 참가자 번호는 1 이상 N 이하의 정수이다.
- 심사위원의 점수는 1 이상 100 이하의 정수이다.
- 좋아요, 싫어요 수는 10단위로 입력되며 0 이상 100,000 이하의 정수이다.
- 전체 참가자 수를 초과하여 입력받지 않는다.

### 문제 풀이 Steps

Step 1 N을 입력받는다.

Step 2 규칙과 우선순위에 맞게 패턴을 출력한다.

### 입출력 예시

| 입력 예시 1 | |
|---|---|
| 3 | ↦ 총 참가자 수 |
| 2 | ↦ 미션 1등 참가자의 번호 |
| 90 | ↦ (1번 참가자) 심사위원 점수 |
| 200 | ↦ (1번 참가자) 좋아요 수 |
| 100 | ↦ (1번 참가자) 싫어요 수 |
| 80 | ↦ (2번 참가자) 심사위원 점수 |
| 190 | ↦ (2번 참가자) 좋아요 수 |
| 100 | ↦ (2번 참가자) 싫어요 수 |
| 60 | ↦ (3번 참가자) 심사위원 점수 |
| 100 | ↦ (3번 참가자) 좋아요 수 |
| 60 | ↦ (3번 참가자) 싫어요 수 |

**출력 예시 1**

```
2          ↦ 우승자
200        ↦ 우승자 점수
↦ 1번 (90+200*0.9-100*0.5=220) → 200점
  2번 (80+190+(200*0.1+100*0.1)
      -100*0.5=250 → 200점
  3번 (60+100*0.9-60*0.5=120) → 120점
  (1번과 2번 참가자는 200점 동점이지만 좋아요가
  많은 2번 참가자 우승)
```

## 문제 해설

**[문제 접근 방법]**

이 문제는 참가자별로 조건에 맞게 점수를 산출하고 최고 점수를 가진 사람을 찾는 방식으로 계산하는 문제다. 미션 1등에게는 다른 참가자들의 좋아요 일부를 합산하고, 나머지 참가자들은 그만큼 좋아요가 줄어든 상태로 점수를 계산한다. 이후 최고 점수와 동점 처리 기준으로 우승자를 정한다.

**[풀이 및 입출력 설명]**

먼저 전체 참가자 수 N과 미션 1등의 번호를 입력받는다. 각 참가자의 심사위원 점수, 좋아요 수, 싫어요 수를 입력받아, 미션 1등을 제외한 사람들의 좋아요 수는 10% 감소시키고 그 합만큼을 미션 1등에게 더해준다. 조정된 좋아요 수를 기준으로 점수를 계산한다. 점수는 심사위원 점수에 좋아요 수를 더하고, 싫어요 수의 절반을 감점한 뒤 범위를 벗어나면 0~200 사이로 맞춘다. 모든 참가자에 대해 점수를 비교하여 가장 높은 점수를 가진 사람을 찾고, 점수가 같으면 좋아요가 더 많은 사람을 선택한다. 마지막에 우승자의 번호와 총점을 출력한다.

입력

| 전체 참가자 수 (N) | 3 | 미션 우승자 번호 | 2 |
|---|---|---|---|

| 참가자 번호 | 심사위원 점수 | 좋아요 수 | 싫어요 수 | 좋아요 수 변동 |
|---|---|---|---|---|
| 1 | 90 | 200 | 100 | **-20** (200 × 0.1) → 180 |
| 2 | 80 | 190 | 100 | **+30** (20 + 10) → 220 |
| 3 | 60 | 100 | 60 | **-10** (100 × 0.1) → 90 |

| 참가자 번호 | 심사위원 점수 | 좋아요 수 | 싫어요 수 | 점수 | 1등 참가자 번호 | 1등 점수 | 1등 좋아요 수 |
|---|---|---|---|---|---|---|---|
| 1 | 90 | 180 | 100 | 200 (220) | 1 | 200 | 180 |
| 2 | 80 | 220 | 100 | 200 (250) | 2 | 200 | 220 |
| 3 | 60 | 90 | 60 | 120 | **2** | **200** | 220 |

[그림 3-13-2] 입력값에 따른 각 참가자의 점수 계산 및 1등의 점수와 좋아요 수 계산 과정

N이 3, 미션 우승자 번호는 2, 각 참가자의 심사위원 점수, 좋아요 수, 싫어요 수는 (90, 200, 100), (80, 190, 100), (60, 100, 60)이다. 미션 우승자 2번 참가자가 다른 참가자의 좋아요 수

10%를 뺏어오는 것을 계산한다. 1번 참가자의 좋아요 수는 200이며 0.1을 곱한 20을 뺏겨 180이 된다. 3번 참가자의 좋아요 수는 100이며 0.1을 곱한 10을 뺏겨 90이 된다. 2번 참가자는 뺏어온 좋아요 수 30을 더하여 220이 된다.

점수는 심사위원 점수에 좋아요 수를 더하고, 싫어요 수의 절반만큼을 감점하여 계산한다. 1번 참가자는 심사위원 점수 90점, 좋아요 수 180개, 싫어요 수 100개이므로 220(90+180− (100× 0.5)) 점이므로 상한 조건으로 200점이 된다. 1등 참가자 번호는 1이 되고 1등 점수, 1등 좋아요 수를 갱신한다. 2번 참가자는 심사위원 점수 80점, 좋아요 수 220개, 싫어요 수 100개로 250점이며 상한 조건으로 200점이다. 1등 참가자인 1번 참가자와 동점이지만 좋아요 수는 2번 참가자가 더 많으므로 1등 참가자는 2번 참가자로 갱신되며 1등 점수, 1등 좋아요 값도 갱신한다.
이와 같은 방법으로 3번 참가자까지 계산하면 1등 참가자는 2번 참가자이며 점수는 200이므로 2, 200을 순서대로 출력한다.

## 정리

이 문제는 미션 효과로 좋아요가 이동하는 상황을 먼저 반영한 뒤, 동일한 규칙으로 점수를 계산해 최댓값을 찾는 문제다. 처리 순서는 미션 효과 적용, 점수 산출, 범위 제한, 최댓값 및 동점 기준 반영 순이며, 입력이 여러 명이므로 같은 절차를 반복해 우승자를 결정하는 것과 같이 복잡한 조건에 대한 구현을 연습하는 문제다.

## 풀이 코드

```python
# 참가자 수 입력
n = int(input())
# 미션 1등 참가자 번호 (0부터 시작하도록 변환)
mw_idx = int(input()) - 1

# 심사위원 점수, 좋아요 수, 싫어요 수를 저장할 배열 초기화
judge = [0] * n
like = [0] * n
dislike = [0] * n

# 각 참가자의 데이터 입력
for i in range(n):
    judge[i] = int(input())    # 심사위원 점수
    like[i] = int(input())     # 좋아요 수
    dislike[i] = int(input())  # 싫어요 수

# 미션 1등 효과 적용 (다른 참가자의 좋아요 10%를 미션 1등에게 이전)
moved_like_sum = 0
```

```python
for i in range(n):
    if i != mw_idx:                 # 미션 1등이 아닌 경우
        give = int(like[i] * 0.1)   # 10% 계산
        like[i] -= give             # 해당 참가자 좋아요 감소
        moved_like_sum += give      # 이전된 좋아요 합산
like[mw_idx] += moved_like_sum      # 미션 1등에게 좋아요 추가

# 점수 계산 및 우승자 선정
best_score = -1     # 현재 최고 점수
best_index = 0      # 현재 우승자 번호
best_like = 0       # 현재 우승자의 좋아요 수

for i in range(n):
    # 기본 점수 계산 (심사위원 점수 + 좋아요 수 - (싫어요 수 × 0.5))
    score = judge[i] + like[i] - dislike[i] * 0.5
    score = int(score)  # 소수점 버림

    # 점수는 0~200 사이로 제한
    if score > 200:
        score = 200
    if score < 0:
        score = 0

    # 현재 점수가 최고 점수보다 크거나, 점수가 같고 좋아요가 많으면 우승자 갱신
    if score > best_score or (score == best_score and like[i] > best_like):
        best_score = score
        best_index = i + 1  # 참가자 번호는 1부터 시작
        best_like = like[i]

# 우승자 번호와 우승 점수 출력
print(best_index)
print(best_score)
```

# 문제 14 | 두부 게임

전체 지문

세종이는 학교 MT에서 동기들과 어울리기 위해 친구들과 두부 게임을 연습하려고 한다. 두부 게임 규칙은 다음과 같다.

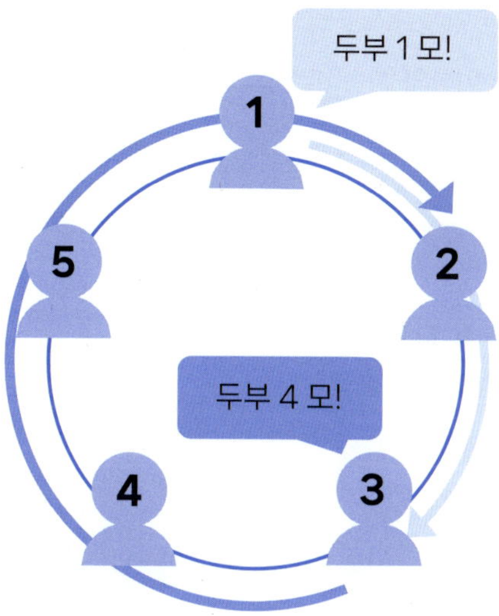


[그림 3-14-1] 두부 게임 예시

1. 게임은 5명에서 둥글게 앉아 진행한다.
2. 게임을 시작하는 사람은 두부를 1모부터 5모까지 외칠 수 있다.
3. 두부를 외치는 사람 기준으로, 두부 1모를 외치면 시계 방향으로 2번째 있는 사람이 두부를 넘겨받고, 두부 2모를 외치면 시계 방향으로 1번째 있는 사람, 두부 4모를 외치면 반시계 방향으로 1번째 있는 사람, 5모를 외치면 반시계 방향으로 2번째 있는 사람이 두부를 넘겨받는다.
4. 두부를 넘겨받으면, 두부를 외칠 다음 순서가 된다.
5. 두부 3모를 외치면 탈락한다.

예를 들어, 1번 사람이 두부 1모를 외치면, 3번 사람이 두부를 넘겨받아 3번 사람이 두부를 외칠 차례가 되는 것이고, 3번 사람이 두부 4모를 외치면, 2번 사람이 두부를 외칠 차례가 되는 것이다.

문제 **14-1** **5급**

| 시간제한 | 1초 |
| --- | --- |
| 메모리제한 | 128MB |

제5회 TOSC 3/4/5급 문제 3-1

**소문제 지문**

1번 사람부터 게임을 시작한다고 가정하고, 외칠 두부의 개수를 입력받을 때, 다음 순서 사람의 번호를 출력하시오.

**제한사항**

- 두부의 개수는 1 이상 5 이하의 정수이다.
- 탈락할 경우 0을 출력한다.

**문제 풀이 Steps**

Step 1 외칠 두부의 개수를 입력받는다.

Step 2 다음 순서 사람의 번호를 출력한다.

**입출력 예시**

| 입력 예시 1 | 출력 예시 1 |
| --- | --- |
| 4 ↦ 1번 사람이 외친 두부의 개수 | 5 ↦ 다음 순서 사람의 번호 |

## 문제 해설

**[문제 접근 방법]**

이 문제는 시작 위치가 1번으로 고정된 상태에서, 규칙에 의해 외친 두부의 수에 따라 다음 순서 번호 또는 탈락이 1: 3, 2: 2, 3: 0, 4: 5, 5: 4로 고정 매핑된다. 입력값을 이 매핑에 따라 바로 선택해 출력하는 방식으로 구현한다.

**[입출력 설명]**

외친 수를 입력받은 뒤, 규칙에 맞춰 다음 순서의 번호를 결정한다. 외친 수가 3이면 탈락하므로 0을 출력하고, 나머지 값이면 해당되는 번호를 출력한다. 1번 사람이 4를 외쳤다. 두부 4모는 반시계 방향으로 첫 번째 있는 사람인 5번이 다음 순서이므로 5를 출력한다.

## 정리

고정된 규칙을 조건문으로 바로 대응시키는 간단한 조건 처리 문제다. 분기별 결과를 실수 없이 매핑하는 것이 핵심이다.

## 풀이 코드

```python
# 외친 두부의 개수 입력 (1~5)
tofu = int(input())

# 규칙에 따른 결과 출력
# 1: 3번, 2: 2번, 3: 탈락(0), 4: 5번, 5: 4번
if tofu == 1:
    print(3)
elif tofu == 2:
    print(2)
elif tofu == 3:
    print(0)   # 탈락
elif tofu == 4:
    print(5)
elif tofu == 5:
    print(4)
```

## 문제 14-2 4급

| 시간제한 | 1초 |
| --- | --- |
| 메모리제한 | 128MB |

제5회 TOSC 3/4/5급 문제 3-2

### 소문제 지문

게임을 시작할 사람의 번호 N과 외칠 두부의 개수를 입력받을 때, 다음 순서 사람의 번호를 출력하시오.

### 제한사항

- 시작하는 사람 번호 N은 1 이상 5 이하의 정수이다.
- 두부의 개수는 1 이상 5 이하의 정수이다.
- 탈락할 경우 0을 출력한다.

### 문제 풀이 Steps

Step 1 시작하는 사람 번호와 외칠 두부의 개수를 입력받는다.

Step 2 다음 순서 사람의 번호를 출력한다.

**입출력 예시**

| 입력 예시 1 | 출력 예시 1 |
|---|---|
| 2 ↦ 시작하는 사람 번호<br>1 ↦ 두부의 개수 | 4 ↦ 다음 순서 사람의 번호 |

## 문제 해설

**[문제 접근 방법]**

이 문제는 5명이 원형으로 앉아 있는 상황에서, 특정 사람이 외친 두부의 개수에 따라 다음 순서의 사람을 구하는 규칙을 단순 구현하는 문제다. 각 두부 개수(1~5)에 따른 이동 규칙이 명확히 주어져 있으므로, 이를 조건문으로 매핑하여 처리할 수 있다. 또한, 원형 구조이기 때문에 사람 번호가 5를 넘어가거나 1보다 작아질 경우 번호를 다시 순환시켜야 한다. 이를 위해 범위를 벗어난 경우 5를 더하거나 빼는 보정 처리가 필요하다.

**[풀이 및 입출력 설명]**

먼저 시작하는 사람의 번호 N과 외친 두부 개수를 입력받는다. 두부 개수에 따라 다음 순서의 사람 번호를 결정하는데, 예를 들어 두부 1개를 외치면 시계 방향으로 두 번째 사람, 두부 4개를 외치면 반시계 방향으로 첫 번째 사람을 가리킨다.

탈락 규칙이 있는 두부 3개를 외친 경우에는 다음 순서가 없으므로 0을 출력한다. 번호 계산과정에서 원형 구조를 유지하기 위해, 계산된 번호가 5보다 크면 5를 빼고, 1보다 작으면 5를 더해 순환시킨다. 마지막으로 탈락 여부를 확인하여 0 또는 다음 사람 번호를 출력한다.

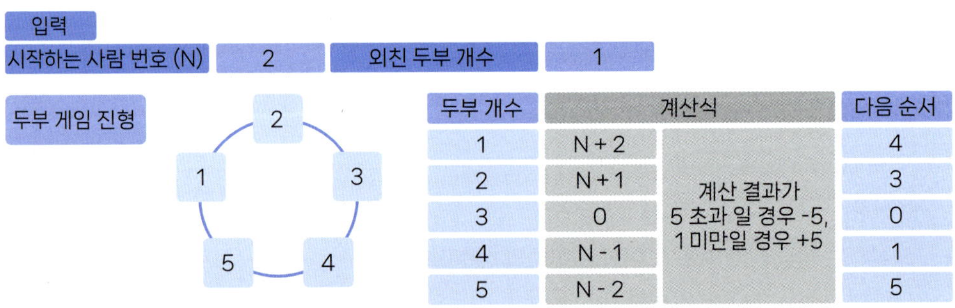


[그림 3-14-2] 2번 사람이 시작하는 두부 게임의 다음 순서 계산 과정

시작하는 사람의 번호는 2, 외친 두부 개수는 1이다. 다음 순서인 사람은 두부 개수가 1이므로 시계 방향으로 두 번째 있는 사람이 다음 순서이다. 따라서 시작하는 사람의 번호에서 2를 더한다. 만약 두부의 개수가 2라면 시계 방향으로 첫 번째 있는 사람, N+1번이다. 두부 개수가 3이라면 탈락하므로 0을 출력한다. 두부 개수가 4라면 반시계 방향으로 첫 번째 있는 사람, N−1번이다. 마지막으로 두부 개수가 5라면 반시계 방향으로 두 번째 있는 사람인 N−2번으로 다음 순서의 번호를 계산할 수 있다. 이때, 계산 결과가 5 초과이면 5를 빼고 계산 결과가 1 미만이면 5를 더한다. 2번 사람이 두부 1모를 외쳤다면 계산 결과에 따라 다음 순서는 4번으로 4를 출력한다.

## 정리

이 문제는 단순 조건 분기와 원형 인덱스 처리를 함께 다루는 구현 문제다. 주어진 규칙을 조건문으로 정확히 매핑하는 방법과, 원형 구조에서 인덱스를 순환시키는 방식을 연습할 수 있는 문제이며, 핵심은 조건문을 통해 규칙을 직접 작성하고, 범위 보정 연산으로 원형 구조를 유지한다는 점이다.

## 풀이 코드

```python
# 시작하는 사람 번호와 외친 두부 개수 입력
N = int(input())
tofu = int(input())

# 다음 순서 사람 번호
next_person = 0

# 두부 개수에 따른 이동 규칙
if tofu == 1:
    next_person = N + 2   # 시계 방향 2번째
elif tofu == 2:
    next_person = N + 1   # 시계 방향 1번째
elif tofu == 4:
    next_person = N - 1   # 반시계 방향 1번째
elif tofu == 5:
    next_person = N - 2   # 반시계 방향 2번째

# 원형 구조 보정
if next_person > 5:
    next_person -= 5
if next_person < 1:
    next_person += 5

# 결과 출력
if tofu == 3:
    print(0) # 탈락
else:
    print(next_person)
```

| 문제 14-3 | 3급 | 시간제한 | 1초 |
|---|---|---|---|
| | | 메모리제한 | 128MB |

제5회 TOSC 3/4/5급 문제 3-3

**소문제 지문**

게임을 재밌게 연습하는 도중에, 5번 친구가 약속이 생겨 빠지게 되었다. 1번 사람부터 4번 사람까지 4명에서 게임을 진행하려는데, 4명에서 하면 게임 난이도가 너무 쉬워진다. 그래서 순서를 넘길 때마다 외친 두부만큼 두부가 쌓인다고 가정하고, 두부의 총 쌓인 두부 개수 일의 자릿수가 3의 배수일 때만 앞서 설명한 '규칙 3'이 역방향으로 작용한다.

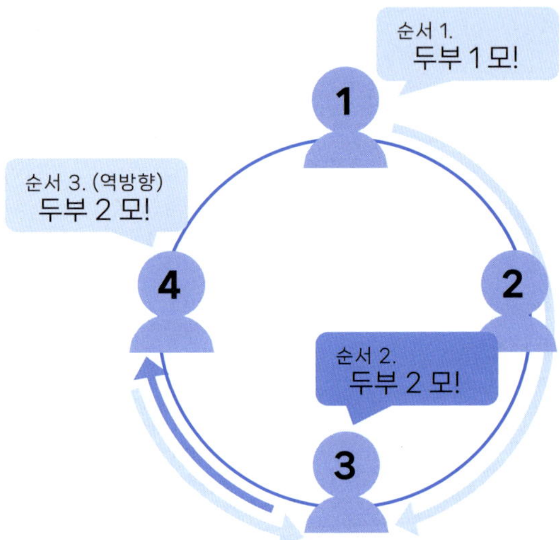


[그림 3-14-3] 업그레이드된 두부 게임 예시

예를 들어, 1번 사람이 두부 1모를 외쳐 3번 사람에게 두부를 넘기면, 총 쌓인 두부의 개수는 1개이며, 3번 사람이 두부 2모를 외쳐 4번 사람에게 두부를 넘기면, 총 쌓인 두부의 개수가 3개가 되면서 3번 규칙이 역방향으로 작용하게 된다. 원래 규칙대로면 4번 사람이 두부 2모를 외칠 때 1번 사람이 넘겨받아야겠지만, '규칙 3'이 역방향으로 작용하면서 3번 사람이 넘겨받게 된다.

1번 사람부터 시작한다고 가정하고, 외치는 두부의 개수를 입력받으면 탈락자가 발생할 때까지 두부를 넘겨받은 사람을 출력하는 프로그램을 작성하시오.

**제한사항**

- 두부의 개수는 1 이상 5 이하의 정수이다.
- 탈락할 경우 0을 출력한다.

**문제 풀이 Steps**

- Step 1 1번 사람이 외칠 두부의 개수를 입력받는다.
- Step 2 두부를 넘겨받은 사람을 출력한다.
- Step 3 두부를 넘겨받은 사람이 외칠 두부의 개수를 입력받는다.
- Step 4 두부를 넘겨받은 사람을 출력한다.
- Step 5 탈락자가 발생할 때까지 반복한다.

**입출력 예시**

| 입력 예시 1 | 출력 예시 1 |
|---|---|
| 1 ↦ 1번 사람이 외친 두부의 개수<br>2<br>2<br>3 ↦ 탈락(게임 종료) | 3 ↦ 넘겨받은 사람 번호<br>4<br>3 ↦ 총 3개의 두부가 쌓여 '규칙 3'이 역방향으로 작용 |

## 문제 해설

**[문제 접근 방법]**

이 문제는 4명이 원형으로 앉아 있고, 매 차례 입력되는 두부 개수에 따라 다음 사람이 결정되는 규칙을 그대로 시뮬레이션하는 문제다. 매 차례 시작 전, 지금까지 외친 두부 총합의 일의 자리가 3, 6, 9이면 방향을 반대로 적용한다는 조건을 먼저 확인한 뒤 이동 규칙을 적용한다. 두부 3을 외치면 그 즉시 종료하므로 마지막 입력은 출력 없이 반복을 끝낸다.

**[풀이 및 입출력 설명]**

처음 시작 사람을 1번으로 둔다. 반복하면서 두부 개수를 한 번 입력받고, 값이 3이면 종료한다. 종료가 아니라면, 지금까지의 총합을 기준으로 방향 보정 여부를 정한다. 보정 값을 반영해 1은 시계 방향으로 2칸, 2는 시계 방향으로 1칸, 4는 반시계 방향으로 1칸, 5는 반시계 방향으로 2칸 규칙을 적용해 다음 사람 번호를 구한다. 번호가 1~4 범위를 벗어나면 원형이므로 4를 더하거나 빼서 범위로 되돌린다. 그 번호를 출력한 뒤, 총합에 이번 두부 개수를 더하고 다음 반복을 진행한다.

| 입력<br>두부 개수 | 현재 순서 | 계산 방향 | 다음 순서 계산 | 다음 순서 | 총 두부 개수 |
|---|---|---|---|---|---|
| 1 | 1 | 정방향 | N + 2 | **3** | 1 |
| 2 | 3 | 정방향 | N + 1 | **4** | 3 |
| 2 | 4 | 역방향 | N - 1 | **3** | 5 |
| 3 | 3 | 정방향 | 0 | - | - |

[그림 3-14-4] 업그레이드된 두부 게임 진행 과정

1번부터 시작하여 시뮬레이션을 진행한다. 두부 개수가 1이고 시계 방향으로 2칸 이동하여 3번(1+2) 사람이 다음 순서이며 총 두부 개수는 1개이다. 다음 두부 개수가 2이고 시계 방향으로 1칸 이동하여 4번(3+1) 사람이 다음 순서이며 총 두부 개수가 3개이다. 총 두부 개수의 일의 자리가 3의 배수이므로 다음 순서는 역방향으로 진행된다. 다음 두부 개수가 2이고 반시계 방향으로 1칸 이동하여 3번(4−1) 사람이 다음 순서이며 총 두부 개수가 5가 된다. 마지막으로 두부 개수가 3이므로 게임이 종료된다. 순서를 받았던 사람의 번호를 순차적으로 3, 4, 3을 출력한다.

## 정리

이 문제는 원형 위치 이동과 조건 기반 방향 전환을 시뮬레이션하는 문제다. 누적값에 따른 보정, 게임 규칙 적용, 원형 번호 보정 및 종료에 대한 흐름을 논리적으로 구현해야 한다. 또한 조건이 많고 복잡하여 모든 조건에 대해 꼼꼼히 구현해야 한다.

## 풀이 코드

```python
# 현재까지 외친 두부의 총합
total = 0
# 현재 차례의 사람 번호, 시작은 1번
current = 1

while True:
    # 이번에 외친 두부 개수 입력
    tofu = int(input())

    # 두부 3을 외치면 즉시 종료
    if tofu == 3:
        break

    # 지금까지 총합의 일의 자리가 3, 6, 9이면 역방향으로 적용
    # (0은 제외하므로 total % 10 != 0 조건 포함)
    if (total % 10) % 3 == 0 and (total % 10) != 0:
        direction = -1   # 역방향
    else:
        direction = 1    # 정방향

    # 두부 개수에 따른 이동 규칙
    # (방향 보정에 따라 +가 -로, -가 +로 뒤집힘)
    if tofu == 1:
        current = current + 2 * direction
    elif tofu == 2:
        current = current + 1 * direction
```

```python
    elif tofu == 4:
        current = current - 1 * direction
    elif tofu == 5:
        current = current - 2 * direction

    # 원형 보정, 사람 번호는 1~4 사이가 되도록 조정
    if current < 1:
        current = current + 4
    if current > 4:
        current = current - 4

    # 이번 턴에 두부를 넘겨받은 사람 번호 출력
    print(current)

    # 누적 합계에 이번에 외친 두부 개수를 더함
    total = total + tofu
```

# 문제 15 피자 조각 분배 문제 해결

**전체 지문**

**세종피자에서는 피자 구매자들의 편의를 위해 피자 조각을 어떻게 분배해야 하는지 계산하는 프로그램을 작성하고자 한다.**

## 문제 15-1 5급

| 시간제한 | 1초 |
|---|---|
| 메모리제한 | 128MB |

제6회 TOSC 3/4/5급 문제 1-1

**소문제 지문**

세 명이 피자 한 판을 나눠 먹고 피자는 여덟 조각으로 커팅되어 있다고 할 때, 각 인원이 피자를 몇 조각씩 먹을지 입력받아 피자가 몇 조각이 부족한지 출력하는 프로그램을 작성하시오.

**제한사항**

- 각 인원이 먹을 피자 조각 개수는 1 이상 8 이하의 정수이다.
- 피자가 부족하지 않으면 0을 출력한다.

**문제 풀이 Steps**

Step 1 각 인원이 피자를 몇 조각씩 먹을지 입력받는다.

Step 2 모든 인원이 피자를 먹기에 피자가 몇 조각이 부족한지 출력한다.

**입출력 예시**

| 입력 예시 1 | 출력 예시 1 |
|---|---|
| 3 ↦ 첫 번째 인원의 피자 조각<br>2 ↦ 두 번째 인원의 피자 조각<br>2 ↦ 세 번째 인원의 피자 조각 | 0 ↦ 총 7조각으로 피자 조각이 부족하지 않음 |

| 입력 예시 2 | 출력 예시 2 |
|---|---|
| 3 ↦ 첫 번째 인원의 피자 조각<br>3 ↦ 두 번째 인원의 피자 조각<br>4 ↦ 세 번째 인원의 피자 조각 | 2 ↦ 총 10조각으로 피자 조각이 2조각 부족함 |

## 문제 해설

**[문제 접근 방법]**

이 문제는 세 사람이 먹을 조각 수를 더해, 피자 한 판의 기준 조각 수와 비교하는 방식으로 접근한다. 합이 기준 이하이면 부족 조각은 0, 기준을 넘으면 초과분이 부족한 조각이 된다.

**[풀이 및 입출력 설명]**

먼저 세 명이 먹을 피자 조각 수를 입력받아 합계를 구한다. 합계에서 한 판의 기준 조각 수 8을 뺀 값을 부족 조각으로 보고, 그 값이 음수이면 0으로 바꾼다. 마지막으로 부족 조각 수를 출력한다. 세 명이 먹을 피자 조각 수가 각각 3, 3, 4이다. 모두 더하면 총 10조각이 된다. 피자는 한 판에 8조각이므로 10에서 8을 뺀 2조각이 부족하다. 따라서 2를 출력한다.

## 정리

이 문제는 한 판의 기준치와 실제 필요량을 비교하는 기초 산술 문제다. 합계 산출 후 최소 0 처리 같은 기본 조건 처리와 간단 연산을 연습하는 문제다.

## 풀이 코드

```python
# 각 사람이 먹을 피자 조각 수 입력
first = int(input())   # 첫 번째 사람
second = int(input())  # 두 번째 사람
third = int(input())   # 세 번째 사람

# 한 판 피자의 기준 조각 수
pizza = 8

# 세 사람이 필요한 총 조각 수
need = first + second + third

# 부족 조각 수 계산
lack = need - pizza

# 부족하지 않으면 0
if lack < 0:
    lack = 0

# 결과 출력
print(lack)
```

| 문제 15-2 | 4급 | 시간제한 | 1초 |
|---|---|---|---|
| | | 메모리제한 | 128MB |

제6회 TOSC 3/4/5급 문제 1-2

### 소문제 지문

여러 조각으로 커팅되어 있는 피자 한 판을 여러 명이 순서대로 한 명씩 피자 조각을 원하는 만큼 가져가며 나누어 먹으려고 한다. 총 피자 조각의 개수를 입력받은 뒤, 피자 조각이 모두 없어질 때까지 각 인원이 피자를 몇 조각씩 가져갈지 입력받아 몇 명이 피자를 가져갔는지와 마지막 인원의 경우 피자가 몇 조각이 부족한지 출력하는 프로그램을 작성하시오.

### 제한사항

- 총 피자 조각의 개수는 1 이상 100 이하의 정수이다.
- 각 인원이 먹을 피자 조각 개수는 1 이상 총 100 이하의 정수이다.
- 더 이상 남은 피자 조각이 없을 경우 입력을 종료한다.

### 문제 풀이 Steps

**Step 1** 피자가 몇 조각으로 커팅되어 있는지 입력받는다.

**Step 2** 각 인원이 피자를 몇 조각씩 먹을지 입력받는다.

**Step 3** 피자를 가져간 인원수와 마지막 인원의 부족한 피자 조각 수를 출력한다.

### 입출력 예시

**입력 예시 1**

```
8     ↦ 피자는 총 8조각
3     ↦ 첫 번째 인원의 피자 조각
3     ↦ 두 번째 인원의 피자 조각
4     ↦ 세 번째 인원의 피자 조각
```

**출력 예시 1**

```
3     ↦ 총 3명이 피자를 가져감
2     ↦ 총 8조각으로 2조각 부족함
```

**입력 예시 2**

```
10    ↦ 피자는 총 10조각
3     ↦ 첫 번째 인원의 피자 조각
3     ↦ 두 번째 인원의 피자 조각
2     ↦ 세 번째 인원의 피자 조각
5     ↦ 네 번째 인원의 피자 조각
```

**출력 예시 2**

```
4     ↦ 총 4명이 피자를 가져감
3     ↦ 총 10조각으로 3조각이 부족함
```

## 문제 해설

**[문제 접근 방법]**

이 문제는 먼저 한 판에 남아 있는 전체 조각 수를 입력받고, 사람들의 요청을 순서대로 받으면서 남은 조각에서 차감하는 방식으로 해결한다. 남은 조각이 0 이하가 되는 순간 입력을 멈추고, 그때까지 피자를 가져간 사람 수와 마지막에 모자란 조각 수를 출력한다.

**[풀이 및 입출력 설명]**

먼저 총 조각 수를 받은 뒤, 한 사람의 요청을 읽을 때마다 남은 조각에서 해당 수만큼 빼고 피자를 먹은 인원수를 1 증가시킨다. 남은 조각이 0 이하가 되면 반복을 종료한다. 마지막에 피자를 가져간 총 인원과 가져간 사람이 부족했던 조각 수를 출력한다. 이때, 남은 조각은 음수값이므로, 그 절댓값을 출력한다. 정확히 맞아떨어진 경우에는 0이 출력된다.

| 입력 | |
|---|---|
| 전체 피자 조각 수 | 10 |

| 피자 조각 수 | 먹은 인원 수 | 남은 피자 조각 수 | | |
|---|---|---|---|---|
| 3 | 1 | 7 (10 - 3) | | |
| 3 | 2 | 4 (7 - 3) | | |
| 2 | 3 | 2 (4 - 2) | | |
| 5 | **4** | -3 (2 - 5) | → 부족한 피자 조각 수 | **3** |

[그림 3-15-1] 입력값에 따른 피자를 먹은 인원 수와 부족한 피자 조각 계산

전체 피자 조각 개수가 10이고 첫 사람이 3개의 피자 조각을 먹었다. 남은 피자 조각의 개수는 기존 10개의 조각 중 3개를 먹었으므로 10에서 3을 뺀 7조각이 남는다. 그리고 먹은 인원수를 1 증가시킨다. 두 번째 사람이 3조각을 먹었다. 기존 7조각에서 3조각을 뺀 4조각이 남으며 먹은 인원수는 1을 증가시켜 2가 된다. 이와 같은 방법으로 남은 피자 조각 개수가 0 이하가 될 때까지 반복하여 진행한다. 마지막으로 먹은 인원수와 부족한 피자 개수를 출력한다. 이때 남은 피자 조각 개수가 0 또는 음수까지 진행하게 된다. 따라서 남은 피자 조각 개수의 절댓값은 부족한 피자 개수가 된다. 먹은 인원수 4, 부족한 피자 개수 3을 출력한다.

## 정리

이 문제는 여러 입력을 순서대로 처리하며 누적해 가는 기본 구조를 다루는 문제다. 반복 연산, 조건으로 반복 종료, 결과 계산의 절차를 이해하고 구현하는 연습을 할 수 있다. 마지막 사람의 부족한 조각을 남은 값의 부호를 이용해 간단히 구할 수 있다.

## 풀이 코드

```
# 피자 한 판의 전체 조각 수 입력
total = int(input())

# 피자를 가져간 사람 수
person_count = 0
```

```python
# 남은 조각이 있을 때만 계속 입력받아 차감
while total > 0:
    # 현재 사람이 가져갈 조각 수 입력
    take = int(input())

    # 남은 조각에서 차감
    total = total - take

    # 먹은 인원 수 +1
    person_count = person_count + 1

# 결과 출력
# 피자를 가져간 사람 수
print(person_count)
# 마지막 사람 기준 부족한 조각 수
print(abs(total))
```

## 문제 15-3 3급

| 시간제한 | 1초 |
|---|---|
| 메모리제한 | 128MB |

제6회 TOSC 3/4/5급 문제 1-3

### 소문제 지문

피자를 여러 강의실에 한 판씩 나누어주고 여러 명이 순서대로 한 명씩 피자 조각을 원하는 만큼 가져가며 나누어 먹으려고 한다. 먼저 피자를 나누어줄 강의실 수를 입력받는다. 그다음 각 강의실 별로 피자가 몇 개 조각으로 커팅될지 입력받은 뒤, 해당 피자의 피자 조각이 남지 않을 때까지 각 인원이 피자를 몇 조각씩 가져갈지 입력받는다. 만약 피자 조각이 더 이상 남지 않은 경우 다음 강의실로 넘어가서 위의 과정을 반복한다. 입력이 완료되면 모든 강의실에서 총 몇 명이 피자를 가져갔는지와 각 강의실에서 피자를 가져간 마지막 인원들의 부족한 피자 조각을 모두 더하여 출력하는 프로그램을 작성하시오.

### 제한사항

- 강의실의 개수는 1 이상 100,000 이하의 정수이다.
- 강의실의 총 피자 조각의 개수는 1 이상 100 이하의 정수이다.
- 각 인원이 먹을 피자 조각 개수는 1 이상 총 100 이하의 정수이다.

**문제 풀이 Steps**

- **Step 1** 피자를 나누어줄 강의실 수를 입력받는다.
- **Step 2** 각 강의실의 피자가 몇 조각으로 커팅되어 있는지 입력받는다.
- **Step 3** 각 인원이 피자를 몇 조각씩 먹을지 입력받는다. 더 이상 남은 피자 조각이 없을 경우 해당 강의실의 입력을 종료하고 다음 강의실로 넘어간다.
- **Step 4** 모든 강의실에서 피자를 가져간 총 인원과 각 강의실에서 피자를 가져간 마지막 인원의 부족한 피자 조각 수를 모두 더하여 출력한다.

**입출력 예시**

**입력 예시 1**

```
2       ↦ 총 강의실 수
8       ↦ 강의실1 피자는 총 8조각
3       ↦ 첫 번째 인원의 피자 조각
3       ↦ 두 번째 인원의 피자 조각
4       ↦ 세 번째 인원의 피자 조각
          (남은 피자 조각이 없으므로
          강의실1 입력 종료)
4       ↦ 강의실2 피자는 총 4조각
2       ↦ 첫 번째 인원의 피자 조각
5       ↦ 두 번째 인원의 피자 조각
          (남은 피자 조각이 없으므로
          강의실2 입력 종료)
```

**출력 예시 1**

```
5    ↦ 총 5명이 피자를 가져감
       (강의실1: 3명 + 강의실2: 2명)
5    ↦ 총 5조각이 부족함
       (강의실1: 2조각 + 강의실2: 3조각)
```

**입력 예시 2**

```
2       ↦ 총 강의실 수
1       ↦ 강의실1 피자는 총 1조각
10      ↦ 첫 번째 인원의 피자 조각(남은 피자
          조각이 없어서 강의실1 입력 종료)
10      ↦ 강의실2 피자는 총 10조각
5       ↦ 첫 번째 인원의 피자 조각
5       ↦ 두 번째 조각의 피자 조각(남은 피자
          조각이 없어서 강의실2 입력 종료)
```

**출력 예시 2**

```
3    ↦ 총 3명이 피자를 가져감
       (강의실1: 1명 + 강의실2: 2명)
9    ↦ 총 9조각이 부족함(강의실1: 9조각)
```

## 문제 해설

**[문제 접근 방법]**

이 문제는 여러 강의실을 순서대로 처리하여 각 강의실에서 남은 조각 수를 유지하면서, 사람들의 요청을 입력받아 남은 조각을 차감하고 강의실의 조각이 다 소진되면 그 강의실 처리를 끝내고 다음 강의실로 넘어가는 방식으로 접근한다. 전 강의실에 걸쳐 피자를 가져간 사람 수와, 각 강의실 마지막 사람 기준의 부족 조각을 합산한다.

**[풀이 및 입출력 설명]**

먼저 강의실의 개수를 입력받는다. 각 강의실마다 준비된 조각 수를 입력받은 뒤, 조각이 남아 있는 동안 사람 한 명의 요청을 입력받아 남은 조각에서 빼고 사람 수를 1 증가시킨다. 남은 조

각이 0 이하가 되는 순간 그 강의실 처리를 종료하고, 그때의 부족한 피자 조각(남은 값의 절댓값)을 전체 부족한 피자 조각 합계에 더한다. 모든 강의실을 처리한 뒤, 피자를 가져간 전체 인원수와 전체 부족한 피자 조각 수를 차례대로 출력한다.

| 입력 | |
|---|---|
| 전체 강의실 수 | 2 |

| 강의실 1 | 전체 피자 조각 수 | 8 | | |
|---|---|---|---|---|
| 피자 조각 수 | 먹은 인원 수 | 남은 피자 조각 수 | | |
| 3 | 1 | 5 (8 - 3) | | |
| 3 | 2 | 2 (5 - 3) | 피자 먹은 인원 합계 | 3 |
| 4 | 3 | -2 (2 - 4) | ➡ 부족한 피자 수 합계 | 2 |

| 강의실 2 | 전체 피자 조각 수 | 4 | | |
|---|---|---|---|---|
| 피자 조각 수 | 먹은 인원 수 | 남은 피자 조각 수 | | |
| 2 | 1 | 2 (4 - 2) | 피자 먹은 인원 합계 | **5** |
| 5 | 2 | -3 (2 - 5) | ➡ 부족한 피자 수 합계 | **5** |

**[그림 3-15-2] 입력값에 따른 피자를 먹은 총 인원과 부족한 총 피자 조각 계산**

전체 강의실 수가 2이다. 강의실 1의 전체 피자 조각 수는 8개고 각 인원이 3, 3, 4조각을 가져간다. 전체 8조각에서 3조각을 가져가면 남은 피자 조각 수는 5개, 먹은 인원수는 1명이다. 다음 인원이 3조각을 가져가면 남은 피자 조각 수는 2개, 먹은 인원수는 2명이다. 다음 인원이 4조각을 가져가려 하면 남은 피자 조각 수는 −2개, 먹은 인원수는 3명이다. 부족한 피자 조각 수는 남은 피자 조각 수에 절댓값으로 계산하여 2개가 된다. 피자 조각이 부족하므로 강의실 1의 입력을 중단하고 전체 인원수에 피자를 가져간 인원수를 더하고 부족한 피자 조각을 전체 부족한 피자 조각 수에 더하여 각각 3, 2가 된다.

같은 방법으로 모든 강의실에 대해 먹은 인원과 부족한 피자 수를 구하여 누적하여 더한다. 마지막으로 피자를 먹은 전체 인원 5와 부족한 피자 수 5를 출력한다.

## 정리

이 문제는 여러 그룹을 차례로 처리하는 누적 계산 문제다. 바깥 반복(강의실 단위)과 안쪽 반복(해당 강의실 사람들)의 구조를 구분하는 중첩 반복문을 구현하는 것이 중요하다. 또한 남은 조각 차감, 0 이하에서 종료, 먹은 인원수 및 부족 조각 합산의 절차를 각 강의실마다 독립적으로 수행하여 진행해야 한다.

## 풀이 코드

```
# 강의실 개수 입력
```

```python
classroom = int(input())
# 전체 피자를 가져간 사람 수
total_people = 0
# 전체 부족 피자 조각 수
total_lack = 0

# 강의실을 하나씩 처리
for i in range(classroom):
    # 이 강의실에 준비된 피자 조각 수 입력
    pizza = int(input())

    # 이 강의실의 피자가 남아 있는 동안 사람들의 요청을 처리
    while pizza > 0:
        # 한 사람이 가져갈 조각 수 입력
        take = int(input())

        # 남은 조각에서 차감
        pizza = pizza - take

        # 피자를 가져간 인원 +1
        total_people = total_people + 1

    # 이 강의실의 부족한 피자 조각을 전체 피자 부족 합계에 더함
    # pizza의 절댓값이 부족한 조각
    total_lack += abs(pizza)

# 결과 출력
print(total_people)
print(total_lack)
```

# 문제 16 운동 칼로리 계산하기

**전체 지문**

세종 건강 앱에서 운동 분류별 운동 시간을 입력받아 운동으로 소모되는 총 칼로리를 계산하는 프로그램을 작성하려고 한다. 운동은 저강도, 중강도, 고강도로 분류되며, 각 운동 분류별로 서로 다른 분당 소모 칼로리를 가지고, 또한 운동을 일정 시간 이상 진행할 경우 애프터 번 효과로 인해 운동을 마친 후에도 추가적인 칼로리가 소모된다고 가정한다. 운동 분류별 분당 소모 칼로리 및 운동 후 분당 소모 칼로리는 아래와 같다.

| 운동 분류 | 저강도 (번호 1) | 중강도 (번호 2) | 고강도 (번호 3) |
|---|---|---|---|
| 분당 소모 칼로리 | 2 | 6 | 10 |
| 운동 후 분당 소모 칼로리 | 0 | 3 | 5 |

[그림 3-16-1] 운동 분류별 분당 소모 칼로리 및 운동 후 분당 소모 칼로리

## 문제 16-1 5급

시간제한 1초
메모리제한 128MB

제6회 TOSC 3/4/5급 문제 2-1

**소문제 지문**

애프터 번 효과가 따로 없이 운동 중 소모 칼로리만 계산한다고 할 때, 각 운동 분류별 운동 시간을 분 단위로 입력받고 총 소모 칼로리를 계산하는 프로그램을 작성하시오.

**제한사항**

- 운동 시간은 저강도, 중강도, 고강도 순으로 입력된다.
- 각 운동 시간은 0 이상 100,000 이하의 정수이다.

**문제 풀이 Steps**

Step 1 저강도, 중강도, 고강도 운동 순으로 운동 시간을 입력받는다.

Step 2 운동 분류별 분당 소모 칼로리 및 운동 시간을 고려하여 총 소모 칼로리를 계산하여 출력한다.

입출력 예시

| 입력 예시 1 | | 출력 예시 1 | |
|---|---|---|---|
| 10 | ↦ 저강도 운동 시간 (분) | 400 | ↦ 총 소모 칼로리 (2*10+6*30+10*20=400) |
| 30 | ↦ 중강도 운동 시간 (분) | | |
| 20 | ↦ 고강도 운동 시간 (분) | | |

## 문제 해설

**[문제 접근 방법]**

이 문제는 운동 종류별로 분당 소모 칼로리가 다르므로, 입력받은 각 운동 시간에 해당하는 칼로리를 곱해 합산하는 방식으로 구현한다. 표를 통하여 운동 강도별로 주어진 고정 칼로리값을 활용해 간단한 산술 연산으로 총 소모 칼로리를 구할 수 있다.

**[풀이 및 입출력 설명]**

먼저 저강도, 중강도, 고강도의 운동 시간을 각각 입력받는다. 저강도는 분당 2칼로리, 중강도는 분당 6칼로리, 고강도는 분당 10칼로리가 소모되므로, 각 운동 시간에 해당 칼로리를 곱한다. 곱해진 세 값을 모두 더하면 전체 소모 칼로리가 계산된다. 이 값을 최종적으로 출력한다.
저강도 운동 시간이 10분, 중강도 운동 시간이 30분, 고강도 운동 시간이 20분이다. 저강도 운동은 분당 2칼로리가 소모되고 중강도 운동은 분당 6칼로리, 고강도 운동은 분당 10칼로리가 소모되므로 총 소모 칼로리는 400(10×2+30×6+20×10)칼로리로, 400을 출력한다.

## 정리

이 문제는 고정된 조건표를 이용해 단순 연산을 수행하는 기초적인 연산 문제다. 세 개의 입력값에 대해 각각 주어진 상수를 곱하고 이를 합산하는 구현이 핵심이며, 조건이 간단해 기초 연산과 입출력 처리 연습에 적합하다.

## 풀이 코드

```
# 저강도, 중강도, 고강도의 운동 시간 입력받기
low_time = int(input())
mid_time = int(input())
high_time = int(input())

# 각 강도별 분당 소모 칼로리
low_cal = 2
mid_cal = 6
high_cal = 10
```

```
# 총 소모 칼로리 계산
total_cal = (low_time * low_cal) + (mid_time * mid_cal) + (high_time *
high_cal)

# 결과 출력
print(total_cal)
```

## 문제 16-2 4급

| 시간제한 | 1초 |
|---|---|
| 메모리제한 | 128MB |

제6회 TOSC 3/4/5급 문제 2-2

### 소문제 지문

운동을 여러 세트로 구성하고, 각 세트에서 운동 분류별 운동 시간을 입력받아 총 누적 소모 칼로리를 계산하려고 한다. 만약 앞선 세트의 누적 운동 시간이 30분이 초과되면, 해당 세트부터는 운동 효율이 떨어져 분당 소모 칼로리가 절반으로 줄어든다고 가정한다. 운동 세트 수를 먼저 입력받은 뒤, 각 세트당 운동 분류별 운동 시간을 입력받아 총 소모 칼로리를 계산하여 출력하는 프로그램을 작성하시오.

### 제한사항

- 전체 운동 세트 수는 1 이상 100 이하의 정수이다.
- 운동 시간은 저강도, 중강도, 고강도 순으로 입력된다.
- 각 운동 시간은 0 이상 100,000 이하의 정수이다.

### 문제 풀이 Steps

**Step 1** 운동 세트 수를 입력받는다.

**Step 2** 각 세트당 운동 분류별 운동 시간을 입력받는다.

**Step 3** 각 운동별 소모 칼로리 및 누적 운동 시간을 이용해 총 소모 칼로리를 계산하고 결과를 출력한다.

### 입출력 예시

| 입력 예시 1 | 출력 예시 1 |
|---|---|
| 1 ↦ 전체 세트 수<br>10 ↦ (1세트) 저강도 운동 시간<br>20 ↦ (1세트) 중강도 운동 시간<br>10 ↦ (1세트) 고강도 운동 시간 | 240 ↦ 총 소모 칼로리<br>(2*10+6*20+10*10=240)<br>한 세트 운동 시간 40분으로<br>운동 효율이 떨어지지 않음 |

| 입력 예시 2 | |
|---|---|
| 3 | ↦ 전체 세트 수 |
| 5 | ↦ (1세트) 저강도 운동 시간 |
| 10 | ↦ (1세트) 중강도 운동 시간 |
| 5 | ↦ (1세트) 고강도 운동 시간 |
| 5 | ↦ (2세트) 저강도 운동 시간 |
| 10 | ↦ (2세트) 중강도 운동 시간 |
| 5 | ↦ (2세트) 고강도 운동 시간 |
| 10 | ↦ (3세트) 저강도 운동 시간 |
| 20 | ↦ (3세트) 중강도 운동 시간 |
| 10 | ↦ (3세트) 고강도 운동 시간 |

**출력 예시 2**

```
360 ↦ 총 소모 칼로리
      (1세트 2*5+6*10+10*5=120, 20분
       2세트 2*5+6*10+10*5=120, 20분
       3세트 1*10+3*20+5*10=120, 40분
       총 120+120+120=360)
       3세트부터 누적 운동 시간이
       30분을 넘어 소모 칼로리 절반
```

## 문제 해설

**[문제 접근 방법]**

이 문제는 세트 수를 입력받고, 각 세트에서 강도별 운동 시간을 입력받아 분당 소모 칼로리와 곱한 값을 누적하여 계산하는 문제다. 누적 운동 시간이 기준을 넘은 뒤에는 이후 세트들에 대해 절반 칼로리를 적용하도록 누적 시간을 함께 관리한다.

**[풀이 및 입출력 설명]**

먼저 전체 세트 수를 입력받고 각 세트마다 저, 중, 고강도 운동 시간을 받아 해당 분당 칼로리와 곱해 세트 칼로리를 구한다. 누적 시간이 기준을 넘기기 전이면 그대로 합산하고, 넘긴 이후라면 절반을 적용해 합산한다. 매 세트가 끝날 때 누적 시간을 갱신하고, 한 번 기준을 넘기면 이후 세트들은 계속 절반으로 처리한다. 모든 세트를 처리한 뒤 총 소모 칼로리를 출력한다.

| 운동 분류 | 저강도 (번호 1) | 중강도 (번호 2) | 고강도 (번호 3) |
|---|---|---|---|
| 분당 소모 칼로리 | 2 | 6 | 10 |
| 운동 후 분당 소모 칼로리 | 0 | 3 | 5 |

| 총 운동 세트 수 | 3 |
|---|---|

| 세트 | 저강도 운동 시간 | 중강도 운동 시간 | 고강도 운동 시간 | 전체 운동 시간 | 소모 칼로리 | 총 소모 칼로리 |
|---|---|---|---|---|---|---|
| 1 | 5 | 10 | 5 | 20 | 5×2+10×6+5×10 = 120 | 120 |
| 2 | 5 | 10 | 5 | **40** | 5×2+10×6+5×10 = 120 | 240 |
| 3 | 10 | 20 | 10 | 80 | 10×**1**+20×**3**+10×**5** = 120 | **360** |

**[그림 3-16-2] 입력값에 따른 총 소모 칼로리 계산 과정**

총 운동 세트가 3이고 각 세트당 저, 중, 고강도 운동 시간은 (5, 10, 5), (5, 10, 5), (10, 20, 10)이다. 첫 세트는 저강도 운동 시간 5분, 중강도 운동 시간 10분, 고강도 운동 시간 5분이다. 전체 운동 시간에 20을 더한다. 각 분당 소모 칼로리 2, 6, 10을 곱하고 더한 1세트 소모 칼로리는 120칼로리이다. 총 소모 칼로리에 계산한 소모 칼로리를 더한다.

두 번째 세트도 같은 방법으로 소모 칼로리를 계산한다. 전체 운동 시간은 40분이고 소모 칼로리는 120이다. 2세트 소모 칼로리를 총 소모 칼로리에 누적하여 더하면 240이 된다. 전체 운동 시간이 30분을 초과했으므로 다음 세트부터 분당 소모 칼로리가 절반으로 줄어든다.
마지막 3세트는 저, 중, 고강도 운동 시간이 각 10, 20, 10분이고 소모 칼로리는 분당 소모 칼로리 2, 6, 10을 2로 나눈 값, 1, 3, 5와 곱하여 더한다. 3세트의 소모 칼로리는 120칼로리이며 총 소모 칼로리는 360칼로리가 되어 360을 출력한다.

## 정리

이 문제는 여러 구간을 순차 처리하면서 누적 시간에 따른 요율 변경을 반영하는 누적 계산 문제다. 고정표를 이용하여 누적 시간을 계산하여 기준 초과 시점 이후에만 상태를 전환하는 조건 규칙을 적용하는 흐름을 구현하는 연습 문제이다.

## 풀이 코드

```
# 운동 세트 수 입력
set_count = int(input())

# 강도별 분당 소모 칼로리 표 (저, 중, 고)
cal = [2, 6, 10]

# 총 소모 칼로리와 누적 운동 시간
total_cal = 0
total_time = 0

# 현재 적용 계수, 1이면 정상, 2이면 절반(// 2)
coeff = 1

# 세트 수만큼 반복
for i in range(set_count):
    # 한 세트의 저강도, 중강도, 고강도 운동 시간 입력
    low_time = int(input())
    mid_time = int(input())
    high_time = int(input())

    # 이 세트의 기본 칼로리(정상 기준)
    set_cal = cal[0] * low_time + cal[1] * mid_time + cal[2] * high_time

    # 현재 상태(계수)에 맞게 합산
    if coeff == 1:
        total_cal = total_cal + set_cal
    else:
```

```
        # 절반 적용
        total_cal = total_cal + (set_cal // 2)

    # 누적 시간 갱신
    total_time = total_time + low_time + mid_time + high_time

    # 누적 시간이 30분을 초과하면 이후 세트부터 절반 적용
    if total_time > 30:
        coeff = 2

# 결과 출력
print(total_cal)
```

## 문제 16-3 3급

| 시간제한 | 1초 |
| --- | --- |
| 메모리제한 | 128MB |

제6회 TOSC 3/4/5급 문제 2-3

### 소문제 지문

운동을 여러 세트로 구성하고, 각 세트에서 운동 분류별 운동 시간을 입력받아 총 누적 소모 칼로리를 계산하려고 한다. 만약 앞선 세트의 누적 운동 시간이 30분이 초과되면, 해당 세트부터는 운동 효율이 떨어져 분당 소모 칼로리가 절반으로 줄어든다. 또한 전체 운동 시간이 30분이 초과될 경우에는 운동을 종료한 후에도 각 운동 분류별 총 운동 시간만큼 운동 후 분당 소모 칼로리가 추가적으로 소모된다고 가정한다. 운동 세트 수를 먼저 입력받은 뒤, 각 세트당 운동 분류별 운동 시간을 입력받아 총 소모 칼로리를 계산하여 출력하는 프로그램을 작성하시오.

### 제한사항

- 전체 운동 세트 수는 1 이상 100 이하의 정수이다.
- 운동 시간은 저강도, 중강도, 고강도 순으로 입력된다.
- 각 운동 시간은 0 이상 100,000 이하의 정수이다.

### 문제 풀이 Steps

**Step 1** 운동 세트 수를 입력받는다.

**Step 2** 각 세트당 운동 분류별 운동 시간을 입력받는다.

**Step 3** 각 운동별 소모 칼로리 및 누적 운동 시간, 운동 후 소모 칼로리를 이용해 총 소모 칼로리를 계산하고 결과를 출력한다.

### 입출력 예시

| 입력 예시 1 | 출력 예시 1 |
|---|---|
| 1 ↦ 전체 세트 수<br>10 ↦ (1세트) 저강도 운동 시간<br>10 ↦ (1세트) 중강도 운동 시간<br>10 ↦ (1세트) 고강도 운동 시간 | 180 ↦ 총 소모 칼로리<br>(2*10+6*10+10*10=180, 30분) |

| 입력 예시 2 | 출력 예시 2 |
|---|---|
| 3 ↦ 전체 세트 수<br>5 ↦ (1세트) 저강도 운동 시간<br>10 ↦ (1세트) 중강도 운동 시간<br>5 ↦ (1세트) 고강도 운동 시간<br>5 ↦ (2세트) 저강도 운동 시간<br>10 ↦ (2세트) 중강도 운동 시간<br>5 ↦ (2세트) 고강도 운동 시간<br>10 ↦ (3세트) 저강도 운동 시간<br>20 ↦ (3세트) 중강도 운동 시간<br>10 ↦ (3세트) 고강도 운동 시간 | 580 ↦ 총 소모 칼로리<br>(1세트: 2*5+6*10+10*5=120, 20분<br>2세트: 2*5+6*10+10*5=120, 20분<br>3세트: 1*10+3*20+5*10=120, 40분<br>운동 후 소모 칼로리: 3*40+5*20=220<br>총 360+220=580 칼로리 소모) |

## 문제 해설

**[문제 접근 방법]**

이 문제는 표를 기반으로 조건에 맞게 운동 소모 칼로리를 누적하여 계산하는 문제다. 세트 수와 각 세트에서 강도별 운동 시간을 입력받아 분당 소모 칼로리와 곱해 합산하고 누적 운동 시간이 기준(30분)을 넘긴 뒤부터는 이후 세트의 칼로리를 절반으로 반영하며 모든 세트가 끝난 뒤에는 강도별 '운동 후 분당 소모 칼로리'를 전체 시간에 적용해 추가 칼로리를 더하는 방식으로 접근한다.

**[풀이 및 입출력 설명]**

먼저 전체 세트 수를 입력받고 각 세트마다 저, 중, 고강도 운동 시간을 받아 해당 분당 칼로리와 곱해 세트 칼로리를 구한다. 누적 시간이 기준을 넘기기 전이면 그대로 합산하고, 넘긴 이후라면 절반을 적용해 합산한다. 매 세트가 끝날 때 누적 시간을 갱신하고, 한 번 기준을 넘기면 이후 세트들은 계속 절반으로 처리한다. 모든 세트가 끝나면, 강도별 누적 시간에 운동 후 분당 소모 칼로리 저강도 운동 0, 중강도 운동 3, 고강도 운동 5를 곱해 추가 칼로리를 계산해 합산한다. 마지막으로 총 소모 칼로리를 출력한다.

| 운동 분류 | 저강도 (번호 1) | 중강도 (번호 2) | 고강도 (번호 3) |
|---|---|---|---|
| 분당 소모 칼로리 | 2 | 6 | 10 |
| 운동 후 분당 소모 칼로리 | 0 | 3 | 5 |

| 총 운동 세트 수 | 3 |
|---|---|

| 세트 | 저강도 운동 시간 | 중강도 운동 시간 | 고강도 운동 시간 | 전체 운동 시간 | 소모 칼로리 | 운동 소모 칼로리 |
|---|---|---|---|---|---|---|
| 1 | 5 | 10 | 5 | 20 | 5×2+10×6+5×10 = 120 | 120 |
| 2 | 5 | 10 | 5 | **40** | 5×2+10×6+5×10 = 120 | 240 |
| 3 | 10 | 20 | 10 | 80 | 10×**1**+20×**3**+10×**5** = 120 | 360 |

| 중강도 전체 운동 시간 | 40 | 고강도 전체 운동 시간 | 20 |
|---|---|---|---|
| 애프터 번 칼로리 계산 | 40×3+20×5 = 220 | | |

| 전체 소모 칼로리 |
|---|
| 360 + 220 = **580** |

[그림 3-16-3] 입력값에 따른 전체 소모 칼로리 계산 과정

총 운동 세트가 3이고 각 세트당 저, 중, 고강도 운동 시간은 (5, 10, 5), (5, 10, 5), (10, 20, 10)이다. 첫 세트는 저강도 운동 시간 5분, 중강도 운동 시간 10분, 고강도 운동 시간 5분이다. 전체 운동 시간에 20을 더한다. 각 분당 소모 칼로리 2, 6, 10을 곱하고 더한 1세트 소모 칼로리는 120칼로리이다. 총 소모 칼로리에 계산한 소모 칼로리를 더한다.

두 번째 세트와 세 번째 세트도 같은 방법으로 소모 칼로리를 계산한다. 두 번째 세트 운동 후 전체 운동 시간이 30분을 초과했으므로 세 번째 세트부터 분당 소모 칼로리를 절반 적용하여 계산한다. 총 소모 칼로리는 360칼로리가 된다.

여기에 애프터 번 효과로 중강도, 고강도 운동 시간의 합산과 운동 후 분당 소모 칼로리 중강도 3, 고강도 5를 곱하여 더한다. 저강도 운동 후 분당 소모 칼로리는 0이므로 생략한다. 따라서 애프터 번 칼로리는 220칼로리이다. 운동으로 소모한 칼로리와 운동 후 소모되는 칼로리를 더하여 전체 칼로리를 계산하면, 580이므로 580을 출력한다.

## 정리

이 문제는 표와 조건을 통해 운동 칼로리를 누적하여 더하고, 운동 종료 후 강도별 추가 칼로리를 더하는 두 단계를 모두 반영하는 문제다. 표의 고정값을 사용해 연산을 통해 누적 계산을 조건에 맞게 명확히 구현하고 세트 처리 중 상태 전환과 종료 후 추가 계산을 조건에 따라 구현해야 한다.

## 풀이 코드

```
# 운동 세트 수 입력
set_count = int(input())

# 강도별 분당 소모 칼로리 표 (저, 중, 고)
cal = [2, 6, 10]
# 강도별 운동 후 분당 소모 칼로리 (저, 중, 고)
after = [0, 3, 5]
```

```python
# 총 소모 칼로리와 누적 시간(세 강도 각각)
total_cal = 0
total_time = [0] * 3

# 현재 적용 계수, 1이면 정상, 2이면 절반(// 2)
coeff = 1

# 세트 처리
for i in range(set_count):
    # 한 세트의 저, 중, 고 강도 운동 시간 입력
    low_time = int(input())
    mid_time = int(input())
    high_time = int(input())

    # 이 세트의 기본 칼로리
    set_cal = cal[0] * low_time + cal[1] * mid_time + cal[2] * high_time

    # 현재 상태에 맞게 합산
    if coeff == 1:
        total_cal = total_cal + set_cal
    else:
        # 절반 적용(정수 처리)
        total_cal = total_cal + (set_cal // 2)

    # 강도별 누적 시간 갱신
    total_time[0] = total_time[0] + low_time
    total_time[1] = total_time[1] + mid_time
    total_time[2] = total_time[2] + high_time

    # 누적 시간이 30분을 초과하면 이후 세트부터 절반 적용
    if total_time[0] + total_time[1] + total_time[2] > 30:
        coeff = 2

# 모든 세트가 끝난 뒤, 강도별 운동 후 분당 소모 칼로리 추가 칼로리 반영
if (total_time[0] + total_time[1] + total_time[2]) > 30:
    total_cal = total_cal + (total_time[1] * after[1]) + (total_time[2] *
after[2])

# 결과 출력
print(total_cal)
```

# 문제 17 세미나 일정 계획하기

**전체 지문**

최첨단 인공지능 기술 전문가인 세종이는 10월에 IT 회사들을 대상으로 기술 세미나를 진행한다. 그런데 회사별로 세미나에 참석할 수 있는 날짜가 서로 달라 세미나 진행 날짜 조율이 필요하다. 날짜는 1일~31일 중 하나이며 각 회사가 참석할 수 있는 날짜 범위는 [a, b] 형태로 주어진다. 이는 a 일부터 b 일까지 참석할 수 있고 그 외에는 불가능하다는 것을 의미한다. 세종이는 5개의 회사 일정을 받아 합리적인 세미나 일정을 정하고자 한다.

## 문제 17-1 5급

| 시간제한 | 1초 |
| --- | --- |
| 메모리제한 | 128MB |

제6회 TOSC 3/4/5급 문제 3-1

**소문제 지문**

세종이는 1일부터 31일까지 중 하루를 정해 3개의 회사들을 대상으로 세미나를 하려고 계획하고 있다. 3개의 회사의 참석 가능한 첫날(a)와 마지막 날(b)를 순서대로 입력받은 뒤, 세종이가 정한 세미나 날짜를 입력하면 각 회사의 참석 가능 여부를 확인할 수 있는 프로그램을 작성하시오.

**제한사항**

- a와 b는 1 이상 31 이하의 숫자이며 b는 a보다 크거나 같다.
- 세종이가 정한 세미나 날짜는 1 이상 31 이하의 정수이다.
- 입력받은 순서대로 각 회사가 세미나에 참여할 수 있다면 1을 출력하고 참여할 수 없다면 0을 출력한다.

**문제 풀이 Steps**

- Step 1 회사 3개의 참석 가능한 첫날(a)과 마지막 날(b)을 순서대로 입력받는다.
- Step 2 세종이가 정한 세미나 날짜를 입력받는다.
- Step 3 3개 회사에 대해 참석 여부를 순서대로 출력한다.

### 입출력 예시

**입력 예시 1**

```
2       ↦ 첫 번째 회사의 a
15      ↦ 첫 번째 회사의 b
5       ↦ 두 번째 회사의 a
28      ↦ 두 번째 회사의 b
16      ↦ 세 번째 회사의 a
23      ↦ 세 번째 회사의 b
13      ↦ 세미나 날짜
```

**출력 예시 1**

```
1       ↦ 첫 번째 회사의 참석 여부
1       ↦ 두 번째 회사의 참석 여부
0       ↦ 세 번째 회사의 참석 여부
```

## 문제 해설

**[문제 접근 방법]**

이 문제는 세미나 날짜가 각 회사의 참석 가능 기간에 포함되는지를 확인하는 단순 비교 문제다. 회사별로 '참석 가능한 첫날'과 '마지막 날'이 주어지고, 세미나 날짜가 해당 구간 안에 속하면 참석 가능, 아니면 참석 불가능으로 판정하면 된다. 단순한 범위 비교 연산을 여러 번 수행하면 해결할 수 있다.

**[풀이 및 입출력 설명]**

세 개의 회사의 첫날과 마지막 날을 입력받고 세종이가 세미나를 진행하는 날짜를 입력받는다. 세미나 날짜가 각 회사의 참석 가능 시작일보다 같거나 크고, 종료일보다 같거나 작으면 그 회사는 참석 가능하다. 이를 각 회사별로 동일하게 적용하여 1(참석 가능) 또는 0(참석 불가능)으로 출력한다. 모든 회사의 범위를 개별적으로 검사하므로, 입력값에 따라 세미나 날짜를 한 번씩 비교하는 방식으로 구현할 수 있다.

[그림 3-17-1] 입력값에 따른 각 회사의 세미나 참여 가능 여부

회사들의 첫날과 마지막 날이 각각 (2, 15), (5, 28), (16, 23)일이고 세미나 날이 13일이다. 참석 가능 시작일보다 같거나 크고, 종료일보다 같거나 작은지 조건문을 통해 확인한다. 회사 1의 첫날은 2일이고 마지막 날은 15일이며 조건을 만족하므로 1을 출력한다. 회사 2의 첫날은 5일이고 마지막 날은 28일이며 조건을 만족하므로 1을 출력한다. 회사 3의 첫날은 16일이고 마지막 날은 23일이다. 첫날 16이 13보다 작으므로 회사 3은 참여가 불가능하므로 0을 출력한다.

## 정리

이 문제는 날짜 비교를 통해 조건 만족 여부를 판단하는 기본적인 조건 처리 문제다. 핵심은 범위 비교 연산을 활용하는 것이며, 입력 순서와 출력 형식을 정확히 지키는 것이 중요하다. 구현이 간단하고 절차가 직관적이어서 초급 단계에서 연습하기 적합하다.

## 풀이 코드

```
# 첫 번째 회사의 참석 가능한 첫날, 마지막 날 입력
company1_a = int(input())
company1_b = int(input())

# 두 번째 회사의 참석 가능한 첫날, 마지막 날 입력
company2_a = int(input())
company2_b = int(input())

# 세 번째 회사의 참석 가능한 첫날, 마지막 날 입력
company3_a = int(input())
company3_b = int(input())

# 세미나 개최 일 입력
seminar = int(input())

# 첫 번째 회사 참석 여부
if company1_a <= seminar and seminar <= company1_b:
    print(1)  # 참석 가능
else:
    print(0)  # 참석 불가능

# 두 번째 회사 참석 여부
if company2_a <= seminar and seminar <= company2_b:
    print(1)
else:
    print(0)

# 세 번째 회사 참석 여부
if company3_a <= seminar and seminar <= company3_b:
    print(1)
else:
    print(0)
```

## 문제 17-2 4급

시간제한 1초
메모리제한 128MB

제6회 TOSC 3/4/5급 문제 3-2

### 소문제 지문

세종이는 5개의 회사 중 4개 이상의 회사가 참석할 수 있는 날짜에 세미나를 진행하기를 희망한다. 각 회사의 참석 가능한 첫날(a)과 마지막 날(b)을 순서대로 입력받은 뒤 4개 이상의 회사가 참석할 수 있는 날짜들을 모두 찾아 가장 빠른 날짜부터 오름차순으로 출력하는 프로그램을 작성하시오.

### 제한사항

- a와 b는 1 이상 31 이하의 숫자이며 b는 a보다 크거나 같다.
- 4개 이상의 회사가 참석할 수 있는 날짜는 최소 하루 이상 존재한다.

### 문제 풀이 Steps

Step 1 회사 5개의 참석 가능한 첫날(a)과 마지막 날(b)을 순서대로 입력받는다.

Step 2 4개 이상의 회사가 참석할 수 있는 날짜를 오름차순으로 모두 출력한다.

### 입출력 예시

**입력 예시 1**

```
10    ↦ 첫 번째 회사의 a
25    ↦ 첫 번째 회사의 b
9     ↦ 두 번째 회사의 a
31    ↦ 두 번째 회사의 b
3     ↦ 세 번째 회사의 a
11    ↦ 세 번째 회사의 b
1     ↦ 네 번째 회사의 a
24    ↦ 네 번째 회사의 b
25    ↦ 다섯 번째 회사의 a
27    ↦ 다섯 번째 회사의 b
```

**출력 예시 1**

```
10    ↦ 4개 이상의 회사가 참석할 수
11      있는 날짜를 오름차순으로 출력
```

## 문제 해설

**[문제 접근 방법]**

이 문제는 1일부터 31일까지 반복문을 통해 순차적으로 반복하면서 주어진 5개의 회사의 참석 기간을 통해 4개 이상 참석이 가능한 날짜를 찾는 탐색 문제다. 특히 1일부터 31일까지 반복하여 오름차순으로 출력하는 방식으로 접근하면 쉽게 해결할 수 있다.

**[풀이 및 입출력 설명]**

우선 5개의 각 회사의 참석 가능한 첫 날짜와 마지막 날짜를 입력받아, 해당 범위를 리스트로 저장한다. 이후 1일부터 31일까지 날짜를 하나씩 확인하면서, 각 날짜에 대해 회사별 참석 가능 여부를 검사한다. 특정 날짜에 대해 참석 가능한 회사 수가 4 이상이라면 해당 날짜를 결과 목록에 추가한다. 모든 날짜를 검사한 뒤, 결과 목록을 순차적으로 출력하면 된다. 이때 출력 순서는 1부터 31일까지 반복하므로 오름차순으로 출력된다.

[그림 3-17-2] 입력값에 따른 4개의 회사가 세미나에 참여할 수 있는 날짜 계산 과정

다섯 개의 회사의 첫날과 마지막 날이 각각 (10, 25), (9, 31), (3, 11), (1, 24), (25, 27)이다. 회사의 첫날부터 마지막 날까지의 범위를 리스트로 저장한다. 이후 1부터 31까지 반복문을 통해 각 회사가 날짜를 포함하고 있는지 확인하여 해당 날짜에 참석할 수 있는 회사의 개수를 계산한다. 리스트에서 해당 값을 가지고 있는 여부는 in 함수를 사용한다. 4개 이상의 회사가 참석 가능하면 해당 날짜를 출력한다. 위 예시의 경우 10, 11일에 4개의 회사가 참석 가능하므로 10, 11을 출력한다.

## 정리

이 문제는 날짜와 회사 참석 가능 여부를 단순 비교하는 조건 처리와 반복문을 통한 탐색을 활용해 해결할 수 있다. 날짜를 1일부터 31일까지 모두 검사하는 방식이므로, 구현이 간단하고 직관적이다. 리스트와 함수를 통해 참석 여부를 직접 계산하는 방식은 조건에 맞는 날짜를 손쉽게 찾을 수 있다는 장점이 있어 기본적인 리스트에 대한 함수는 익혀두는 것이 좋다.

## 풀이 코드

```
# 회사별 참석 가능한 날짜 범위를 저장할 리스트
company_list = []
```

```python
# 5개의 회사 정보 입력
for i in range(5):
    start_day = int(input())   # 첫 날짜
    end_day = int(input())     # 마지막 날짜
    company_list.append(list(range(start_day, end_day + 1)))

# 4개 이상 회사가 참석 가능한 날짜를 저장할 리스트
date_seminar = []

# 1일부터 31일까지 모든 날짜 확인
for day in range(1, 32):
    count = 0
    # 각 회사별로 해당 날짜 참석 가능 여부 확인
    for company in company_list:
        if day in company:
            count += 1
    # 4개 이상 참석 가능하면 결과에 추가
    if count >= 4:
        date_seminar.append(day)

# 결과 출력
for day in date_seminar:
    print(day)
```

## 문제 17-3 3급

| 시간제한 | 1초 |
| --- | --- |
| 메모리제한 | 128MB |

제6회 TOSC 3/4/5급 문제 3-3

### 소문제 지문

세종이는 세미나를 여러 번 진행해서라도 모든 회사가 참석할 수 있길 원한다. 단, 세미나는 최대 4회까지 진행할 수 있고, 세종이는 최소한의 횟수로 세미나를 진행하길 원한다. 각 회사의 참석 가능한 첫날(a)과 마지막 날(b)을 순서대로 입력받은 뒤 최소한으로 진행할 수 있는 세미나의 횟수를 출력하고 결정되는 세미나 날짜를 오름차순으로 모두 출력하는 프로그램을 작성하시오.

### 제한사항

- a와 b는 1 이상 31 이하의 숫자이며 b는 a보다 크거나 같다.
- 4개 이상의 회사가 참석할 수 있는 날짜는 최소 하루 이상 존재한다.

- 회사 일정은 최대 4회의 세미나 진행으로 모든 회사가 참석할 수 있게끔 주어진다.
- 가능한 날짜 조합이 여러 개일 경우, 가장 이른 1회차 세미나를 최우선으로 진행하고, 이후 2회차, 3회차, 4회차 순서대로 가능한 한 빠르게 진행한다고 가정한다.

**문제 풀이 Steps**

Step 1 회사 5개의 참석 가능한 첫날(a)과 마지막 날(b)을 순서대로 입력받는다.

Step 2 최소한으로 진행할 수 있는 세미나의 횟수를 출력한다.

Step 3 우선순위를 고려한 세미나를 진행할 날짜를 오름차순으로 출력한다.

**입출력 예시**

**입력 예시 1**

```
1     ↦ 첫 번째 회사의 a
4     ↦ 첫 번째 회사의 b
10    ↦ 두 번째 회사의 a
31    ↦ 두 번째 회사의 b
8     ↦ 세 번째 회사의 a
12    ↦ 세 번째 회사의 b
22    ↦ 네 번째 회사의 a
25    ↦ 네 번째 회사의 b
5     ↦ 다섯 번째 회사의 a
20    ↦ 다섯 번째 회사의 b
```

**출력 예시 1**

```
3     ↦ 최소한의 세미나 횟수
1     ↦ 첫 번째 세미나 날짜
8     ↦ 두 번째 세미나 날짜
22    ↦ 세 번째 세미나 날짜
```

## 문제 해설

**[문제 접근 방법]**

이 문제는 5개의 회사가 모두 포함되도록 최소 횟수의 세미나 날짜를 정하는 문제다. 세미나 횟수를 1회부터 4회까지 늘려가면서 가능한 날짜 조합을 전부 검사한다. 각 조합에 대해 모든 회사가 해당 날짜 중 최소 하루에는 참여할 수 있는지 확인하고, 조건을 만족하는 가장 작은 횟수 및 빠른 조합을 선택한다. 이때, 날짜가 작은 것부터 탐색하는 것으로 조건을 만족하면 빠른 날자 우선으로 결과가 결정된다.

**[풀이 및 입출력 설명]**

먼저 각 회사별로 참석 가능한 날짜 범위를 입력받아 리스트 형태로 저장한다. 이후 1회 세미나부터 시작해, 가능한 날짜 조합을 모두 탐색하면서 모든 회사가 참석할 수 있는지 확인한다.

1회 세미나의 경우, 특정 날짜 하나로 모든 회사가 참석 가능한지를 검사한다. 조건을 만족하는 날짜가 없으면 2회 세미나 조합(두 날짜)로 넘어가며, 마찬가지로 모든 회사가 참석할 수 있는지 확인한다. 이 과정을 세미나 4회까지 반복하며, 처음으로 조건을 만족하는 날짜 조합이 나오면 해당 조합을 선택한다.

회사의 참석 가능 여부 검사는 각 날짜 조합에 대해 모든 회사를 순회하면서, 해당 회사가 하나라도 참석 가능한 날짜가 있는지로 판별한다. 최소 횟수 조합이 결정되면 그 횟수와 해당 날짜들을 출력한다.

[그림 3-17-3] 입력값에 따른 최소 횟수의 세미나 일정 계산 과정

다섯 개의 회사의 첫날과 마지막 날이 각각 (1, 4), (10, 31), (8, 12), (22, 25), (5, 20)이다. 회사의 첫날부터 마지막 날까지의 범위를 리스트로 저장한다. 이후 1회 세미나부터 시작해, 가능한 날짜 조합을 모두 오름차순으로 탐색하면서 모든 회사가 참석할 수 있는지 확인한다. 오름차순으로 탐색하므로 가장 먼저 찾은 조합이 곧 최소 횟수이면서 가장 빠른 일정이 된다.

1회 세미나의 경우, 특정 날짜 하나로 모든 회사가 참석 가능한지를 검사한다. 1회에 모든 회사가 참여할 수 있는 날짜가 없으므로 2회 세미나로 넘어간다. 마찬가지로 모든 회사가 참석할 수 있는지 검사한다. 2회에 모든 회사가 참여할 수 있는 날짜가 없으므로 3회 세미나로 넘어간다. 3회 세미나의 경우 3중 for 문으로 검사를 진행하며 가장 바깥 위치의 for 문은 세미나 첫날, 중간 위치의 for 문은 세미나 둘째 날, 안쪽 위치의 for 문은 세미나 셋째 날이다. 세미나가 순서대로 1일, 8일, 22일에 5개의 모든 회사가 세미나에 참여 가능하므로 해당 날짜를 저장한다. 만약 3회 세미나에도 모든 회사가 참여할 수 있는 날짜가 없다면 4회 세미나를 검사한다. 4회 세미나는 4중 for 문으로 구성하여 같은 방법으로 확인한다. 모든 조합에 대해 검사를 마친 후, 저장한 세미나 최소 날짜 수와 세미나 날짜를 3, 1, 8, 22의 순서대로 출력한다.

## 정리

문제는 최소한의 세미나 횟수로 모든 회사를 커버하는 날짜를 찾아야 하는 탐색 문제다. 1회, 2회, 3회, 4회 순으로 가능한 조합을 직접 확인하며, 가장 빠른 시점에 조건을 만족하는 날짜 집합을 선택한다. 단순히 정렬로는 최적해가 보장되지 않기 때문에, 직접 모든 경우의 수를 탐색하는 방식이 필요하다. 조건문과 중첩 반복문을 활용한 경우의 수 계산 연습으로 사고력을 요구하는 문제다.

## 풀이 코드

```
company_list = []

# 각 회사의 참석 가능 날짜 범위를 입력받아 저장
for i in range(5):
    start = int(input())  # 참석 가능 시작일
    end = int(input())    # 참석 가능 종료일
    company_list.append(list(range(start, end + 1)))  # 가능한 날짜 리스트 생성

num_seminar = 0    # 결정된 세미나 횟수
date_seminar = []  # 결정된 세미나 날짜 목록

# 1회 세미나 가능 여부 확인
for i in range(1, 32):
    if num_seminar != 0:
        break
    ok = 1
    for company in company_list:
        if i not in company:  # 해당 날짜에 참석 불가한 회사가 있으면 실패
            ok = 0
    if ok == 1:
        num_seminar = 1
        date_seminar.append(i)

# 2회 세미나 가능 여부 확인
for i in range(1, 32):
    if num_seminar != 0:
        break
    for j in range(i + 1, 32):
        if num_seminar != 0:
            break
        ok = 1
        for company in company_list:
            # 두 날짜 모두 참석 불가능하면 실패
            if (i not in company) and (j not in company):
                ok = 0
        if ok == 1:
            num_seminar = 2
            date_seminar.extend([i, j])

# 3회 세미나 가능 여부 확인
for i in range(1, 32):
    if num_seminar != 0:
        break
```

```
    for j in range(i + 1, 32):
        if num_seminar != 0:
            break
        for k in range(j + 1, 32):
            if num_seminar != 0:
                break
            ok = 1
            for company in company_list:
                # 세 날짜 모두 참석 불가능하면 실패
                if (i not in company) and (j not in company) and (k not
in company):
                    ok = 0
            if ok == 1:
                num_seminar = 3
                date_seminar.extend([i, j, k])

# 4회 세미나 가능 여부 확인
for i in range(1, 32):
    if num_seminar != 0:
        break
    for j in range(i + 1, 32):
        if num_seminar != 0:
            break
        for k in range(j + 1, 32):
            if num_seminar != 0:
                break
            for l in range(k + 1, 32):
                if num_seminar != 0:
                    break
                ok = 1
                for company in company_list:
                    # 네 날짜 모두 참석 불가능하면 실패
                    if (i not in company) and (j not in company) and (k
not in company) and (l not in company):
                        ok = 0
                if ok == 1:
                    num_seminar = 4
                    date_seminar.extend([i, j, k, l])

# 결과 출력
print(num_seminar)
for item in date_seminar:
    print(item)
```

# 문제 18 | 업다운 게임

**전체 지문**

**세종이는 숫자를 맞히는 업다운 게임을 하려고 한다. 정답 숫자를 정하고 정답 숫자보다 높은 숫자를 입력하면 다운(D)을 출력하고, 정답 숫자보다 낮은 숫자를 입력하면 업(U)을 출력한다.**

## 문제 18-1 5급

| 시간제한 | 1초 |
| --- | --- |
| 메모리제한 | 128MB |

제7회 TOSC 3/4/5급 문제 1–1

**소문제 지문**

세종이는 먼저 간단하게 정답 숫자를 입력하고 하나의 숫자를 입력했을 때 정답인지 판별하는 프로그램을 만들려고 한다. 세종이가 정답 숫자와 같은 숫자를 입력하면 'S'를 출력하고, 정답 숫자보다 높은 숫자를 입력하면 'D'를 출력하고, 정답 숫자보다 낮은 숫자를 입력하면 'U'를 출력하는 프로그램을 작성하시오.

**제한사항**

- 정답 숫자는 1 이상 20 이하의 정수이다.
- 세종이가 입력하는 숫자는 1 이상 20 이하의 정수이다.

**문제 풀이 Steps**

- Step 1 정답 숫자를 입력한다.
- Step 2 세종이가 입력한 숫자를 입력한다.
- Step 3 판별 결과를 출력한다.

**입출력 예시**

| 입력 예시 1 | 출력 예시 1 |
| --- | --- |
| 8 ↦ 정답 숫자<br>8 ↦ 세종이가 입력한 숫자 | S ↦ 정답 숫자와 입력한 숫자가 같음 |

| 입력 예시 2 | 출력 예시 2 |
| --- | --- |
| 8 ↦ 정답 숫자<br>10 ↦ 세종이가 입력한 숫자 | D ↦ 정답 숫자보다 높은 숫자를 입력함 |

## 문제 해설

**[문제 접근 방법]**

정답 숫자와 사용자가 입력한 숫자를 비교하여 세 가지 경우(같음, 큼, 작음)에 따라 다른 결과를 출력한다. 비교 연산만으로 판별할 수 있으므로 복잡한 알고리즘이나 자료구조가 필요하지 않다. 입력값의 범위가 작기 때문에 단순 조건문으로 충분히 해결할 수 있다.

**[풀이 및 입출력 설명]**

먼저 정답 숫자를 입력받는다. 다음으로 사용자가 입력한 숫자를 받아 두 수를 비교한다.

- 입력값이 정답과 같으면 'S'를 출력한다.
- 입력값이 정답보다 크면 'D'를 출력한다.
- 입력값이 정답보다 작으면 'U'를 출력한다.

출력은 각 경우에 맞는 문자만 한 줄에 표시하며, 추가 메시지는 출력하지 않는다.
정답 숫자가 8이다. 세종이가 입력한 숫자가 8이라면 두 숫자는 같으므로 'S'를 출력하고, 세종이가 입력한 숫자가 10이라면 세종이가 입력한 숫자가 정답 숫자보다 더 크므로 'D'를 출력한다.

## 정리

이 문제는 간단한 조건 분기를 활용한 입력값 비교 문제이다. 조건문의 구조와 비교 연산의 활용을 연습할 수 있으며, 입력 두 개와 단일 비교문만으로 해결 가능한 직관적인 구조를 가지고 있다.

## 풀이 코드

```python
# 정답 숫자 입력
answer = int(input())

# 세종이가 입력한 숫자 입력
guess = int(input())

# 숫자 비교 후 결과 출력
if guess > answer:
    print("D")  # 정답보다 큰 숫자 입력
elif guess < answer:
    print("U")  # 정답보다 작은 숫자 입력
else:
    print("S")  # 정답과 동일한 숫자 입력
```

| 문제 18-2 | 4급 | 시간제한 | 1초 |
|---|---|---|---|
| | | 메모리제한 | 128MB |

제7회 TOSC 3/4/5급 문제 1-2

### 소문제 지문

세종이는 혼자 업다운 게임을 하려고 한다. 정답 숫자를 입력하고 세종이는 최대 5번까지의 그 정답 숫자를 맞힐 기회가 있다. 입력한 숫자가 정답 숫자보다 높으면 'D'를 출력하고, 정답 숫자보다 낮은 숫자를 입력하면 'U'를 출력한다. 5번의 기회 안에 정답을 맞히게 되면 몇 번째 시도에 맞혔는지 출력하고 프로그램을 종료한다. 예를 들어 3번째에 정답 숫자를 맞히면 '3T'라고 출력한다(T는 trial의 약자이다). 5번의 시도에도 정답 숫자를 맞히지 못하면 'L'을 출력한다.

### 제한사항

- 정답 숫자는 1 이상 20 이하의 정수이다.
- 세종이가 입력하는 숫자는 1 이상 20 이하의 정수이다.

### 문제 풀이 Steps

**Step 1** 정답 숫자를 입력한다.

**Step 2** 세종이가 예측한 숫자를 입력하고 판별 결과를 출력한다.

**Step 3** 세종이가 정답 숫자를 맞힌다면 프로그램을 종료하고, 아니라면 Step 2를 반복한다.

**Step 4** 총 5번의 시도가 되면 종료한다.

### 입출력 예시

**입력 예시 1**

```
10  ↦ 정답 숫자
5   ↦ 예측한 숫자 1번 시도
14  ↦ 예측한 숫자 2번 시도
12  ↦ 예측한 숫자 3번 시도
11  ↦ 예측한 숫자 4번 시도
9   ↦ 예측한 숫자 5번 시도
```

**출력 예시 1**

```
U ↦ 1번 시도 판별 결과
D ↦ 2번 시도 판별 결과
D ↦ 3번 시도 판별 결과
D ↦ 4번 시도 판별 결과
U ↦ 5번 시도 판별 결과
L ↦ 5번의 시도 중 정답 맞히기 실패
```

**입력 예시 2**

```
10 ↦ 정답 숫자
5  ↦ 예측한 숫자 1번 시도
14 ↦ 예측한 숫자 2번 시도
12 ↦ 예측한 숫자 3번 시도
10 ↦ 예측한 숫자 4번 시도
```

**출력 예시 2**

```
U  ↦ 1번 시도 판별 결과
D  ↦ 2번 시도 판별 결과
D  ↦ 3번 시도 판별 결과
4T ↦ 4번째 시도에서 성공
```

## 문제 해설

**[문제 접근 방법]**

정답 숫자와 각 시도에서 입력한 숫자를 비교해 세 가지 경우에 따라 서로 다른 기호를 즉시 출력한다. 정답을 맞히면 시도 횟수를 함께 표기하고 종료하며, 끝까지 못 맞히면 실패 기호를 출력한다. 입력 횟수가 적고 규칙이 단순하므로 조건문과 반복문만으로 충분히 해결된다.

**[풀이 및 입출력 설명]**

먼저 정답 숫자를 입력받는다. 이어서 최대 5번까지 숫자를 입력받아 매 시도마다 판별 결과를 즉시 출력한다. 입력값이 정답보다 크면 'D', 작으면 'U'를 출력한다. 정답과 같으면 현재까지의 시도 횟수에 'T'를 붙여 출력하고 즉시 종료한다. 다섯 번의 시도 안에 정답을 맞히지 못하면 마지막에 'L'을 출력한다.

| 입력 | |
|---|---|
| 정답 숫자 | 10 |

| 예측 횟수 | 예측 숫자 | 결과 계산 | 결과 출력 |
|---|---|---|---|
| 1 | 5 | 5 < 10 | **U** |
| 2 | 14 | 14 > 10 | **D** |
| 3 | 12 | 12 > 10 | **D** |
| 4 | 11 | 11 > 10 | **D** |
| 5 | 9 | 9 < 10 | **U** |
| | | | **L** |

| 정답 숫자 | 10 |
|---|---|

| 예측 횟수 | 예측 숫자 | 결과 계산 | 결과 출력 |
|---|---|---|---|
| 1 | 5 | 5 < 10 | **U** |
| 2 | 14 | 14 > 10 | **D** |
| 3 | 12 | 12 > 10 | **D** |
| **4** | 10 | 10 = 10 | **4T** |

[그림 3-18-1] 입력값에 따른 업다운 게임 결과 출력 과정

정답 숫자가 10이다. 세종이의 첫 예측 숫자가 5이다. 5는 10보다 작으므로 'U'를 출력한다. 다음 예측 숫자는 14이다. 14는 10보다 크므로 'D'를 출력한다. 세 번째와 네 번째 예측 숫자도 12와 11로 모두 정답 숫자보다 크므로 'D'를 출력한다. 마지막 예측 숫자는 9이다. 9는 10보다 작으므로 'U'를 출력한다. 또한 다섯 번의 시도 안에 정답을 맞히지 못했기 때문에 'L'을 출력한다. 만약 정답을 맞혔다면, 예측 횟수와 'T'를 같이 출력한다. 네 번째 시도에 정답 숫자를 맞혔다면 '4T'를 출력한다.

## 정리

이 문제는 단순 조건문을 반복적으로 적용하는 구현 문제로, 비교 결과에 따른 분기 처리를 연습하기 좋다. 특히 제한된 횟수 안에서 입력을 처리하고, 성공과 실패를 구분해 출력하는 흐름 제어 구조를 익히는 것이 핵심이다.

## 풀이 코드

```
# 정답 숫자 입력
```

```python
answer = int(input())

# 최대 시도 횟수 설정
max_attempts = 5
attempts = 0

# 시도 반복
for i in range(max_attempts):
    # 세종이가 예측한 숫자 입력
    guess = int(input())
    attempts = attempts + 1

    # 비교 결과 출력
    if guess > answer:
        print("D")  # 정답보다 큰 수 입력
    elif guess < answer:
        print("U")  # 정답보다 작은 수 입력
    else:
        # 정답을 맞힌 경우, 시도 횟수 + 'T' 출력 후 종료
        print(str(i+1) + "T")
        break

# 다섯 번 모두 못 맞힌 경우 'L' 출력
if attempts == max_attempts:
    print("L")
```

## 문제 18-3 3급

| 시간제한 | 1초 |
|---|---|
| 메모리제한 | 128MB |

제7회 TOSC 3/4/5급 문제 1-3

**소문제 지문**

세종이와 대양이가 함께 업다운 게임을 하려고 한다. 정답 숫자를 입력하고 세종이와 대양이는 각각 최대 5번까지의 기회가 있다. 세종이와 대양이는 번갈아 숫자를 입력한다. 숫자 입력 순서는 항상 세종이부터 입력한다. 입력한 숫자가 정답 숫자보다 높으면 D를 출력하고, 정답 숫자보다 낮은 숫자를 입력하면 U를 출력한다. 5번의 기회 안에 정답을 맞히게 되면 누가 몇 번째에 맞혔는지 출력하고 프로그램을 종료한다. 예를 들어 세종이가 3번째에 정답 숫자를 맞히면 'A Win 3T'라고 출력한다. 세종이와 대양이 모두 5번의 시도에도 정답 숫자를 맞히지 못하면 'L'을 출력한다.

**제한사항**

- 정답 숫자는 1 이상 20 이하의 정수이다.
- 세종이와 대양이가 입력하는 숫자는 1 이상 20 이하의 정수이다.
- 정답 숫자를 맞힌 사람이 세종이라면 'A'를 대양이라면 'B'를 출력한다.

**문제 풀이 Steps**

**Step 1** 정답 숫자를 입력한다.

**Step 2** 세종이가 예측한 숫자를 입력하고 판별 결과를 출력한다.
정답 숫자를 맞혔다면 프로그램을 종료한다.

**Step 3** 대양이가 예측한 숫자를 입력하고 판별 결과를 출력한다.
정답 숫자를 맞혔다면 프로그램을 종료한다.

**Step 4** 정답을 맞히거나 각각 기회를 전부 사용할 때까지 2~3을 반복한다.

**입출력 예시**

| 입력 예시 1 | 출력 예시 1 |
|---|---|
| 10 ↦ 정답 숫자 | U ↦ 세종이 1번 시도 판별 결과 |
| 1 ↦ 세종이가 예측한 숫자 1번 시도 | U ↦ 대양이 1번 시도 판별 결과 |
| 5 ↦ 대양이가 예측한 숫자 1번 시도 | U ↦ 세종이 2번 시도 판별 결과 |
| 6 ↦ 세종이가 예측한 숫자 2번 시도 | U ↦ 대양이 2번 시도 판별 결과 |
| 7 ↦ 대양이가 예측한 숫자 2번 시도 | D ↦ 세종이 3번 시도 판별 결과 |
| 20 ↦ 세종이가 예측한 숫자 3번 시도 | D ↦ 대양이 3번 시도 판별 결과 |
| 18 ↦ 대양이가 예측한 숫자 3번 시도 | D ↦ 세종이 4번 시도 판별 결과 |
| 14 ↦ 세종이가 예측한 숫자 4번 시도 | D ↦ 대양이 4번 시도 판별 결과 |
| 12 ↦ 대양이가 예측한 숫자 4번 시도 | D ↦ 세종이 5번 시도 판별 결과 |
| 11 ↦ 세종이가 예측한 숫자 5번 시도 | U ↦ 대양이 5번 시도 판별 결과 |
| 9 ↦ 대양이가 예측한 숫자 5번 시도 | L ↦ 각각 기회를 전부 사용해 실패 |

| 입력 예시 2 | 출력 예시 2 |
|---|---|
| 10 ↦ 정답 숫자 | U ↦ 세종이 1번 시도 판별 결과 |
| 5 ↦ 세종이가 예측한 숫자 1번 시도 | D ↦ 대양이 1번 시도 판별 결과 |
| 14 ↦ 대양이가 예측한 숫자 1번 시도 | D ↦ 세종이 2번 시도 판별 결과 |
| 12 ↦ 세종이가 예측한 숫자 2번 시도 | B Win 2T ↦ 대양이가 2번째 시도로 정답을 맞혀 승리 |
| 10 ↦ 대양이가 예측한 숫자 2번 시도 | |

## 문제 해설

**[문제 접근 방법]**

이 문제는 두 사람이 번갈아 가며 입력하는 수를 정답과 비교해 매 시도마다 즉시 판별 결과를 출력하는 시뮬레이션 문제다. 한 사람이 정답을 맞히면 해당 사람의 누적 시도 횟수와 함께 승리 문구를 출력하고 종료한다. 각자 최대 5회까지만 입력하므로, 단순 반복과 조건 분기만으로 상태를 관리한다.

**[풀이 및 입출력 설명]**

먼저 정답 숫자를 입력받는다. 이후 시도는 항상 세종(A)이부터 시작하여 A, B가 번갈아 진행한다. 전체 시도 횟수가 10회가 될 때까지 반복하여 예측 숫자를 입력받는다. 매 시도에서 전체 시도 횟수를 1 증가시키고 입력값이 정답보다 크면 'D', 작으면 'U'를 출력한다. 정답인 경우, 정답을 맞힌 사람의 누적 시도 횟수를 n이라고 한다면 'A Win nT' 또는 'B Win nT'를 출력한다. 전체 시도 횟수가 홀수(1, 3, 5, 7, 9)인 경우 세종이의 차례이고 짝수(2, 4, 6, 8, 10)인 경우 대양이의 차례이다. 또한 현재 횟수에 1을 더한 후 2로 나눈 몫으로 해당 사람의 시도 횟수를 알 수 있다. 이후 프로그램을 종료한다. 두 사람 모두 5회를 사용하고도 정답을 맞히지 못하면 마지막에 'L'을 출력한다.

| 입력 | |
|---|---|
| 정답 숫자 | 10 |

| 전체 예측 횟수 | 예측 자 | 예측 횟수 | 예측 숫자 | 결과 계산 | 결과 출력 |
|---|---|---|---|---|---|
| 1 | 세종(A) | 1 | 1 | 1 < 10 | **U** |
| 2 | 대양(B) | 1 | 5 | 5 < 10 | **U** |
| 3 | 세종(A) | 2 | 6 | 6 < 10 | **U** |
| 4 | 대양(B) | 2 | 7 | 7 < 10 | **U** |
| 5 | 세종(A) | 3 | 20 | 20 > 10 | **D** |
| 6 | 대양(B) | 3 | 18 | 18 > 10 | **D** |
| 7 | 세종(A) | 4 | 14 | 14 > 10 | **D** |
| 8 | 대양(B) | 4 | 12 | 12 > 10 | **D** |
| 9 | 세종(A) | 5 | 11 | 11 > 10 | **D** |
| 10 | 대양(B) | 5 | 9 | 9 < 10 | **U** |
| | | | | | **L** |

| 정답 숫자 | 10 |
|---|---|

| 전체 예측 횟수 | 예측 자 | 예측 횟수 | 예측 숫자 | 결과 계산 | 결과 출력 |
|---|---|---|---|---|---|
| 1 | 세종(A) | 1 | 5 | 5 < 10 | **U** |
| 2 | 대양(B) | 1 | 14 | 14 > 10 | **D** |
| 3 | 세종(A) | 2 | 12 | 12 > 10 | **D** |
| 4 | 대양(B) | 2 | 10 | 10 = 10 | **B Win 2T** |

**[그림 3-18-2] 입력값에 따른 업다운 게임 결과 출력 과정**

정답 숫자가 10이다. 세종이와 대양이의 시도는 총 10번이므로 1부터 10까지 for 문을 이용하여 반복한다. 세종이의 첫 번째 시도에서 1을 입력했다. 1은 10보다 작으므로 'U'를 출력한다. 다음 대양이의 첫 번째 시도에서 5를 입력했다. 5는 10보다 작으므로 'U'를 출력한다. 이와 같은 방법으로 정답을 맞히거나 세종이와 대양이가 다섯 번의 기회를 모두 사용한 경우 즉, 10번의 시도가 모두 끝날 때까지 반복하여 예측 숫자를 입력받고 결과를 출력한다.

10번의 시도가 모두 끝날 때까지 정답을 못 맞혔다면 'L'을 출력한다. 만약 정답을 맞혔다면 정답자와 시도 횟수를 같이 출력해야 한다. 정답자는 전체 시도 횟수가 홀수인 경우 세종(A)이고 짝수인 경우 대양(B)이 이다. 또한 시도 횟수는 전체 횟수에 1을 더하고 2로 나눈 몫으로 계산 가능하다. 전체 예측 횟수가 네 번째에 정답을 맞혔다면 짝수이므로 정답자는 대양(B)이며 예측 횟수는 전체 예측 횟수에서 1을 더하여 2로 나눈 값 2회가 된다. 따라서 'B Win 2T'를 출력한다.

## 정리

이 문제는 두 사용자의 번갈아 입력하는 숫자에 대한 정답을 판별하는 시뮬레이션 기반 조건 분기 연습 문제이다. 반복 제어와 차례 유지, 시도 횟수 누적, 승리 및 패배 종료 조건을 명확히 구현하는 연습에 적합하다.

## 풀이 코드

```
# 정답 숫자 입력
answer = int(input())

# 최대 시도 횟수 설정
max_attempts = 5
attempts = 0

# 시도 반복
for i in range(1, max_attempts * 2 + 1):
    # 세종이와 대양이가 예측한 숫자 입력
    guess = int(input())
    attempts = attempts + 1

    # 비교 결과 출력
    if guess > answer:
        print("D")  # 정답보다 큰 수 입력
    elif guess < answer:
        print("U")  # 정답보다 작은 수 입력
    else:
        # 정답을 맞힌 경우: 시도 횟수 + 'T' 출력 후 종료
        if i % 2 == 1: # 먼저 시도한 세종(A)이가 정답인 경우
            print("A Win " + str((i+1) // 2) + "T")
        else: # 대양(B)이가 정답인 경우
            print("B Win " + str((i+1) // 2) + "T")
        break

# 다섯 번 모두 못 맞힌 경우 'L' 출력
if attempts == max_attempts*2:
    print("L")
```

# 문제 19 발표 영상 취합 시간 재기

**전체 지문**

**세종이는 동아리 워크숍 발표 영상을 취합하는 역할을 맡았다. 회차별로 진행되는 워크숍에서 효율적으로 발표 영상을 취합하기 위해 프로그램을 작성하고자 한다.**

## 문제 19-1 5급

| 시간제한 | 1초 |
|---|---|
| 메모리제한 | 128MB |

제7회 TOSC 3/4/5급 문제 2-1

**소문제 지문**

세종이는 제1회 동아리 워크숍 발표 영상을 취합하는 역할을 맡았다. 이번 워크숍에는 총 3개의 조가 발표를 진행할 예정이다. 먼저 워크숍 시간(분)을 입력하고, 3개의 팀의 발표 영상 길이(분)를 순서대로 입력한다. 입력이 완료되면, 발표 영상의 길이가 워크숍 시간을 초과했다면 초과한 순서의 팀이 몇 번째로 입력받은 팀인지 출력하고 발표 영상의 길이가 워크숍 시간 이하이면 0을 출력하는 프로그램을 작성하시오.

**제한사항**

- 워크숍 시간(분)은 1 이상 10,000,000 이하의 정수이다.
- 각 팀의 발표 영상 길이(분)는 1 이상 10,000,000 이하의 정수이다.

**문제 풀이 Steps**

- Step 1 워크숍 시간(분)을 입력받는다.
- Step 2 3개의 팀의 발표 영상 길이(분)를 순서대로 입력받는다.
- Step 3 워크숍 시간을 초과한 순서의 팀이 몇 번째로 입력받은 팀인지 출력한다.

**입출력 예시**

| 입력 예시 1 | 출력 예시 1 |
|---|---|
| 30 ↦ 워크숍 시간<br>10 ↦ 1팀의 발표 영상 길이<br>10 ↦ 2팀의 발표 영상 길이<br>10 ↦ 3팀의 발표 영상 길이 | 0 ↦ 영상 길이가 워크숍 시간 이하 |

| 입력 예시 2 | | 출력 예시 2 | |
|---|---|---|---|
| 31 | ↦ 워크숍 시간 | 2 | ↦ 2팀의 순서에서 워크숍 시간 (31분)이 초과하므로 2를 출력 |
| 20 | ↦ 1팀의 발표 영상 길이 | | |
| 20 | ↦ 2팀의 발표 영상 길이 | | |
| 10 | ↦ 3팀의 발표 영상 길이 | | |

## 문제 해설

**[문제 접근 방법]**

이 문제는 각 팀의 발표 영상 길이를 순서대로 더하면서 누적 시간이 워크숍 전체 시간을 초과하는 순간을 찾는 누적 합 계산 문제다. 초과 시 해당 팀의 번호를 출력하고 종료하며, 모든 팀의 발표를 끝냈는데도 초과하지 않으면 0을 출력한다. 팀 수가 적고 입력 크기가 작아 단순한 누적 합과 조건문만으로 해결할 수 있다.

**[풀이 및 입출력 설명]**

먼저 워크숍 전체 시간을 입력받는다. 이후 3개의 팀이 순서대로 발표 영상을 진행하므로, 각 팀의 발표 영상 길이를 차례대로 입력받는다.

- 첫 번째 팀의 발표 시간을 더한 뒤, 누적 시간이 전체 시간을 초과하면 1을 출력하고 프로그램을 종료한다.
- 첫 번째 팀에서 영상 길이가 초과하지 않는다면, 두 번째 팀의 발표 시간을 더한 뒤, 초과 여부를 확인한다. 초과하면 2를 출력한다.
- 두 번째 팀에서 영상 길이가 초과하지 않는다면, 세 번째 팀의 발표 시간을 더한 뒤, 초과 여부를 확인한다. 초과하면 3을 출력한다.
- 세 팀의 영상 길이 누적 시간이 전체 시간을 넘지 않으면 0을 출력한다.

이와 같이 조건문을 통해 네 개의 조건 분기를 만들어 출력한다.

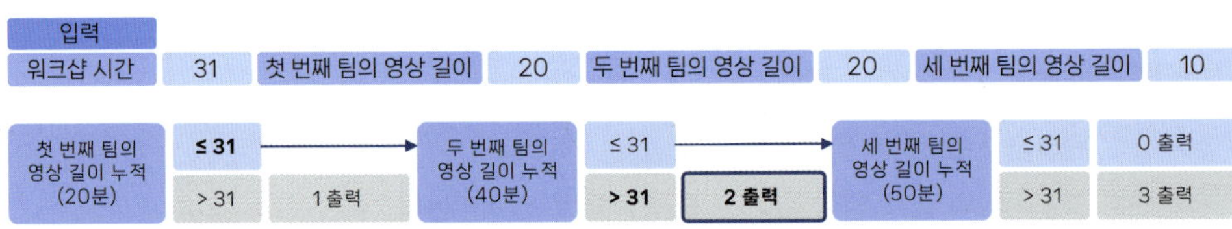


**[그림 3-19-1] 워크숍 시간과 각 팀의 발표 영상 길이에 따른 발표 영상 취합 조건 분기**

워크숍 시간이 31이고 각 팀의 영상 길이가 20, 20, 10이다. 먼저 첫 번째 팀의 영상 길이를 전체 영상 길이에 더한다. 전체 영상 길이는 20이 되고 워크숍 시간보다 작으므로 다음 팀의 영상 길이를 더한다. 두 번째 팀의 영상 길이는 20이고 전체 영상 길이는 40이다. 워크숍 시간보다 커졌으므로 2를 출력한다.

## 정리

이 문제는 일정한 순서대로 데이터를 누적하며 조건을 검사하는 간단한 누적 계산 문제이다. 반복문 없이 순차적인 조건문으로도 해결할 수 있으며, 초과 시점에서 즉시 결과를 출력하는 흐름 제어 방식을 연습할 수 있다.

## 풀이 코드

```python
# 워크숍 시간 입력
workshop_time = int(input())

# 각 팀의 발표 영상 길이 입력
team1_time = int(input())
team2_time = int(input())
team3_time = int(input())

# 각 팀의 누적 영상 길이
total_time = 0

# 팀의 시간을 더하고 워크숍 시간을 넘겼는지 확인
total_time += team1_time          # 1번째 팀의 영상 길이 더하기
if total_time > workshop_time:
    print(1) # 워크숍 시간을 넘겼다면 팀의 번호 출력
else:
    total_time += team2_time      # 2번째 팀의 영상 길이 더하기
    if total_time > workshop_time:
        print(2)
    else:
        total_time += team3_time # 3번째 팀의 영상 길이 더하기
        if total_time > workshop_time:
            print(3)
        else: # 워크숍 시간을 넘기지 않았다면 0 출력
            print(0)
```

## 문제 19-2 4급

| 시간제한 | 1초 |
| --- | --- |
| 메모리제한 | 128MB |

제7회 TOSC 3/4/5급 문제 2-2

### 소문제 지문

세종이는 제2회 동아리 워크숍에서 발표 영상을 취합하는 역할을 맡았다. 이번 워크숍에서 세종

이는 동아리 회원 수가 늘어나 워크숍 시간(분)을 결정하고 해당 시간을 초과할 때까지 선착순으로 발표 영상을 취합하기로 했다. 누적된 발표 영상의 길이가 워크숍 시간을 초과하면 더 이상 입력을 받지 않고 출력한다. 입력이 완료되면 워크숍 시간의 절반을 초과한 순서의 팀까지의 발표 영상을 1부, 그다음 팀부터 마지막 입력받은 팀까지의 발표 영상을 2부로 구분하고, 입력받은 총 팀의 개수와 2부 시작팀이 몇 번째로 입력받은 팀인지 출력하는 프로그램을 작성하시오.

**제한사항**

- 워크숍 시간(분)은 1 이상 10,000,000 이하의 정수이다.
- 각 팀의 발표 영상 길이(분)는 1 이상 10,000,000 이하의 정수이다.

**문제 풀이 Steps**

**Step 1** 워크숍 시간(분)을 입력받는다.

**Step 2** 누적된 발표 영상 길이(분)가 워크숍 시간을 초과할 때까지 반복하여 발표 영상 길이를 입력받는다.

**Step 3** 입력받은 총 팀의 개수와 2부 시작팀이 몇 번째로 입력받은 팀인지 출력한다.

**입출력 예시**

| 입력 예시 1 | 출력 예시 1 |
|---|---|
| 30 ↦ 워크숍 시간<br>10 ↦ 1팀의 발표 영상 길이<br>5 ↦ 2팀의 발표 영상 길이<br>5 ↦ 3팀의 발표 영상 길이<br>5 ↦ 4팀의 발표 영상 길이<br>5 ↦ 5팀의 발표 영상 길이<br>5 ↦ 6팀의 발표 영상 길이<br>↦ 누적 발표 영상의 길이가 워크숍 시간을 초과하므로 더 이상 입력 X | 6 ↦ 총 6팀 입력받음<br>4 ↦ 3팀 순서에서 워크숍 시간의 절반(15분)이 초과하므로 3팀까지가 1부이며, 2부의 시작팀인 4를 출력 |

## 문제 해설

**[문제 접근 방법]**

이 문제는 발표 영상 시간을 입력받아 누적 시간이 전체 워크숍 시간을 초과하는 시점과, 전체 시간의 절반을 처음으로 넘기는 팀까지를 1부로 보고 그다음 팀(2부 시작 팀)을 찾아 출력하는 문제다. 팀 발표 순서가 고정되어 있고 단순 반복과 조건 분기를 통해 두 조건을 동시에 처리할 수 있다.

**[입출력 설명]**

먼저 워크숍의 전체 시간을 입력받고, 절반 시간을 계산한다. 이어서 반복문을 통해 각 팀의 발표 영상 길이를 순서대로 입력받아 누적 시간을 더해 나간다.
발표를 진행하는 도중 누적 시간이 절반 시간을 처음으로 초과하면, 그 시점의 팀 순서를 기록한다. 이후에도 발표를 이어가다가 누적 시간이 전체 시간을 초과하는 순간이 되면, 그 시점의 팀 순서를 기록하고 발표 영상 취합을 종료한다.

마지막으로 전체 팀의 수 즉, 전체 시간을 초과한 팀의 번호와 2부 시작팀의 번호를 차례로 출력한다.

| 입력 | | | |
|---|---|---|---|
| 워크샵 시간 | 30 | 워크샵 절반 시간 | 15 |

| 팀의 번호 | 팀의 영상 길이 | 누적 영상 길이 |
|---|---|---|
| 1 | 10 | 10 |
| 2 | 5 | 15 |
| 3 | 5 | **20 (1부 끝)** |
| 4 | 5 | **25 (2부 시작)** |
| 5 | 5 | 30 |
| 6 | 5 | **35 (2부 끝)** |

| 전체 팀 수 | **6** |
|---|---|
| 2부 시작 팀 | **4** |

[그림 3-19-2] 입력값에 따른 전체 팀 수와 2부 시작 팀 계산 과정

워크숍 시간이 30이다. 반복문을 통하여 각 팀의 발표 영상 길이를 입력받는다. 먼저 2부 시작 팀 조건을 만족하는지 확인하고 팀의 영상 길이를 입력받는다.
첫 팀의 영상 길이는 10이다. 누적 영상 길이는 10으로 두 번째 팀은 2부 시작 팀 조건을 만족하지 않는다. 두 번째 팀의 영상 길이는 5이며 누적 영상 길이는 15가 된다. 세 번째 팀도 마찬가지로 진행하면 누적 영상 길이는 20이 된다. 다음 네 번째 팀은 누적 영상 길이가 워크숍 절반 시간을 넘었고 2부 시작 영상 팀이 정해지지 않았기 때문에 2부 시작 팀의 조건을 만족한다. 2부 시작 영상 팀은 4로 저장한다. 이후 마찬가지로 영상 길이를 입력받고 누적하여 영상 길이를 저장한다. 여섯 번째 팀의 영상 길이를 입력받고 누적 영상 길이가 35가 되어 워크숍 시간보다 길어졌으므로 여섯 번째 팀까지 워크숍 영상에 포함할 수 있다. 반복을 종료하고 전체 팀 수 6과 2부 시작 팀 4를 출력한다.

## 정리

이 문제는 발표 영상 길이를 순서대로 더하면서 특정 시점을 찾는 누적 계산 문제이다. 하나의 반복문에서 다양한 조건을 동시에 처리하는 방법을 익힐 수 있다. 특히, 반복 횟수가 정해져 있지 않으므로 while 문을 통해 반복을 구현하는 것이 편리하다.

## 풀이 코드

```python
# 워크숍 시간 입력
workshop_time = int(input())

# 절반 시간 계산
half_time = workshop_time // 2

# 누적 발표 시간
total_time = 0

# 2부 시작 팀 순서
part2_start_team = 0

# 현재 팀 순서
team_number = 1

# 반복 입력 처리
while True:
    # 절반 시간 초과 시점 기록
    if total_time > half_time and part2_start_team == 0:
        part2_start_team = team_number

    # 발표 영상 길이 입력
    video_time = int(input())

    # 누적 시간 갱신
    total_time += video_time

    # 전체 시간 초과 시 종료
    if total_time > workshop_time:
        break

    # 다음 팀으로 이동
    team_number += 1

# 결과 출력
print(team_number)
print(part2_start_team)
```

## 문제 19-3 3급

시간제한 1초
메모리제한 128MB

제7회 TOSC 3/4/5급 문제 2-3

### 소문제 지문

세종이는 제3회 동아리 워크숍에서 발표 영상을 취합하는 역할을 맡았다. 이번 워크숍에서는 워크숍 시간(분)을 결정해 두고 해당 시간을 초과할 때까지 선착순으로 발표 영상을 취합하는데, 발표 내용을 다양화하여 주제 A, B, C 순서로 돌아가면서 발표 영상을 취합하기로 했다. 누적된 발표 영상의 길이가 워크숍 시간을 초과하면 더 이상 입력이 되지 않고 출력한다. 입력이 완료되면 워크숍 시간의 절반을 초과한 순서의 팀까지의 발표 영상을 1부, 그 다음팀부터 마지막 입력받은 팀까지의 발표 영상을 2부로 구분하고, 입력받은 총 팀의 개수와 2부 시작 팀이 어떤 발표 주제이고, 해당 발표 주제에서 몇 번째로 입력받은 팀인지 출력하는 프로그램을 작성하시오.

### 제한사항

- 워크숍 시간(분)은 1 이상 10,000,000 이하의 정수이다.
- 각 팀의 발표 영상 길이(분)는 1 이상 10,000,000 이하의 정수이다.

### 문제 풀이 Steps

**Step 1** 워크숍 시간(분)을 입력받는다.

**Step 2** 누적된 발표 영상 길이(분)가 워크숍 시간을 초과할 때까지 반복하여 발표 영상 길이를 입력받는다.

**Step 3** 입력받은 총 팀의 개수와 2부 시작팀이 어떤 주제이고 해당 발표 주제에서 몇 번째로 입력받은 팀인지 출력한다.

### 입출력 예시

**입력 예시 1**

```
30    ↦ 워크숍 시간
10    ↦ 주제A-1팀의 발표 영상 길이
5     ↦ 주제B-1팀의 발표 영상 길이
5     ↦ 주제C-1팀의 발표 영상 길이
5     ↦ 주제A-2팀의 발표 영상 길이
5     ↦ 주제B-2팀의 발표 영상 길이
5     ↦ 주제C-2팀의 발표 영상 길이
      ↦ 누적 발표 영상의 길이가 워크숍
        시간을 초과하므로 더 이상 입력 X
```

**출력 예시 1**

```
6     ↦ 총 6팀을 입력받음
A     ↦ 2부의 시작팀인 A-2팀의 주제
2     ↦ A-2팀은 주제 A의 2번째
        팀이므로 2를 출력
```

## ● 문제 해설

**[문제 접근 방법]**

이 문제는 발표 영상을 순서대로 더해 누적 시간이 전체 시간과 절반 시간을 각각 처음으로 넘는 시점을 찾는 누적 계산 문제다. 절반을 넘긴 첫 팀의 주제는 A, B, C가 순환한다는 3개 주제 주기를 이용해 팀 순서를 3으로 나눈 나머지로 결정하고, 해당 팀이 몇 번째 주기 그룹에 속하는지는 3으로 나눈 몫으로 구한다. 입력이 순차적이므로 한 번의 순회와 간단한 조건 분기만으로 처리할 수 있다.

**[풀이 및 입출력 설명]**

먼저 워크숍의 전체 시간을 입력받아 절반 시간을 계산한다. 이어서 반복문을 통해 각 팀의 발표 길이를 순서대로 입력받으며 누적 시간을 갱신한다. 누적 시간이 절반 시간을 처음으로 초과하는 순간의 팀 순서를 기록해 둔다. 이때, 해당 팀까지를 1부로 보고 그다음 팀을 2부의 시작 팀으로 한다. 이후에도 입력을 계속하다가 누적 시간이 전체 시간을 초과하면 반복을 종료한다. 전체 팀 개수를 출력하고 다음 줄에는 2부의 시작 팀 주제를 출력한다. 주제는 팀 순서를 3으로 나눈 나머지에 따라 A(나머지 1), B(나머지 2), C(나머지 0)로 정한다. 마지막 줄에는 2부 시작 팀이 몇 번째 주기 그룹에 속하는지 출력한다. 이는 팀 순서에 1을 빼고 3으로 나눈 몫에 1을 더한 값으로 나타낸다.

| 입력 | | | |
|---|---|---|---|
| 워크샵 시간 | 30 | 워크샵 절반 시간 | 15 |

| 팀의 번호 | 팀의 주제 | 주제별 팀 번호 | 팀의 영상 길이 | 누적 영상 길이 |
|---|---|---|---|---|
| 1 | A | 1 | 10 | 10 |
| 2 | B | 1 | 5 | 15 |
| 3 | C | 1 | 5 | **20 (1부 끝)** |
| 4 | A | 2 | 5 | **25 (2부 시작)** |
| 5 | B | 2 | 5 | 30 |
| 6 | C | 2 | 5 | **35 (2부 끝)** |

| 전체 팀 수 | **6** |
|---|---|
| 2부 시작 팀 주제 | **A** |
| 2부 시작 팀 주제별 팀 번호 | **2** |

**[그림 3-19-3] 입력값에 따른 전체 팀 수와 2부 시작 팀 주제 및 주제별 팀 번호 계산 과정**

워크숍 시간이 30이며, 반복문을 통하여 각 팀의 발표 영상 길이를 입력받은 다음 2부 시작 팀 조건을 만족하는지 확인하고 팀의 영상 길이를 입력받는다. 첫 팀의 영상 길이는 10으로 누적 영상 길이는 10이 된다. 두 번째 팀은 2부 시작 팀 조건을 만족하지 않는다. 두 번째 팀의 영상 길이는 5이며 누적 영상 길이는 15가 된다. 세 번째 팀도 마찬가지로 진행하면 누적 영상 길이는 20이 된다. 다음 네 번째 팀은 누적 영상 길이가 워크숍 절반 시간을 넘었고 2부 시작 영상 팀이 정해지지 않았기 때문에 2부 시작 팀의 조건을 만족한다. 2부 시작 영상 팀은 4로 저장한다. 이후 마찬가지로 영상 길이를 입력받고 누적하여 영상 길이를 저장한다. 여섯 번째 팀의 영상 길이를 입력받고 누적 영상 길이가 35가 되어 워크숍 시간보다 길어졌으므로 여섯 번째 팀까지 워크숍 영상에 포함할 수 있다. 반복을 종료하고 전체 팀 수 6을 출력한다.

다음 줄에 2부의 시작 팀 주제를 출력한다. 1번 팀부터 시작하여 A, B, C와 같이 3개의 주기로 순환하므로 팀 번호의 3으로 나눈 나머지를 통해 팀의 주제를 계산한다. 4를 3으로 나눈 나머지는 1이므로 'A'를 출력한다. 그리고 그다음 줄에 주제별 팀 번호를 출력한다. 주제별 팀 번호는 팀 번호가 1부터 시작하고 3개의 주기로 순환하는 것을 이용하여 팀 번호에서 1을 빼고 3으로 나눈 몫에 1을 더하는 것으로 계산한다. (4−1) // 3+1은 2이므로 2를 출력한다.

## 정리

이 문제는 발표 영상 길이를 순서대로 더하면서 특정 시점을 찾는 누적 계산 문제이다. 하나의 반복문에서 다양한 조건을 동시에 처리하는 방법과 조건에 따라 주기적 분류를 연습할 수 있는 문제다. 특히, 반복 횟수가 정해져 있지 않으므로 while 문을 통해 반복을 구현하는 것이 편리하다.

## 풀이 코드

```
# 워크숍 시간 입력
workshop_time = int(input())

# 절반 시간 계산
half_time = workshop_time // 2

# 누적 발표 시간
total_time = 0

# 2부 시작 팀 순서
part2_start_team = 0

# 현재 팀 순서
team_number = 1

# 반복 입력 처리
while True:
    # 절반 시간 초과 시점
    if total_time > half_time and part2_start_team == 0:
        part2_start_team = team_number

    # 발표 영상 길이 입력
    video_time = int(input())

    # 누적 시간 갱신
    total_time = total_time + video_time
```

```
    # 전체 시간 초과 시 반복 종료
    if total_time > workshop_time:
        break

    # 다음 팀으로 이동
    team_number = team_number + 1

# 결과 출력
# 전체 시간을 전체 팀 개수
print(team_number)

# 2부를 시작하는 팀의 주제 출력 (A, B, C 순환)
if part2_start_team % 3 == 1:
    print("A")
elif part2_start_team % 3 == 2:
    print("B")
else:
    print("C")

# 그 팀이 속한 주기 그룹 번호 출력 (A,B,C가 한 묶음, 1부터 시작)
print((part2_start_team - 1) // 3 + 1)
```

# 문제 20 | 달리기 경기

**전체 지문**

어린이 대공원에서는 매년 외국인 대학생들을 위한 달리기 경기가 개최된다. 달리기 경기를 해설하는 해설진들이 어떤 선수의 이름을 부를 때는 그 선수가 자신의 바로 앞에서 달리고 있던 선수를 추월한 경우이다. 예를 들어 1등부터 3등까지 'Alice', 'Bob', 'John'이 순서대로 달리고 있을 때, 해설진이 'Bob' 선수를 불렀다면, 2등인 'Bob' 선수가 1등인 'Alice' 선수를 추월했다는 뜻이다. 즉, 'Bob' 선수가 1등, 'Alice' 선수가 2등으로 순서가 바뀐다.

## 문제 20-1 5급

| 시간제한 | 1초 |
| --- | --- |
| 메모리제한 | 128MB |

제7회 TOSC 3/4/5급 문제 3-1

**소문제 지문**

이번 달리기 경기의 참가자는 총 6명이고, 1등부터 순서대로 이름이 'William', 'Peter', 'Alice', 'John', 'James', 'Bob'이다. 경기가 끝나기까지 해설진이 단 한 번 한 선수의 이름이 아닌 등수를 불렀다고 가정할 때, 해당 등수의 선수가 추월한 선수가 누구인지 출력하는 프로그램을 작성하시오.

**제한사항**

- 해설진이 부른 선수의 등수는 2 이상 6 이하의 정수이다.
- 선수의 이름을 출력 시 대/소문자에 유의한다.

**문제 풀이 Steps**

Step 1 해설진이 부른 선수의 등수를 입력받는다.

Step 2 해설진이 부른 선수가 추월한 선수의 이름을 출력한다.

**입출력 예시**

| 입력 예시 1 | 출력 예시 1 |
| --- | --- |
| 4 ↦ 해설진이 부른 선수의 등수 | Alice ↦ 3등이였던 선수가 추월당함 |

## 문제 해설

**[문제 접근 방법]**

이 문제는 경기 중 한 선수가 앞선 선수를 추월했을 때, 추월당한 선수의 이름을 출력하는 문제다. 추월한 선수의 현재 등수를 기준으로 단순한 조건 분기를 통해 추월당한 선수를 알아내는 방식으로 구현한다.

**[입출력 설명]**

달리기 경기에 총 6명의 선수가 1등부터 6등까지 순서대로 달리고 있다고 가정한다. 선수들의 순위는 다음과 같다.

- 1등 : William
- 2등 : Peter
- 3등 : Alice
- 4등 : John
- 5등 : James
- 6등 : Bob

해설진은 경기 도중 추월이 발생했다고 판단하고, 추월한 선수의 현재 등수(2~6)를 입력받는다. 예를 들어, 2등 선수가 1등을 추월했다면 추월당한 선수는 1등이므로 William이다.
입력된 등수에 따라 추월당한 선수 이름을 출력한다. 각 등수에 대해 미리 지정된 선수 이름을 조건문으로 분기 처리하여 출력한다.

## 정리

이 문제는 if-else 조건문을 통해 추월당한 선수를 판단하는 문제로, 입력값에 따라 단순히 매칭된 결과만 출력하면 되므로 초급 학습자에게 적합하다.

## 풀이 코드

```
# 해설진이 부른 선수 등 수 입력
number = int(input())

# 해설진이 부른 번호에 따라 추월당한 선수 이름 출력
if number == 2:     # 2등 선수가 1등 선수를 추월
    print("William")
elif number == 3:  # 3등 선수가 2등 선수를 추월
    print("Peter")
elif number == 4:  # 4등 선수가 3등 선수를 추월
    print("Alice")
```

```
elif number == 5:  # 5등 선수가 4등 선수를 추월
    print("John")
else:              # 6등 선수가 5등 선수를 추월
    print("James")
```

## 문제 20-2 4급

시간제한 1초
메모리제한 128MB

제7회 TOSC 3/4/5급 문제 3-2

### 소문제 지문

이번 달리기 경기의 참가자는 총 12명이고, 1등부터 순서대로 이름이 'William', 'Peter', 'Alice', 'John', 'James', 'Bob', 'Michael', 'Thomas', 'Charlie', 'David', 'Daniel', 'Andrew'이다. 경기가 끝나기까지 해설진이 부른 선수들의 수와 각 선수의 이름을 차례대로 입력받을 때, 경기가 끝난 뒤 1등부터 12등까지의 선수들의 이름을 순서대로 출력하는 프로그램을 작성하시오.

### 제한사항

- 해설진이 부른 선수들의 수는 1 이상 100,000 이하의 정수이다.
- 해설진이 부른 선수의 이름은 중복해서 불릴 수 있으며 1등 선수는 불리지 않는다.

### 문제 풀이 Steps

**Step 1** 경기가 끝날 때까지 해설진이 부른 선수들의 수를 입력받는다.

**Step 2** 해설진이 부른 선수들의 이름을 부른 순서대로 입력받는다.

**Step 3** 해설진이 부른 선수들의 이름을 참고하여 선수들의 순서를 바꾼다.

**Step 4** 경기가 끝났을 때, 최종 1등부터 12등까지의 선수들의 이름을 순서대로 출력한다.

### 입출력 예시

**입력 예시 1**

```
5        ↦ 해설진이 부른 선수들의 수
Daniel
Andrew
Thomas
Bob
Bob
```

**출력 예시 1**

```
William  ↦ 최종 1등
Peter
Alice
Bob
John
James
Thomas
Michael
Charlie
```

```
Daniel
Andrew
David    ↦ 최종 12등
```

## 문제 해설

**[문제 접근 방법]**

이 문제는 이름 목록으로 이루어진 순위표를 실시간으로 수정해 나가는 시뮬레이션 문제다. 해설진이 특정 선수의 이름을 부를 때마다 해당 선수는 바로 앞 선수와 자리를 바꾼다. 이러한 방식의 순위 변화는 단순하지만, 빈번하게 일어나는 경우 전체 순위표의 변화를 정확히 추적하기 위해 리스트의 인덱스를 적절히 조작해야 한다. 고정된 이름 배열을 매 호출마다 수정하는 방식으로 접근해야 한다.

**[풀이 및 입출력 설명]**

해설진이 언급한 선수의 수와 해설진이 언급한 선수 이름들이 차례로 입력된다. 각 이름이 불릴 때마다, 해당 선수는 그보다 앞에 있는 선수를 추월하게 된다. 이때, 이름이 리스트의 맨 앞(1등)이면 더 이상 이동하지 않고 그대로 유지된다.
순위를 바꾸는 과정은 리스트에서 현재 이름의 위치를 찾아서, 그 앞에 있는 선수와 자리를 맞바꾸는 방식으로 구현된다. 이러한 처리를 호출 수만큼 반복하면, 최종 순위가 계산된다. 모든 처리가 끝난 후에는 리스트에 저장된 순서대로 1등부터 12등까지 출력한다.

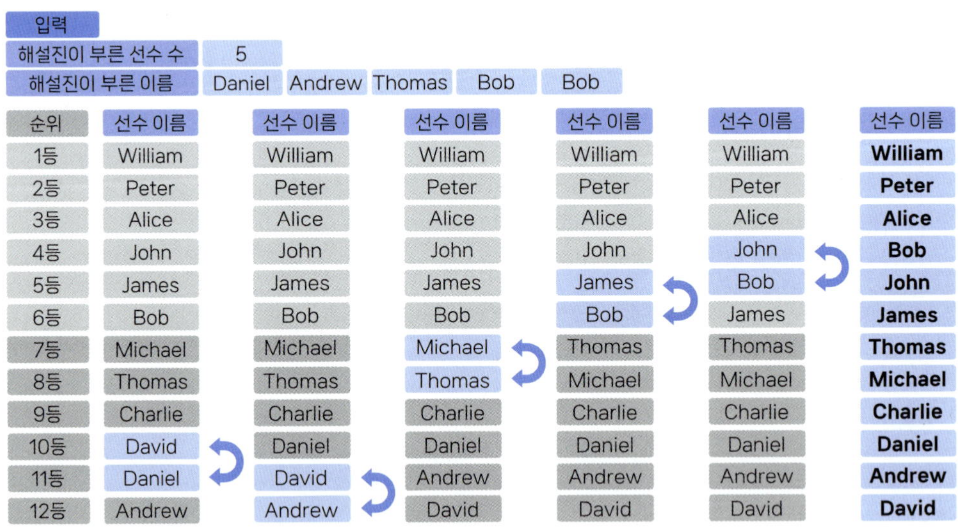


[그림 3-20-1] 입력값에 따른 달리기 경기 순위 계산 과정

먼저 12명의 선수를 등수대로 리스트에 넣는다. 해설진이 부른 선수의 수는 5이고 해설진이 부른 이름이 순서대로 "Daniel", "Andrew", "Thomas", "Bob", "Bob"이다. 해설진이 부른 이름 순서대로 리스트에 저장한다. 반복문을 통해 순위를 갱신한다. 해설진이 부른 선수의 인덱스는

리스트의 index 함수를 통해 계산하며 해당 인덱스의 선수와 앞 위치의 선수를 교환한다. 맨 처음 'Daniel' 선수의 이름이 불렸고 'Daniel' 선수의 인덱스는 10이므로 9번째 인덱스의 'David' 선수와 교환한다. 이와 같은 방법으로 해설진이 부른 모든 선수에 대해 반복한다. 마지막으로 최종 갱신된 순위에 따라 이름을 출력한다. 위 예시의 경우 'William', 'Peter', 'Alice', 'Bob', 'John', 'James', 'Thomas', 'Michael', 'Charlie', 'Daniel', 'Andrew', 'David'를 순서대로 출력한다.

## 정리

이 문제는 반복적으로 위치 교환을 통한 리스트를 업데이트하는 시뮬레이션 문제다. 반복문 기반으로 순차적인 조건 처리 능력과 리스트에서 요소의 위치 찾기와 요소 간 교환을 연습할 수 있는 문제다. 리스트 기반 문제를 풀 때 자주 활용되는 함수나 기본 조작들은 미리 익혀두면, 다른 문제에서도 유사한 방식으로 응용할 수 있으니 확실히 다져두는 것이 좋다.

## 풀이 코드

```
# 초기 선수 명단
players = [
    "William", "Peter", "Alice", "John", "James", "Bob",
    "Michael", "Thomas", "Charlie", "David", "Daniel", "Andrew"
]

# 호출된 선수 수 입력
N = int(input())

# 호출된 선수 이름들 입력, 저장
callings = []
for _ in range(N):
    name = input()
    callings.append(name)

# 호출된 선수와 추월당한 선수 교환
for name in callings:
    idx = players.index(name)
    if idx > 0:  # 1등이 아닌 경우에만 추월 가능
        # 앞 선수와 위치 바꾸기
        players[idx - 1], players[idx] = players[idx], players[idx - 1]

# 최종 순위 출력
for player in players:
    print(player)
```

## 문제 20-3 3급

시간제한 1초
메모리제한 128MB

제7회 TOSC 3/4/5급 문제 3-3

### 소문제 지문

이번 달리기 경기의 참가자 수는 임의의 수 N명이다. 이번에도 해설진이 어떤 한 선수의 이름을 부르면, 그 선수가 바로 앞 선수를 추월했다는 의미이다. 또한, 해설진이 선수 이름 대신 'Wonderful'이라고 외치면 그건 조금 전 외쳤던 선수, 즉 방금 막 한 명의 선수를 추월한 선수가 한 명을 추가로 더 추월했다는 의미이다. 단, 한 선수가 세 명 이상을 한 번에 추월할 일은 없다고 가정한다. 즉, 'Wonderful'을 연속으로 두 번 외치는 일은 없다. 참가자들의 수와 각 참가자들의 이름을 1등부터 N 등까지 순서대로 입력받고 해설진이 외친 선수들과 'Wonderful'을 입력받으면, 경기가 끝났을 때 1등부터 N 등까지 순서대로 선수 이름을 출력하는 프로그램을 작성하시오.

### 제한사항

- 선수들의 수는 1 이상 100,000 이하의 정수이다.
- 전체 선수들의 이름을 입력받을 때, 'Wonderful'을 제외하고 서로 중복되지 않게 입력된다.
- 해설진이 부른 선수들의 수는 1 이상 100,000 이하의 정수이다.
- 해설진이 부른 선수의 이름은 중복해서 불릴 수 있으며 1등 선수는 불리지 않는다.
- 해설진이 부른 선수의 이름을 입력받을 때, 처음으로 'Wonderful'을 입력받는 경우는 없다.

### 문제 풀이 Steps

- Step 1 참가자들의 수 N을 입력받는다.
- Step 2 참가자들의 이름을 1등부터 N 등까지 입력받는다.
- Step 3 해설진이 외친 선수들의 수를 입력받는다('Wonderful' 포함).
- Step 4 해설진이 외친 선수들의 이름을 외친 순서대로 입력받는다('Wonderful' 포함).
- Step 5 경기가 끝났을 때, 선수들의 이름을 1등부터 N 등까지 순서대로 출력한다.

### 입출력 예시

**입력 예시 1**

```
5          ↦ N
James       ↦ N명의 선수들 순위 순서
William       대로 입력
David
Charlie
Michael
4          ↦ 해설진이 외친 선수들 수
David
Charlie
Wonderful
Michael
```

**출력 예시 1**

```
James        ↦ 최종 1등
Charlie
David
Michael
William      ↦ 최종 5등
```

**입력 예시 2**

```
6
James
William
David
Charlie
Michael
Andrew
5
David
Charlie
Wonderful
Andrew
Wonderful
```

**출력 예시 2**

```
James
Charlie
David
Andrew
William
Michael
```

## 문제 해설

**[문제 접근 방법]**

이 문제는 반복적으로 선수의 순서를 갱신하는 시뮬레이션 문제다. 해설진이 부른 이름에 따라 리스트에서 위치를 바꾸는 과정이 핵심이며, 특별 조건인 'Wonderful' 호출 처리 방식도 고려해야 한다. 리스트의 인덱스를 기반으로 요소의 위치를 교환하거나 특정 조건에 따라 이전 선수 이름을 참조해야 하므로, 리스트 조작 능력이 중요하다.

**[풀이 및 입출력 설명]**

먼저 선수 수와 선수들의 순위 순서를 입력받는다. 그리고 해설진이 외친 선수 수와 해설진이 부른 선수 이름들을 입력받고 리스트에 저장한다. 해설진이 특정 선수의 이름을 부르면 그 선수는 바로 앞 순서의 선수를 추월하게 되며, 두 선수의 위치를 서로 바꾼다. 만약 해설진이 'Wonderful'이라고 외치면 그 이전에 부른 선수가 한 번 더 추월한 것으로 간주한다. 이 경우에도 동일하게 리스트에서 두 선수의 위치를 바꾼다.

모든 호출이 끝난 뒤, 현재 리스트에 저장된 순서대로 선수 이름을 출력하면 된다.

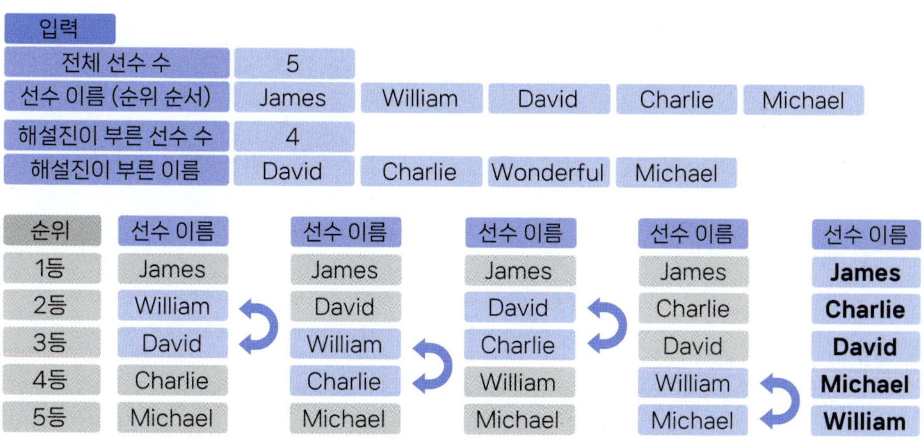


[그림 3-20-2] 입력값에 따른 달리기 경기 순위 계산 과정

전체 선수 수는 5이고 순위 순서대로 'James', 'William', 'David', 'Charlie', 'Michael'이다. 해설진이 부른 선수 수는 4이고 해설진이 부른 이름은 순서대로 'David', 'Charlie', 'Wonderful', 'Michael'이다.

먼저 선수의 이름을 순위대로 리스트에 저장하고 해설진이 부른 이름도 따로 리스트로 저장한다. 해설진이 부른 선수의 인덱스는 리스트의 index 함수를 통해 계산하며 해당 인덱스의 선수와 앞 위치의 선수를 교환한다. 맨 처음 'David' 선수의 이름이 불렸고 'David' 선수의 인덱스는 2이므로 1번째 인덱스의 'William' 선수와 교환한다. 다음 4등인 'Charlie' 선수의 이름이 불렸고 3등 선수인 'William'과 교환한다. 다음 'Wonderful'이 불렸으므로 바로 전 이름이 불렸던 'Charlie' 선수가 한 번 더 앞 사람을 추월한다. 이와 같은 방법으로 해설진이 부른 모든 선수들을 대상으로 순위를 변경한 결과가 최종 등수가 된다. 위 예시의 경우 'James', 'Charlie', 'David', 'Michael', 'William'을 순서대로 출력한다.

## 정리

이 문제는 반복적으로 특정 조건에 따라 리스트 내 요소의 위치를 바꾸는 시뮬레이션 문제다. 반복문을 통해 순차적으로 입력을 처리하면서 조건문으로 분기를 나누고, 리스트의 인덱스를 활용하여 요소를 검색하고 교환하는 연습을 할 수 있다. 특히 'Wonderful' 호출처럼 앞선 입력을 참조하는 케이스에서 조건 분기와 인덱스 접근의 중요성을 체감할 수 있으며, 실수 없이 처리하는 능력을 키우기에 적절한 문제다.

## 풀이 코드

```
# 선수들의 순위를 정하는 함수
def solution(players, callings):
    for i, calling in enumerate(callings):
        # 특별 호출인 "Wonderful"이 등장한 경우
        if calling == "Wonderful":
            prev_calling = callings[i - 1] # 전에 불렸던 선수가 한번 더 추월
            index = players.index(prev_calling)
            # 위치 바꾸기
            players[index], players[index - 1] = players[index - 1], players
[index]
        else:
            # 일반 이름이 호출된 경우
            index = players.index(calling)
            # 위치 바꾸기
            players[index], players[index - 1] = players[index - 1], players
[index]
    return players
```

```python
# 참가자 수 입력
players = []
M = int(input())

# 참가자 이름 입력
for i in range(M):
    player = input()
    players.append(player)

# 호출 횟수 입력
callings = []
N = int(input())

# 호출된 이름 입력
for i in range(N):
    name = input()
    callings.append(name)

# 결과 계산 함수 호출
result_test = solution(players, callings)

# 결과 출력
for result in result_test:
    print(result)
```

**잠깐만요**

enumerate 함수는 파이썬에서 리스트, 문자열과 같은 반복 가능한 객체를 순회할 때, 각 요소의 인덱스(순서)와 값을 동시에 꺼낼 수 있도록 도와주는 내장 함수입니다.

enumerate 함수를 활용하면 for i, value in enumerate(리스트):와 같이 한 줄로 인덱스와 값을 동시에 처리할 수 있어 코드의 가독성이 훨씬 좋아지고 실수를 줄일 수 있습니다. 기본적으로 인덱스는 0부터 시작하지만, enumerate(리스트, start=1)처럼 start 매개변수를 설정하면 원하는 숫자부터 시작할 수도 있습니다. 특히 반복문 안에서 "몇 번째인지"를 확인하며 동작해야 하는 경우나, 리스트에서 특정 위치를 기준으로 비교나 조작을 해야 할 때 매우 유용하게 사용됩니다.

요약하자면, enumerate 함수는 파이썬 초급자부터 고급자까지 널리 사용하는 함수로, 반복문 내에서 인덱스와 값을 함께 사용할 수 있도록 도와주는 필수적인 도구입니다. 반복문을 더 효율적이고 깔끔하게 작성하고 싶으시다면 반드시 익혀두시는 것을 권장해 드립니다.

# 문제 21 전자레인지 데우는 시간 계산하기

**전체 지문**

세종이는 전자레인지에서 음식을 데우려고 한다. 음식을 데우는 데 걸리는 시간은 음식의 종류와 양에 따라 달라지며, 해당 시간은 아래와 같다.

| 구분 | 즉석밥 | 김밥 | 핫바 |
|---|---|---|---|
| 음식 번호 | 1 | 2 | 3 |
| 데우는 데 걸리는 시간 (1인분 기준) | 120초 | 40초 | 30초 |

| 구분 | 1인분 | 2인분 | 3인분 | 4인분 | 5인분 |
|---|---|---|---|---|---|
| 1인분을 데우는 데 걸리는 시간 대비 비율 | 100% | 160% | 230% | 320% | 410% |

[그림 3-21-1] 전자레인지에서 음식을 데우는 데 걸리는 시간

예를 들어, 즉석밥 3인분을 데우는 데는 120초 × 230% = 276초가 걸린다. 전자레인지는 한 번에 5인분 초과의 음식을 데울 수는 없다고 가정한다.

## 문제 21-1 5급

시간제한 1초
메모리제한 128MB

제8회 TOSC 3/4/5급 문제 2-1

**소문제 지문**

전자레인지로 데울 음식의 종류와 음식의 양을 입력받아 해당 음식을 데우는 데 걸리는 시간을 출력하는 프로그램을 작성하시오.

**제한사항**

- 음식 종류는 1 이상 3 이하의 정수이다.
- 음식의 양은 1 이상 5 이하의 정수이다.

**문제 풀이 Steps**

Step 1 데울 음식의 번호와 몇인분인지를 입력받는다.

**Step 2** 음식 1인분을 데우는 데 걸리는 시간과 양을 고려하여 주어진 음식을 데우는 데 걸리는 시간을 계산한다(예를 들어, 김밥을 2인분 데울 경우 40초×160% = 64초가 걸린다).

**Step 3** 주어진 음식을 데우는 데 걸리는 시간의 계산 결과를 출력한다.

**입출력 예시**

**입력 예시 1**

```
2          ↦ 음식 번호
2          ↦ 음식의 양
```

**출력 예시 1**

```
64         ↦ 데우는 데 걸리는 시간
```

**입력 예시 2**

```
3          ↦ 음식 번호
1          ↦ 음식의 양
```

**출력 예시 2**

```
30         ↦ 데우는 데 걸리는 시간
```

## 문제 해설

**[문제 접근 방법]**

이 문제는 주어진 음식 번호에 따라 기본 데우는 시간을 결정하고, 양에 따라 비율을 곱하여 최종 데우는 시간을 계산하는 조건 기반 문제이다. 조건문을 활용하여 분기를 통해 해결할 수 있다.

**[풀이 및 입출력 설명]**

먼저 음식 번호와 음식의 양을 입력받는다. 표를 통하여 음식 번호에 대한 1인분을 데우는 데 걸리는 시간과 음식의 양에 따라 1인분 대비 음식을 데우는 데 걸리는 시간을 계산한다. 이 두 값을 곱한 후, 소수점 이하를 버리기 위해 정수형으로 변환하여 출력한다.

| 구분 | 즉석밥 | 김밥 | 핫바 |
|---|---|---|---|
| 음식 번호 | 1 | 2 | 3 |
| 데우는 데 걸리는 시간 (1인분 기준) | 120초 | **40초** | 30초 |

| 구분 | 1인분 | 2인분 | 3인분 | 4인분 | 5인분 |
|---|---|---|---|---|---|
| 1인분을 데우는 데 걸리는 시간 대비 비율 | 100% | **160%** | 230% | 320% | 410% |

[그림 3-21-2] 입력값에 따른 조건 분기 예시

음식 번호가 2, 음식의 양이 2인분이다. 음식 번호 2는 김밥이며 1인분 기준 40초가 걸린다. 2인분을 돌리기 위해서 1인분 대비 160%가 걸린다. 따라서 김밥 2인분을 데우는 데 걸리는 시간은 40초 × 1.6 = 64초가 걸려 64를 출력한다.

## 정리

이 문제는 조건에 따라 값을 선택하고 곱셈으로 계산하는 단순 구현 문제이다. 배열이나 반복문 없이 모든 조건을 if-elif 문으로 분기 처리하는 구조를 학습할 수 있다.

## 풀이 코드

```
# 음식 번호 입력
food_num = int(input())

# 음식 양 입력
food_amount = int(input())

# 음식 번호에 따른 1인분 기준 시간
if food_num == 1:
    oven_time = 120  # 즉석밥
elif food_num == 2:
    oven_time = 40   # 김밥
else:
    oven_time = 30   # 핫바

# 음식 양에 따른 시간 비율
if food_amount == 1:
    serv_ratio = 1.0
elif food_amount == 2:
    serv_ratio = 1.6
elif food_amount == 3:
    serv_ratio = 2.3
elif food_amount == 4:
    serv_ratio = 3.2
else:
    serv_ratio = 4.1

# 최종 데우는 시간 계산
result = int(oven_time * serv_ratio)

# 결과 출력
print(result)
```

문제 **21-2** **4급**

| 시간제한 | 1초 |
| --- | --- |
| 메모리제한 | 128MB |

제8회 TOSC 3/4/5급 문제 2-2

### 소문제 지문

음식을 여러 번 데울 때 걸리는 총 시간을 계산하려고 한다. 음식은 한 번에 한 가지 종류의 음식만 순서대로 데운다고 가정한다. 음식을 데울 전체 횟수를 입력받은 뒤, 데울 음식의 번호와 음식의 양을 순서대로 입력받는다. 이때 모든 음식을 순서대로 데우는데 걸리는 총 시간을 계산하여 출력하는 프로그램을 작성하시오.

### 제한사항

- 음식을 데우는 전체 횟수는 1 이상 100 이하의 정수이다.
- 음식 종류는 1 이상 3 이하의 정수이다.
- 음식의 양은 1 이상 5 이하의 정수이다.

### 문제 풀이 Steps

**Step 1** 음식을 데울 전체 횟수를 입력받는다.

**Step 2** 각 음식의 번호와 음식의 양을 입력받는다(음식을 데울 전체 횟수를 초과하여 입력받지 않는다).

**Step 3** 음식 번호와 음식의 양을 고려하여 각 음식을 데우는 데 걸리는 시간을 계산한다.

**Step 4** 각 음식을 데우는 데 걸리는 시간을 모두 더해 총 시간을 계산하여 결과를 출력한다.

### 입출력 예시

**입력 예시 1**

```
1    ↦ 음식을 데우는 전체 횟수
2    ↦ 음식 번호
2    ↦ 음식의 양(64초)
```

**출력 예시 1**

```
64   ↦ 총 걸리는 시간
```

**입력 예시 2**

```
5    ↦ 음식을 데우는 전체 횟수
1    ↦ 음식 번호
4    ↦ 음식의 양(384초)
2    ↦ 음식 번호
3    ↦ 음식의 양(92초)
1    ↦ 음식 번호
1    ↦ 음식의 양(120초)
2    ↦ 음식 번호
2    ↦ 음식의 양(64초)
3    ↦ 음식 번호
2    ↦ 음식의 양(48초)
```

**출력 예시 2**

```
708  ↦ 총 걸리는 시간
```

## 문제 해설

**[문제 접근 방법]**

이 문제는 음식 종류에 따라 기준 시간이 정해져 있고, 음식의 양에 따라 시간 비율이 달라지는 상황에서 전체 조리 시간의 총합을 계산하는 문제다. 따라서 입력으로 주어지는 음식 번호와 음식의 양에 따라 표 기반 처리로 기준 시간과 배수를 확인하고, 반복문을 통해 이를 누적하여 계산해야 한다.

**[풀이 및 입출력 설명]**

먼저 음식 번호 기준 시간과 음식의 양에 따른 배율을 리스트로 저장한다. 음식을 데우는 전체 횟수를 입력받고 횟수마다 이후 음식 번호와 음식의 양을 차례대로 입력받는다. 표를 통하여 각 입력마다 해당 음식의 기준 시간과 음식의 양에 따른 배율을 곱한 값을 구하고, 이를 정수로 변환한 뒤 누적하여 총 데우는 시간을 계산한다.

| 구분 | 즉석밥 | 김밥 | 핫바 |
|---|---|---|---|
| 음식 번호 | 1 | 2 | 3 |
| 데우는 데 걸리는 시간 (1인분 기준) | 120초 | 40초 | 30초 |

| 구분 | 1인분 | 2인분 | 3인분 | 4인분 | 5인분 |
|---|---|---|---|---|---|
| 1인분을 데우는 데 걸리는 시간 대비 비율 | 100% | 160% | 230% | 320% | 410% |

| 입력 | |
|---|---|
| 음식을 데우는 횟수 | 5 |

| 음식 번호 | 음식 양 | 데우는데 걸리는 시간 | 총 걸리는 시간 |
|---|---|---|---|
| 1 | 4 | 120초×320%=384초 | 384 |
| 2 | 3 | 40초×230%=92초 | 476 |
| 1 | 1 | 120초×100%=120초 | 596 |
| 2 | 2 | 40초×160%=64초 | 660 |
| 3 | 2 | 30초×160%=48초 | **708** |

**[그림 3-21-3] 입력값에 따른 음식을 데우는 데 걸리는 시간 계산 과정**

음식을 데우는 횟수는 5, 음식 번호와 음식의 양은 각 (1, 4), (2, 3), (1, 1), (2, 2), (3, 2)이다. 음식 번호 기준 시간과 음식의 양에 따른 배율을 리스트로 저장한다. 음식을 데우는 횟수마다 음식의 기준 시간과 음식의 양에 따른 배율을 곱한 값을 계산하여 총 데우는 데 걸리는 시간에 누적하여 더한다. 음식 번호가 1이고 음식의 양이 4인분이라면 즉석밥 120초에 320%를 곱하여 계산하면 384초이며 이를 총 걸리는 시간에 누적하여 더한다. 다음 음식은 2, 음식의 양은 3인분이라면 김밥 40초에 230%를 곱하여 계산하면 92초이며 이를 누적하여 더하면 총 476초가 된다. 이와 같은 방법으로 모든 횟수에 대해 데우는 데 걸리는 시간을 계산하여 누적하여 더하면 총 데우는 데 걸리는 시간은 708초가 된다. 따라서 708을 출력한다.

## 정리

이 문제는 음식 번호와 음식의 양을 조합하여 각 조리 시간에 영향을 주는 조건들을 정확히 처리해야 하므로, 주어진 표를 기반으로 값들을 잘 매핑하고 반복문을 활용해 누적 계산하는 능력을 요구한다. 특히 실숫값을 곱한 뒤 정수로 변환하는 과정에서 정확한 순서를 유지하는 것이 중요하며, 초급자의 입장에서 입력값을 차례로 처리하면서 누적하는 연습을 하기 좋은 구성이다. 배열 기반 처리와 반복 계산의 개념을 익히는 데 적합한 문제다.

## 풀이 코드

```
# 음식 번호에 따른 1인분 기준 시간
oven_time = [120, 40, 30]

# 음식 양에 따른 시간 비율
serv_ratio = [1.0, 1.6, 2.3, 3.2, 4.1]

# 음식 데우는 전체 횟수 입력
oven_num = int(input())

# 총 소요 시간 초기화
total_time = 0

# 전체 음식 횟수만큼 반복
for i in range(oven_num):
    # 음식 번호 입력
    food_num = int(input())

    # 음식 양 입력
    food_amount = int(input())

    # 음식 번호에 맞는 기준 시간 × 음식 양에 따른 배율
    time = oven_time[food_num - 1] * serv_ratio[food_amount - 1]

    # 계산된 시간을 정수로 변환하여 누적
    total_time += int(time)

# 최종 총 소요 시간 출력
print(total_time)
```

문제 **21-3** **3급**

| 시간제한 | 1초 |
|---|---|
| 메모리제한 | 128MB |

제8회 TOSC 3/4/5급 문제 2-3

**소문제 지문**

음식을 여러 번 데울 때 걸리는 총 시간을 계산하려고 한다. 음식은 한 번에 한 가지 종류의 음식만 순서대로 데운다고 가정한다. 전자레인지의 총 누적 가동시간이 300초를 초과하면 전자레인지에 문제가 생겨 그다음부터 데우는 음식은 원래 걸리는 시간의 두 배의 시간이 걸리고 1,000초를 초과하면 전자레인지가 고장 나 더 이상 음식을 데울 수 없다고 한다(전자레인지는 1,000초를 초과하는 순간에 데우고 있던 음식까지는 데운 뒤 고장이 난다고 가정한다). 이때 음식을 데울 각 음식의 번호와 음식의 양을 전자레인지가 고장이 날 때까지 입력받고, 모든 음식을 데우는데 걸리는 총 시간을 계산하여 출력하는 프로그램을 작성하시오.

**제한사항**

- 음식 종류는 1 이상 3 이하의 정수이다.
- 음식의 양은 1 이상 5 이하의 정수이다.

**문제 풀이 Steps**

- **Step 1** 각 음식의 번호와 음식의 양을 입력받는다(음식을 데울 전체 횟수를 초과하여 입력받지 않는다).
- **Step 2** 음식 번호와 음식의 양, 전자레인지의 누적 가동시간을 고려하여 각 음식을 데우는 데 걸리는 시간을 계산한다(예를 들어, 전자레인지의 가동시간이 300초를 초과한 경우 즉석밥 2인분을 데우는 데 걸리는 시간은 120초 × 160% × 2배 = 384초로 계산한다).
- **Step 3** 전자레인지 누적 가동시간이 1,000초를 초과할 때까지 반복한다.
- **Step 4** 각 음식을 데우는 데 걸리는 시간을 모두 더해 총 시간을 계산하여 결과를 출력한다.

**입출력 예시**

**입력 예시 1**

```
3    ↦ 음식 번호
2    ↦ 음식의 양(48초)
1    ↦ 음식 번호
3    ↦ 음식의 양
       (276초, 누적 300초 초과)
1    ↦ 음식 번호
1    ↦ 음식의 양(240초)
2    ↦ 음식 번호
2    ↦ 음식의 양(128초)
1    ↦ 음식 번호
3    ↦ 음식의 양(552초)
       (누적 1,000초 초과로 종료)
```

**출력 예시 1**

```
1244    ↦ 총 걸리는 시간
```

| 입력 예시 2 | 출력 예시 2 |
|---|---|
| 2<br>3<br>1<br>3<br>2<br>5<br>3<br>4<br>2<br>5 | 1216 ↦ 총 걸리는 시간 |

## 문제 해설

**[문제 접근 방법]**

이 문제는 전자레인지 사용 도중 발생할 수 있는 상태 변화를 고려하여 전체 소요 시간을 누적하여 계산하는 방식으로 해결할 수 있다. 각각의 음식은 순서대로 데우고 이전까지의 누적 데우기 시간이 일정 기준을 초과하면 이후 음식부터는 데우는 데 걸리는 시간이 2배가 되므로, 누적 시간의 흐름에 따라 조건 분기를 적용하여 설계하는 것이 핵심이다.

**[풀이 및 입출력 설명]**

먼저 음식 번호 기준 시간과 음식의 양에 따른 배율을 리스트로 저장한다. 총 데우는 데 걸리는 시간이 1,000이 넘기 전까지 음식 번호와 음식의 양을 입력받는다. 각 입력마다 해당 음식의 기준 시간과 음식의 양에 따른 배율을 곱한 값을 구하고, 이를 정수로 변환한 뒤 누적하여 총 데우는 시간을 계산한다. 이때, 총 데우는 시간이 300을 초과한 시점부터 데우는 시간이 2배 더 걸리므로 2를 곱하여 누적한다. 총 데우는 시간이 1,000을 초과하면 반복문을 종료하고 총 걸리는 시간을 출력한다.

| 구분 | 즉석밥 | 김밥 | 핫바 |
|---|---|---|---|
| 음식 번호 | 1 | 2 | 3 |
| 데우는 데 걸리는 시간<br>(1인분 기준) | 120초 | 40초 | 30초 |

| 구분 | 1인분 | 2인분 | 3인분 | 4인분 | 5인분 |
|---|---|---|---|---|---|
| 1인분을 데우는 데<br>걸리는 시간 대비 비율 | 100% | 160% | 230% | 320% | 410% |

| 입력 | | | |
|---|---|---|---|
| 음식 번호 | 음식 양 | 데우는데 걸리는 시간 | 총 걸리는 시간 |
| 3 | 2 | 30초×160%=48초 | 48 |
| 1 | 3 | 120초×230%=276초 | **324** |
| 1 | 1 | 120초×100%**×2**=240초 | 564 |
| 2 | 2 | 40초×160%**×2**=128초 | 692 |
| 1 | 3 | 120초×230%**×2**=552초 | **1,244** |

[그림 3-21-4] 입력값에 따른 음식을 데우는 데 걸리는 시간 계산 과정

음식 번호와 음식의 양은 각 (3, 2), (1, 3), (1, 1), (2, 2), (1, 3)이다. 음식 번호 기준 시간과 음식의 양에 따른 배율을 리스트로 저장한다. 음식을 데우는 횟수마다 음식의 기준 시간과 음식의 양에 따른 배율을 곱한 값을 계산하여 총 데우는 데 걸리는 시간에 누적하여 더한다. 음식 번호가 3이고 음식의 양이 2인분이라면 핫바 30초에 160%를 곱하여 계산하면 48초이며 이를 총 걸리는 시간에 누적하여 더한다. 다음 음식은 1, 음식의 양은 3인분이라면 즉석밥 120초에 230%를 곱하여 계산하면 276초이며 이를 누적하여 더하면 총 324초가 된다.
누적 시간 324초가 되어 300초를 초과했으므로 이후부터 데우는 시간에 2를 곱하여 누적한다. 다음 음식은 1, 음식의 양은 1인분이라면 즉석밥 120초에 100%를 곱한 값에 2를 곱하여 계산하면 240초이며 이를 누적하여 더하면 564초가 된다. 이와 같은 방법으로 총 데우는 데 걸리는 시간이 1,000초를 초과할 때까지 누적하여 계산하고 반복을 종료한다. 이후 계산한 총 데우는 데 걸리는 시간을 출력한다. 위 예시는 1,244초가 되므로 1,244를 출력한다.

## 정리

이 문제는 누적 시간에 따라 조건이 변화하는 누적 합 계산 문제이다. 각 음식에 대한 처리 순서를 유지하면서 상태 변화 조건을 잘 나누어 구현하는 능력을 키울 수 있다. 또한, 음식 종류와 양에 따라 다른 연산이 적용되므로, 리스트 기반의 매핑 처리 및 형변환 적용 등을 익히는 데 적합하다. 상태 변화 전후의 분기 처리를 명확히 구현해야 하기 때문에, 조건 흐름을 체계적으로 제어하는 훈련을 할 수 있다.

## 풀이 코드

```
# 음식 번호에 따른 1인분 기준 시간
oven_time = [120, 40, 30]

# 음식 양에 따른 시간 배율
serv_ratio = [1.0, 1.6, 2.3, 3.2, 4.1]

# 총 누적 시간 초기화
total_time = 0

# 총 누적 시간이 1000초를 넘기 전까지 반복
while total_time < 1000:
    # 음식 번호 입력
    food_num = int(input())

    # 음식 양 입력
    food_amount = int(input())
```

```
    # 음식 번호에 맞는 기준 시간 × 음식 양에 따른 배율
    time = oven_time[food_num - 1] * serv_ratio[food_amount - 1]

    # 총 누적 시간이 300초를 초과했다면 시간 2배로 증가
    if total_time > 300:
        time = time * 2

    # 계산된 시간을 정수로 바꿔 누적 시간에 더함
    total_time += int(time)

# 최종 누적 소요 시간 출력
print(total_time)
```

# 문제 22 막대

**전체 지문**

**아래 그림과 같이 높이만 다르고(같은 높이의 막대가 있을 수 있음) 모양이 같은 막대를 일렬로 세운 후 왼쪽부터 차례로 번호를 붙인다. 각 막대의 높이는 자연수이며 아래 그림의 경우에는 순서대로 6, 9, 7, 6, 4, 6이다.**

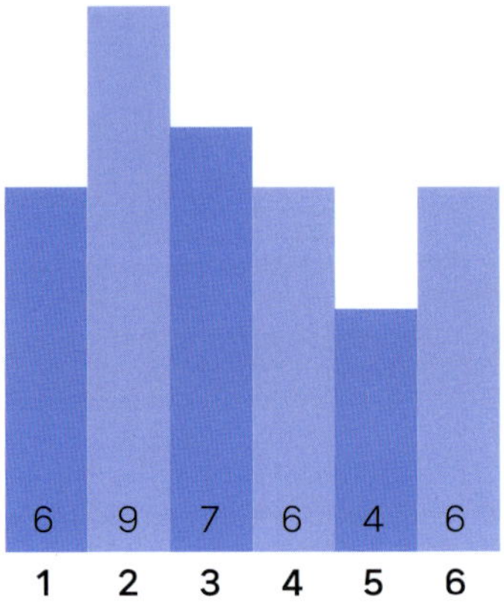


[그림 3-22-1] 막대 예시

**일렬로 세워진 막대를 오른쪽에서 보면 보이는 막대가 있고 보이지 않는 막대가 있다. 만약 어떤 막대보다 뒤에 있고 높이가 더 높지 않으면 그 막대에 의해 가려지게 된다.**

## 문제 22-1 5급

| 시간제한 | 1초 |
|---|---|
| 메모리제한 | 128MB |

제8회 TOSC 3/4/5급 문제 3-1

**소문제 지문**

5개의 막대가 일렬로 서있다고 하자. 왼쪽부터 순서대로 막대 높이를 입력한다. 이때, 가장 왼쪽에 있는 막대가 보이는지 가리는지 판단하는 프로그램을 작성하시오. 만약 보이면 그 막대의 높이를 출력하고, 보이지 않는다면 0을 출력하는 프로그램을 작성하시오.

**제한사항**

- 막대의 높이는 1 이상 100,000 이하의 정수이다.

**문제 풀이 Steps**

Step 1 5개의 막대의 높이를 입력받는다.

Step 2 가장 왼쪽에 있는 막대가 보이면 그 막대의 높이를 출력하고, 보이지 않는다면 0을 출력한다.

**입출력 예시**

| 입력 예시 1 | 출력 예시 1 |
|---|---|
| 1 ↦ 막대1<br>4 ↦ 막대2<br>2 ↦ 막대3<br>3 ↦ 막대4<br>5 ↦ 막대5 | 0 ↦ 보이지 않으므로 0을 출력 |

| 입력 예시 2 | 출력 예시 2 |
|---|---|
| 12 ↦ 막대1<br>3 ↦ 막대2<br>4 ↦ 막대3<br>9 ↦ 막대4<br>5 ↦ 막대5 | 12 ↦ 맨 왼쪽 막대의 높이 |

## 문제 해설

**[문제 접근 방법]**

막대를 왼쪽부터 차례로 세운 뒤, 맨 왼쪽 막대가 오른쪽에 있는 다른 막대에 가려졌는지를 판단하는 문제이다. 이때, 막대의 위치나 개수는 고정되어 있으므로 단순 조건 비교로 판별할 수 있다. 막대의 높이를 입력받고, 가장 왼쪽 막대보다 더 높은 막대가 하나라도 있는지 순차적으로 비교하여 결과를 판단하는 방식으로 접근한다.

**[풀이 및 입출력 설명]**

막대의 높이 5개를 순서대로 입력받는다. 그다음, 두 번째 막대부터 마지막 막대까지 차례로 비교하면서 가장 왼쪽 막대보다 높거나 같은 막대가 있는지 확인한다. 이때 가장 왼쪽 막대가 그 어떤 막대보다도 높은 경우에만 해당 막대가 보인다고 판단할 수 있다.

따라서 조건문을 통해 비교한 결과, 만약 하나라도 더 높거나 같은 막대가 있으면 0을 출력하고, 그렇지 않으면 가장 왼쪽 막대의 높이를 출력한다.

막대의 높이가 순서대로 12, 3, 4, 9, 5이다. 가장 왼쪽 막대의 높이가 12이고 나머지 막대의 높이가 12보다 작은지 조건문을 통해 확인한다. 2, 3, 4, 5번째 막대의 높이가 모두 12보다 작으므로 가장 왼쪽 막대의 높이 12를 출력한다.

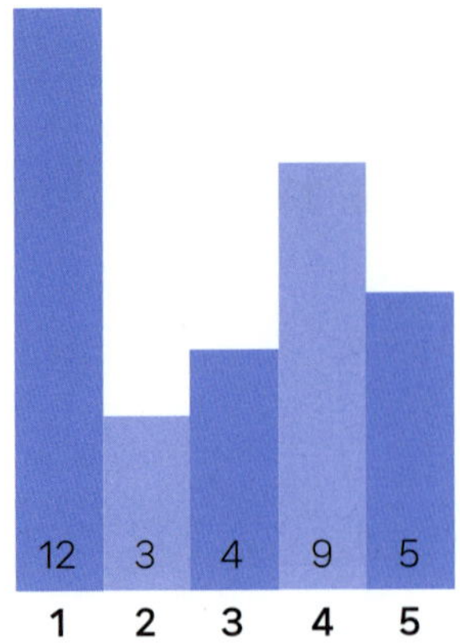


| 입력 | |
|---|---|
| 막대 개수 N | 5 |
| 막대 높이 | 막대가 보이는 지 확인 |
| 12 | - |
| 3 | 3 < 12 |
| 4 | 4 < 12 |
| 9 | 9 < 12 |
| 5 | 5 < 12 |

[그림 3-22-2] 각 막대의 높이에 따라 보이는 막대 계산 과정

## 정리

이 문제는 간단한 비교 조건을 통해 특정 기준을 만족하는지를 확인하는 기본적인 조건 처리 문제이다. 논리 구조를 명확하게 익히는 데 효과적이며 조건 판단 흐름에 익숙해지기에 적절하며, 논리 연산자 and를 통해 여러 조건을 동시에 확인하는 방법을 익힐 수 있다.

## 풀이 코드

```
# 막대의 높이를 입력
bar1 = int(input())
bar2 = int(input())
bar3 = int(input())
bar4 = int(input())
bar5 = int(input())

# 결과 저장 변수
result = 0

# bar1이 모든 막대보다 크면 막대의 높이 저장
if bar1 > bar2 and bar1 > bar3 and bar1 > bar4 and bar1 > bar5:
    result = bar1
else:
    result = 0

# 결과 출력
print(result)
```

## 문제 22-2 4급

시간제한 1초
메모리제한 128MB

제8회 TOSC 3/4/5급 문제 3-2

### 소문제 지문

막대의 개수 N과 각 막대들의 높이를 입력받고 오른쪽에서 보면 보이는 막대의 개수를 출력하는 프로그램을 작성하시오.

### 제한사항

- 막대의 개수 N은 2 이상 100,000 이하의 정수이다.
- 막대의 높이는 1 이상 100,000 이하의 정수이다.

### 문제 풀이 Steps

Step 1 막대의 개수 N을 입력받는다.

Step 2 N개의 막대의 높이를 순서대로 입력받는다.

Step 3 오른쪽에서 보이는 막대의 개수를 출력한다.

### 입출력 예시

| 입력 예시 1 | 출력 예시 1 |
|---|---|
| 6 ↦ N<br>6 ↦ 막대1<br>9 ↦ 막대2<br>7 ↦ 막대3<br>6 ↦ 막대4<br>4 ↦ 막대5<br>6 ↦ 막대6 | 3 ↦ 오른쪽에서 보이는 막대의 개수 |

| 입력 예시 2 | 출력 예시 2 |
|---|---|
| 10 ↦ N<br>6 ↦ 막대1<br>2 ↦ 막대2<br>3 ↦ 막대3<br>3 ↦ 막대4<br>7 ↦ 막대5<br>4 ↦ 막대6<br>5 ↦ 막대7<br>2 ↦ 막대8<br>3 ↦ 막대9<br>1 ↦ 막대10 | 4 ↦ 오른쪽에서 보이는 막대의 개수 |

## ● 문제 해설

**[문제 접근 방법]**

이 문제는 입력된 막대기의 높이를 기준으로 오른쪽에서 보이는 막대기의 개수를 구하는 문제다. 오른쪽에서 본다는 것은 끝에서부터 시작해 왼쪽으로 이동하면서, 이전까지의 최대 높이보다 큰 막대기만 보인다는 의미다. 따라서 오른쪽에서 왼쪽으로 막대기를 순차적으로 확인하면서 가장 높은 막대기를 갱신해 나가면 된다. 이런 방식은 배열을 역방향으로 순회하면서 최댓값을 비교하는 시뮬레이션 형태로 접근할 수 있다.

**[풀이 및 입출력 설명]**

먼저 막대기의 수 N을 입력받고, 막대기들의 높이를 리스트에 저장한다. 이후 가장 오른쪽에 있는 막대기의 높이를 현재까지의 최대 높이로 설정한다. 이 막대기는 무조건 보이므로 보이는 막대기 개수를 1로 초기화한다. 그다음, 배열을 오른쪽에서 왼쪽으로 역방향 순회하며 현재 막대기의 높이가 현재까지의 최대 높이보다 클 경우, 이는 오른쪽에서 보이는 새로운 막대기이므로 보이는 개수를 1 증가시키고 최대 높이도 해당 막대기로 갱신한다. 이 과정을 끝낸 후 누적된 보이는 막대기의 개수를 출력한다.

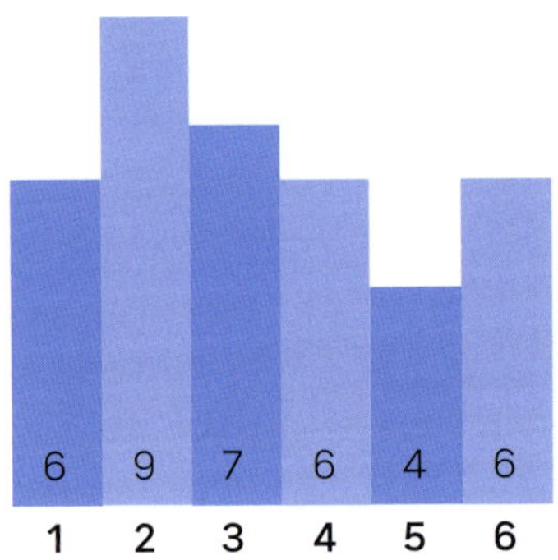


| 입력 | | |
|---|---|---|
| 막대 개수 | 6 | |
| 막대 높이 | 막대 최대 높이 | 보이는 막대 개수 |
| 6 | 6 | 1 |
| 4 | 6 | 1 |
| 6 | 6 | 1 |
| 7 | 7 | 2 |
| 9 | 9 | 3 |
| 6 | 9 | **3** |

**[그림 3-22-3] 입력값에 따른 보이는 막대 개수 계산 과정**

막대의 개수 N이 6이고 각 막대의 높이는 오른쪽에서부터 6, 4, 6, 7, 9, 6이다. 막대 최대 높이를 맨 오른쪽 막대의 높이로 저장하고 보이는 막대 개수를 1로 초기화한다. 오른쪽에서 왼쪽으로 역방향 순회하여 저장한 최대 높이보다 클 경우 최대 막대 높이를 갱신하고 보이는 막대 개수를 1 증가시킨다.

맨 오른쪽 막대의 높이는 6이다. 막대 최대 높이를 6으로 저장하고 보이는 막대 개수를 1로 초기화한다. 다음 막대의 높이는 4이다. 막대 최대 높이 6보다 작으므로 넘어간다. 마찬가지로 다음 막대 높이도 6이므로 넘어간다. 다음 막대 높이는 7이다. 막대 최대 높이 6보다 크므로 막대 최대 높이를 7로 갱신하고 보이는 막대 개수를 1 증가시킨다. 보이는 막대 개수는 2가 된다.

이와 같이 역방향으로 모든 막대를 검사한 후 보이는 막대 개수를 출력한다. 위 예시의 경우 보이는 막대가 3개이므로 3을 출력한다.

## 정리

이 문제는 간단한 조건 비교를 기반으로 배열을 역방향 순회하면서 최댓값을 갱신하는 방식의 시뮬레이션 문제이다. 입력 데이터는 한 줄씩 주어지며 리스트를 활용하여 데이터를 저장하고, 반복문을 통해 조건에 맞는 값을 추적한다. 최댓값 비교와 방향성을 고려한 탐색 연습에 적합하다.

## 풀이 코드

```
# 막대기 수 입력
N = int(input())

# 막대기 높이 입력받아 리스트에 저장
bar = []
for i in range(N):
    temp = int(input())
    bar.append(temp)

# 막대 최대 높이와 보이는 막대 개수 초기화
max_height = bar[N-1]
count = 1

# 오른쪽에서 왼쪽으로 확인
for i in range(N-2, -1, -1):
    if bar[i] > max_height:
        max_height = bar[i]
        count += 1

# 결과 출력
print(count)
```

## 문제 22-3 3급

| 시간제한 | 1초 |
| --- | --- |
| 메모리제한 | 128MB |

제8회 TOSC 3/4/5급 문제 3-3

**소문제 지문**

막대 중에 투명 막대가 있을 수 있다. 투명 막대는 그 막대의 오른쪽에 자신보다 높이가 낮은 막대들만 있을 때 보이게 된다. 또한, 투명 막대는 그 높이와 상관없이 다른 막대를 가리지 않는다. 먼저 막대의 개수 N과 각 막대들의 높이를 입력한다. 또한, 막대들 중 투명 막대의 개수와 투명 막대들의 번호들을 오름차순으로 입력받는다. 막대의 번호는 왼쪽부터 1에서 시작한다. 이때, 오른쪽에서 보이는 막대의 개수를 출력하는 프로그램을 작성하시오.

### 제한사항

- 막대의 개수 N은 2 이상 100,000 이하의 정수이다.
- 막대의 높이는 1 이상 100,000 이하의 정수이다.
- 투명 막대의 개수 M은 0 이상 N 이하의 정수이다.
- 투명 막대의 번호는 1 이상 N 이하의 정수이며 중복된 숫자는 입력되지 않는다.

### 문제 풀이 Steps

**Step 1** 막대의 개수 N을 입력받는다.

**Step 2** N개의 막대의 높이를 순서대로 입력받는다.

**Step 3** 투명 막대의 개수 M을 입력받는다.

**Step 4** M개의 투명 막대의 번호를 오름차순으로 입력받는다. 투명 막대가 없으면, 즉 M이 0이면 입력받지 않는다.

**Step 5** 오른쪽에서 보이는 막대의 개수를 출력한다.

### 입출력 예시

**입력 예시 1**

```
10    ↦ N
6     ↦ 막대1
2     ↦ 막대2
3     ↦ 막대3
3     ↦ 막대4
7     ↦ 막대5
4     ↦ 막대6
5     ↦ 막대7
2     ↦ 막대8
3     ↦ 막대9
1     ↦ 막대10
2     ↦ M
2     ↦ 막대2를 투명막대로 설정
5     ↦ 막대5를 투명막대로 설정
```

**출력 예시 1**

```
5   ↦ 오른쪽에서 보이는 막대의 개수
```

**입력 예시 2**

```
11    ↦ N
10    ↦ 막대1
11    ↦ 막대2
8     ↦ 막대3
9     ↦ 막대4
2     ↦ 막대5
5     ↦ 막대6
3     ↦ 막대7
4     ↦ 막대8
2     ↦ 막대9
1     ↦ 막대10
```

**출력 예시 2**

```
7   ↦ 오른쪽에서 보이는 막대의 개수
```

```
3          ↦ 막대11
2          ↦ M
2          ↦ 막대2를 투명막대로 설정
4          ↦ 막대4를 투명막대로 설정
```

## 문제 해설

**[문제 접근 방법]**

이 문제는 막대의 높이를 기준으로 오른쪽에서 봤을 때 보이는 막대의 개수를 판단하는 문제다. 여기서 중요한 조건은 일부 막대가 투명 처리되어 있다는 점이며, 이 막대는 자신보다 왼쪽에 있는 막대가 더 높을 경우에만 시야에 들어온다. 또한 투명 막대는 뒤쪽 시야를 막지 않기 때문에, 시야 계산에서 제외되며 높이 비교 기준에서도 제외된다. 따라서 오른쪽에서 보이는 막대를 판단할 때, 뒤에서부터 보면서 투명 막대를 제외한 막대의 높이 중 최댓값 갱신을 중심으로 조건을 설정해야 한다.

**[풀이 및 입출력 설명]**

우선 막대의 개수와 각 막대의 높이를 입력받는다. 투명 막대의 개수와 번호도 받아와, 이를 체크할 수 있는 리스트에 표시한다. 이후 오른쪽에서부터 왼쪽으로 막대를 하나씩 확인하면서, '현재까지 본 막대보다 높고, 투명하지 않은 막대'가 등장하면 이를 카운트한다. 만약 해당 막대가 투명하지 않다면, 그 높이를 이후 비교 기준으로 갱신한다. 투명 막대는 높이 비교에 영향을 주지 않는다. 이러한 방식으로 반복하면, 오른쪽에서 볼 때 보이는 막대의 개수를 정확히 계산할 수 있다.

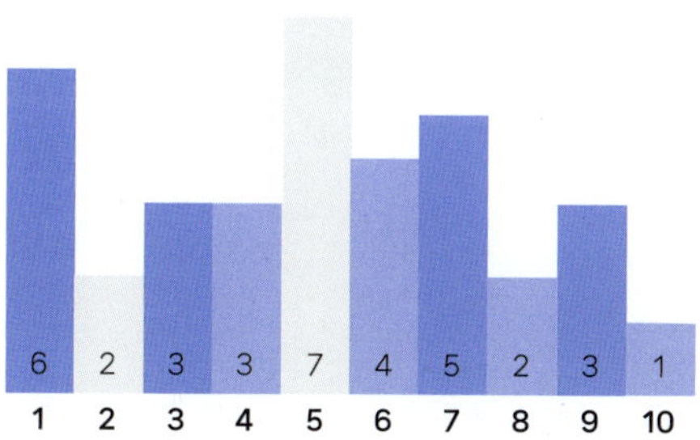


| 입력 | | | |
|---|---|---|---|
| 막대 개수 N | 10 | 투명 막대 개수 M | 2 |
| 막대 번호 | 막대 높이 | 막대 최대 높이 | 보이는 막대 개수 |
| 10 | 1 | 1 | 1 |
| 9 | 3 | 3 | 2 |
| 8 | 2 | 3 | 2 |
| 7 | 5 | 5 | 3 |
| 6 | 4 | 5 | 3 |
| 5 (투명) | 7 | 5 | 4 |
| 4 | 3 | 5 | 4 |
| 3 | 3 | 5 | 4 |
| 2 (투명) | 2 | 5 | 4 |
| 1 | 6 | 6 | **5** |

**[그림 3-22-4] 입력값에 따른 보이는 막대 개수 계산 과정**

막대의 개수 N이 10이고 각 막대의 높이는 6, 2, 3, 3, 7, 4, 5, 2, 3, 1이다. 투명 막대의 개수 M이 2이고 2, 5번 막대가 투명 막대이다. 맨 오른쪽 막대가 불투명 막대이면 막대 최대 높이를 맨 오른쪽 막대의 높이로 초기화하고 투명 막대이면 막대 최대 높이를 0으로 초기화한다. 그리고 보이는 막대 개수를 1로 초기화한다. 오른쪽에서 왼쪽으로 역방향 순회하여 저장한 최대 높이보다 클 경우 해당 막대가 불투명 막대라면 최대 막대 높이를 갱신하고 보이는 막대 개수를 1 증가시킨다. 투명 막대일 경우엔 보이는 막대 개수만 1 증가시킨다.

맨 오른쪽 막대의 높이는 1이다. 불투명 막대이므로 막대 최대 높이를 1로 저장하고 보이는 막대 개수를 1로 초기화한다. 다음 막대의 높이는 3이다. 막대 최대 높이 1보다 크므로 막대 최대 높이를 3으로 갱신하고 보이는 막대 개수를 1 증가시킨다. 보이는 막대 개수는 2가 된다. 다음 막대의 높이는 2이다. 막대 최대 높이 3보다 작으므로 넘어간다. 이와 같은 방법으로 검사를 진행한다. 5번째 막대 차례에는 높이가 7인 투명 막대이다. 막대 최대 높이 5보다 크고 투명 막대이므로 최대 높이는 유지하고 보이는 막대 개수만 1 증가시킨다.

역방향으로 모든 막대를 검사한 후 보이는 막대 개수를 출력한다. 위 예시의 경우 보이는 막대가 5개이므로 5를 출력한다.

## 정리

이 문제는 시야 확보 조건과 투명 막대 예외 처리라는 복합 조건이 함께 주어진 시뮬레이션 유형 문제다. 특히 오른쪽에서 본다는 조건 때문에 반복문을 역순으로 처리해야 하며, 투명 막대를 별도 리스트로 관리하여 조건 분기를 명확히 해야 한다. 배열, 조건문, 반복문의 종합적 활용 연습에 적합한 문제다.

## 풀이 코드

```
# 막대의 높이를 저장할 리스트
bar = []

# 투명 막대 여부를 나타내는 리스트
trans = []

# 막대의 개수 입력
N = int(input())

# 각 막대의 높이 입력받기
for i in range(N):
    temp = int(input())
    bar.append(temp)
    trans.append(0)  # 초기에는 모두 불투명으로 설정

# 투명 막대 개수 입력
M = int(input())

# 투명 막대 번호 입력받아 trans 배열에 표시
for i in range(M):
    temp = int(input())
    trans[temp-1] = 1
```

```python
# 시야에 들어오는 높이 초기화
min = 0

# 보이는 막대 수 초기값
count = 1
# 마지막 막대가 불투명일 경우 높이는 맨 오른쪽 막대 높이로 저장
if trans[N-1] == 0:
    min = bar[N-1]

# 오른쪽에서 왼쪽으로 역순 탐색
for i in range(N-2,-1,-1):
    # 이전까지 본 막대보다 높다면 보이는 개수 1 증가
    if bar[i] > min:
        count += 1
        # 불투명 막대라면 최대 막대 높이 갱신
        if trans[i] == 0:
            min = bar[i]

# 결과 출력
print(count)
```

# 문제 23 성적 확인 프로그램

**전체 지문**

세종대학교 인공지능학과 학생들은 첫 학기를 마쳤다. 희진이는 기계학습 개론을 포함한 7과목을 이수했는데 첫 학기 성적표를 받기 전에 평점을 예상하고 싶다.
다음은 받은 등급에 따른 평점이다.

| 등급 | A | B | C | D | F |
|---|---|---|---|---|---|
| 평점 | 4 | 3 | 2 | 1 | 0 |

[그림 3-23-1] 등급에 따른 평점

## 문제 23-1 5급

시간제한 1초
메모리제한 128MB

제9회 TOSC 3/4/5급 문제 2-1

**소문제 지문**

희진이가 과목 하나의 순위를 예상하기 위해 먼저 옆자리 친구 3명에게 성적을 물어봤다. 희진이의 성적을 입력받고 희진이의 친구 3명의 성적을 차례로 입력받는다. 희진이와 희진이 친구들의 성적을 비교하여 희진이의 등수를 출력하는 프로그램을 작성하시오.

**제한사항**

- 성적은 0 이상 100 이하의 정수이다.
- 동점인 학생은 없다.

**문제 풀이 Steps**

Step 1 희진이의 성적을 입력받는다.
Step 2 희진이의 친구 3명의 성적을 입력받는다.
Step 3 희진이와 희진이의 친구 3명의 성적을 비교하여 희진이의 등수를 측정한다.
Step 4 희진이의 등수를 출력한다.

**입출력 예시**

**입력 예시 1**

```
94      ↦ 희진이의 성적
100     ↦ 희진이 친구1의 성적
93      ↦ 희진이 친구2의 성적
91      ↦ 희진이 친구3의 성적
```

**출력 예시 1**

```
2       ↦ 희진이와 희진이의 친구들 중 희진이의 성
          적 등수
```

## 문제 해설

**[문제 접근 방법]**

이 문제는 여러 명의 성적을 비교하여 순위를 판단하는 조건 분기 문제다. 조건을 하나씩 검사하면서 특정 기준에 따라 순위를 결정하면 되므로, 조건 분기만으로 해결하는 것이 적절하다.

**[풀이 및 입출력 설명]**

먼저 희진이의 성적과 친구 3명의 성적을 입력받는다. 희진이의 등수를 저장할 변수를 1로 초기화한다. 이후 희진이의 성적이 각 친구보다 성적이 낮을 경우 등수를 1씩 증가시키는 방식으로 희진이의 등수를 계산한다. 세 명의 학생과 모두 비교하여 최종적으로 계산된 등수를 출력한다.

| 입력 | | 희진이의 등수 |
|---|---|---|
| 희진이의 점수 | 94 | 1 |
| 친구 1의 점수 | 100 | 2 |
| 친구 2의 점수 | 93 | 2 |
| 친구 3의 점수 | 91 | **2** |

[그림 3-23-2] 입력값에 따른 희진이의 등수 계산 과정

희진이의 점수가 94이고 친구들의 점수는 100, 93, 91이다. 희진이의 등수를 1로 초기화하고 희진이의 점수와 각 친구의 점수를 하나씩 비교한다. 친구의 점수가 더 클 경우 희진이의 등수를 1 증가시킨다. 첫 번째 친구의 점수가 100이다. 희진이의 점수보다 더 크므로 등수를 1 증가시킨다. 희진이의 등수는 2가 된다. 두 번째 친구와 세 번째 친구의 점수는 각 93, 91이다. 두 학생 모두 희진이의 점수보다 작으므로 희진이의 등수는 유지된다. 따라서 희진이의 등수는 2등이므로 2를 출력한다.

## 정리

이 문제는 단순한 조건 비교를 통해 상대적 순위를 계산하는 기본 구조를 다루고 있다. 조건문을 활용한 순위 계산의 기초를 익히기에 적절하며, 프로그램의 흐름을 순차적으로 따라가는 능력을 키우는 데 유용하다.

## 풀이 코드

```
# 희진이의 성적 입력
score = int(input())

# 친구 3명의 성적 입력
friend1_score = int(input())
friend2_score = int(input())
friend3_score = int(input())

# 희진이의 초기 등수는 1등
rank = 1

# 친구 1과 비교
if score < friend1_score:
    rank += 1

# 친구 2와 비교
if score < friend2_score:
    rank += 1

# 친구 3과 비교
if score < friend3_score:
    rank += 1

# 희진이의 등수 출력
print(rank)
```

## 문제 23-2 4급

| 시간제한 | 1초 |
| --- | --- |
| 메모리제한 | 128MB |

제9회 TOSC 3/4/5급 문제 2-2

**소문제 지문**

희진이는 1학기 동안 수강한 과목의 등급을 확인했다. 모든 과목의 이수학점은 3학점이고 각 과목의 점수는 평점과 이수학점을 곱한 값이 된다. 예를 들어 등급 A를 받은 과목은 평점 4점과 이수학점 3학점을 곱하여 총 12점이 되는 것이다.

학기 총점은 모든 과목의 점수를 합한 값이고 평점 평균은 총점을 전 과목 이수학점으로 나눈 값이다. 총 이수학점은 이수한 과목 학점의 합으로 계산한다. 그리고 등급 F를 받은 과목은 이수학점으로 인정하지 않으나 평점 평균 계산에는 포함하는 것으로 한다.

일곱 과목의 등급을 차례대로 입력받고 학기 총점, 평점 평균 그리고 총 이수학점을 출력하는 프로그램을 작성하시오.

### 제한사항

- 등급은 'A', 'B', 'C', 'D', 'F'만 입력된다.
- 평점 평균은 소수점 셋째 자리에서 반올림하여 소수점 둘째 자리까지 출력한다.

### 문제 풀이 Steps

Step 1 희진이가 이번 학기에 받은 등급 7개를 입력받는다.

Step 2 희진이의 학기 총점, 평점 평균, 총 이수학점을 계산한다.

Step 3 계산한 학기 총점, 평점 평균, 총 이수학점을 출력한다.

### 입출력 예시

**입력 예시 1**

```
A    ↦ 7개의 등급 입력
A
B
F
F
C
A
```

**출력 예시 1**

```
51      ↦ 학기 총점
2.43    ↦ 평점 평균
15      ↦ 총 이수학점
```

**입력 예시 2**

```
A    ↦ 7개의 등급 입력
A
A
D
C
D
B
```

**출력 예시 2**

```
57      ↦ 학기 총점
2.71    ↦ 평점 평균
21      ↦ 총 이수학점
```

## 문제 해설

**[문제 접근 방법]**

이 문제는 입력으로 주어지는 7개의 과목 등급을 기반으로 총점, 평균 평점, 총 이수학점을 계산하는 문제다. 각 등급을 점수로 환산해야 하므로 등급별 점수 매핑이 필요하고, 'F' 등급은 이수학점 계산에서 제외된다는 조건이 있기 때문에 조건 분기 처리도 중요하다. 반복문과 조건문을 활용하여 등급별 점수를 누적 처리하는 방식으로 구현하는 것이 적절하다.

**[풀이 및 입출력 설명]**

각 과목은 3학점이며, 등급은 A부터 F까지 입력으로 주어진다. 7개의 과목의 등급을 입력받는다. 총점은 등급 점수에 3학점을 곱한 값의 누적으로 계산한다. 평균 평점은 이수 과목의 총점을 F 과목을 포함한 이수학점으로 나눈 값으로 소수 둘째 자리까지 구한다. 총 이수학점은 F가 아닌 과목 수에 3을 곱해서 계산한다. 최종적으로 총점, 평균 평점, 총 이수학점을 차례대로 출력한다.

| 등급 | A | B | C | D | F |
|---|---|---|---|---|---|
| 평점 | 4 | 3 | 2 | 1 | 0 |

입력

| 등급 | 평점 | 이수학점 | 점수 | 총점 | 총 이수학점 |
|---|---|---|---|---|---|
| A | 4 | 3 | 12 | 12 | 3 |
| A | 4 | 3 | 12 | 24 | 6 |
| B | 3 | 3 | 9 | 33 | 9 |
| F | 0 | 0 | 0 | 33 | 9 |
| F | 0 | 0 | 0 | 33 | 9 |
| C | 2 | 3 | 6 | 39 | 12 |
| A | 4 | 3 | 12 | **51** | **15** |

| 학기 총점 | **51** |
|---|---|
| 평균 평점 | **2.43** |
| 총 이수학점 | **15** |

**[그림 3-23-3] 입력값에 따른 학기 총점, 평균 평점, 총 이수학점 계산 과정**

희진이가 받은 등급은 'A', 'A', 'B', 'F', 'F', 'C', 'A'이다. 등급에 따른 평점과 이수학점을 곱하여 해당 과목의 점수를 계산하고 총점에 더한다. 또한, F등급인 과목을 제외하고 총 이수학점에 3학점씩 더한다.

첫 번째 과목은 A등급이다. 평점 4점, 이수학점 3으로 점수는 12점이다. 총점은 12점이 되고 F등급이 아니므로 총 이수학점은 3학점이 된다. 두 번째 과목도 A등급이다. 똑같이 계산하여 총점은 24점, 총 이수학점은 6학점이 된다. 세 번째 과목은 B등급이다. 평점 3점, 이수학점 3으로 점수는 9점이다. 총점은 33점이 되고 총 이수학점은 9학점이 된다. 네 번째 과목은 F등급이다. 평점 0점, 이수학점은 0으로 총점 33점, 총 이수학점 9점으로 유지된다. 이러한 방법으로 7개의 과목에 대한 점수와 학점을 계산하여 누적한다.

희진이의 총점은 51점이다. 평균 평점은 총점에서 7개의 과목 이수학점인 21학점으로 나눠 소수점 셋째 자리에서 반올림한 2.43이 된다. 총 이수학점은 F등급인 과목을 제외한 나머지 과목으로 15학점이 된다. 따라서 51, 2.43, 15를 차례대로 출력한다.

## 정리

이 문제는 조건 분기를 통해 특정 이수학점을 제외하고 평균을 계산하는 실습이다. 학점 계산 시 실무에서도 자주 접하는 등급별 환산 방식, 평균 계산 및 유효한 데이터만 반영하는 조건 처리의 개념을 익힐 수 있다. 또한 입력값을 바탕으로 반복문과 조건문을 통해 원하는 출력을 도출하는 기본적인 흐름을 연습할 수 있다.

## 풀이 코드

```python
# 누적 변수 초기화
total_score = 0           # 총점
total_credits = 0         # 총 이수 학점
credit_per_course = 3     # 각 과목은 3학점

# 7개 과목의 등급을 입력받아 리스트에 저장
grades = []
for _ in range(7):
    grade = input().upper()   # 사용자 입력을 대문자로 변환
    grades.append(grade)

# 등급을 바탕으로 총점과 총 이수 학점 계산
for grade in grades:
    # 점수를 학점과 곱하여 총점에 누적
    if grade == 'A':
        total_score += 4 * credit_per_course
    elif grade == 'B':
        total_score += 3 * credit_per_course
    elif grade == 'C':
        total_score += 2 * credit_per_course
    elif grade == 'D':
        total_score += 1 * credit_per_course
    else:
        total_score += 0

    # F가 아닌 경우에만 이수 학점에 반영
    if grade != 'F':
        total_credits += credit_per_course

# 평균 평점 계산
average_grade = total_score / 21

# 결과 출력
print(total_score)                  # 총점
print("%.2f" % (average_grade))     # 평균 평점, 소수 둘째 자리까지 출력
print(total_credits)                # 총 이수학점
```

## 문제 23-3 3급

| 시간제한 | 1초 |
| --- | --- |
| 메모리제한 | 128MB |

제9회 TOSC 3/4/5급 문제 2-3

### 소문제 지문

희진이는 친구들과 성적을 비교했을 때 학과에서 성적 수준이 어느 정도인지 파악하고 싶어 친한 친구 2명과 등급을 공유했다.

모든 과목의 이수학점은 3학점이고 각 과목의 점수는 평점과 학점을 곱한 값이 된다. 예를 들어 등급 A를 받은 과목은 평점 4점과 이수학점 3학점을 곱하여 총 12점이 되는 것이다. 총점은 모든 과목의 점수를 합한 값이고 평점 평균은 총점을 총 이수학점으로 나눈 값이다. 3명 학생들의 각 평균 평점을 계산하고 이를 바탕으로 성적 순위를 확인하는 프로그램을 작성하시오.

### 제한사항

- 등급은 'A', 'B', 'C', 'D', 'F'만 입력된다.
- 각 학생의 번호는 입력한 순서대로 1, 2, 3이다.
- 평점 평균은 소수점 셋째 자리에서 반올림하여 소수점 둘째 자리까지 출력한다.
- 만약 동점자가 있는 경우 번호가 작은 순서대로 순위가 높다고 가정한다.

### 문제 풀이 Steps

**Step 1** 학생의 평점 7개를 공백 한 칸씩 띄어 차례대로 입력받는다.

**Step 2** 각 학생의 평균 평점을 계산하여 순위대로 정렬한다.

**Step 3** 평균 평점 순위대로 번호, 평균 평점을 출력한다.

### 입출력 예시

**입력 예시 1**

```
A    ↦ 학생 1의 등급
B
B
C
A
B
D
A    ↦ 학생 2의 등급
A
B
C
A
B
C
B    ↦ 학생 3의 등급
```

**출력 예시 1**

```
2 3.14  ↦ 1등 학생의 번호와 평균 평점
1 2.86  ↦ 2등 학생의 번호와 평균 평점
3 1.57  ↦ 3등 학생의 번호와 평균 평점
```

```
B
C
F
D
F
C
```

**입력 예시 2**

```
A    ↦ 학생 1의 등급
A
A
A
A
B
C
A    ↦ 학생 2의 등급
A
B
A
B
A
C
B    ↦ 학생 3의 등급
A
A
B
A
A
B
```

**출력 예시 2**

```
1 3.57    ↦ 동점인 경우 번호 순서대로
3 3.57      순위 측정
2 3.43
```

## 문제 해설

**[문제 접근 방법]**

이 문제는 각 학생의 7개 등급을 받아 평균 평점을 계산한 뒤, 이를 기준으로 내림차순 정렬해야 한다. 평균 평점 계산 시, 과목당 고정 학점과 등급에 따른 점수 매핑을 이용하며, 이를 통해 평균을 계산할 수 있다. 최종적으로는 평균 평점을 내림차순으로 정렬된 결과를 바탕으로 각 학생의 번호와 평균 평점을 출력한다.

**[풀이 및 입출력 설명]**

먼저 등급을 점수로 변환하는 매핑 함수를 만든다. 'A'는 4점, 'B'는 3점, 'C'는 2점, 'D'는 1점, 'F'는 0점이다. 각 학생마다 7개의 등급을 입력받고, 이 등급들을 모두 점수로 변환한 뒤 총점을 구한다. 모든 과목은 동일하게 3학점이므로, 총점을 21로 나누어 평균 평점을 계산한다.

이후 각 학생의 평균 평점과 학생 번호를 쌍으로 묶어 리스트에 저장한 뒤, 평균 평점 기준으로 내림차순 정렬하고, 평균 평점이 같다면 학생 번호를 기준으로 오름차순 정렬한다. 정렬된 결과를 차례로 출력한다.

| 등급 | A | B | C | D | F |
|---|---|---|---|---|---|
| 평점 | 4 | 3 | 2 | 1 | 0 |

입력

| 등급 | 평점 | 이수학점 | 점수 | 총점 |
|---|---|---|---|---|
| A | 4 | 3 | 12 | 12 |
| B | 3 | 3 | 9 | 21 |
| B | 3 | 3 | 9 | 30 |
| C | 2 | 3 | 6 | 36 |
| A | 4 | 3 | 12 | 48 |
| B | 3 | 3 | 9 | 57 |
| D | 1 | 3 | 3 | **60** |
| 학생 1의 평균 평점 | **2.86** | | | |

| 등급 | 평점 | 이수학점 | 점수 | 총점 |
|---|---|---|---|---|
| A | 4 | 3 | 12 | 12 |
| A | 4 | 3 | 12 | 24 |
| B | 3 | 3 | 9 | 33 |
| C | 2 | 3 | 6 | 39 |
| A | 4 | 3 | 12 | 51 |
| B | 3 | 3 | 9 | 60 |
| C | 2 | 3 | 6 | **66** |
| 학생 2의 평균 평점 | **3.14** | | | |

| 등급 | 평점 | 이수학점 | 점수 | 총점 |
|---|---|---|---|---|
| B | 3 | 3 | 9 | 9 |
| B | 3 | 3 | 9 | 18 |
| C | 2 | 3 | 6 | 24 |
| F | 0 | 3 | 0 | 24 |
| D | 1 | 3 | 3 | 27 |
| F | 0 | 3 | 0 | 27 |
| C | 2 | 3 | 6 | **33** |
| 학생 3의 평균 평점 | **1.57** | | | |

**[그림 3-23-4] 입력값에 따른 각 학생의 평균 평점 계산 과정**

첫 번째 학생의 등급은 'A', 'B', 'B', 'C', 'A', 'B', 'D'이다. 7 개의 등급을 통해 평점을 계산하고 이수학점 3을 곱하여 각 과목의 점수를 계산한 다음 총점으로 누적한다. 첫 번째 과목은 A등급이다. 평점 4점, 이수학점 3학점으로 점수는 12점이다. 총점은 12점이 된다. 두 번째 과목은 B 등급이다. 평점 3점, 이수학점 3학점으로 점수는 9점이다. 총점은 21점이 된다. 이와 같이 나머지 과목에 대한 점수를 누적하여 더하면 총점은 60점이 된다. 평균 평점은 60을 총 이수학점 21로 나누면 2.8571… 이 된다.

이와 같은 방법으로 두 번째 학생의 평균 평점은 3.1429…, 세 번째 학생의 평균 평점은 1.5714… 가 된다. 세 학생의 번호와 평균 평점을 묶어 평균 평점을 기준으로 내림차순으로 정렬한다. 만약 평균 평점이 같다면 학생의 번호를 오름차순으로 정렬한다.

최종적으로 세 학생의 순위대로 번호와 평균 평점을 소수점 셋째 자리에서 반올림하여 소수점 둘째 자리까지 출력한다. 2 3.14, 1 2.86, 3 1.57을 차례대로 출력한다.

## 정리

이 문제는 조건에 따라 점수 및 평균을 계산하고, 순위대로 정렬 후 출력하는 문제다. 주어진 과목별 등급을 점수로 변환하고, 평균을 계산한 뒤 순위를 정렬하는 과정에서 정렬 기준 설정, 동점자 처리, 출력 형식 등 다양한 구현 요소를 포함하고 있다. 특히 등급을 수치화하는 작업과 평균 계산의 정확도, 동점자의 순서 보존과 관련한 세부적인 구현 조건을 신경 써야 한다. 이를 통해 문자열 입력 처리, 리스트 활용, 평균 계산, 조건 분기, 정렬 알고리즘 등의 기초 프로그래밍 능력을 종합적으로 훈련할 수 있다.

## 풀이 코드

```
# 등급을 점수로 변환하는 함수
def grade_to_score(grade):
    if grade == 'A':
        return 4
    elif grade == 'B':
```

```
        return 3
    elif grade == 'C':
        return 2
    elif grade == 'D':
        return 1
    else:  # 'F'
        return 0

# 학생 수는 3명으로 고정
students = []

# 각 학생의 7개 등급 입력 후 GPA 계산
for student_num in range(1, 4):  # 학생 번호: 1번, 2번, 3번
    grades = []

    # 7개 과목 등급 입력
    for _ in range(7):
        grade = input().strip().upper()
        grades.append(grade)

    # 총점 계산
    total_score = 0
    for grade in grades:
        total_score += grade_to_score(grade) * 3  # 각 과목은 3학점

    # GPA 계산, 총 이수 학점은 항상 21
    gpa = total_score / 21

    # 학생 번호와 GPA를 함께 저장
    students.append((student_num, gpa))

# GPA 기준 내림차순 정렬, GPA 같으면 학생 번호 오름차순
students.sort(key=lambda x: (-x[1], x[0]))

# 결과 출력
for student in students:
    print(student[0], format(student[1], ".2f"))
```

**잠깐만요**

"`students.sort(key=lambda x: (-x[1], x[0]))`"

이 코드는 정렬 함수의 핵심 요소인 sort, key, lambda를 함께 사용하는 코드입니다.

- sort 함수는 리스트를 직접 정렬하는 함수이며, key 매개변수를 통해 각 원소를 비교할 때 사용할 기준값을 지정할 수 있습니다.
- lambda x:는 간단한 익명 함수를 만들어, 원소 x를 받아 특정 값을 반환하게 합니다. 예를 들어 위의 코드는 학생 리스트에서 점수(x[1])는 음수로 바꿔 내림차순 정렬하고, 번호(x[0])는 그대로 두어 오름차순 정렬합니다. 따라서 점수가 높은 학생이 먼저 오고, 점수가 같으면 번호 순으로 정렬됩니다. 즉, lambda는 정렬 기준을 직접 정의할 수 있는 도구이고, key는 그 기준을 sort 함수에 전달하는 역할을 합니다.

# 문제 24 영화 총 수입 계산하기

**전체 지문**

세종영화배급사에서 배급하는 어떤 영화의 총 수입을 계산하려고 한다. 영화의 관객당 수입은 상영관의 종류에 따라 다르다. 누적 관객 수가 200만 명을 넘어가면 영화의 VOD 판매가 시작되며, 이 경우 관객당 수입은 떨어지지만, VOD 판매량에 따른 수입이 추가된다. 또한 누적 관객 수와 VOD 판매량의 총합이 500만 명을 넘어갈 경우 스트리밍 서비스에 판매되어 추가 수입을 얻는다고 한다. 상영관 종류별 수입과 VOD 판매 단가는 아래와 같다.

| 상영관의 번호 및 종류 | 1 일반관 | 2 특별관 | 3 프리미엄관 |
|---|---|---|---|
| 관객 만 명당 수입 단가 (만원) | 3,000 | 4,000 | 5,000 |

| VOD 만 건당 수입 단가 (만원) | 5,000 |
|---|---|

[그림 3-24-1] 상영관 종류에 따른 수입 단가 및 VOD 판매 단가

## 문제 24-1 5급

시간제한 1초
메모리제한 128MB

제9회 TOSC 3/4/5급 문제 3-1

**소문제 지문**

VOD 수입 없이 영화 상영으로만 수입이 계산된다고 할 때, 상영관 종류별 총 관객 수를 입력받아 총 영화 수입을 계산하여 출력하는 프로그램을 작성하시오.

**제한사항**

- 총 관객 수의 입력 순서는 일반관, 특별관, 프리미엄관 순으로 입력된다.
- 입력은 만 명 단위, 출력은 만 원 단위로 이루어진다.
- 관객 수는 1 이상 100,000 이하의 정수이다.

**문제 풀이 Steps**

Step 1 일반관, 특별관, 프리미엄관 순으로 관객 수(만 명)를 입력받는다.

Step 2 상영관 종류별 관객당 수입 단가를 고려하여 총 영화 수입(만 원)을 계산하여 출력한다.

**입출력 예시**

| 입력 예시 1 | 출력 예시 1 |
|---|---|
| 100 ↦ 일반관 관객 수<br>50 ↦ 특별관 관객 수<br>10 ↦ 프리미엄관 관객 수 | 550000 ↦ 총 영화 수입<br>(100*3000+50*4000+10*5000=550000) |

## ● 문제 해설

**[문제 접근 방법]**

이 문제는 영화 상영관의 종류별로 입력받은 관객 수를 기준으로, 각 상영관 단가를 곱하여 총 수입을 계산하는 문제다. 일반관, 특별관, 프리미엄관의 관객 수를 각각 입력받은 뒤, 각 관의 수입을 모두 더해 결과를 구하면 된다.

**[풀이 및 입출력 설명]**

먼저 일반관, 특별관, 프리미엄관 순으로 관객 수를 입력받는다. 이후 일반관은 3,000, 특별관은 4,000, 프리미엄관은 5,000을 곱하고 그 값을 모두 더한 결과가 영화의 총 수입이 된다. 최종적으로 계산 결과를 출력한다.

| 상영관의 번호 및 종류 | 1 일반관 | 2 특별관 | 3 프리미엄관 |
|---|---|---|---|
| 관객 만 명당 수입 단가 (만원) | 3,000 | 4,000 | 5,000 |

| 입력 | | | |
|---|---|---|---|
| 영화관 종류 | 관객 수 | 수입 | 총 수입 |
| 일반관 | 100 | 100 × 3,000 = 300,000 | 300,000 |
| 특별관 | 50 | 50 × 4,000 = 200,000 | 500,000 |
| 프리미엄관 | 10 | 10 × 5,000 = 50,000 | **550,000** |

[그림 3-24-2] 입력값에 따른 영화관 총 수입 계산 과정

일반관, 특별관, 프리미엄관 관객 수가 각 100, 50, 10이다. 일반관, 특별관, 프리미엄관의 관객 만 명당 수입 단가가 3,000, 4,000, 5,000만 원이므로 각각 곱하여 영화관 종류에 따른 수입을 계산하여 모두 더한다. 일반관은 관객 수 100명에 수입 단가 3,000만 원이므로 총 수입 300,000만 원이다. 특별관과 프리미엄관도 같은 방법으로 200,000만 원, 50,000만 원을 계산할 수 있고 모두 더한 값 550,000만 원이 총 수입이 된다. 따라서 550000을 출력한다.

## ● 정리

이 문제는 고정된 단가와 관객 수를 활용한 총합 계산을 연습하는 단순 구현 문제다. 입력 개수가 적고 연산이 단순하여 입문자 수준에서 입력과 출력, 곱셈 및 덧셈 흐름을 익히기에 적절하다. 계산 과정을 직접 구현하는 연습을 할 수 있다.

## 풀이 코드

```
# 일반관 관객 수 입력
count_normal = int(input())

# 특별관 관객 수 입력
count_special = int(input())

# 프리미엄관 관객 수 입력
count_premium = int(input())

# 단가 정의
price_normal = 3000
price_special = 4000
price_premium = 5000

# 총 수입 계산
total_income = (count_normal * price_normal
                + count_special * price_special
                + count_premium * price_premium)

# 결과 출력
print(total_income)
```

## 문제 24-2 4급

| 시간제한 | 1초 |
| --- | --- |
| 메모리제한 | 128MB |

제9회 TOSC 3/4/5급 문제 3-2

**소문제 지문**

월별로 각 상영관 종류에 따른 관객 수를 입력받아 총 영화 수입을 계산하려고 한다. 상영관 종류와 관계없이 누적 관객 수가 200만 명을 초과하면, 해당 월의 다음 월부터는 VOD 판매가 시작되며 관객 수입 단가가 절반으로 줄어든다고 가정한다. 영화 수입을 계산하려고 하는 개월 수를 먼저 입력받은 다음 월별 상영관 종류별 관객 수를 입력받아 총 영화 수입을 계산하여 출력하는 프로그램을 작성하시오(단, VOD 판매량은 고려하지 않는다).

**제한사항**

- 전체 개월 수는 1 이상 24 이하의 정수이다.
- 총 관객 수의 입력 순서는 일반관, 특별관, 프리미엄관 순으로 입력된다.
- 입력은 만 명 단위, 출력은 만 원 단위로 이루어진다.
- 관객 수는 1 이상 100,000 이하의 정수이다.

**문제 풀이 Steps**

Step 1 영화 수입을 계산하려고 하는 개월 수를 입력받는다.

Step 2 월별로 각 상영관 종류에 따른 관객 수(만 명)를 입력받는다.

Step 3 상영관 종류 및 VOD 판매에 따른 관객 수입 단가 변화를 고려하여 총 영화 수입을 계산한다.

Step 4 계산한 총 영화 수입을 출력한다.

**입출력 예시**

**입력 예시 1**

```
3     ↦ 전체 개월
80    ↦ (1개월) 일반관 관객 수
20    ↦ (1개월) 특별관 관객 수
10    ↦ (1개월) 프리미엄관 관객 수
70    ↦ (2개월) 일반관 관객 수
20    ↦ (2개월) 특별관 관객 수
10    ↦ (2개월) 프리미엄관 관객 수
50    ↦ (3개월) 일반관 관객 수
10    ↦ (3개월) 특별관 관객 수
5     ↦ (3개월) 프리미엄관 관객 수
```

**출력 예시 1**

```
817500  ↦ 총 영화 수입
```

## 문제 해설

**[문제 접근 방법]**

이 문제는 월별로 주어지는 일반관, 특별관, 프리미엄관 관객 수를 입력받고, 각 관객 수에 따른 수익을 계산해야 한다. 총 관객 수가 200만 명을 초과하는 시점부터는 단가가 절반으로 줄어든다는 조건이 있으므로 누적 관객 수를 기준으로 조건 분기를 구현해야 한다. 반복문과 누적 변수, 조건문을 조합하여 해결하는 문제이다.

**[입출력 설명]**

먼저 전체 개월 수를 입력받는다. 이후 개월 수만큼 반복하면서 일반관, 특별관, 프리미엄관 관객 수를 각각 입력받는다. 이후 각 관객 수에 해당하는 금액을 단가에 맞게 계산하여 총 수입에 더한다. 단, 누적 관객 수가 200만 명을 초과하는 시점부터는 해당 월의 관객 수에 대해 단가를 절반만 적용해야 한다. 이를 위해 매 반복마다 누적 관객 수를 갱신하고, 수입 계산 시 해당 조건을 확인하여 정가 혹은 절반 가격을 선택하여 계산하고 총 수입에 누적한다.

| 상영관의 번호 및 종류 | 1 일반관 | 2 특별관 | 3 프리미엄관 |
|---|---|---|---|
| 관객 만 명당 수입 단가 (만원) | 3,000 | 4,000 | 5,000 |

| 입력 | | | | | |
|---|---|---|---|---|---|
| 전체 개월 수 | 3 | | | | |
| 개월 수 | 영화관 종류 | 관객 수 | 수입 | 누적 관객 수 | 총 수입 |
| 1 | 일반관 | 80 | 80 × 3,000 = 240,000 | 110 | 370,000 (+370,000) |
| | 특별관 | 20 | 20 × 4,000 = 80,000 | | |
| | 프리미엄관 | 10 | 10 × 5,000 = 50,000 | | |
| 2 | 일반관 | 70 | 70 × 3,000 = 210,000 | **210** | 710,000 (+340,000) |
| | 특별관 | 20 | 20 × 4,000 = 80,000 | | |
| | 프리미엄관 | 10 | 10 × 5,000 = 50,000 | | |
| 3 | 일반관 | 50 | 50 × 3,000 **/ 2** = 75,000 | 275 | **817,500** (+ 107,500) |
| | 특별관 | 10 | 10 × 4,000 **/ 2** = 20,000 | | |
| | 프리미엄관 | 5 | 5 × 5,000 **/ 2** = 12,500 | | |

[그림 3-24-3] 입력값에 따른 영화관 총 수입 계산 과정

전체 개월 수는 3이다. 첫 달에 일반관, 특별관, 프리미엄관 관객 수가 각 80, 20, 10이다. 일반관, 특별관, 프리미엄관의 관객 만 명당 수입 단가가 3,000, 4,000, 5,000이므로 각각 곱하여 영화관 종류에 따른 수입을 계산하여 모두 더한다. 일반관은 관객 수 80만 명에 수입 단가 3,000만 원이므로 총 수입 240,000만 원이다. 특별관과 프리미엄관도 같은 방법으로 80,000만 원, 50,000만 원으로 계산할 수 있고 모두 더한 값 370,000만 원이 첫 달 수입이 된다. 또한 누적 관객 수도 계산하여 110만 명이 된다.

두 번째 달도 같은 방법으로 계산하면 수입 340,000만 원이며 총 수입 710,000만 원이 된다. 누적 관객 수는 210만 명이 된다. 누적 관객 수가 200만 명을 초과했으므로 다음 달부터는 수입이 절반이 된다.

세 번째 달에 일반관, 특별관, 프리미엄관 관객 수가 각 50, 10, 5이다. 각 영화관마다 수입 단가를 곱하고 2로 나눠 수입을 계산한다. 각각 75,000만 원, 20,000만 원, 12,500만 원이고 세 번째 달 수입은 107,500만 원이 되며 총 수입은 817,500만 원, 누적 관객 수 275만 명이다. 따라서 총 817500을 출력한다.

## ● 정리

이 문제는 총 관객 수에 따라 영화관 수입 계산 방식이 달라지는 조건을 구현하는 연습을 할 수 있다. 단가가 변하는 시점인 200만 명 초과를 기준으로 if 분기를 잘 구성해야 하며, 각 월별 관객 수와 누적 관객 수를 관리하면서 조건에 따라 정가 혹은 절반 가격을 선택하여 수입을 계산해야 한다. 배열을 통해 각 상영관의 단가를 구조화하고, 반복문 안에서 누적 합계를 실시간으로 갱신하는 방식, 조건 분기 로직이 자연스럽게 섞여 있다는 점에서 입출력 처리와 조건 처리의 실습에 적합한 문제다.

## 풀이 코드

```
# 각 상영관 종류별 기본 단가 정의
prices = [3000, 4000, 5000]  # 일반관, 특별관, 프리미엄관

# 전체 개월 수 입력
months = int(input())

# 누적 관객 수와 총 수입 초기화
total_attendance = 0
total_income = 0

# 개월 수만큼 반복
for i in range(months):
    # 해당 월의 일반관, 특별관, 프리미엄관 관객 수 입력
    general = int(input())      # 일반관 관객 수
    special = int(input())      # 특별관 관객 수
    premium = int(input())      # 프리미엄관 관객 수

    # 이번 달 총 관객 수 계산
    monthly_attendance = general + special + premium

    # 이번 달 수입 계산
    if total_attendance > 200:
        # 누적 관객 수가 200만 명 초과면 단가 절반 적용
        monthly_income = (general * prices[0] + special * prices[1]
                         + premium * prices[2]) // 2
    else:
        # 정가로 수입 계산
        monthly_income = general * prices[0] + special * prices[1] +
premium * prices[2]

    # 수입과 누적 관객 수 갱신
    total_income += monthly_income
    total_attendance += monthly_attendance

# 결과 출력
print(total_income)
```

## 문제 24-3 3급

| 시간제한 | 1초 |
| --- | --- |
| 메모리제한 | 128MB |

제9회 TOSC 3/4/5급 문제 3–3

### 소문제 지문

월별로 각 상영관 종류에 따른 관객 수 및 VOD 판매량을 입력받아 총 영화 수입을 계산하려고 한다. 상영관 종류와 관계없이 누적 관객 수가 200만 명을 초과하면 해당 월의 다음 월부터는 VOD 판매가 시작되며 관객 수입 단가가 절반으로 줄어든다고 가정한다. 또한 누적 관객 수와 VOD 판매량의 총합이 500만 명을 초과할 경우 스트리밍 서비스에 판매되어 100,000만 원의 추가 수입을 얻는다고 한다. 영화 수입을 계산하려고 하는 개월 수를 먼저 입력받고 월별 상영관 종류별 관객 수를 입력받아 총 영화 수입을 계산하여 출력하는 프로그램을 작성하시오.

### 제한사항

- 전체 개월 수는 1 이상 24 이하의 정수이다.
- 총 관객 수의 입력 순서는 일반관, 특별관, 프리미엄관 순으로 입력된다.
- 입력은 만 명 단위, 출력은 만 원 단위로 이루어진다.
- 관객 수는 1 이상 100,000 이하의 정수이다.

### 문제 풀이 Steps

**Step 1** 영화 수입을 계산하려고 하는 개월 수를 입력받는다.

**Step 2** 월별로 각 상영관 종류에 따른 관객 수(만 명)를 입력받는다.

**Step 3** 만약 누적 관객 수가 200만 명을 초과한 이후라면 프리미엄 관객 수 입력 다음에 VOD 판매량(만 건)을 추가로 입력받는다.

**Step 4** 상영관 종류, VOD 판매량 및 VOD 판매에 따른 관객 수입 단가 변화, 스트리밍 서비스 판매 여부를 고려하여 총 영화 수입을 계산하고 결과를 출력한다.

### 입출력 예시

**입력 예시 1**

```
2      ↦ 전체 개월
200    ↦ (1개월) 일반관 관객 수
100    ↦ (1개월) 특별관 관객 수
50     ↦ (1개월) 프리미엄관 관객 수
200    ↦ (2개월) 일반관 관객 수
100    ↦ (2개월) 특별관 관객 수
50     ↦ (2개월) 프리미엄관 관객 수
100    ↦ (2개월) VOD 판매량
```

**출력 예시 1**

```
2475000     ↦ 총 영화 수입
```

## ● 문제 해설

**[문제 접근 방법]**

이 문제는 상영관별 관객 수와 VOD 판매량을 기반으로 영화의 총 수입을 누적하여 계산하는 시뮬레이션 문제이다. 관객 수가 누적 200만을 초과한 이후에는 수입이 절반으로 줄어드는 조건이 있고, 이후부터는 VOD 판매량도 입력된다. 또한 누적 수입이 500만을 초과하면 스트리밍 판매 수익이 추가된다. 조건에 따라 수입 계산이 어떻게 달라지는지 차례로 시뮬레이션하며 처리해야 한다.

**[풀이 및 입출력 설명]**

먼저 전체 개월 수를 입력받는다. 이후 개월 수만큼 반복하면서 일반관, 특별관, 프리미엄관 관객 수를 각각 입력받는다. 이후 각 관객 수에 해당하는 금액을 단가에 맞게 계산하여 총 수입에 더한다. 단, 누적 관객 수가 200만 명을 초과하면 이후 개월부터는 관객 수입이 절반이 된다. 또한 200만 명 초과 이후에는 해당 개월부터 VOD 판매량도 입력된다.
그리고 영화관 및 VOD 누적 관객이 500만 명을 초과하는 시점에는 스트리밍 판매 수입 100,000만 원이 한 번만 추가된다. 조건에 따라 누적 관객 수, 수입, 스트리밍 여부를 모두 관리하면서 계산을 진행해야 한다. 이후 누적하여 계산한 총 수입을 출력한다.

| 상영관의 번호 및 종류 | 1 일반관 | 2 특별관 | 3 프리미엄관 |
|---|---|---|---|
| 관객 만 명당 수입 단가 (만원) | 3,000 | 4,000 | 5,000 |

| VOD 만 건당 수입 단가 (만원) | 5,000 |
|---|---|

| 입력 | | | | | |
|---|---|---|---|---|---|
| 전체 개월 수 | 2 | | | | |
| 개월 수 | 영화관 종류 | 관객 수 | 수입 | 누적 관객 수 | 총 수입 |
| 1 | 일반관 | 200 | 200 × 3,000 = 600,000 | **350** | 1,250,000 (+1,250,000) |
| | 특별관 | 100 | 100 × 4,000 = 400,000 | | |
| | 프리미엄관 | 50 | 50 × 5,000 = 250,000 | | |
| | VOD | - | - | | |
| 2 | 일반관 | 200 | 200 × 3,000 **/ 2** = 300,000 | **800** | 2,375,000 (+1,125,000) |
| | 특별관 | 100 | 100 × 4,000 **/ 2** = 200,000 | | |
| | 프리미엄관 | 50 | 50 × 5,000 **/ 2** = 125,000 | | |
| | VOD | 100 | 100 × 5,000 = 500,000 | | |
| | 스트리밍 판매 수익 | | 100,000 | | **2,475,000** (+100,000) |

[그림 3-24-4] 입력값에 따른 영화관 총 수입 계산 과정

전체 개월 수는 2이다. 첫 달에 일반관, 특별관, 프리미엄관 관객 수가 각 200, 100, 50이다. 일반관, 특별관, 프리미엄관의 관객 만 명당 수입 단가가 3,000, 4,000, 5,000이므로 각각 곱하여 영화관 종류에 따른 수입을 계산하여 모두 더한다. 일반관은 관객 수 200만 명에 수입 단가 3,000만 원이므로 총 수입 600,000만 원이다. 특별관과 프리미엄관도 같은 방법으로 400,000만 원,

250,000만 원으로 계산할 수 있고 모두 더한 값 1,250,000만 원이 첫 달 수입이 된다. 또한 누적 관객 수도 계산하여 350만 명이 된다. 누적 관객 수가 200만 명을 초과했으므로 다음 달부터는 수입이 절반이 되고 VOD 판매가 시작되어 VOD 판매량도 입력받는다.

두 번째 달에 일반관, 특별관, 프리미엄관 관객 수와 VOD 판매량이 200, 100, 50, 100이다. 각 영화관마다 수입 단가를 곱하고 2로 나눠 수입을 계산한다. 각각 300,000만 원, 200,000 만 원, 125,000만 원이고 VOD 판매량은 500,000만 원이다. 따라서 두 번째 달 수입은 1,125,000만 원이 되며 총 수입은 2,375,000만 원, 누적 관객 수 800만 명이다. VOD를 포함한 누적 관객 수가 500만 명을 초과했으므로 스트리밍 서비스 판매 수입 100,000만 원까지 추가되며 총 수입은 2,475,000만 원으로 2475000을 출력한다.

## 정리

이 문제는 누적 수치에 따라 수입 계산 방식이 달라지는 조건 시뮬레이션 문제다. 중간 임계값, 관객 200만, 500만을 기준으로 상태를 나누고 각각 다르게 처리하는 흐름이 핵심이다.
특히 관객 수 기준 전/후 조건 분기, 스트리밍 수입 조건 1회 한정 적용 여부 등 복잡한 조건이 많으므로 하나씩 꼼꼼히 구현하는 것이 중요하다.

## 풀이 코드

```
# 상영관별 수입 단가
income_per_type = [3000, 4000, 5000]

# VOD 1건당 수입
vod_income_per_unit = 5000

# 누적 관객 수, 누적 수입 초기화
total_audience = 0
total_income = 0

# 스트리밍 보너스 수입 여부
streaming_bonus_added = False

# 개월 수 입력
months = int(input())

for _ in range(months):
    # 각 상영관 관객 수 입력
    general = int(input())        # 일반관
    special = int(input())        # 특별관
    premium = int(input())        # 프리미엄관
```

```python
    # 누적 관객 수가 200만을 초과한 경우 VOD 판매량도 입력
    if total_audience > 200:
        vod_sales = int(input())

    # 관객 수에 따른 영화관 수입 계산
    current_income = (general * income_per_type[0]
                      + special * income_per_type[1]
                      + premium * income_per_type[2])

    # 200만 초과 시점 이후에는 수입 절반만 계산
    if total_audience > 200:
        current_income = current_income // 2
        # VOD 수입 추가
        current_income += vod_sales * vod_income_per_unit
        # 관객 수에 VOD 포함
        total_audience += general + special + premium + vod_sales
    else:
        total_audience += general + special + premium

    # 누적 수입 갱신
    total_income += current_income

    # 누적 관객이 500만 초과하고, 스트리밍 수입 아직 안 추가했다면
    if total_audience > 500 and not streaming_bonus_added:
        total_income += 100000  # 스트리밍 수입
        streaming_bonus_added = True

# 최종 수입 출력
print(total_income)
```

# 문제 25 배터리 사용 통계 프로그램

**전체 지문**

**세종 배터리에서는 사람들의 배터리 사용량을 계산하는 프로그램을 작성하려고 한다.**

## 문제 25-1 5급

| 시간제한 | 1초 |
|---|---|
| 메모리제한 | 128MB |

제10회 TOSC 3/4/5급 문제 1-1

**소문제 지문**

세종 배터리에서 배터리를 세 명이 사용한 후 배터리의 용량 결과를 출력하는 프로그램을 작성하려고 한다. 10,000mAh 전력량의 배터리를 세 명이 순서대로 사용한다고 할 때, 각 사용자가 배터리를 얼마나 사용할지 입력받아 배터리의 용량 결과를 출력한다. 모든 사용자가 배터리를 사용한 후에도 배터리에 전력이 남아있거나 사용한 전력량이 정확히 10,000mAh일 경우 1을 출력하고 남아있는 전력량을 출력한다. 만약 배터리의 전력량이 부족한 경우에는 0을 출력하고 부족한 전력량을 출력하는 프로그램을 작성하시오.

**제한사항**

- 각 배터리의 사용량은 0 이상 10,000 이하의 정수이다.

**문제 풀이 Steps**

- Step 1 세 명의 인원이 배터리를 몇 mAh 사용할지 입력받는다.
- Step 2 세 명이 사용할 총 전력량을 계산하고 전력량이 부족한지 남는지 계산한다.
- Step 3 전력량이 부족하다면 얼마나 부족한지, 전력량이 남는다면 얼마나 남는지 계산한다.
- Step 4 계산한 결과를 출력한다.

**입출력 예시**

| 입력 예시 1 | 출력 예시 1 |
|---|---|
| 1000 ↦ 첫 번째 사용량<br>2000 ↦ 두 번째 사용량<br>3000 ↦ 세 번째 사용량 | 1 ↦ 배터리가 남아있음<br>4000 ↦ 남아있는 전력량은 4,000mAh |

| 입력 예시 2 | |
|---|---|
| 5000 | ↦ 첫 번째 사용량 |
| 4000 | ↦ 두 번째 사용량 |
| 3000 | ↦ 세 번째 사용량 |

| 출력 예시 2 | |
|---|---|
| 0 | ↦ 배터리가 부족함 |
| 2000 | ↦ 부족한 전력량은 2,000mAh |

## 문제 해설

**[문제 접근 방법]**

이 문제는 세 명이 배터리를 순차적으로 사용할 때, 전체 용량에서 각자의 사용량을 차감한 후 남는 전력량을 계산하거나, 부족한 경우 부족분을 계산해 출력해야 한다. 따라서 먼저 세 사람의 사용량을 모두 입력받아 총합을 구하고, 이를 기준으로 남는 용량을 판단하는 조건문을 사용하여 분기 처리를 하는 방식으로 접근할 수 있다.

**[풀이 및 입출력 설명]**

먼저 각 사람의 배터리 사용량을 입력받고, 전체 배터리 용량인 10,000mAh에서 세 사람의 사용량을 모두 더한 값을 뺀다. 이렇게 계산한 결과가 0 이상이면 잔여 전력량으로 간주하고 '1'과 함께 남은 전력량을 출력한다. 반대로 계산 결과가 음수이면 전력이 부족한 것이므로, '0'과 함께 부족한 전력량을 출력한다.

| 입력<br>전력 사용량 | 남은 전력량 |
|---|---|
| 1,000 | 10,000 - 1,000 = 9,000 |
| 2,000 | 9,000 - 2,000 = 7,000 |
| 3,000 | 7,000 - 3,000 = **4,000** |

| 전력 사용량 | 남은 전력량 |
|---|---|
| 5,000 | 10,000 - 5,000 = 5,000 |
| 4,000 | 5,000 - 4,000 = 1,000 |
| 3,000 | 1,000 - 3,000 = **-2,000** |

[그림 3-25-1] 입력값에 따른 남은 전력량 계산 과정

세 사람이 사용한 전력량이 1,000, 2,000, 3,000이다. 전체 배터리 용량 10,000에서 사용한 전력량을 순차적으로 빼면 4,000이 된다. 배터리가 남았으므로 1과 남은 배터리 용량을 출력한다. 남은 배터리 용량이 4,000이므로 1, 4000을 순서대로 출력한다.

세 사람이 사용한 전력량이 5,000, 4,000, 3,000이다. 전체 배터리 용량 10,000에서 사용한 전력량을 순차적으로 빼면 -2,000이 된다. 배터리가 부족하므로 0과 부족한 배터리 용량을 출력한다. 부족한 배터리 용량이 2,000이므로 0, 2000을 순서대로 출력한다.

## 정리

이 문제는 조건에 따라 출력을 다르게 구성하는 기본적인 분기 문제다. 간단한 변수 계산과 if 문만으로 해결되며, 출력 형식이 고정되어 있으므로 형식 실수가 없도록 주의해야 한다. 전력량의 절댓값을 출력하는 로직과 함께, 조건문 구조를 명확히 구성하는 연습이 된다.

## 풀이 코드

```python
# 전체 배터리 용량
total_capacity = 10000

# 각 사람의 배터리 사용량 입력
person1 = int(input())
person2 = int(input())
person3 = int(input())

# 남은 전력량 계산
remaining = total_capacity - (person1 + person2 + person3)

# 조건에 따라 출력
if remaining >= 0:
    print(1)                # 전력이 충분한 경우
    print(remaining)        # 남은 전력량 출력
else:
    print(0)                # 전력이 부족한 경우
    print(abs(remaining))   # 부족한 전력량의 절댓값 출력
```

## 문제 25-2 4급

| 시간제한 | 1초 |
| --- | --- |
| 메모리제한 | 128MB |

제10회 TOSC 3/4/5급 문제 1-2

### 소문제 지문

임의의 용량을 갖는 배터리를 여러 사용자가 순서대로 사용하려고 한다. 배터리의 용량을 먼저 입력받고 배터리의 전력을 모두 사용할 때까지 각 사용자가 배터리를 얼마나 사용할지 입력받아 총 배터리를 사용한 인원이 몇 명인지, 마지막 사용자의 경우 사용하고자 했던 전력량 중 전력량이 얼마나 부족한지 출력하는 프로그램을 작성하시오.

### 제한사항

- 배터리의 용량은 0 이상 50,000 이하의 정수이다.
- 각 배터리의 사용량은 0 이상 10,000 이하의 정수이다.

### 문제 풀이 Steps

Step 1 배터리 용량을 입력받는다.

**Step 2** 각 사용자가 배터리를 몇 mAh씩 사용할지 입력받는다.

**Step 3** 배터리에 전력이 더 이상 남아있지 않은 경우 입력을 종료한다.

**Step 4** 배터리를 사용한 총 사용자 수와 마지막 사용자의 부족한 전력량을 출력한다.

**입출력 예시**

**입력 예시 1**

```
8000     ↦ 배터리는 총 8000mAh
3000     ↦ 첫 번째 사용량
4000     ↦ 두 번째 사용량
3000     ↦ 세 번째 사용량
         ↦ 배터리에 남은 전력량이 없으므로 입
           력 종료
```

**출력 예시 1**

```
3        ↦ 총 3명이 배터리를 사용함
2000     ↦ 마지막 사용자는 2000mAh가 부족함
```

**입력 예시 2**

```
10000    ↦ 배터리는 총 10000mAh
1200     ↦ 첫 번째 사용량
3000     ↦ 두 번째 사용량
1700     ↦ 세 번째 사용량
1500     ↦ 네 번째 사용량
1800     ↦ 다섯 번째 사용량
1600     ↦ 여섯 번째 사용량
         ↦ 배터리에 남은 전력량이 없어 입력
           종료
```

**출력 예시 2**

```
6        ↦ 총 6명이 배터리를 사용함
800      ↦ 마지막 사용자는 800mAh가 부족함
```

## 문제 해설

**[문제 접근 방법]**

이 문제는 순차적으로 배터리 사용자의 사용량을 차례대로 입력받으며, 배터리의 잔량을 계속 줄여가야 하는 시뮬레이션 문제다. 단순 반복 구조로 해결할 수 있으며, 반복 도중 배터리의 잔량이 0보다 작아질 경우 바로 종료하여 사용자 수와 부족한 전력을 계산해야 한다.

**[입출력 설명]**

먼저 배터리의 총 용량을 입력받는다. 이후 사용자들이 배터리를 얼마나 사용할지 하나씩 입력받으며, 각 사용량만큼 배터리 잔량에서 차감한다. 사용자가 한 명씩 배터리를 사용할 때마다 사용자 수를 카운트하며, 만약 차감 후 배터리 잔량이 0보다 작아지면 즉시 반복을 종료한다. 종료 시점에서 배터리를 사용한 사용자 수와 마지막 사용자가 배터리를 사용할 때 부족했던 전력량을 출력한다.

| 입력 | | |
|---|---|---|
| 총 배터리 양 | 8,000 | |
| 전력 사용량 | 남은 전력량 | 사용자 수 |
| 3,000 | 8,000 − 3,000 = 5,000 | 1 |
| 4,000 | 5,000 − 4,000 = 1,000 | 2 |
| 3,000 | 1,000 − 3,000 = **−2,000** | **3** |

[그림 3-25-2] 입력값에 따른 사용자 수 및 부족한 전력량 계산 과정

총 배터리 양이 8,000이다. 사용자가 각각 사용한 전력량이 3,000, 4,000, 3,000이다. 각 사용한 전력량만큼 배터리 잔량에서 차감하며 사용자 수를 1씩 증가시킨다.

첫 번째 사용자가 3,000을 사용했다. 남은 배터리의 양은 8,000에서 3,000을 차감하여 5,000이 된다. 사용자 수는 1이다. 두 번째 사용자가 4,000을 사용했다. 남은 배터리의 양은 5,000에서 4,000을 차감하여 1,000이 된다. 사용자 수는 1 증가시켜 2가 된다. 세 번째 사용자는 3,000을 사용했다. 남은 배터리의 양은 1,000에서 3,000을 뺀 -2,000이다. 사용자 수는 1 증가시켜 3이 된다. 배터리가 부족하여 더 이상 입력받지 않는다. 사용자 수와 부족한 전력량인 3, 2,000을 출력한다.

## 정리

이 문제는 반복문 기반의 시뮬레이션 문제로, 입력값에 따라 종료 조건을 적절히 제어하는 능력을 평가한다. 누적 계산 및 조건 분기 흐름을 정확히 구성하는 것이 핵심이며, 사용자 수와 잔량을 동시에 추적하는 방식의 구현 연습에 적합하다.

## 풀이 코드

```
# 배터리의 전체 용량 입력
total_capacity = int(input())

# 배터리를 사용한 사용자 수
user_count = 0

# 배터리 용량이 남아 있는 동안 반복
while total_capacity > 0:
    # 현재 사용자의 배터리 사용량 입력
    used_power= int(input())

    # 사용자 수를 1 증가시킴
    user_count += 1

    # 사용자의 사용량만큼 배터리에서 차감
    total_capacity -= used_power

# 결과 출력
print(user_count) # 사용자 수 출력
print(abs(total_capacity)) # 부족한 전력량 출력
```

## 문제 25-3 3급

| 시간제한 | 1초 |
|---|---|
| 메모리제한 | 128MB |

제10회 TOSC 3/4/5급 문제 1-3

### 소문제 지문

임의의 용량을 갖는 배터리를 N개 마련해 두고 각 배터리를 여러 사용자가 순서대로 사용하려고 한다. 먼저 배터리의 개수 N을 입력받는다. 이후 각 배터리의 용량을 입력받은 뒤, 각 사용자가 배터리를 얼마나 사용할지 순서대로 입력받는다. 만약 해당 배터리의 전력을 모두 사용한 경우 입력을 종료하고 다음 배터리로 넘어가서 위의 과정을 반복한다. 입력이 완료되면 배터리를 사용한 모든 사용자가 총 몇 명인지와 각 배터리를 마지막으로 사용한 사용자들의 부족한 전력량을 모두 더하여 출력하는 프로그램을 작성하시오.

### 제한사항

- 각 배터리의 용량은 0 이상 50,000 이하의 정수이다.
- 각 배터리의 사용량은 0 이상 10,000 이하의 정수이다.

### 문제 풀이 Steps

**Step 1** 총 배터리 개수를 입력받는다.

**Step 2** 각 배터리의 용량을 입력받는다.

**Step 3** 각 사용자가 배터리를 몇 mAh씩 사용할지 입력받는다. 만약 배터리에 전력이 남아있지 않은 경우 입력을 종료하고 다음 배터리로 넘어간다.

**Step 4** 모든 배터리에 대한 입력이 종료되면 배터리를 사용한 총 사용자 수와 각 배터리를 사용한 마지막 사용자의 부족한 전력량을 모두 더하여 출력한다.

### 입출력 예시

**입력 예시 1**

```
3     ↦ 총 배터리 수
8000  ↦ 배터리1은 총 8000mAh
5000  ↦ 첫 번째 사용량
4000  ↦ 두 번째 사용량(배터리에 남는 전력량이
        없으므로 입력 종료)
5000  ↦ 배터리2는 총 5000mAh
5000  ↦ 첫 번째 사용량(배터리에 남는 전력량이
        없으므로 입력 종료)
6000  ↦ 배터리3는 총 6000mAh
2000  ↦ 첫 번째 사용량
3000  ↦ 두 번째 사용량
2000  ↦ 세 번째 사용량(배터리에 남는 전력량이
        없으므로 입력 종료)
```

**출력 예시 1**

```
6     ↦ 총 6명이 배터리를 사용함
        (배터리1: 2명, 배터리2: 1명,
         배터리3: 3명)
2000  ↦ 총 2000mAh가 부족함
        (배터리1: 1000, 배터리3: 1000)
```

## 문제 해설

**[문제 접근 방법]**

이 문제는 각 배터리마다 순차적으로 사용자들이 사용하며 배터리 용량을 소비해 가는 과정을 그대로 구현하는 시뮬레이션 유형이다. 배터리의 용량이 소진될 때까지 사용자 입력을 받고, 배터리가 부족한 상황이 발생하면 부족한 전력량을 누적해서 저장해야 한다. 단순 반복과 조건 분기를 활용하여 구현할 수 있다.

**[풀이 및 입출력 설명]**

먼저 배터리의 개수를 입력받고, 그 수만큼 배터리 용량을 반복 입력받는다. 각 배터리에 대해 사용자가 순서대로 전력을 소모하는데, 배터리 용량이 남아 있는 동안 계속해서 사용자의 사용량을 입력받으며 차감한다. 만약 어떤 사용자의 사용량으로 인해 배터리 용량이 0보다 작아지면, 해당 초과분을 저장하고 다음 배터리로 넘어간다. 이 과정을 모든 배터리에 대해 반복하면서 전체 사용자 수를 카운트하고, 발생한 부족 전력량을 누적하여 출력한다.

| 입력 | | | |
|---|---|---|---|
| 총 배터리 개수 | 3 | | |
| 첫 번째 배터리 양 | 8,000 | | |
| 전력 사용량 | 남은 전력량 | 사용자 수 | 부족한 전력량 |
| 5,000 | 8,000 – 5,000 = 3,000 | 1 | 0 |
| 4,000 | 3,000 – 4,000 = -1,000 | 2 | 1,000 |
| 두 번째 배터리 양 | 5,000 | | |
| 전력 사용량 | 남은 전력량 | 사용자 수 | 부족한 전력량 |
| 5,000 | 5,000 – 5,000 = 0 | 3 | 1,000 |
| 세 번째 배터리 양 | 6,000 | | |
| 전력 사용량 | 남은 전력량 | 사용자 수 | 부족한 전력량 |
| 2,000 | 6,000 – 2,000 = 4,000 | 4 | 1,000 |
| 3,000 | 4,000 – 3,000 = 1,000 | 5 | 1,000 |
| 2,000 | 1,000 – 2,000 = -1,000 | **6** | **2,000** |

**[그림 2-25-3] 입력값에 따른 사용자 수 및 부족한 전력량 계산 과정**

총 배터리 개수가 3이다. 첫 번째 배터리 양이 8,000이다. 각 사용한 전력량만큼 배터리 잔량에서 차감하며 사용자 수를 1씩 증가시키고 만약 전력량이 부족하다면 누적하여 저장한다. 첫 번째 사용자가 5,000을 사용했다. 남은 배터리의 양은 8,000에서 5,000을 차감하여 3,000이 된다. 사용자 수는 1이다. 두 번째 사용자가 4,000을 사용했다. 남은 배터리의 양은 3,000에서 4,000을 차감하여 −1,000이 된다. 사용자 수는 1 증가시켜 2가 된다. 1,000의 전력량이 부족하므로 부족한 전력량에 1,000을 더한다.

두 번째, 세 번째 배터리도 같은 방법으로 진행하여 사용자 수와 부족한 전력량을 계산한다. 모든 배터리에 대해 계산을 마치고 사용자 수와 부족한 전력량을 출력한다. 위 예시의 경우 사용자 수는 6, 부족한 전력량은 2,000이므로 6, 2000을 순서대로 출력한다.

## 정리

이 문제는 절차적 흐름을 시뮬레이션하며 구현하는 문제다. 사용자 입력이 불규칙한 형태로 들어오고, 입력 개수 자체가 고정되어 있지 않기 때문에 입력 처리 흐름에 집중해야 하며, 배터리별 반복 구조를 통해 자연스럽게 로직을 구성할 수 있다. 반복 조건과 조건 분기의 활용 능력을 확인할 수 있는 문제다.

## 풀이 코드

```python
# 총 배터리 개수 입력
battery_count = int(input())

# 배터리를 사용한 사용자 수
user_count = 0

# 부족한 전력량
power_deficit = 0

# 배터리의 개수 만큼 반복
for _ in range(battery_count):
    # 배터리의 전체 용량 입력
    total_capacity = int(input())

    # 배터리 용량이 남아 있는 동안 반복
    while total_capacity > 0:
        # 현재 사용자의 배터리 사용량 입력
        used_power = int(input())

        # 사용자 수를 1 증가시킴
        user_count += 1

        # 사용자의 사용량만큼 배터리에서 차감
        total_capacity -= used_power

        # 전력이 부족하면 부족한 전력량에 부족한 양을 누적
        if total_capacity < 0:
            power_deficit += abs(total_capacity)

# 결과 출력
print(user_count)     # 사용자 수 출력
print(power_deficit) # 부족한 전력량 출력
```

# 문제 26 동물보호

**전체 지문**

민수는 동물 보호소에서 자원봉사 활동을 하고 있다. 동물 보호소에는 각종 동물이 있으며, 민수의 역할은 매일 고양이와 강아지 그리고 너구리에게 먹이를 배급하는 일이다. 먹이는 하루에 정해진 양이 있으며, 민수는 매일 주어진 먹이양을 고양이, 강아지 그리고 너구리에게 공평하게 나누어 주어야 한다. 보호소에는 고양이와 강아지 그리고 너구리가 살고 있다. 보호소에는 하루에 고양이 한 마리당 30g, 강아지 한 마리당 50g, 너구리 한 마리당 20g의 먹이를 주기로 되어있다. 민수는 매일 아침 동물들의 숫자에 따라 그날 필요한 총 먹이양을 계산한 뒤 먹이를 준비한다. 민수는 매일 동물들의 총 먹이양을 계산하는 프로그램을 작성하려고 한다.

| 동물 | 고양이 | 강아지 | 너구리 |
|---|---|---|---|
| 하루 사료 급여량 (g) | 30 | 50 | 20 |

[그림 3-26-1] 동물 보호소에 있는 동물들의 사료 급여량

## 문제 26-1 5급

시간제한 1초
메모리제한 128MB

제10회 TOSC 3/4/5급 문제 2-1

**소문제 지문**

민수는 매일 입소하는 동물의 수를 입력받아 그날 배급해야 할 총 먹이양을 계산해야 한다. 마침 오늘 보호소에 새롭게 동물들이 들어온다고 한다. 기존에 있던 동물들과 새롭게 들어오는 동물들의 배급해야 할 총 먹이양을 계산해야 한다.

기존의 보호소에 있는 고양이는 20마리, 강아지는 13마리, 너구리는 9마리이다. 새로 들어오는 고양이, 강아지, 너구리의 수를 입력받으면 동물 보호소에서 소비해야 하는 하루 사료 총량을 계산하는 프로그램을 작성하시오.

**제한사항**

- 새로 들어온 동물 수의 입력 순서는 고양이, 강아지, 너구리 순이다.
- 새로 들어오는 각 동물의 수는 0 이상 50 이하의 정수이다.

**문제 풀이 Steps**

- Step 1 새로 들어온 고양이, 강아지, 너구리의 수를 입력받는다.
- Step 2 기존에 있던 동물과 새로 들어온 동물의 수를 더하여 준비해야 할 하루 사료 총량을 계산한다.
- Step 3 계산한 결과를 출력한다.

**입출력 예시**

**입력 예시 1**

```
3    ↦ 새로 들어온 고양이 수
2    ↦ 새로 들어온 강아지 수
0    ↦ 새로 들어온 너구리 수
```

**출력 예시 1**

```
1620    ↦ 총 급여 사료량
```

**입력 예시 2**

```
2    ↦ 새로 들어온 고양이 수
21   ↦ 새로 들어온 강아지 수
15   ↦ 새로 들어온 너구리 수
```

**출력 예시 2**

```
2840    ↦ 총 급여 사료량
```

## 문제 해설

**[문제 접근 방법]**

이 문제는 고양이, 강아지, 너구리의 마릿수와 각각의 사료 소비량이 주어졌을 때, 동물 보호소에서 하루에 필요한 총 사료량을 계산하는 문제이다. 입력으로는 보호소에 새로 들어온 동물 수가 주어지며, 기존의 보호소에 있는 동물 수까지 포함해 총 사료량을 계산해야 하므로 각 동물의 마릿수를 더한 뒤, 사료 소비량을 곱해 모두 더하면 된다.

**[풀이 및 입출력 설명]**

우선 보호소에 이미 있는 동물 수는 고양이 20마리, 강아지 13마리, 너구리 9마리로 고정되어 있고 각 동물은 하루에 일정한 양의 사료를 먹는데, 고양이는 30g, 강아지는 50g, 너구리는 20g이다. 동물 수와 동물당 사료를 변수로 선언하고 초기화한다.

고양이, 강아지, 너구리의 새로 들어온 마릿수를 차례로 받는다. 새로 들어온 동물 수는 기존 마릿수에 더해 총 마릿수를 구하고, 동물별 사료 소비량을 곱해 총 사료량을 누적 계산한다. 마지막으로 고양이, 강아지, 너구리의 모든 사료량을 더한 값을 출력한다.

입력

| 동물 | 기존 마릿수 | 새로 들어온 마릿수 | 총 마릿수 | 1마리당 필요 사료 | 사료 계산 |
|---|---|---|---|---|---|
| 고양이 | 20 | 3 | 23 | 30 | 23 × 30 = 690 |
| 강아지 | 13 | 2 | 15 | 50 | 15 × 50 = 750 |
| 너구리 | 9 | 0 | 9 | 20 | 9 × 20 = 180 |
| | | | | 총 사료량 | **1,620** |

[그림 3-26-2] 입력값에 따른 총 사료량 계산 과정

새로 들어온 고양이 마릿수는 3, 강아지 마릿수는 2, 너구리 마릿수는 0이다. 기존에 있던 동물 마릿수는 각 20, 13, 9이므로 현재 고양이는 23마리, 강아지는 15마리, 너구리는 9마리이다. 그리고 1마리당 필요 사료는 고양이는 30g, 강아지는 50g, 너구리는 20g이므로 각각 곱하고 모두 더하여 하루에 필요한 사료를 계산한다. 따라서 하루에 필요한 총 사료량은 1,620g으로 1620을 출력한다.

## 정리

이 문제는 기본적인 연산을 연습할 수 있는 구조다. 고정된 데이터와 입력값을 활용해 전체 양을 구하는 과정은 프로그래밍의 기초적인 흐름을 이해하는 데 효과적이다. 순차적 입력 처리, 단순 연산, 출력 포맷까지 입문 학습자가 실습하기 좋은 문제 유형이다.

## 풀이 코드

```
# 동물별 하루 사료 소비량
cat_feed = 30
dog_feed = 50
raccoon_feed = 20

# 보호소에 기존에 있는 동물 수
cat_num = 20
dog_num = 13
raccoon_num = 9

# 새로 들어온 동물 수 입력 받기
new_cat = int(input())       # 새 고양이 수
new_dog = int(input())       # 새 강아지 수
new_raccoon = int(input())   # 새 너구리 수

# 기존 동물 수에 새로 들어온 동물 수를 더함
cat_num += new_cat
dog_num += new_dog
raccoon_num += new_raccoon

# 총 사료 소비량 계산
total_feed = cat_num * cat_feed + dog_num * dog_feed + raccoon_num *
raccoon_feed

# 결과 출력
print(total_feed)
```

| 문제 26-2 | 4급 | 시간제한 | 1초 |
|---|---|---|---|
| | | 메모리제한 | 128MB |

제10회 TOSC 3/4/5급 문제 2-2

### 소문제 지문

보호소에서는 하루에 사용할 사료의 양뿐만 아니라 매달 남은 사료의 양을 계산하여 자원 관리를 한다. 각 동물의 사료는 정해진 양만큼 매일 사용되고 보호소의 관리자인 민수는 매일 사료를 공급해야 한다. 보호소는 매달 사료를 한 번에 구입하기 때문에 각 동물의 사료 소모량을 고려하여 남은 사료량을 계산하는 프로그램이 필요하다.

보호소는 매달 30일 동안 운영되며, 매달 첫날 100,000g의 사료를 구입한다. 보호소에 있는 고양이, 강아지, 너구리의 수를 입력받고 매일 자원 소모를 고려하여 일주일마다 남은 사료량을 계산하여 출력한다. 만약 사료가 부족할 경우 0을 출력하는 프로그램을 작성하시오.

### 제한사항

- 보호소에 있는 동물 수의 입력 순서는 고양이, 강아지, 너구리 순이다.
- 각 동물의 수는 0 이상 50 이하의 정수이다.
- 입력한 동물의 수는 30일 동안 변하지 않는다.

### 문제 풀이 Steps

- Step 1 보호소에 있는 고양이, 강아지, 너구리의 수를 입력받는다.
- Step 2 동물들의 하루 총 사료량을 계산한다.
- Step 3 하루 사료량을 통해 매주 남은 사료량을 계산한다.
- Step 4 1일부터 30일까지 매주 남은 사료의 양을 출력한다(Day 7, Day 14, Day 21, Day 28일에 해당하는 남은 사료량을 출력한다).

### 입출력 예시

**입력 예시 1**

```
20    ↦ 보호소에 있는 고양이 수
13    ↦ 보호소에 있는 강아지 수
9     ↦ 보호소에 있는 너구리 수
```

**출력 예시 1**

```
89990  ↦ 7일이 지났을 때 남은 사료량
79980  ↦ 14일이 지났을 때 남은 사료량
69970  ↦ 21일이 지났을 때 남은 사료량
59960  ↦ 28일이 지났을 때 남은 사료량
```

## 문제 해설

**[문제 접근 방법]**

이 문제는 보호소에 있는 세 종류의 동물의 일일 사료 소모량을 기반으로, 일정 주기(7일)마다 남은 사료의 양을 계산하는 문제다. 매일 사용되는 총 사료량을 계산하고, 이를 기반으로 매주 감산해 가며 결과를 주어진 날짜에 맞춰 출력하는 방식이다. 단순한 반복과 조건 계산으로 해결할 수 있으므로 반복문 기반 접근이 적절하다.

**[입출력 설명]**

먼저 고양이, 강아지, 너구리의 마릿수를 입력받고, 각 동물의 하루 사료 소비량을 곱해 총 일일 소비량을 구한다. 이 값을 기준으로 7일 단위로 소모되는 사료량을 계산한 후, 30일 중 7일 단위의 날짜(7, 14, 21, 28일)에 남은 사료량을 출력한다.

남은 사료가 0보다 크면 그대로 출력하고, 만약 0보다 작아졌다면 부족한 상태이므로 0을 출력한다. 이때 매주 누적된 소모량만큼 전체 사료량에서 차감하며 처리한다.

| 입력 | | | | | |
|---|---|---|---|---|---|
| 동물 | 마릿수 | 1마리당 필요 사료 | 하루 사료 계산 | | |
| 고양이 | 20 | 30 | 20 × 30 = 600 | | |
| 강아지 | 13 | 50 | 13 × 50 = 650 | 하루 총 사료량 | 1,430 |
| 너구리 | 9 | 20 | 9 × 20 = 180 | 주간 총 사료량 | **10,010** |

**[그림 3-26-3] 입력값에 따른 주간 총 사료량 계산 과정**

고양이는 20마리, 강아지는 13마리, 너구리는 9마리가 있다. 동물 마릿수에 각 동물의 하루 사료 소비량을 곱하여 총 일일 소비량을 계산한다. 각 동물의 일일 사료 소비량은 600g, 650g, 180g으로 총 1,430g이다. 여기에 7을 곱하여 주간 총 사료 소비량을 계산하면 10,010g이 된다.

| 일차 | 남은 사료 계산 | 남은 사료 |
|---|---|---|
| 7일차 | 100,000 − 10,010 | **89,990** |
| 14일차 | 89,990 − 10,010 | **79,980** |
| 21일차 | 79,980 − 10,010 | **69,970** |
| 28일차 | 69,970 − 10,010 | **59,960** |

**[그림 3-26-4] 주간 총 사료량을 이용한 주별 잔여 사료량 계산 과정**

매달 첫날 사료 100,000g이 있으며 7일이 지날 때마다 주간 사료 소비량 10,010g을 빼며 7, 14, 21, 28일 차의 남은 사료 89990, 79980, 69970, 59960을 순서대로 출력한다. 만약 주간 사료 소비량을 차감하며 출력하다가 남은 사료량이 0 이하가 될 경우 0을 출력한다.

## 정리

이 문제는 반복과 누적을 기반으로 하는 기본적인 사료 계산 시뮬레이션이다. 매주 정해진 날마다 특정 출력을 해야 한다는 점에서 조건 분기와 반복 흐름을 함께 이해해야 하며, 누적 소모량을 감안한 조건 판단이 중요한 포인트다. 배열 없이 변수를 이용한 단순 반복 구현으로 해결 가능하다.

## 풀이 코드

```
# 각 동물의 일일 사료 소비량
cat_feed = 30
dog_feed = 50
raccoon_feed = 20

# 고양이, 강아지, 너구리의 수 입력
cat_num = int(input())
dog_num = int(input())
raccoon_num = int(input())

# 총 보유 사료량
total_feed = 100000

# 하루 동안 사용되는 전체 사료량 계산
daily_feed = cat_num * cat_feed + dog_num * dog_feed + raccoon_num *
raccoon_feed

# 7일 단위로 4번 반복 (총 28일까지)
for week in range(4):
    # 7일간 소모되는 사료량 계산
    weekly_feed = daily_feed * 7

    # 총 사료에서 감산
    total_feed -= weekly_feed

    # 남은 사료가 0보다 크면 그대로 출력, 아니면 0 출력
    if total_feed > 0:
        print(total_feed)
    else:
        print(0)
```

## 문제 26-3 3급

| 시간제한 | 1초 |
| --- | --- |
| 메모리제한 | 128MB |

제10회 TOSC 3/4/5급 문제 2-3

**소문제 지문**

보호소에서는 다양한 동물들을 관리하여 매달 필요한 사료량과 그 비용을 관리한다. 보호소는 동물들을 관리하기 위해 동물들을 시스템에 등록하고 월간 사료량과 월간 사료 비용을 계산하려고 한다. 아래 표는 보호소에 있는 고양이, 강아지, 너구리를 포함한 새로운 동물들의 이름, 1일 사용량(g), 1일 사료 비용(원)의 정보이다.

| 동물 | 1 | 2 | 3 | 4 | 5 | 6 | 7 |
|---|---|---|---|---|---|---|---|
| 동물 종류 | 고양이 | 강아지 | 너구리 | 토끼 | 도마뱀 | 햄스터 | 다람쥐 |
| 한 마리당 1일 사료량 (g) | 30 | 50 | 20 | 15 | 5 | 8 | 12 |
| 한 마리당 1일 사료 비용 (원) | 50 | 70 | 30 | 25 | 10 | 15 | 20 |

[그림 3-26-5] 동물 보호소의 동물 종류와 한 마리당 1일 사료량 및 비용 정보

예를 들어, 고양이 한 마리당 하루에 30g의 사료를 먹고 30g의 해당 사료는 50원이다. 등록 횟수 N을 입력받고 N개의 동물 종류의 번호와 마릿수를 입력받는다. 입력되는 동물 종류의 번호가 유효하지 않으면 0을 출력하고 종료한다. 각 동물의 월간 사료 소비량을 계산하여 월간 사료 소비량이 가장 많은 동물 순서대로 동물 번호, 월간 사료 소비량, 월간 사료 비용을 출력하는 프로그램을 작성하시오. 만약 월간 사료 소비량이 같다면 월간 사료 비용이 많이 든 순으로 출력한다.

**제한사항**

- N은 1 이상 100,000 이하의 정수이다.
- 동물 종류를 입력받을 때 잘못된 값을 입력했을 경우 0을 출력 후 종료한다.
- 동물 종류를 입력받을 때 중복된 번호가 입력될 수 있다.
- 월간 사료 소비량, 사료 비용을 계산할 때, 한 달은 30일로 계산한다.
- 월간 사료 소비량이 같으면서 월간 사료 비용이 같은 경우는 없다고 가정한다.

**문제 풀이 Steps**

**Step 1** 동물의 수 N을 입력받는다.

**Step 2** N개의 추가되는 동물의 번호와 마릿수를 입력받는다(잘못된 동물 번호를 입력받으면 0 을 출력 후 종료).

**Step 3** 기존 동물을 포함하여 월간 사료 소비량과 월간 사료 비용을 계산한다.

**Step 4** 월간 소비 사료 소비량을 기준으로 정렬한 후 내림차순으로 동물번호, 월간 사료 소비량, 월간 사료 비용을 출력한다.

**입출력 예시**

| 입력 예시 1 | 출력 예시 1 |
|---|---|
| 5 ↦ N<br>2 4 ↦ 강아지 4마리 등록<br>3 7 ↦ 너구리 7마리 등록<br>5 10 ↦ 도마뱀 10마리 등록 | 3 6000 9000 ↦ 월간 소비 사료 소비량 기준 정렬 후 내림차순 정렬<br>2 6000 8400<br>6 2880 5400<br>5 1500 3000 (번호, 월간 소비 사료량, |

```
6 12        ↦ 햄스터 12마리 등록
3 3         ↦ 너구리 3마리 등록
```

```
월간 사료 비용 출력)
```

**입력 예시 2**

```
12
3 4
8 2         ↦ 잘못된 입력
```

**출력 예시 2**

```
0
```

## 문제 해설

**[문제 접근 방법]**

이 문제는 등록된 동물의 종과 마릿수를 바탕으로 월 단위 사료 소비량과 비용을 집계해 순서대로 나열하는 문제다. 종별 규모를 파악한 뒤 월 기준으로 환산하고, 소비량이 큰 순서로, 소비량이 같다면 비용이 큰 순서로 정렬해 결과를 출력하는 방식으로 구현해야 한다.

**[풀이 및 입출력 설명]**

먼저 등록 횟수 N을 입력받는다. 이어서 N번에 걸쳐 동물 종류 번호와 마릿수를 입력받아 종별 마릿수를 누적한다. 이때 동물 번호가 범위를 벗어나면 즉시 0을 출력하고 종료한다. 모든 입력이 유효하면 종별로 월간 사료 소비량(1일 사료량 × 30 × 마릿수), 월간 사료 비용(1일 비용 × 30 × 마릿수)을 계산한다. 마릿수가 0인 종은 출력에서 제외하고, 나머지를 월간 사료 소비량 내림차순, 동률이면 월간 사료 비용 내림차순으로 정렬하여 각 줄에 동물번호, 월간 소비 사료량, 월간 사료 비용을 출력한다.

| 입력 | |
|---|---|
| 등록 횟수 | 5 |
| 동물 번호 | 마릿수 |
| 2 | 4 |
| 3 | 7 |
| 5 | 10 |
| 6 | 12 |
| 3 | 3 |

| 동물 번호 | 1 | 2 | 3 | 4 | 5 | 6 | 7 |
|---|---|---|---|---|---|---|---|
| 마릿수 | 0 | 4 | 10 | 0 | 10 | 12 | 0 |

**[그림 3-26-6] 입력값에 따른 동물별 마릿수**

등록 횟수 N이 5이고, 등록된 동물 종류와 마릿수는 각 (2, 4), (3, 7), (5, 10), (6, 12), (3, 3)이다. 동물 번호가 중복으로 입력될 수 있으므로 동물 번호를 인덱스로 하는 리스트를 선언하여 동물 번호에 따른 마릿수를 저장한다. 위의 입력으로 강아지 4마리, 너구리 10마리, 도마뱀 10마리, 햄스터 12마리가 등록된다.

| 동물 번호 | 마릿수 | 월간 소비 사료량 계산 | 월간 사료 비용 계산 |
|---|---|---|---|
| 2 | 4 | 50 × 30 × 4 = 6,000 | 70 × 30 × 4 = 8,400 |
| 3 | 10 | 20 × 30 × 10 = 6,000 | 30 × 30 × 10 = 9,000 |
| 5 | 10 | 5 × 30 × 10 = 1,500 | 10 × 30 × 10 = 3,000 |
| 6 | 12 | 8 × 30 × 12 = 2,880 | 15 × 30 × 12 = 5,400 |

| 동물 번호 | 월간 소비 사료량 | 월간 소비 비용 |
|---|---|---|
| 3 | 6,000 | 9,000 |
| 2 | 6,000 | 8,400 |
| 6 | 2,880 | 5,400 |
| 5 | 1,500 | 3,000 |

**[그림 3-26-7] 동물별 마릿수를 이용한 월간 소비 사료량 및 비용 계산**

각 동물마다 월간 소비 사료량과 월간 사료 비용을 계산하여 저장한다. 강아지 4마리의 월간 소비 사료량은 50g, 30일, 4마리를 모두 곱하면 6,000g이 된다. 월간 사료 비용은 70원, 30일, 4마리를 모두 곱하면 8,400원이 된다. 이와 같이 1마리 이상 등록된 동물에 대해 월간 소비 사료량과 월간 사료 비용을 계산한다. 이후 월간 소비 사료량을 기준 내림차순으로 정렬한다. 만약 월간 소비 사료량이 같다면 월간 소비 비용이 높은 순서로 정렬한다. 만일 입력 도중 동물 번호 범위에 벗어나는 입력이 들어올 경우 0을 출력하고 즉시 종료한다.

## 정리

이 문제는 입력을 종별로 누적한 뒤 월 단위로 환산하고, 지정된 우선순위로 정렬하여 결과를 출력하는 흐름을 정확히 구현하는 것이 핵심이다. 입력에서도 안정적으로 동작하도록 동물 번호 범위를 검증하고, 환산과 정렬 기준을 명확히 적용하면 자연스럽게 해결된다. 출력 대상에서 마릿수 0인 종을 제외하고, 정렬 우선순위를 정확히 반영해 포맷을 맞추는 세부 구현이 중요하다.

## 풀이 코드

```
import sys

# 동물 1~7의 1일 사료량(g)과 1일 사료 비용(원)
daily_feed = [0, 30, 50, 20, 15, 5, 8, 12]
daily_cost = [0, 50, 70, 30, 25, 10, 15, 20]

# 등록 횟수 N
N = int(input())

# 종별 마릿수 누적(인덱스 1~7 사용)
count = [0] * 8
```

```python
# 입력 처리
for _ in range(N):
    # 동물 번호와 마릿수
    tmp1, tmp2 = input().split()
    t, c = int(tmp1), int(tmp2)
    if t < 1 or t > 7: # 동물 번호 범위를 벗어나면 프로그램 종료
        print(0)
        sys.exit(0)
    count[t] += c

# 종별 월간 소비량/비용 계산
results = []
for k in range(1, 8):
    if count[k] == 0:
        continue
    monthly_feed = daily_feed[k] * 30 * count[k]
    monthly_cost = daily_cost[k] * 30 * count[k]
    results.append((k, monthly_feed, monthly_cost))

# 월간 사료 소비량 내림차순, 같다면 월간 사료 비용 내림차순으로 정렬
n = len(results)
for i in range(n):
    for j in range(0, n - i - 1):
        a = results[j]
        b = results[j + 1]

        if (a[1] < b[1]) or (a[1] == b[1] and a[2] < b[2]):
            results[j], results[j + 1] = results[j + 1], results[j]

# 결과 출력
for k, mf, mc in results:
    print(k, mf, mc)
```

# 문제 27 | Multiply Madness

**전체 지문**

석민이는 Multiply Madness 게임을 한다. Multiply Madness는 카드를 수집하여 연속된 숫자를 만들어 점수를 얻고 점수를 더 높게 만드는 사람이 이기는 게임으로 규칙은 다음과 같다. 1부터 20까지 적힌 20장의 카드 중 6장의 카드를 가져가면 점수를 계산한다. 연속된 숫자는 서로 곱한 후 모두 더하면 최종 점수가 된다.

[그림 3-27-1] Multiply Madness를 하는 석민이가 가진 카드

위와 같이 석민이가 1, 4, 5, 6, 8, 9의 카드를 획득했다면 다음과 같이 점수가 계산된다.

[그림 3-27-2] 석민이가 가진 카드의 점수 계산 예시

4, 5, 6은 연속된 숫자이므로 곱하여 120점, 8과 9도 연속된 숫자이므로 곱하여 72점이 된다. 그리고 1, 120, 72를 더하여 석민이의 최종 점수는 193점이 된다.

## 문제 27-1 5급

| 시간제한 | 1초 |
| --- | --- |
| 메모리제한 | 128MB |

제10회 TOSC 3/4/5급 문제 3-1

**소문제 지문**

석민이가 현재 가진 카드는 다음과 같다.

[그림 3-27-3] 현재 석민이가 가진 카드

석민이가 다음으로 받을 카드의 숫자 N을 입력받고 석민이의 최종 점수를 출력하는 프로그램을 작성하시오(N이 1일 때, 4일 때, 5일 때, 7일 때, 10일 때, 11 이상일 때와 같이 6개 조건을 통해 풀이할 수 있다).

**제한사항**

- N은 2, 3, 6, 8, 9를 제외한 1 이상 20 이하의 정수이다.

**문제 풀이 Steps**

Step 1 N을 입력받는다.

Step 2 N의 숫자에 따른 최종 점수를 계산한다.

Step 3 계산한 최종 점수를 출력한다.

**입출력 예시**

| 입력 예시 1 | 출력 예시 1 |
|---|---|
| 4 ↦ N | 102 ↦ 최종 점수(2x3x4+6+8x9=102) |

| 입력 예시 2 | 출력 예시 2 |
|---|---|
| 12 ↦ N | 96 |

## 문제 해설

**[문제 접근 방법]**

이 문제는 주어진 카드 집합에 새로운 카드가 추가되었을 때, Multiply Madness 규칙에 따라 점수를 계산하는 시뮬레이션 문제다. 상황별로 특정 카드가 들어오면 곱셈 그룹이 형성되거나 단순 덧셈으로 처리되기 때문에, 조건 분기를 통해 점수를 계산해야 한다. 따라서 입력된 카드 번호에 따라 조건을 나누어 점수를 산출하는 방식으로 풀어야 한다.

**[풀이 및 입출력 설명]**

먼저 새로 추가될 카드 번호 N을 입력받는다. 조건 분기를 통해 N이 1, 4, 5, 7, 10일 때는 곱셈 그룹이 새로 만들어지거나 기존 그룹이 변형되어 계산 방식이 달라진다. 예를 들어, 입력이 4일 경우 2, 3, 4가 연속된 카드이므로 2 × 3 × 4로 계산해야 하며, 나머지 카드들은 기존 규칙대로 더해준다. 반면 N이 이 조건에 해당하지 않는다면 기존 그룹과 단순히 더해주는 방식으로 처리한다. 기존에 2, 3, 6, 8, 9 카드를 가지고 있었고 받은 카드 숫자가 4이다. 4를 포함하여 점수를 계산하면 2 × 3 × 4 + 6 + 8 × 9가 되므로 102가 되어 102를 출력한다.

## 정리

이 문제는 조건 분기 문제다. 특정 숫자가 추가될 때 곱셈 그룹을 만들거나 단순 덧셈을 수행해야 하므로, 경우의 수를 명확히 구분하는 것이 핵심이다. 각 조건에 맞는 점수 계산식을 정확히 구성해야 올바른 결과를 도출할 수 있다.

## 풀이 코드

```python
# 새로운 카드 번호 입력
n = int(input())
score = 0

# 조건 분기
if n == 1:   # 1 인 경우
    score = 1 * 2 * 3 + 6 + 8 * 9
elif n == 4: # 4 인 경우
    score = 2 * 3 * 4 + 6 + 8 * 9
elif n == 5: # 5 인 경우
    score = 2 * 3 + 5 * 6 + 8 * 9
elif n == 7: # 7 인 경우
    score = 2 * 3 + 6 * 7 * 8 * 9
elif n == 10: # 10 인 경우
    score = 2 * 3 + 6 + 8 * 9 * 10
else: # 11 이상인 경우
    score = 2 * 3 + 6 + 8 * 9 + n

# 최종 점수 출력
print(score)
```

## 문제 27-2 4급

| 시간제한 | 1초 |
|---|---|
| 메모리제한 | 128MB |

제10회 TOSC 3/4/5급 문제 3-2

### 소문제 지문

석민이가 카드를 가져오고 연속된 숫자의 개수를 확인하려고 한다. 석민이가 가져온 카드 숫자 6개를 오름차순으로 입력받고 6개의 숫자 중 연속된 숫자의 개수를 출력하는 프로그램을 작성하시오.

### 제한사항

- 입력되는 카드의 숫자는 중복되지 않은 1 이상 20 이하의 정수이다.

### 문제 풀이 Steps

**Step 1** 석민이가 가져간 카드의 숫자 6개를 오름차순으로 입력받는다.

**Step 2** 6개의 숫자 중 연속된 숫자를 찾는다.

**Step 3** 연속된 숫자의 개수를 출력한다.

### 입출력 예시

**입력 예시 1**

```
2    ↦ 석민이가 가진 카드의 숫자 6개 입력
3
4
7
8
13
```

**출력 예시 1**

```
5    ↦ 연속된 숫자의 개수(2, 3, 4, 7, 8)
```

**입력 예시 2**

```
2
4
8
11
15
17
```

**출력 예시 2**

```
0    ↦ 연속된 숫자의 개수
```

## 문제 해설

**[문제 접근 방법]**

이 문제는 입력받은 카드 6장의 번호를 기반으로 연속된 숫자가 몇 개인지 확인하는 문제다. 숫자의 범위가 1 이상 20 이하로 제한되어 있으므로 배열을 만들어 특정 숫자가 선택되었는지를 기록하고, 인접한 숫자와 비교하며 연속 여부를 판별해야 한다. 따라서 배열을 활용한 단순 탐색과 조건 분기로 해결할 수 있다.

**[입출력 설명]**

먼저 크기가 20인 배열을 만들고, 입력받은 6개의 카드 번호를 해당 위치에 표시한다. 배열을 순차적으로 탐색하면서 인접한 숫자와 비교하여 연속 여부를 판별한다. 판별 과정은 다음과 같다.

- 가지고 있지 않은 숫자면 생략한다.
- 1보다 큰 수라면 다음 숫자를 소지하고 있는지 확인한다.
- 20보다 작은 수라면 이전 숫자를 소지하고 있는지 확인한다.

만약 연속되는 숫자가 존재한다면 연속된 숫자의 개수를 하나씩 증가시킨다. 마지막에는 누적된 연속 숫자의 개수를 출력한다.

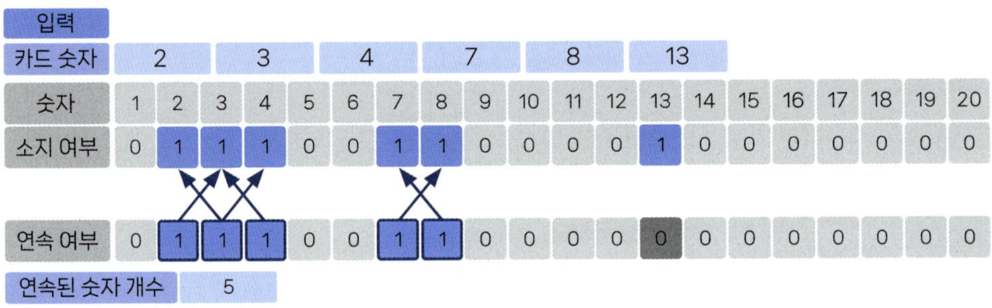


**[그림 3-27-4] 입력값에 따른 숫자의 연속 여부 확인 과정**

입력된 카드의 숫자가 2, 3, 4, 7, 8, 13이다. 배열을 선언하고 입력된 숫자의 인덱스에 1을 저장한다. 이후 반복문을 통해 연속된 숫자인지 판별한다. 1은 가지고 있지 않은 숫자이므로 생략한다. 2는 다음 숫자인 3을 소지하고 있으므로 연속된 숫자이다. 3은 이전 숫자인 2와 다음 숫자인 4를 소지하고 있으므로 연속된 숫자이다. 이와 같이 1부터 20까지 모든 숫자를 탐색하여 연속된 숫자의 개수를 센다. 위 예시의 경우 연속된 숫자는 (2, 3, 4), (7, 8)이므로 총 5개이다. 따라서 5를 출력한다.

## 정리

이 문제는 리스트 통해 선택된 카드를 기록한 뒤, 인접 여부를 기준으로 연속성을 검사하는 간단한 탐색 문제다. 입력 범위가 작아 리스트를 그대로 사용하는 것이 효율적이며, 인접한 값만 검사하면 되므로 불필요한 연산을 줄일 수 있다. 리스트 인덱스와 조건 분기 처리 능력을 연습하기에 적합하다.

## 풀이 코드

```python
# 석민이의 카드 숫자 저장 배열
cards = [0] * 20

# 6장의 카드 번호 입력
for i in range(6):
    cards[int(input()) - 1] += 1

# 연속된 숫자 개수 저장 변수
continued_count = 0

# 배열을 순차적으로 탐색
for i in range(20):
    is_continued = False
    if cards[i] == 0: # 가지고 있지 않은 카드면 생략
        continue
    # 숫자가 1보다 크면서 이전 숫자가 존재하면 연속된 숫자
    if i > 0 and cards[i-1] == 1:
        is_continued = True
    # 숫자가 20보다 작으면서 다음 숫자가 존재하면 연속된 숫자
    if i < 19 and cards[i+1] == 1:
        is_continued = True
    # 연속된 숫자라면 개수 1 증가
    if is_continued:
        continued_count += 1

# 결과 출력
print(continued_count)
```

## 문제 27-3 3급

| 시간제한 | 1초 |
|---|---|
| 메모리제한 | 128MB |

제10회 TOSC 3/4/5급 문제 3-3

**소문제 지문**

석민이가 카드를 가져오고 연속된 숫자의 개수를 확인하려고 한다. 석민이가 가져온 카드 숫자 6개를 오름차순으로 입력받고 석민이의 점수를 출력하는 프로그램을 작성하시오.

### 제한사항

- 입력되는 카드의 숫자는 중복되지 않은 1 이상 20 이하의 정수이다.

### 문제 풀이 Steps

**Step 1** 석민이가 가져간 카드의 숫자 6개를 오름차순으로 입력받는다.

**Step 2** 6개의 숫자 중 연속된 숫자를 찾는다.

**Step 3** 연속된 숫자는 곱하고 나머지 숫자들은 더하여 점수를 계산한다.

**Step 4** 계산한 점수를 출력한다.

### 입출력 예시

| 입력 예시 1 | 출력 예시 1 |
|---|---|
| 2 ↦ 석민이가 가진 카드의 숫자 6개 입력<br>3<br>4<br>7<br>8<br>13 | 93 ↦ 최종 점수(2x3x4+7x8+13=93) |

| 입력 예시 2 | 출력 예시 2 |
|---|---|
| 6<br>10<br>11<br>12<br>13<br>14 | 240246 |

## 문제 해설

**[문제 접근 방법]**

이 문제는 입력받은 6장의 카드 중에서 연속된 숫자를 찾아 그 구간은 곱으로 계산하고, 나머지 숫자들은 합산하여 최종 점수를 구하는 문제다. 따라서 연속된 구간을 판별하고, 그 구간에서 곱셈을 적용한 후 전체 점수를 합산하는 방식으로 풀어야 한다.

**[풀이 및 입출력 설명]**

먼저 크기가 20인 배열을 만들고, 입력받은 6개의 카드 번호를 해당 위치에 표시한다. 그 후, 배열을 순차적으로 탐색하면서 다음과 같은 과정으로 점수를 더해나간다.

- 현재 숫자의 카드가 있다면, 이전과 다음을 살펴 연속된 구간인지 확인한다.
- 연속된 구간이라면 해당 카드값들을 곱해 나가고, 구간이 끝나면 그 값을 점수에 더한다.
- 만약 연속되지 않았다면 단순히 그 숫자만 점수에 더한다.

모든 숫자를 순차적으로 탐색하고 저장된 최종 점수를 출력한다.

| 입력 | | | | | | |
|---|---|---|---|---|---|---|
| 카드 숫자 | 2 | 3 | 4 | 7 | 8 | 13 |

| 숫자 | 1 | 2 | 3 | 4 | 5 | 6 | 7 | 8 | 9 | 10 | 11 | 12 | 13 | 14 | ... | 19 | 20 |
|---|---|---|---|---|---|---|---|---|---|---|---|---|---|---|---|---|---|
| 소지 여부 | 0 | 1 | 1 | 1 | 0 | 0 | 1 | 1 | 0 | 0 | 0 | 0 | 1 | 0 | ... | 0 | 0 |
| 부분 계산 | 0 | 2 | 6 | 24 | 0 | 0 | 7 | 56 | 0 | 0 | 0 | 0 | 13 | 0 | ... | 0 | 0 |
| 점수 | 0 | 0 | 0 | 24 | 24 | 24 | 24 | 80 | 80 | 80 | 80 | 80 | 93 | 93 | ... | 93 | **93** |

[그림 3-27-5] 입력값에 따른 점수 계산 과정

카드 숫자가 2, 3, 4, 7, 8, 13이다. 먼저 크기가 20인 배열에 카드 숫자 인덱스에 위치를 표시하여 소지 여부를 저장한다. 숫자 1부터 20까지 반복하며 부분 점수를 계산하고 점수를 더한다. 소지하고 있지 않은 숫자는 생략하며 연속된 구간의 경우 중 연속 구간을 시작하는 경우 부분 점수에 해당 숫자를 더한다. 연속 구간의 중간인 경우 부분 점수에 해당 숫자를 곱하며 연속 구간이 끝나는 경우 부분 점수를 총 점수에 더한다.

숫자 1의 경우 소지하고 있지 않으므로 넘어간다. 숫자 2의 경우 연속된 구간을 시작하므로 부분 점수에 2를 더한다. 숫자 3의 경우 연속된 구간 중간이므로 3을 곱한다. 부분 점수는 6점이 된다. 숫자 4의 경우 연속된 구간 중간이므로 4를 곱한다. 부분 점수는 24점이 되며 연속된 구간이 끝났으므로 24점을 총점에 더하고 부분 점수를 0으로 초기화한다. 이와 같은 방법으로 20까지 탐색하면 93(2×3×4+7×8+13)이 되어 93을 출력한다.

## 정리

이 문제는 단순히 연속된 숫자를 찾는 구현을 넘어서, 연속성과 비연속성을 구분하여 각각 곱셈과 덧셈으로 처리하는 조건 분기 기반 시뮬레이션 문제다. 입력된 카드 배열을 탐색하면서 상황에 맞게 연산을 바꿔야 하므로 절차적 흐름을 끝까지 따라가는 능력이 필요하다. 또한 마지막에 연속 구간이 끝날 때까지 고려해야 하므로 예외 처리까지 포함된 논리적 사고가 요구된다.

## 풀이 코드

```python
# 입력받은 카드를 배열에 표시
cards = [0 for _ in range(20)]  # 카드 여부를 저장할 배열
for _ in range(6):
    number = int(input())       # 카드 번호 입력
    cards[number - 1] += 1      # 해당 위치에 표시

score = 0      # 최종 점수
```

```python
i = 0           # 배열을 탐색할 인덱스
count = 0       # 연속된 숫자의 곱을 저장할 부분 점수 변수

# 카드 배열을 순서대로 탐색
while i < 20:
    if cards[i] == 1:          # 해당 위치에 카드가 있으면
        if count > 0:          # 이미 연속 구간이 진행 중이면 곱셈
            count *= i + 1
        else:                  # 새로운 연속 구간 시작
            count += i + 1
    else:  # 카드가 없는 경우, 연속 구간 종료
        if count >= 1:         # 지금까지 곱한 값 점수에 더하기
            score += count
        count = 0              # 연속 구간 초기화

    # 마지막 구간이거나 연속이 끊기는 경우 점수를 더하고 부분 점수 초기화
    if count > 0 and (i == 19 or cards[i+1] == 0):
        score += count
        count = 0

    i += 1

# 결과 출력
print(score)
```

# 문제 28 주식거래 수수료 계산하기

**전체 지문**

세종이는 주식투자를 시작해 보려고 한다. 증권회사를 통해 주식을 거래하면 거래 금액에 따른 거래 수수료를 지불해야 하고, 모든 증권회사가 모바일 앱으로 거래를 진행하면 수수료를 10% 할인해 준다고 한다. 증권회사별 수수료는 아래와 같다(모든 거래금액은 만 원 단위로만 이루어진다고 가정한다).

| 증권회사 번호 | 증권회사 1 | 증권회사 2 | 증권회사 3 |
|---|---|---|---|
| 수수료율 (매수 시) | 만원당 30원 | 만원당 40원 | 만원당 50원 |
| 수수료율 (매도 시) | 만원당 40원 | 만원당 30원 | 만원당 20원 |

[그림 3-28-1] 증권회사별 수수료율

## 문제 28-1 5급

시간제한 1초
메모리제한 128MB

제11회 TOSC 3/4/5급 문제 1-1

**소문제 지문**

주식 거래 시, 이용할 증권회사의 번호와 모바일 거래 여부, 매수 금액, 매도 금액을 입력받아 총 수수료를 출력하는 프로그램을 작성하시오.

**제한사항**

- 모바일 거래 여부는 모바일 거래일 경우 1, 일반 거래일 경우 0으로 입력된다.
- 매수, 매도 금액은 만 원 단위로 입력된다.
- 총 수수료는 원 단위로 출력한다.

**문제 풀이 Steps**

Step 1 이용할 증권회사의 번호와 모바일 거래 여부를 입력받는다.

Step 2 거래 금액을 매수 금액(만 원), 매도 금액(만 원)순으로 입력받는다.

Step 3 증권회사의 수수료율과 모바일 거래 여부, 매수 금액, 매도 금액을 고려하여 총 수수료(원)를 계산하고 출력한다.

**입출력 예시**

| 입력 예시 1 | 출력 예시 1 |
|---|---|
| 2 ↦ 증권회사 2<br>1 ↦ 모바일 거래(10% 할인)<br>100 ↦ 매수 금액(만 원)<br>50 ↦ 매도 금액(만 원) | 4950 ↦ 총 수수료(원)<br>(100×40+50×30)×0.9=4950 |

## 문제 해설

**[문제 접근 방법]**

이 문제는 주어진 증권회사의 수수료율과 모바일 거래 여부에 따라 총 수수료를 계산하는 문제다. 주어진 규칙에 따라 증권회사별로 다른 수수료율을 적용해야 하며, 모바일 거래일 경우에는 일정 비율의 할인까지 고려해야 한다. 따라서 입력받은 거래 정보를 바탕으로 조건에 맞는 수수료율을 찾아내고, 계산한 결과를 출력하는 방식으로 풀어야 한다.

**[풀이 및 입출력 설명]**

먼저 이용할 증권회사의 번호와 모바일 거래 여부, 매수 금액, 매도 금액을 입력받는다. 증권회사의 번호에 따라 기본 수수료율이 다르다. 모바일 거래 여부가 1이면 최종 수수료에서 10%를 할인하고, 0이면 그대로 적용한다.

증권회사의 번호는 2, 모바일 거래 여부가 1, 매수 금액이 100, 매도 금액이 50이다. 증권회사 2의 매수 수수료율은 40원, 매도 수수료율은 30원이다. 따라서 수수료는 매수 금액과 매수 수수료율, 매도 금액과 매도 수수료율을 각각 곱한 뒤 더하면 5,500이다. 여기서 모바일 거래 여부가 1이므로 10%를 할인해야 한다. 5,500에 0.9를 곱한 값이 총 수수료가 된다. 따라서 4950을 출력한다.

## 정리

이 문제는 단순한 조건 분기와 곱셈을 이용한 기본 연산 문제이다. 증권회사 번호에 따라 달라지는 수수료율을 올바르게 매칭하는 것이 핵심이며, 모바일 거래일 경우 할인 조건을 별도로 처리해야 한다. 이를 통해 조건 처리 능력과 기본 연산 구현 능력을 동시에 연습할 수 있다.

## 풀이 코드

```
# 증권회사별 매수 수수료율
buy_rate1 = 30
buy_rate2 = 40
buy_rate3 = 50
```

```
# 증권회사별 매도 수수료율
sell_rate1 = 40
sell_rate2 = 30
sell_rate3 = 20

# 입력
company = int(input())      # 증권회사 번호
mobile = int(input())       # 모바일 여부
buy_amount = int(input())   # 매수 금액
sell_amount = int(input())  # 매도 금액

# 매수, 매도 수수료율 저장
buy_rate = 0
sell_rate = 0

# 증권회사 번호에 따라 매수, 매도 수수료율 선택
if company == 1:
    buy_rate = buy_rate1
    sell_rate = sell_rate1
elif company == 2:
    buy_rate = buy_rate2
    sell_rate = sell_rate2
else:
    buy_rate = buy_rate3
    sell_rate = sell_rate3


# 기본 수수료 계산
fee = buy_amount * buy_rate + sell_amount * sell_rate

# 모바일 거래 시 10% 할인
if mobile == 1:
    fee = int(fee * 0.9)

# 최종 수수료 출력
print(fee)
```

문제 **28-2** **4급**

| 시간제한 | 1초 |
|---|---|
| 메모리제한 | 128MB |

제11회 TOSC 3/4/5급 문제 1-2

**소문제 지문**

주식 거래 시 이용할 증권회사의 번호와 모바일 거래 여부, 거래 개월 수 N을 입력받고, N개월의 매수 금액, 매도 금액을 입력받아 총 수수료를 출력하는 프로그램을 작성하시오.

**제한사항**

- 모바일 거래 여부는 모바일 거래일 경우 1, 일반 거래일 경우 0으로 입력된다.
- 거래 개월 수 N은 1 이상, 10,000 이하의 정수이다.
- 매수, 매도 금액은 만 원 단위로 입력된다.
- 총 수수료는 원 단위로 출력한다.

**문제 풀이 Steps**

Step 1 이용할 증권회사의 번호와 모바일 거래 여부를 입력받는다.

Step 2 입력할 개월 수 N을 입력받고, 매월 매수 금액(만 원)과 매도 금액(만 원)을 입력받는다.

Step 3 증권회사의 수수료율과 모바일 거래 여부, 매월 매수, 매도 금액을 고려하여 총 수수료(원)를 계산하고 출력한다.

**입출력 예시**

**입력 예시 1**

```
3      ↦ 증권회사 3
0      ↦ 일반 거래
2      ↦ 입력받을 개월 수
100    ↦ 첫째 달 매수 금액(만 원)
50     ↦ 첫째 달 매도 금액(만 원)
200    ↦ 둘째 달 매수 금액(만 원)
100    ↦ 둘째 달 매도 금액(만 원)
```

**출력 예시 1**

```
18000    ↦ 총 수수료(원)
           (100×50+50×20)
           +(200×50+100×20)
           =18000
```

## 문제 해설

**[문제 접근 방법]**

이 문제는 여러 달 동안 거래가 이루어질 때, 각 달의 매수, 매도 금액에 따른 수수료를 계산하고 그 결과를 누적하는 문제다. 증권사마다 매수, 매도 수수료율이 다르며, 모바일 거래인 경우에는 계산된 수수료에서 10%를 할인해야 한다. 따라서 증권사 번호에 맞는 수수료율을 선택하고,

개월 수만큼 반복하면서 매수, 매도 금액을 입력받아 누적 계산하는 방식으로 해결한다.

**[입출력 설명]**

먼저 증권사 번호, 모바일 여부, 그리고 거래 개월 수를 입력받는다. 증권사 번호에 따라 미리 정의된 리스트에서 매수 수수료율과 매도 수수료율을 선택한다. 그다음, 반복문을 통해 각 달의 매수 금액과 매도 금액을 차례대로 입력받는다. 입력된 금액에 증권사별 수수료율을 곱해 기본 수수료를 계산하고, 만약 모바일 거래라면 최종 수수료에서 10%를 할인한다.

이렇게 계산된 수수료를 누적해서 더하고, 모든 거래가 끝난 후 누적된 총 수수료를 출력한다.

| 증권회사 번호 | 증권회사 1 | 증권회사 2 | 증권회사 3 |
|---|---|---|---|
| 수수료율 (매수 시) | 만원당 30원 | 만원당 40원 | **만원당 50원** |
| 수수료율 (매도 시) | 만원당 40원 | 만원당 30원 | **만원당 20원** |

입력

| 증권회사 | 3 | 모바일 거래 여부 | 0 | 개월 수 | 2 |
|---|---|---|---|---|---|
| **개월** | **매수 금액** | **매도 금액** | **매도 수수료** | **매도 수수료** | **총 수수료** |
| 1 | 100 | 50 | 5,000 | 1,000 | 6,000 |
| 2 | 200 | 100 | 10,000 | 2,000 | **18,000** |

[그림 3-28-2] 입력값에 따른 총 수수료 계산 과정

증권회사 번호는 3, 모바일 거래 여부는 0, 거래 개월 수는 2이다. 반복문을 통해 매수, 매도 금액을 입력받고 증권회사 3의 수수료율을 적용하여 매수, 매도 수수료를 계산한다. 계산한 수수료를 총 수수료에 더한다. 1개월의 매수, 매도 금액은 100, 50이다. 증권회사 3의 수수료율은 매수 수수료율 50, 매도 수수료율은 20이다. 각각 곱하여 수수료율을 계산하면 5,000, 1,000이다. 따라서 1개월의 총 수수료는 6,000이 된다.

다음 달의 매수 금액은 200, 매도 금액은 100이다. 매수, 매도 수수료율을 각각 곱하면 매수 수수료는 10,000, 매도 수수료는 2,000이 된다. 따라서 총 수수료에 12,000을 더하면 18,000이 되므로 18000을 출력한다.

## 정리

이 문제는 조건 분기와 반복문, 누적 계산을 동시에 연습할 수 있는 문제다. 증권사 번호에 따라 리스트에서 수수료율을 가져오고, 모바일 거래일 경우 추가 조건으로 할인까지 처리해야 한다. 반복 구조 속에서 입력을 처리하고 누적 합을 유지하는 과정이 중요하며, 이는 실생활의 금융 수수료 계산을 시뮬레이션하는 형태로 이해할 수 있다.

## 풀이 코드

```
# 증권회사별 매수, 매도 수수료율
buy_rates = [30, 40, 50]   # 매수
sell_rates = [40, 30, 20]  # 매도

# 입력
company = int(input())   # 증권회사 번호
mobile = int(input())    # 모바일 거래 여부
months = int(input())    # 거래 개월 수

# 총 수수료 누적
total_fee = 0

# 각 거래별 매수, 매도 금액 입력받아 수수료 계산
for _ in range(months):
    buy_amount = int(input())
    sell_amount = int(input())

    # 기본 수수료 계산
    fee = buy_amount * buy_rates[company - 1] + sell_amount * sell_rates
[company - 1]

    # 모바일 거래 시 할인
    if mobile == 1:
        fee = int(fee * 0.9)

    total_fee += fee

# 최종 수수료 출력
print(total_fee)
```

## 문제 28-3 3급

| 시간제한 | 1초 |
| --- | --- |
| 메모리제한 | 128MB |

제11회 TOSC 3/4/5급 문제 1-3

**소문제 지문**

모든 증권회사는 여러 달에 걸쳐 주식 거래 시 매수 금액, 매도 금액을 모두 합친 누적 거래 금액이 1,000만 원을 달성한 달의 다음 달부터는 모바일 거래 사용자는 40%, 모바일 거래를 이용하지 않는 사용자는 20%씩 수수료를 할인한다. 주식 거래 시 이용할 증권회사의 번호와 모바일 거

래 여부, 거래 개월 수 N을 입력받고, N개월의 매수 금액, 매도 금액을 입력받아 총 수수료를 출력하는 프로그램을 작성하시오.

**제한사항**

- 모바일 거래 여부는 모바일 거래일 경우 1, 일반 거래일 경우 0으로 입력된다.
- 거래 개월 수 N은 1 이상, 10,000 이하의 정수이다.
- 매수, 매도 금액은 만 원 단위로 입력된다.
- 총 수수료는 원 단위로 출력한다.
- 추가 할인은 모바일 할인 적용 여부와 별개로 최종 수수료에서 적용한다.

**문제 풀이 Steps**

**Step 1** 이용할 증권회사의 번호와 모바일 거래 여부를 입력받는다.

**Step 2** 입력할 개월 수 N을 입력받고, 매월 매수 금액(만 원)과 매도 금액(만 원)을 입력받는다.

**Step 3** 증권회사의 수수료율과 모바일 거래 여부, 매월 매수 금액, 매도 금액과 추가 할인을 고려하여 총 수수료(원)를 계산하고 출력한다.

**입출력 예시**

| 입력 예시 1 | | 출력 예시 1 | |
|---|---|---|---|
| 3 | ↦ 증권회사 3 | 84000 | ↦ 총 수수료(원) |
| 1 | ↦ 모바일 거래 | | ↦ (400×50+400×20)×0.9 |
| 4 | ↦ 입력받을 개월 수 | | +(400×50+400×20)×0.9 |
| 400 | ↦ 첫째 달 매수 금액(만 원) | | +(400×50+400×20)×0.6 |
| 400 | ↦ 첫째 달 매도 금액(만 원) | | +(400×50+400×20)×0.6 |
| 400 | ↦ 둘째 달 매수 금액(만 원) | | =84000 |
| 400 | ↦ 둘째 달 매도 금액(만 원) | | ↦ 둘째 달 누적 금액이 1,600만 원, |
| 400 | ↦ 셋째 달 매수 금액(만 원) | | 모바일 거래이므로 다음 달부터 |
| 400 | ↦ 셋째 달 매도 금액(만 원) | | 40%의 수수료 할인이 적용됨 |
| 400 | ↦ 넷째 달 매수 금액(만 원) | | |
| 400 | ↦ 넷째 달 매도 금액(만 원) | | |

## 문제 해설

**[문제 접근 방법]**

이 문제는 주식 거래에서 월별 매수, 매도 금액을 입력받아 수수료를 계산하는 문제다. 기본적으로 증권사마다 매수와 매도에 대한 수수료율이 다르고, 모바일 거래 여부에 따라 할인율이 달라진다. 또한 누적 거래금액이 일정 기준을 넘었을 때 추가 할인 규칙이 적용되므로, 매달 거래를 반복하면서 누적 합을 관리하고 조건에 맞게 수수료율을 적용해야 한다. 따라서 반복문과 조건 분기, 누적 계산을 함께 사용하는 방식으로 접근한다.

**[풀이 및 입출력 설명]**

먼저 증권사 번호와 모바일 여부, 그리고 거래 개월 수를 입력받는다. 증권사별로 매수와 매도 수수료율을 리스트에 저장해 두고, 입력된 증권사 번호에 맞는 수수료율을 선택한다.

그다음 개월 수만큼 반복하면서 매수 금액과 매도 금액을 입력받아 기본 수수료를 계산한다. 이때 누적 거래 금액을 따로 기록하여 1,000만 원을 넘었는지 확인한다. 누적 금액이 1,000만 원 이상이면 모바일 사용자는 40% 할인, 일반 사용자는 20% 할인을 적용한다. 누적 금액이 1,000만 원 미만이면 모바일 사용자는 10% 할인만 적용하고, 일반 사용자는 할인 없이 계산한다.

모든 개월의 거래가 끝나면 최종 수수료 합을 출력한다.

| 증권회사 번호 | 증권회사 1 | 증권회사 2 | 증권회사 3 |
|---|---|---|---|
| 수수료율 (매수 시) | 만원당 30원 | 만원당 40원 | **만원당 50원** |
| 수수료율 (매도 시) | 만원당 40원 | 만원당 30원 | **만원당 20원** |

입력

| 증권회사 | 3 | 모바일 거래 여부 | 1 | 개월 수 | 4 |
|---|---|---|---|---|---|

| 개월 | 매수 금액 | 매도 금액 | 누적 거래 금액 | 수수료 계산 | 총 수수료 |
|---|---|---|---|---|---|
| 1 | 400 | 400 | 800 | (400 × 50 + 400 × 20) × 0.9 = 25,200 | 25,200 |
| 2 | 400 | 400 | **1,600** | (400 × 50 + 400 × 20) × 0.9 = 25,200 | 50,400 |
| 3 | 400 | 400 | 2,400 | (400 × 50 + 400 × 20) **× 0.6** = 16,800 | 67,200 |
| 4 | 400 | 400 | 3,200 | (400 × 50 + 400 × 20) **× 0.6** = 16,800 | **84,000** |

**[그림 3-28-3] 입력값에 따른 총 수수료 계산 과정**

1개월의 매수, 매도 금액은 400, 400이다. 증권회사 3의 수수료율은 매수 50, 매도 20이므로 각각 곱해 더한 후 모바일 거래로 0.9를 곱하면 수수료는 25,200, 총 수수료는 25,200, 누적 거래 금액은 800이 된다. 2개월은 매수, 매도 금액이 동일하므로 수수료 역시 25,200이고 총 수수료는 50,400이 된다. 누적 거래 금액은 1,600이 되어 이후부터 모바일 거래 할인율이 40% 적용된다. 3개월의 수수료는 16,800, 총 수수료는 67,200이다. 같은 방법으로 4개월의 수수료를 더하면 최종 합은 84,000이 된다. 따라서 84000을 출력한다.

## 정리

이 문제는 조건 분기와 누적 합산을 동시에 고려하는 문제다. 거래가 개월 단위로 반복되며 누적 금액에 따라 할인 규칙이 달라지는 흐름을 구현해야 하므로, 단순히 한 달의 계산으로 끝나지 않고 반복과 조건을 함께 다루는 연습이 된다. 특히 누적 거래금액을 초과했을 때의 분기 처리와 모바일 여부에 따른 추가 할인 규칙을 동시에 적용하는 점에서 꼼꼼한 구현이 필요하다.

## 풀이 코드

```
# 증권회사별 매수, 매도 수수료율
buy_rates = [30, 40, 50]   # 매수
sell_rates = [40, 30, 20]  # 매도

# 입력
company = int(input())   # 증권회사 번호
mobile = int(input())    # 모바일 거래 여부
months = int(input())    # 거래 개월 수

total_fee = 0            # 총 수수료
accum_trade = 0          # 누적 거래 금액

# 개월 수만큼 반복
for _ in range(months):
    buy_amount = int(input())   # 매수 금액
    sell_amount = int(input())  # 매도 금액

    # 기본 수수료
    fee = buy_amount * buy_rates[company - 1] + sell_amount * sell_rates
[company - 1]

    # 누적 거래 금액이 1000만 원 이상일 때
    if accum_trade >= 1000:
        if mobile == 1:         # 모바일 40% 할인
            fee = int(fee * 0.6)
        else:                   # 일반 20% 할인
            fee = int(fee * 0.8)
    else:
        if mobile == 1:         # 누적 미만 + 모바일 10% 할인
            fee = int(fee * 0.9)

    # 총 수수료 합산
    total_fee += fee

    # 누적 거래금액 갱신
    accum_trade += buy_amount + sell_amount

# 최종 수수료 출력
print(total_fee)
```

# 문제 29 주사위 게임

**전체 지문**

**석민이가 주사위 게임을 한다. 주사위 게임은 주사위 4개를 던져 다음 규칙에 따라 점수를 획득한다.**

| 규칙 | 예시 | 점수 |
|---|---|---|
| 4개의 주사위가 모두 같은 숫자인 경우 |  | 40점 |
| 4개의 주사위가 모두 연결된 숫자인 경우 |  | 30점 |
| 2개, 2개의 주사위가 각각 같은 숫자인 경우 |  | 25점 |
| 3개의 주사위가 같은 숫자인 경우 |  | 20점 |
| 3개의 주사위가 모두 연결된 숫자인 경우 |  | 15점 |
| 2개의 주사위가 같은 숫자인 경우 |  | 10점 |
| 위의 규칙에 해당하지 않은 경우 |  | 0점 |

[그림 3-29-1] 주사위 게임의 점수 획득 규칙

**주사위를 던졌을 때 가장 높은 점수만 획득할 수 있으며 주사위 눈은 1~6의 정수로 되어 있다.**

## 문제 29-1 5급

| 시간제한 | 1초 |
|---|---|
| 메모리제한 | 128MB |

제11회 TOSC 3/4/5급 문제 2-1

**소문제 지문**

석민이가 4개의 주사위를 던졌다. 현재 3개의 주사위는 3, 3, 5가 나왔고 1개의 주사위는 아직 굴러가고 있다. 마지막 남은 주사위의 결과를 입력받고 이번 차례에 석민이가 받을 점수를 출력하는 프로그램을 작성하시오.

**제한사항**

- 주사위로 입력되는 숫자는 1부터 6까지의 정수이며 이외의 숫자는 입력되지 않는다.

**문제 풀이 Steps**

- **Step 1** 석민이의 마지막 주사위의 숫자를 입력받는다.
- **Step 2** 입력받은 숫자에 따라 획득할 점수를 계산한다.
- **Step 3** 계산한 점수를 출력한다.

**입출력 예시**

| 입력 예시 1 | 출력 예시 1 |
|---|---|
| 3 ↦ 네 번째 주사위의 숫자 | 20 ↦ 석민이가 얻는 점수<br>(3, 3, 5, 3는 세개의 숫자가 같으므로<br>20점을 획득할 수 있음) |

## 문제 해설

**[문제 접근 방법]**

이 문제는 이미 던져진 주사위 3개가 주어지고, 마지막 한 개의 주사위 숫자에 따라 점수를 계산하는 문제다. 따라서 입력된 주사위 눈금을 조건문으로 비교하여 점수를 정해주면 된다. 경우의 수가 제한적이므로 단순한 조건 분기로 쉽게 해결할 수 있다.

**[풀이 및 입출력 설명]**

먼저 마지막으로 던질 주사위 숫자를 입력받는다. 주사위 게임의 규칙에 따라 입력된 숫자가 어떤 수인지에 따라 받게 되는 점수를 확인한다. 입력된 숫자가 1, 2, 6이면 점수는 10점, 3이면 20점, 4면 15점, 5면 25점으로 정해진 규칙에 따라 점수를 계산한다. 계산된 점수를 출력하면 된다.

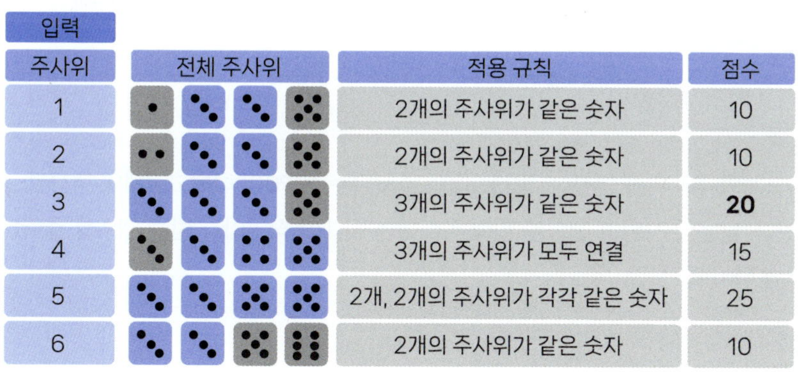


[그림 3-29-2] 마지막 주사위 값에 따른 점수 계산

마지막 주사위가 3이 나왔다. 전체 주사위의 조합은 3, 3, 3, 5이므로 규칙 중 가장 높은 점수를 받을 수 있는 규칙은 3개의 주사위가 같은 숫자인 경우로 20을 출력한다.

## 정리

이 문제는 단순 조건 분기를 구현하는 문제다. 경우의 수가 명확히 정해져 있어 if-elif-else 문으로 쉽게 처리할 수 있으며, 분기 처리 연습 문제이다.

## 풀이 코드

```
# 마지막 주사위 숫자 입력
d4 = int(input())

# 점수 계산
if d4 == 1 or d4 == 2 or d4 == 6: # 주사위가 1, 2, 6인 경우
    score = 10
elif d4 == 3: # 주사위가 3인 경우
    score = 20
elif d4 == 4: # 주사위가 4인 경우
    score = 15
else:  # 주사위가 5인 경우
    score = 25

# 결과 출력
print(score)
```

## 문제 29-2 4급

| 시간제한 | 1초 |
|---|---|
| 메모리제한 | 128MB |

제11회 TOSC 3/4/5급 문제 2-2

### 소문제 지문

석민이가 4개의 주사위를 던졌다. 현재 2개의 주사위는 4와 6이 나왔고 2개의 주사위는 아직 굴러가고 있다. 남은 주사위의 결과를 입력받고 이번 차례에 석민이가 받을 점수를 출력하는 프로그램을 작성하시오.

### 제한사항

- 주사위로 입력되는 숫자는 1부터 6까지의 정수이며 이외의 숫자는 입력되지 않는다.

### 문제 풀이 Steps

Step 1 남은 주사위의 숫자 2개를 입력받는다.

Step 2 입력받은 숫자에 따라 획득할 점수를 계산한다.

Step 3 계산한 점수를 출력한다.

**입출력 예시**

| 입력 예시 1 | 출력 예시 1 |
|---|---|
| 4 ↦ 세 번째 주사위의 숫자<br>4 ↦ 네 번째 주사위의 숫자 | 20 ↦ 석민이가 얻는 점수<br>(4, 6, 4, 4는 세 개의 숫자가<br>같으므로 20점을 획득할 수 있음) |

| 입력 예시 2 | 출력 예시 2 |
|---|---|
| 3 ↦ 세 번째 주사위의 숫자<br>5 ↦ 네 번째 주사위의 숫자 | 30 ↦ 석민이가 얻는 점수<br>(4, 6, 3, 5는 네 개의 숫자가<br>연결되므로 30점을 획득할 수 있음) |

## 문제 해설

**[문제 접근 방법]**

이 문제는 주사위 2개의 결과에 따라 점수를 계산하는 시뮬레이션 문제다. 네 개의 주사위 눈을 정렬한 후, 주어진 규칙에 맞추어 같은 눈, 연속된 눈 등을 판별하여 점수를 부여해야 한다. 따라서 입력된 주사위 값을 정렬한 뒤 조건문을 차례대로 검사하며 점수를 계산하면 된다.

**[입출력 설명]**

먼저 이미 나온 주사위 두 개(4, 6)를 리스트에 넣고, 남은 두 개의 주사위를 입력받아 리스트에 저장한다. 리스트를 정렬하여 규칙 검사를 쉽게 한다. 이후 다음과 같은 주사위의 조합 중 다음 규칙에 맞는지 순차적으로 검사한다.

- 네 개가 모두 같으면 40점
- 네 개가 연속된 수라면 30점
- 두 쌍으로 같으면 25점
- 세 개가 같으면 20점
- 세 개 연속이면 15점
- 두 개가 같으면 10점
- 아무 규칙에도 해당하지 않으면 0점

해당하는 조건에 맞게 점수를 저장하고 출력한다.

## 정리

이 문제는 주사위 게임 규칙을 조건문으로 구현하는 시뮬레이션 문제다. 핵심은 네 개의 주사위를 정렬한 뒤 규칙을 순서대로 검사하는 것이며, 정렬을 통해 코드 흐름이 단순해진다. 다양한 경우를 빠짐없이 고려해야 하기 때문에 조건 분기 설계 능력을 연습할 수 있다.

## 풀이 코드

```python
# 이미 주어진 주사위 값
dice = [4, 6]

# 남은 두 개의 주사위를 입력받음
d1 = int(input())
d2 = int(input())
dice.append(d1)
dice.append(d2)

# 정렬하여 규칙 확인을 쉽게 함
dice.sort()

# 점수 계산
# 네 개 모두 같을 때
if dice[0] == dice[1] == dice[2] == dice[3]:
    score = 40
# 네 개 연속된 숫자
elif dice[0] + 1 == dice[1] and dice[1] + 1 == dice[2] and dice[2] + 1
== dice[3]:
    score = 30
# 두 쌍의 숫자가 같을 때
elif (dice[0] == dice[1] and dice[2] == dice[3]):
    score = 25
# 세 개가 같을 때
elif (dice[0] == dice[1] == dice[2]) or (dice[1] == dice[2] == dice[3]):
    score = 20
# 세 개 연속된 숫자
elif (dice[0] + 1 == dice[1] and dice[1] + 1 == dice[2]) or (dice[1] + 1
     == dice[2] and dice[2] + 1 == dice[3]) or (dice[0] + 1 == dice[1]
     and dice[1] + 1 == dice[3]):
    score = 15
# 두 개가 같을 때
elif (dice[0] == dice[1]) or (dice[1] == dice[2]) or (dice[2] ==
dice[3]):
    score = 10
else:  # 그 외
    score = 0

# 최종 점수 출력
print(score)
```

## 문제 29-3 3급

| 시간제한 | 1초 |
| --- | --- |
| 메모리제한 | 128MB |

제11회 TOSC 3/4/5급 문제 2-3

### 소문제 지문

석민이가 자신의 차례에 주사위 4개를 던졌다. 주사위 4개의 결과를 입력받고 주사위의 결과에 따라 이번 차례에 석민이가 받을 점수를 출력하는 프로그램을 작성하시오.

### 제한사항

- 주사위로 입력되는 숫자는 1부터 6까지의 정수이며 이외의 숫자는 입력되지 않는다.

### 문제 풀이 Steps

Step 1 주사위 4개의 결과를 입력받는다.

Step 2 입력받은 주사위 숫자에 따라 이번 차례에 석민이가 받을 점수를 계산한다.

Step 3 계산한 점수를 출력한다.

### 입출력 예시

**입력 예시 1**

```
1      ↦ 첫 번째 주사위의 숫자
4      ↦ 두 번째 주사위의 숫자
3      ↦ 세 번째 주사위의 숫자
2      ↦ 네 번째 주사위의 숫자
```

**출력 예시 1**

```
30  ↦ 석민이가 얻는 점수
      (1, 4, 3, 2는 네 개의 숫자가
      연결되므로 30점을 획득할 수 있음)
```

**입력 예시 2**

```
2      ↦ 첫 번째 주사위의 숫자
2      ↦ 두 번째 주사위의 숫자
2      ↦ 세 번째 주사위의 숫자
2      ↦ 네 번째 주사위의 숫자
```

**출력 예시 2**

```
40  ↦ 네 개가 같은 값이라 40점
```

**입력 예시 3**

```
1      ↦ 첫 번째 주사위의 숫자
6      ↦ 두 번째 주사위의 숫자
4      ↦ 세 번째 주사위의 숫자
3      ↦ 네 번째 주사위의 숫자
```

**출력 예시 3**

```
0  ↦ 아무런 규칙에 해당 되지 않아 0점
```

## 문제 해설

**[문제 접근 방법]**

이 문제는 주사위 4개의 결과를 입력받아 규칙에 따라 점수를 계산하는 문제다. 네 개의 주사위를 오름차순으로 정렬한 뒤, 특정 조건에 맞는 경우의 수를 차례대로 검사하여 점수를 결정해야 한다. 규칙은 4개가 모두 같은 경우, 연속된 경우, 두 쌍으로 나뉘는 경우 등 복잡하므로 조건문을 순차적으로 구성하여 체크하는 방식으로 풀어야 한다.

**[풀이 및 입출력 설명]**

먼저 4개의 주사위 숫자를 입력받고 리스트에 저장한다. 리스트를 정렬하여 규칙 검사를 쉽게 한다. 이후 다음과 같은 주사위의 조합 중 다음 규칙에 맞는지 순차적으로 검사한다.

- 네 개가 모두 같으면 40점
- 네 개가 연속된 수라면 30점
- 두 쌍으로 같으면 25점
- 세 개가 같으면 20점
- 세 개 연속이면 15점
- 두 개가 같으면 10점
- 아무 규칙에도 해당하지 않으면 0점

해당하는 조건에 맞게 점수를 저장하고 출력한다.

## 정리

이 문제는 주사위 게임 규칙을 조건문으로 구현하는 시뮬레이션 문제다. 핵심은 네 개의 주사위를 정렬한 뒤 규칙을 순서대로 검사하는 것이며, 정렬을 통해 코드 흐름이 단순해진다. 다양한 경우를 빠짐없이 고려해야 하기 때문에 조건 분기 설계 능력을 연습할 수 있다.

## 풀이 코드

```python
# 주어진 주사위 값 없음
dice = []

# 네 개의 주사위를 입력받음
for i in range(4):
    d = int(input())
    dice.append(d)

# 정렬하여 규칙 확인을 쉽게 함
dice.sort()

# 점수 계산
# 네 개 모두 같을 때
if dice[0] == dice[1] == dice[2] == dice[3]:
    score = 40
```

```
# 네 개 연속된 숫자
elif dice[0] + 1 == dice[1] and dice[1] + 1 == dice[2] and dice[2] + 1
== dice[3]:
    score = 30
# 두 쌍의 숫자가 같을 때
elif (dice[0] == dice[1] and dice[2] == dice[3]):
    score = 25
# 세 개가 같을 때
elif (dice[0] == dice[1] == dice[2]) or (dice[1] == dice[2] == dice[3]):
    score = 20
# 세 개 연속된 숫자
elif (dice[0] + 1 == dice[1] and dice[1] + 1 == dice[2]) or (dice[1] + 1
     == dice[2] and dice[2] + 1 == dice[3]) or (dice[0] + 1 == dice[1]
     and dice[1] + 1 == dice[3]):
    score = 15
# 두 개가 같을 때
elif (dice[0] == dice[1]) or (dice[1] == dice[2]) or (dice[2] ==
dice[3]):
    score = 10
else:  # 그 외
    score = 0

# 최종 점수 출력
print(score)
```

# 문제 30 방탈출 가능 여부 판별하기

**전체 지문**

방탈출 게임에서 플레이어는 특정한 유형의 잠긴 문을 해제해야 탈출할 수 있다. 문을 여는 방법은 아래의 표와 같이 암호 입력, 퍼즐 해결, 열쇠 찾기 중 하나이고, 선택 방법에 따라 얻을 수 있는 점수가 달라진다. 추가 힌트를 사용할수록 점수는 감점된다. 제한 시간 60분보다 빠르게 문을 열었다면 남은 시간에 따라 추가 점수가 부여된다.

| 문 유형 | CODE (암호 입력) | PUZZLE (퍼즐 해결) | KEY (열쇠 찾기) |
|---|---|---|---|
| 기본 점수(점) | 70 | 80 | 60 |

| 추가 힌트 | 0 (힌트 없음) | 1 (힌트 1회 사용) | 2 (힌트 2회 사용) |
|---|---|---|---|
| 감점 점수 | 0 | -10 | -20 |

| 남은 시간 등급 | A (30분 이상) | B (10분 이상 30분 미만) | C (10분 미만) |
|---|---|---|---|
| 추가 점수 | +20 | +10 | 0 |

[그림 3-30-1] 문 유형에 따른 기본 점수와 점수 변동 요인

예를 들어, 퍼즐 해결 방식으로 문을 열고 이 과정에서 추가 힌트를 1회 사용하였으며 남은 시간 등급이 B라고 하자. 퍼즐 해결에 대한 기본 점수 80점에 추가 힌트 1회 사용으로 –10점, 남은 시간 등급은 B등급으로 추가 점수 10점을 받아 총 80점이 된다.

## 문제 30-1 5급

| 시간제한 | 1초 |
|---|---|
| 메모리제한 | 128MB |

제11회 TOSC 3/4/5급 문제 3–1

**소문제 지문**

한 플레이어가 문을 열고 탈출하였을 때, 탈출 성공으로 인정받을 수 있는지 판별하는 프로그램을 작성하려고 한다. 탈출 점수가 80점 이상인 경우 탈출 성공으로 인정한다. 문 유형과 추가 힌트 개수, 남은 시간을 입력받고 최종 점수와 탈출 성공 인정 유무를 출력하는 프로그램을 작성하시오.

문 유형은 CODE(암호 입력) 문은 'C', PUZZLE(퍼즐 해결) 문은 'P', KEY(열쇠 찾기) 문은 'K'가 입력되며 남은 시간 등급은 30분 이상일 경우 'A', 10분 이상 30분 미만일 경우 'B', 10분 미만

일 경우 'C'로 입력된다. 탈출 성공 여부를 출력할 때, 탈출 성공 시 'Success'를 출력하고, 탈출 실패 시 'Fail'을 출력한다.

**제한사항**

- 문의 유형은 'C', 'P', 'K'로 입력되며 이외의 다른 값은 입력되지 않는다.
- 추가 힌트 개수는 0, 1, 2로 입력되며 이외의 다른 값은 입력되지 않는다.
- 남은 시간 등급은 'A', 'B', 'C'로 입력되며 이외의 다른 값은 입력되지 않는다.

**문제 풀이 Steps**

**Step 1** 문의 유형, 추가 힌트 개수, 남은 시간을 입력받는다.

**Step 2** 문의 유형, 추가 힌트 개수, 남은 시간에 따라 최종 점수를 계산한다.

**Step 3** 계산된 최종 점수와 탈출 성공 인정 유무를 출력한다.

**입출력 예시**

| 입력 예시 1 | 출력 예시 1 |
|---|---|
| C ↦ 문 유형, CODE문<br>2 ↦ 추가 힌트 개수, 2개<br>A ↦ 제한 시간 등급 | 70 ↦ 최종 점수(70-20+20=70점)<br>Fail ↦ 탈출 성공 인정 유무 |

| 입력 예시 2 | 출력 예시 2 |
|---|---|
| P ↦ 문 유형, PUZZLE문<br>0 ↦ 추가 힌트 개수, 0개<br>B ↦ 제한 시간 등급 | 90 ↦ 최종 점수(80-0+10=90점)<br>Success |

## 문제 해설

**[문제 접근 방법]**

이 문제는 주어진 입력값에 따라 점수를 계산하고, 최종 점수가 일정 기준 이상이면 탈출 성공 여부를 출력하는 문제다. 기본 점수에서 시작하여 힌트를 사용하면 점수가 감소하고, 남은 시간이 많으면 점수가 추가된다. 따라서 단순한 조건 분기와 연산을 통해 최종 점수를 산출하고, 점수가 기준 이상인지 판별하면 된다.

**[풀이 및 입출력 설명]**

먼저 문 유형을 입력받고 CODE, PUZZLE, KEY 중 하나에 따라 기본 점수를 설정한다. 그다음 힌트 사용 횟수를 입력받아 1회 사용 시 −10점, 2회 사용 시 −20점을 차감한다. 이어서 남은 시간을 등급으로 입력받고, A일 경우 +20점, B일 경우 +10점, C는 추가 점수가 없으므로 그대로 둔다. 최종 점수가 80점 이상이면 'Success'를, 그렇지 않으면 'Fail'을 출력한다.

| 문 유형 | CODE (암호 입력) | PUZZLE (퍼즐 해결) | KEY (열쇠 찾기) |
|---|---|---|---|
| 기본 점수(점) | **70** | 80 | 60 |

| 추가 힌트 | 0 (힌트 없음) | 1 (힌트 1회 사용) | 2 (힌트 2회 사용) |
|---|---|---|---|
| 감점 점수 | 0 | -10 | **-20** |

| 남은 시간 등급 | A (30분 이상) | B (10분 이상 30분 미만) | C (10분 미만) |
|---|---|---|---|
| 추가 점수 | **+20** | +10 | 0 |

입력

| 문 유형 | 추가 힌트 | 제한시간 등급 |
|---|---|---|
| CODE | 2 | A |
| 70점 | -20점 | 20점 |

| 점수 합계 | 70점 |
|---|---|
| 결과 | **Fail** |

**[그림 3-30-2] 입력값에 따른 방탈출 점수 및 방탈출 결과 계산 과정**

문 유형은 'C', 추가 힌트는 2, 제한 시간 등급은 'A'이다. 'CODE' 암호입력 문을 열었으므로 기본 점수 70점을 획득하고 힌트는 2개 사용했으므로 20점이 감점된다. 남은 시간 등급은 'A'로 20점을 획득하여 총 70점이 된다. 탈출 성공 인정 점수는 80 이상이므로 탈출에 실패했다. 따라서 획득 점수 70과 'Fail'을 출력한다.

## 정리

이 문제는 단순 조건 분기를 통해 점수를 계산하고 판정하는 문제다. 입력된 값에 따라 점수가 달라지기 때문에 조건 처리 흐름을 정확히 구성하는 것이 핵심이다.

## 풀이 코드

```
# 문 유형 입력
door = input()

# 힌트 사용 횟수 입력
hint = int(input())

# 남은 시간 등급 입력
time = input()

# 기본 점수 설정
if door == 'C': # CODE
    score = 70
elif door == 'P': # PUZZLE
```

```python
        score = 80
    else:  # KEY
        score = 60

    # 힌트 사용에 따른 점수 차감
    if hint == 1:
        score -= 10
    elif hint == 2:
        score -= 20

    # 남은 시간 등급에 따른 점수 추가
    if time == 'A':
        score += 20
    elif time == 'B':
        score += 10

    # 최종 점수 출력
    print(score)

    # 성공 여부 출력
    if score >= 80:
        print("Success")
    else:
        print("Fail")
```

## 문제 30-2 4급

| 시간제한 | 1초 |
| --- | --- |
| 메모리제한 | 128MB |

제11회 TOSC 3/4/5급 문제 3-2

### 소문제 지문

한 플레이어는 방탈출을 N번 시도했다. 이 플레이어가 가장 많이 시도한 문 유형과 최고점을 알아보려고 한다. 플레이어가 방탈출을 시도한 횟수 N과 각 시도마다 문 유형, 추가 힌트 개수, 남은 시간 등급을 입력받고 가장 많이 시도한 문 유형과 방탈출 시도 중 가장 높은 점수를 출력하는 프로그램을 작성하시오. 만약 문 유형 별로 시도한 횟수가 같은 경우 글자 수가 더 많은 문 유형을 출력한다.

### 제한사항

- 방탈출 시도 횟수 N은 1 이상 100 이하의 정수이다.

- 문의 유형은 'CODE', 'PUZZLE', 'KEY'로 입력되며 이외의 다른 값은 입력되지 않는다.
- 추가 힌트 개수는 0, 1, 2로 입력되며 이외의 다른 값은 입력되지 않는다.
- 남은 시간 등급은 'A', 'B', 'C'로 입력되며 이외의 다른 값은 입력되지 않는다.

**문제 풀이 Steps**

**Step 1** 방탈출 시도 횟수 N과 N개의 문 유형, 추가 힌트 개수, 남은 시간 등급을 입력받는다.

**Step 2** 가장 많이 시도한 문 유형과 최고 점수를 계산한다.

**Step 3** 계산한 결과를 출력한다.

**입출력 예시**

**입력 예시 1**

```
3     ↦ 방탈출 시도 횟수 N
CODE  ↦ 첫번째 방탈출 문 유형
0     ↦ 첫번째 방탈출 추가 힌트 개수
A     ↦ 첫번째 방탈출 남은 시간 등급
KEY   ↦ 두번째 방탈출 문 유형
1     ↦ 두번째 방탈출 추가 힌트 개수
B     ↦ 두번째 방탈출 남은 시간 등급
CODE  ↦ 세번째 방탈출 문 유형
1     ↦ 세번째 방탈출 추가 힌트 개수
A     ↦ 세번째 방탈출 남은 시간 등급
```

**출력 예시 1**

```
CODE  ↦ 가장 많이 시도한 문 유형
90    ↦ 방탈출 시도 중 가장 높은 점수
        첫번째 시도 점수
        70-0+20=90점
        두번째 시도 점수
        60-10+10=60점
        세번째 시도 점수
        70-10+20=80점
```

## 문제 해설

**[문제 접근 방법]**

이 문제는 여러 번의 방탈출 시도를 입력받아 어떤 문 유형을 가장 많이 시도했는지 찾고, 동시에 가장 높은 점수를 계산하는 문제다. 따라서 각 문 유형별 시도 횟수를 카운팅하면서 점수를 계산해야 하며, 점수는 기본 점수에 힌트 사용 여부와 시간 등급에 따라 가감한다. 최종적으로 가장 많이 시도된 문 유형과 최고 점수를 출력하는 방식으로 풀어야 한다.

**[입출력 설명]**

먼저 방탈출 시도 횟수 N을 입력받고 N회 만큼 반복하면서 각 시도의 문 유형, 힌트 사용 개수, 시간 등급을 입력받는다. 입력 값에 따라 문 유형은 'CODE', 'PUZZLE', 'KEY'이며 각 70점, 80점, 60점이 기본 점수다. 여기에 힌트를 1개 쓰면 −10점, 2개 쓰면 −20점이 감점된다. 시간 등급은 'A', 'B', 'C'가 있으며, 'A'는 +20점, 'B'는 +10점, 'C'는 0점을 추가한다.

모든 시도를 처리하면서 점수를 계산하고, 동시에 가장 높은 점수를 갱신해 저장한다. 또한 각 문 유형별 시도 횟수를 카운팅해두고, 반복이 끝난 후 가장 많이 시도된 문 유형을 찾는다. 이렇게 얻은 문 유형과 최고 점수를 출력하면 된다.

| 문 유형 | CODE (암호 입력) | PUZZLE (퍼즐 해결) | KEY (열쇠 찾기) |
|---|---|---|---|
| 기본 점수(점) | 70 | 80 | 60 |

| 추가 힌트 | 0 (힌트 없음) | 1 (힌트 1회 사용) | 2 (힌트 2회 사용) |
|---|---|---|---|
| 감점 점수 | 0 | -10 | -20 |

| 남은 시간 등급 | A (30분 이상) | B (10분 이상 30분 미만) | C (10분 미만) |
|---|---|---|---|
| 추가 점수 | +20 | +10 | 0 |

| 입력 | |
|---|---|
| 방탈출 횟수 | 3 |

| 문 유형 | 추가 힌트 | 제한시간 등급 | 탈출 점수 | 문 유형 시도 횟수 | | | 최고 점수 |
|---|---|---|---|---|---|---|---|
| CODE | 0 | A | 90점 | CODE | PUZZLE | KEY | 90점 |
| 70점 | -0점 | 20점 | | 1 | 0 | 0 | |
| 문 유형 | 추가 힌트 | 제한시간 등급 | 탈출 점수 | 문 유형 시도 횟수 | | | 최고 점수 |
| KEY | 1 | B | 60점 | CODE | PUZZLE | KEY | 90점 |
| 60점 | -10점 | 10점 | | 1 | 0 | 1 | |
| 문 유형 | 추가 힌트 | 제한시간 등급 | 탈출 점수 | 문 유형 시도 횟수 | | | 최고 점수 |
| CODE | 1 | A | 80점 | **CODE** | PUZZLE | KEY | **90점** |
| 70점 | -10점 | 20점 | | 2 | 0 | 1 | |

**[그림 3-30-3] 입력값에 따른 각 방탈출 점수, 가장 많이 시도한 문 유형, 최고 점수 계산 과정**

N이 3이다. 반복문을 통해 문 유형, 추가 힌트 개수, 제한 시간 등급을 차례로 입력받아 탈출 점수를 계산한다. 문 유형에 따라 시도 횟수를 세고 최고 점수도 확인한다. 첫 번째 탈출의 문 유형은 'CODE'로 기본 점수 70점을 획득하고 'CODE' 유형 시도 횟수를 1 증가시킨다. 추가 힌트는 사용하지 않았으므로 감점은 없다. 제한 시간 등급은 'A'로 20점을 획득하여 총 90점을 획득한다. 최고 점수는 90점이다. 두 번째 탈출의 문 유형은 'KEY'로 기본 점수 60점을 획득하고 'KEY' 유형 시도 횟수를 1 증가시킨다. 추가 힌트는 1개 사용했으므로 로 10점 감점이다. 제한 시간 등급은 'B'로 10점을 획득하여 총 60점을 획득한다. 최고 점수는 90점이다. 이와 같은 방법으로 마지막 탈출까지 계산한다.

위 예시의 경우 가장 많이 시도한 문 유형은 'CODE'이며 최고 점수는 90점이다. 따라서 'CODE', 90을 출력한다. 만약 시도한 문 유형의 개수가 같다면 문자열의 길이가 더 긴 유형을 출력한다.

## 정리

이 문제는 카운팅과 최댓값 갱신을 동시에 수행하는 구현 문제다. 입력마다 점수를 계산하고, 어떤 유형의 문을 가장 많이 시도했는지와 점수 중 최댓값을 함께 관리해야 하기 때문에 흐름을 정리하면서 풀어야 한다. 특히 점수 계산 규칙이 단순 덧셈과 뺄셈으로 정리되어 있으므로 조건문을 활용해 단계별로 처리하면 어렵지 않게 해결할 수 있다.

## 풀이 코드

```python
# 문 유형별 기본 점수
base_score = {"CODE": 70, "PUZZLE": 80, "KEY": 60}

# 각 문 유형별 시도 횟수를 저장할 딕셔너리
count = {"PUZZLE": 0, "CODE": 0, "KEY": 0}

# 방탈출 횟수 입력
N = int(input())

# 최고 점수 저장 변수
high_score = 0

# N회 반복
for _ in range(N):
    door = input()        # 문 유형 입력
    hint = int(input())  # 힌트 개수 입력
    grade = input()       # 시간 등급 입력

    # 문 유형별 시도 횟수 카운팅
    count[door] += 1

    # 기본 점수
    score = base_score[door]

    # 힌트 사용 감점
    if hint == 1:
        score -= 10
    elif hint == 2:
        score -= 20

    # 시간 등급 보너스
    if grade == "A":
        score += 20
    elif grade == "B":
        score += 10

    # 최고 점수 갱신
    high_score = max(high_score, score)

# 1. 가장 많이 시도한 횟수를 찾기
max_count = 0
if count: # count 딕셔너리가 비어있지 않은 경우
```

```
    max_count = max(count.values())

# 2. 가장 많이 시도한 횟수와 동일한 문들을 리스트에 담기
max_doors = []
for door, num in count.items():
    if num == max_count:
        max_doors.append(door)

# 3. 만약 후보가 여러 개라면, 문자열 길이가 가장 긴 것을 선택
if max_doors:
    max_door = sorted(max_doors, key=lambda x: (-len(x), x))[0]

# 결과 출력
print(max_door)
print(high_score)
```

## 문제 30-3 3급

| 시간제한 | 1초 |
|---|---|
| 메모리제한 | 128MB |

제11회 TOSC 3/4/5급 문제 3-3

**소문제 지문**

한 플레이어가 M개의 문으로 구성된 방탈출을 N번 시도했다. 이 플레이어가 가장 많이 시도한 문 유형과 방탈출 성공률을 확인하려고 한다. 모든 문을 통과했을 때, M×70점 이상이면 탈출 성공으로 인정된다. 예를 들어 방탈출의 문의 개수가 2개라면 140점 이상이면 성공으로 인정된다. 플레이어가 방탈출을 시도한 횟수 N과 방의 개수 M을 입력받는다. 각 시도마다 M개의 문의 유형을 입력받고 추가 힌트 개수, 남은 시간 등급을 입력받는다. 가장 많이 시도한 문 유형과 방탈출 성공률을 소수점 둘째 자리까지 반올림하여 출력하는 프로그램을 작성하시오. 만약 문 유형 별로 시도한 횟수가 같은 경우 글자 수가 더 많은 문 유형을 출력한다.

**제한사항**

- 방탈출 시도 횟수 N은 1 이상 100 이하의 정수이다.
- 방탈출의 문의 개수 M은 1 이상 100 이하의 정수이다.
- 문의 유형은 'CODE', 'PUZZLE', 'KEY'로 입력되며 이외의 다른 값은 입력되지 않는다.
- 추가 힌트 개수는 0, 1, 2로 입력되며 이외의 다른 값은 입력되지 않는다.
- 남은 시간 등급은 'A', 'B', 'C'로 입력되며 이외의 다른 값은 입력되지 않는다.

### 문제 풀이 Steps

**Step 1** 방탈출 시도 횟수 N과 방탈출의 방의 개수 M을 입력받는다.

**Step 2** N번의 시도마다 M개의 문에 대한 정보 문의 유형, 추가 힌트 개수, 남은 시간 등급을 입력받는다.

**Step 3** 가장 많이 시도한 문의 유형과 탈출 성공률을 계산하고 출력한다.

### 입출력 예시

**입력 예시 1**

```
2       ↦ 방탈출 시도 횟수 N
2       ↦ 방탈출 문의 개수 M
CODE    ↦ 첫번째 시도 첫번째 방 문 유형
KEY     ↦ 첫번째 시도 두번째 방 문 유형
0       ↦ 첫번째 시도 추가 힌트 개수
A       ↦ 첫번째 시도 남은 시간 등급
PUZZLE  ↦ 두번째 시도 첫번째 방 문 유형
PUZZLE  ↦ 두번째 시도 두번째 방 문 유형
1       ↦ 두번째 시도 추가 힌트 개수
B       ↦ 두번째 시도 남은 시간 등급
```

**출력 예시 1**

```
PUZZLE   ↦ 가장 많이 시도한 문 유형
100.00%  ↦ 방탈출 성공률
           (2회 시도 2회 성공)
           첫번째 시도
           (70+60)-0+20=150점
           두번째 시도
           (80+80)-10+10=160점
           2회 시도 모두 탈출 성공
           인정 점수인 2(M)×70점
           보다 높으므로 탈출 성공
```

**입력 예시 2**

```
3
5
PUZZLE
KEY
KEY
CODE
PUZZLE
2
C
KEY
KEY
CODE
CODE
CODE
1
A
CODE
KEY
PUZZLE
KEY
CODE
0
A
```

**출력 예시 2**

```
CODE
33.33%
```

## ● 문제 해설

**[문제 접근 방법]**

이 문제는 한 플레이어가 방탈출 게임을 반복 시도했을 때, 문 유형의 시도 횟수를 세고 가장 많이 시도된 문을 찾은 뒤 성공률을 계산하는 문제다. 탈출 시도별 점수는 기본 점수와 힌트 감점, 시간 등급 점수를 합산해 산출되며, 플레이어별 최종 점수가 성공 기준 이상인지 확인해 성공 횟수를 누적한다. 따라서 이 문제는 반복문과 조건 분기, 누적 합산 과정을 통해 구현할 수 있다.

**[풀이 및 입출력 설명]**

먼저 방탈출 횟수와 각 시도당 탈출하는 문 개수를 입력받는다. 각 시도에 대해 문들의 유형을 확인하면서 해당 문 유형의 시도 횟수를 집계한다. 동시에 문 유형별 점수에 힌트 감점과 시간 보너스를 더해 계산한다. 점수가 문 개수×70점 이상이면 성공으로 판정하고 성공 횟수를 누적한다.

모든 시도에 대해 처리가 끝난 뒤 가장 많이 시도된 문 유형을 찾아 출력하고, 전체 시도 중 성공률을 소수 둘째 자리까지 계산해 백분율로 출력한다.

| 문 유형 | CODE (암호 입력) | PUZZLE (퍼즐 해결) | KEY (열쇠 찾기) |
|---|---|---|---|
| 기본 점수(점) | 70 | 80 | 60 |

| 추가 힌트 | 0 (힌트 없음) | 1 (힌트 1회 사용) | 2 (힌트 2회 사용) |
|---|---|---|---|
| 감점 점수 | 0 | -10 | -20 |

| 남은 시간 등급 | A (30분 이상) | B (10분 이상 30분 미만) | C (10분 미만) |
|---|---|---|---|
| 추가 점수 | +20 | +10 | 0 |

입력

| 방탈출 횟수 | 3 | 문 개수 | 5 | 탈출 인정 점수 | 350 |
|---|---|---|---|---|---|

| 문1 유형 | 문2 유형 | 문3 유형 | 문4 유형 | 문5 유형 | 추가 힌트 | 제한시간 등급 | 탈출 점수 | 문 유형 시도 횟수 | | | 탈출 성공 횟수 |
|---|---|---|---|---|---|---|---|---|---|---|---|
| PUZZLE | KEY | KEY | CODE | PUZZLE | 2 | C | 330점 | CODE | PUZZLE | KEY | 0 |
| 80점 | 60점 | 60점 | 70점 | 80점 | -20점 | 0점 | | 1 | 2 | 2 | |

| 문1 유형 | 문2 유형 | 문3 유형 | 문4 유형 | 문5 유형 | 추가 힌트 | 제한시간 등급 | 탈출 점수 | 문 유형 시도 횟수 | | | 탈출 성공 횟수 |
|---|---|---|---|---|---|---|---|---|---|---|---|
| KEY | KEY | CODE | CODE | CODE | 1 | A | 340점 | CODE | PUZZLE | KEY | 0 |
| 60점 | 60점 | 70점 | 70점 | 70점 | -10점 | 20점 | | 4 | 2 | 4 | |

| 문1 유형 | 문2 유형 | 문3 유형 | 문4 유형 | 문5 유형 | 추가 힌트 | 제한시간 등급 | 탈출 점수 | 문 유형 시도 횟수 | | | 탈출 성공 횟수 |
|---|---|---|---|---|---|---|---|---|---|---|---|
| CODE | KEY | PUZZLE | KEY | CODE | 0 | A | 360점 | **CODE** | PUZZLE | KEY | 1 |
| 70점 | 60점 | 80점 | 60점 | 70점 | -0점 | 20점 | | 6 | 3 | 6 | |

| 방탈출 성공률 | **33.33%** |
|---|---|

**[그림 3-30-4] 입력값에 따른 가장 많이 시도한 문 유형 및 탈출 성공 횟수 계산 과정**

방탈출 횟수는 3이고 시도 당 문의 개수는 5이다. 탈출 인정 점수는 문 개수×70점이므로 350점 이상이면 탈출로 인정된다. 첫 번째 시도의 문은 'PUZZLE', 'KEY', 'KEY', 'CODE', 'PUZZLE'이다. 문 유형당 기본 점수를 모두 더하면 350점이며 추가 힌트는 2, 제한 시간 등급은 'C'이다. 추가 힌트에 대한 감점으로 20점이 감점되고 제한 시간 등급으로 인한 점수 변화는 없다. 따라서 탈출 점수는 330점이며 탈출에 실패한다. 이번 시도에서 문 유형 시도 횟수는 'CODE'문이 1회, 'PUZZLE'문이 2회, 'KEY'문이 2회 시도되었다. 같은 방법으로 모든 시도에 대한 탈출 점수를 계산하고 탈출 횟수와 문 유형에 대한 시도 횟수를 계산한다.

모든 시도에 대해 처리한 후 문 유형 시도 횟수는 'CODE'문이 6회, 'PUZZLE'문이 3회, 'KEY'문이 6회로 'CODE'와 'KEY'가 같지만 조건에 의해 문자열의 길이가 긴 'CODE'를 출력하고 총 3회 시도 중 1회 성공했으므로 1/3×100의 소수점 둘째 자리까지 33.33%를 출력한다.

## 정리

이 문제는 반복문을 통해 플레이어의 각 시도를 처리하고, 조건 분기를 통해 점수를 계산한 뒤 성공 여부를 판정하는 구조다. 또한 각 문 유형의 시도 횟수를 집계하여 최댓값을 구하는 과정과 성공 횟수를 비율로 계산하는 과정이 포함된다. 따라서 조건 처리, 반복문, 누적 계산을 함께 점검할 수 있는 문제다.

## 풀이 코드

```
# 탈출 시도 횟수 입력
N = int(input())
# 각 시도 문 개수
M = int(input())

# 문별 시도 횟수 초기화
door_counts = {"PUZZLE": 0, "CODE": 0, "KEY": 0}

# 성공한 시도 수
success_count = 0

# 각 시도 처리
for _ in range(N):
    score = 0  # 시도별 점수 초기화

    # M개의 문 유형 입력
    for _ in range(M):
        door_type = input()
        if door_type == "PUZZLE":
            score += 80
        elif door_type == "CODE":
            score += 70
        elif door_type == "KEY":
            score += 60
```

```
        door_counts[door_type] += 1

    # 힌트 개수와 시간 등급 입력
    hint = int(input())
    grade = input()

    # 힌트 개수 감점
    if hint == 1:
        score -= 10
    elif hint == 2:
        score -= 20

    # 시간 등급 점수
    if grade == "A":
        score += 20
    elif grade == "B":
        score += 10

    # 성공 여부 판정
    if score >= M * 70:
        success_count += 1

# 가장 많이 시도된 문 찾기
most_tried_door = max(door_counts, key=door_counts.get)

# 성공률 계산 (소수 둘째 자리까지 출력)
success_rate = round((success_count / N) * 100, 2)

# 결과 출력
print(most_tried_door)
print("%.2f%%" % success_rate)
```

# Part 4

# TOSC 3/4/5급 실전 모의고사

# 문제 1 | 알뜰 장보기 프로젝트

**전체 지문**

자취 2년 차인 김세종은 월말을 맞아 텅 빈 냉장고를 채우기 위해 대형마트를 찾았다. 이번 달 예산이 빠듯한 만큼, 장바구니를 계산기로 미리 점검하며 소비를 최적화하려 한다. 마트는 특정 구매 금액 이상일 경우 할인 혜택도 제공한다는데... 과연 어떤 전략이 가장 가성비가 좋을까?

## 문제 1-1 5급

| 시간제한 | 1초 |
| --- | --- |
| 메모리제한 | 128MB |

**소문제 지문**

세종이는 장바구니에 담은 4개의 생필품 가격을 합산하여 총 구매 금액을 계산하려 한다. 또한 세종이는 일정 금액을 할인받을 수 있는 쿠폰을 가지고 있으며, 이 쿠폰을 사용해 결제 금액을 줄일 수 있다.

프로그램은 4개의 생필품 가격과 쿠폰의 할인 금액을 입력받아, 세종이가 실제로 지불해야 할 금액을 출력하는 프로그램을 작성하시오.

**제한사항**

- 각 상품의 가격은 1,000 이상 50,000 이하이며, 1,000의 배수이다.
- 할인 쿠폰의 금액은 1,000 이상 50,000 이하이며, 1,000의 배수이다.
- 만약 쿠폰 할인 금액이 총 금액보다 크더라도, 세종이는 돈을 돌려받지 않고 최종 결제 금액은 0원으로 처리한다.

**문제 풀이 Steps**

Step 1 네 개의 상품의 가격과 쿠폰 할인 금액을 입력받는다.

Step 2 세종이가 지불할 총 금액을 계산한다.

Step 3 계산한 금액을 출력한다.

### 입출력 예시

| 입력 예시 1 | 출력 예시 1 |
|---|---|
| 2000 ↦ 상품의 가격<br>5000<br>10000<br>4000<br>6000 ↦ 할인 쿠폰 금액 | 15000 ↦ 지불할 금액<br>(2000+5000+10000+4000-6000=15000) |

| 입력 예시 2 | 출력 예시 2 |
|---|---|
| 2000 ↦ 상품의 가격<br>3000<br>4000<br>5000<br>20000 ↦ 할인 쿠폰 금액 | 0 ↦ 지불할 금액<br>(할인 금액이 더 커도 0원으로 처리) |

## 문제 1-2 4급

시간제한 1초
메모리제한 128MB

### 소문제 지문

세종이가 장바구니에 담은 생필품을 계산하려고 하는데, 옆에 다음과 같은 할인 이벤트를 진행하고 있다는 포스터를 보게 되었다.

| 총 구매 금액 | 적용 할인율 |
|---|---|
| 100,000원 이상 | 30% 할인 |
| 50,000원 이상 | 20% 할인 |
| 50,000원 미만 | 할인 없음 |

[그림 4-1-1-1] 총 구매 금액에 따른 적용 할인율

세종이는 위 조건에 따라, 장바구니 총액에 맞는 할인율을 적용해 최종 결제 금액을 계산하려 한다. 상품 수 N을 입력받고 상품 가격 정보를 입력받아 총액과 할인율, 그리고 할인 후 결제 금액을 출력하는 프로그램을 작성하시오.

### 제한사항

- 상품 수 N은 1 이상 10 이하의 정수이다.
- 각 상품의 가격은 1,000 이상 50,000 이하이며, 1,000의 배수이다.

### 문제 풀이 Steps

Step 1 상품 수 N을 입력받는다.

Step 2 각 상품의 가격을 입력받아 총액을 계산한다.

Step 3 할인율을 결정한다.

Step 4 할인 후 결제 금액을 출력한다.

**입출력 예시**

**입력 예시 1**

```
4        ↦ N
15000    ↦ 상품의 가격
12000
8000
20000
```

**출력 예시 1**

```
55000    ↦ 할인 전 총액
20%      ↦ 할인율
44000    ↦ 할인 후 결제 금액
```

## 문제 1-3 3급

| 시간제한 | 1초 |
|---|---|
| 메모리제한 | 128MB |

**소문제 지문**

세종이가 장바구니에 담은 생필품을 계산하려고 하는데, 옆에 다음과 같은 할인 이벤트를 진행하고 있다는 포스터를 보게 되었다.

| 총 구매 금액 | 적용 할인율 |
|---|---|
| 100,000원 이상 | 30% 할인 |
| 50,000원 이상 | 20% 할인 |
| 50,000원 미만 | 할인 없음 |

[그림 4-1-1-2] 총 구매 금액에 따른 적용 할인율

세종이는 계산기를 두드리다 흥미로운 점을 발견했다. "조금만 더 사면 할인율이 올라가서 결제 금액이 오히려 줄어들거나 같아질 수도 있겠네?" 이러한 할인 역전 현상이 발생하는지 판단하고 더 구매했을 때 결제 금액이 현재보다 줄어들거나 같아지는 경우가 있다면, 그때의 최소/최대 추가 구매 금액을 계산하려고 한다.

상품 수 N을 입력받고 상품 가격 정보를 입력받아 총액과 할인율, 그리고 할인 후 결제 금액을 출력하고 할인 역전 현상이 일어난다면 'Discount Inversion'을 출력하고 할인 역전 현상이 일어나는 최소, 최대 금액을 출력한다. 할인 역전 현상이 일어나지 않는다면 'Normal'을 출력하는 프로그램을 작성하시오.

(※ 할인 역전 현상의 예: 현재 총액이 98,000원일 때 20% 할인이 적용되어 78,400원을 지불하게 되지만, 2,000원을 더 구매하여 총액이 100,000원이 되면 30% 할인이 적용되어 결제 금액이 70,000원으로 오히려 줄어듦)

### 제한사항

- 물품 수 N은 1 이상 10 이하의 정수이다.
- 각 물품의 가격은 1,000 이상 50,000 이하의 1,000의 배수 정수이다.
- 추가 구매는 1,000의 배수 단위로만 가능하다.

### 문제 풀이 Steps

- **Step 1** 상품 수 N과 각 상품 가격을 입력받아 총액을 계산한다.
- **Step 2** 현재 할인율과 할인 후 결제 금액을 계산한다.
- **Step 3** 추가 구매 금액을 1,000원 단위로 증가시키며 새로운 할인율과 결제 금액을 계산한다.
- **Step 4** 결제 금액이 현재보다 낮아지는 구간이 있으면 최소/최대 추가 구매 금액을 출력한다.
- **Step 5** 없다면 관련 메시지를 출력한다.

### 입출력 예시

**입력 예시 1**

```
3           ↦ N
48000       ↦ 상품의 가격
40000
5000
```

**출력 예시 1**

```
93000              ↦ 할인 전 총액
20%                ↦ 할인율
74400              ↦ 할인 후 결제 금액
Discount Inversion ↦ 할인 역전 현상 여부
7000               ↦ 할인 역전 현상이 일어날 수 있는
13000                 최소/최대 추가 구매 금액
```

**입력 예시 2**

```
4           ↦ N
18000       ↦ 상품의 가격
10000
5000
20000
```

**출력 예시 2**

```
53000       ↦ 할인 전 총액
20%         ↦ 할인율
42400       ↦ 할인 후 결제 금액
Normal      ↦ 할인 역전 현상 여부
```

# 문제 2 | 이사 비용 계산하기

전체 지문

**세종이는 이사를 앞두고 이사 비용을 계산하려고 한다. 이사에 드는 비용은 사용하는 이사 서비스 종류와 이삿짐의 양, 이사 거리에 따라서 달라지며, 비용 단가는 아래 표와 같다.**

| 서비스 종류 (번호) | 일반 이사 (1) | 포장 이사 (2) | 프리미엄 이사 (3) |
|---|---|---|---|
| 이삿짐 무게당 단가 (원/kg) | 300 | 500 | 700 |

[그림 4-1-1-3] 이사 서비스에 따른 이사 비용 단가

| 이사 거리 | 100km 미만 | 100~200km | 200km 초과 |
|---|---|---|---|
| 추가 비용 | 추가 비용 없음 | 30만원 | 50만원 |

[그림 4-1-1-4] 이사 거리당 추가 비용

## 문제 2-1 5급

시간제한 1초
메모리제한 128MB

소문제 지문

세종이가 이사에 사용할 서비스의 종류와 이사 거리(km), 이삿짐의 무게(kg)를 입력받아 이사 비용을 계산하여 출력하는 프로그램을 작성하시오.

제한사항

- 이사 서비스의 종류는 1 이상 3 이하의 정수이다.
- 이사 거리는 1 이상 500 이하의 정수이다.
- 이삿짐의 무게는 1 이상 1,000,000 이하의 정수이다.

문제 풀이 Steps

Step 1 이사 시 사용할 서비스의 종류, 이사 거리(km), 이삿짐의 무게(kg) 순으로 입력받는다.

Step 2 이사 서비스별 단가와 거리당 추가 비용을 고려하여 총 이사비용(원)을 계산하여 출력한다.

**입출력 예시**

**입력 예시 1**

```
2     ↦ 포장 이사
250   ↦ 이사 거리
2000  ↦ 이삿짐의 무게
```

**출력 예시 1**

```
1500000  ↦ 총 이사비용
           (500×2000+500000=1500000)
```

## 문제 2-2 4급

시간제한 1초
메모리제한 128MB

**소문제 지문**

세종이가 이사에 사용할 서비스의 종류와 이사 거리(km), 이삿짐의 개수 N과 N개의 이삿짐의 무게를 순서대로 입력받아 이사 비용을 계산하여 출력하는 프로그램을 작성하시오.

**제한사항**

- 이사 서비스의 종류는 1 이상 3 이하의 정수이다.
- 이사 거리는 1 이상 500 이하의 정수이다.
- 이삿짐의 개수 N은 1 이상 100 이하의 정수이다.
- 이삿짐의 무게는 1 이상 1,000,000 이하의 정수이다.

**문제 풀이 Steps**

Step 1 이사 시 사용할 서비스의 종류, 이사 거리(km)를 입력받는다.

Step 2 입력할 이삿짐의 개수 N을 입력받고, 각 이삿짐의 무게(kg)를 반복하여 입력받는다.

Step 3 이사 서비스별 단가와 거리에 따른 추가 비용, 총 이삿짐의 무게를 고려하여 총 이사비용(원)을 계산하여 출력한다.

**입출력 예시**

**입력 예시 1**

```
3     ↦ 프리미엄 이사
150   ↦ 이사 거리
3     ↦ 이삿짐의 개수
600   ↦ 이삿짐의 무게
400   ↦ 이삿짐의 무게
1500  ↦ 이삿짐의 무게
```

**출력 예시 1**

```
2050000  ↦ 총 이사비용
           (700×2500+300000=2050000)
```

| 문제 2-3 | 3급 | 시간제한 | 1초 |
|---|---|---|---|
| | | 메모리제한 | 128MB |

### 소문제 지문

이삿짐을 옮기는 데 사용되는 트럭은 최대 5톤을 적재할 수 있다고 한다. 현재 트럭에 추가 이삿짐을 실었을 때 5톤(5000kg)이 초과할 것으로 예상되면 해당 트럭은 출발시키고 새로운 트럭에 이삿짐을 싣는다고 한다. 새로운 트럭을 사용하게 되면 이사 서비스와 관계없이 500,000원의 추가 비용이 발생한다고 할 때, 이사 시 사용할 서비스의 종류와 이사 거리(km), 여러 개의 이삿짐의 무게를 순서대로 입력받아 총 이사 비용을 계산하여 출력하는 프로그램을 작성하시오.

### 제한사항

- 이사 서비스의 종류는 1 이상 3 이하의 정수이다.
- 이사 거리는 1 이상 500 이하의 정수이다.
- 이삿짐의 개수 N은 1 이상 100 이하의 정수이다.
- 이삿짐의 무게는 1 이상 1,000,000 이하의 정수이다.
- 이삿짐은 반드시 입력받은 순서대로 싣고, 하나의 이삿짐을 두 트럭에 나누어 실을 수 없다고 가정한다.

### 문제 풀이 Steps

**Step 1** 이사 시 사용할 서비스의 종류, 이사 거리(km)를 입력받는다.

**Step 2** 입력할 이삿짐의 개수를 입력받고, 각 이삿짐의 무게(kg)를 반복하여 입력받는다.

**Step 3** 이사 서비스별 단가, 이삿짐의 무게, 추가 트럭 사용에 대한 비용, 거리에 따른 추가 비용을 모두 고려하여 총 이사비용(원)을 계산하여 출력한다.

### 입출력 예시

**입력 예시 1**

```
1      ↦ 일반 이사
150    ↦ 이사 거리
5      ↦ 이삿짐의 개수
4800   ↦ 이삿짐의 무게(적재량 4.8톤)
400    ↦ (트럭 추가, 적재량 0.4톤)
100    ↦ (적재량 0.5톤)
4000   ↦ (적재량 4.5톤)
1000   ↦ (트럭 추가, 적재량 1.0톤)
```

**출력 예시 1**

```
4390000   ↦ 총 이사비용
            (300×10300+500000*2
             +300000=4390000)
```

# 문제 3 게임 캐릭터 레벨업 계산하기

**전체 지문**

세종이는 게임을 만들어 보려고 한다. 해당 게임에서 캐릭터는 경험치를 얻으면 레벨이 올라가는 구조를 갖는다고 한다. 레벨은 현재 누적 경험치에 따라 자동으로 오르며, 캐릭터의 직업별로 누적 경험치에 따른 레벨업 기준이 다르다고 한다. 직업별 레벨업 기준은 아래와 같다.

| 레벨 | | 1 | 2 | 3 | 4 | 5 (최대레벨) |
|---|---|---|---|---|---|---|
| 필요 누적 경험치 | 1번. 전사 | 0 이상 | 100 이상 | 200 이상 | 400 이상 | 800 이상 |
| | 2번. 마법사 | 0 이상 | 80 이상 | 240 이상 | 600 이상 | 1000 이상 |
| | 3번. 도적 | 0 이상 | 120 이상 | 180 이상 | 300 이상 | 500 이상 |

[그림 4-1-1-5] 직업 및 경험치에 따른 레벨업 기준

## 문제 3-1 5급

시간제한 1초
메모리제한 128MB

**소문제 지문**

누적 경험치를 입력받아 전사 직업의 현재 레벨과 다음 레벨까지 남은 필요 경험치를 출력하는 프로그램을 작성하시오.

**제한사항**

- 누적 경험치는 0 이상 2,000 이하의 정수이다.
- 만약 최대 레벨에 도달한 경우 다음 레벨까지 남은 필요 경험치는 0으로 출력한다.

**문제 풀이 Steps**

Step 1 누적 경험치를 입력받는다.

Step 2 누적 경험치를 고려하여 전사 직업의 현재 레벨과 다음 레벨까지 남은 필요 경험치를 출력한다(최대 레벨에 도달한 경우 남은 필요 경험치는 0으로 출력).

**입출력 예시**

| 입력 예시 1 | 출력 예시 1 |
|---|---|
| 420 ↦ 누적 경험치 | 4 ↦ 현재 레벨<br>380 ↦ 다음 레벨까지 남은 경험치 |

## 문제 3-2 4급

| 시간제한 | 1초 |
|---|---|
| 메모리제한 | 128MB |

**소문제 지문**

캐릭터의 직업 번호, 경험치 획득 횟수 N과 N회의 경험치 획득량을 입력받아 현재 레벨과 다음 레벨까지 남은 필요 경험치를 출력하는 프로그램을 작성하시오.

**제한사항**

- 캐릭터의 직업 번호는 1 이상 3 이하의 정수이다.
- 경험치 획득 횟수 N은 1 이상, 100 이하의 정수이다.
- 경험치 획득량은 0 이상 2,000 이하의 정수이다.
- 만약 최대 레벨에 도달한 경우 다음 레벨까지 남은 필요 경험치는 0으로 출력한다.

**문제 풀이 Steps**

Step 1 캐릭터의 직업 번호를 입력받는다.

Step 2 입력할 총 경험치 획득 횟수를 입력받는다.

Step 3 경험치 획득량을 입력받는다.

Step 4 캐릭터의 직업과 누적 경험치를 고려하여 현재 레벨과 다음 레벨까지 남은 필요 경험치를 출력한다(최대 레벨에 도달한 경우 남은 필요 경험치는 0으로 출력).

**입출력 예시**

| 입력 예시 1 | 출력 예시 1 |
|---|---|
| 1 ↦ 직업번호(전사)<br>5 ↦ 경험치 획득 횟수 N<br>80 ↦ 획득 경험치(누적 80)<br>100 ↦ 획득 경험치(누적 180)<br>20 ↦ 획득 경험치(누적 200)<br>40 ↦ 획득 경험치(누적 240)<br>200 ↦ 획득 경험치(누적 440) | 4 ↦ 현재 레벨<br>360 ↦ 다음 레벨까지 남은 경험치<br>(800-440=360) |

문제 **3-3** **3급**

| 시간제한 | 1초 |
|---|---|
| 메모리제한 | 128MB |

### 소문제 지문

캐릭터의 직업 번호, 경험치 획득 횟수 N과 N회의 경험치 획득량을 입력받은 뒤, 현재 레벨과 다음 레벨까지 남은 필요 경험치와 지금까지의 레벨업 이력(각 레벨업 시의 레벨과 누적 경험치)을 출력하는 프로그램을 작성하시오.

### 제한사항

- 캐릭터의 직업 번호는 1 이상 3 이하의 정수이다.
- 경험치 획득 횟수 N은 1 이상, 100 이하의 정수이다.
- 경험치 획득량은 0 이상 2,000 이하의 정수이다.
- 만약 최대 레벨에 도달한 경우 다음 레벨까지 남은 필요 경험치는 0으로 출력한다.
- 레벨 변화가 없다면 레벨업 이력은 출력하지 않는다.
- 한 번에 여러 레벨이 오르더라도 각 레벨별로 출력한다.

### 문제 풀이 Steps

**Step 1** 캐릭터의 직업 번호를 입력받는다.

**Step 2** 입력할 총 경험치 획득 횟수를 입력받는다.

**Step 3** 경험치 획득량을 입력받는다.

**Step 4** 현재 레벨과 다음 레벨까지 남은 필요 경험치를 출력한다(최대 레벨에 도달한 경우 남은 필요 경험치는 0으로 출력).

**Step 5** 각 레벨업 시의 레벨과 누적 경험치를 출력한다.

### 입출력 예시

**입력 예시 1**

```
3    ↦ 직업번호(도적)
6    ↦ 경험치 획득 횟수 N
80   ↦ 획득 경험치(누적 80)
100  ↦ 획득 경험치(누적 180)
20   ↦ 획득 경험치(누적 200)
40   ↦ 획득 경험치(누적 240)
200  ↦ 획득 경험치(누적 440)
20   ↦ 획득 경험치(누적 460)
```

**출력 예시 1**

```
4    ↦ 현재 레벨
40   ↦ 다음 레벨까지 남은 경험치
2    ↦ 2레벨로 레벨업 했을 때의
180     누적 경험치
3    ↦ 3레벨로 레벨업 했을 때의
180     누적 경험치
4    ↦ 4레벨로 레벨업 했을 때의
440     누적 경험치
```

**입력 예시 2**

```
2    ↦ 직업번호(마법사)
3    ↦ 경험치 획득 횟수 N
10   ↦ 획득 경험치(누적 10)
20   ↦ 획득 경험치(누적 30)
30   ↦ 획득 경험치(누적 60)
```

**출력 예시 2**

```
1      ↦ 현재 레벨
20     ↦ 다음 레벨까지 남은 경험치
       ↦ 레벨업 이력이 없으므로 출력X
```

# 문제 1 해설 알뜰 장보기 프로젝트

**전체 지문**

자취 2년 차인 김세종은 월말을 맞아 텅 빈 냉장고를 채우기 위해 대형마트를 찾았다. 이번 달 예산이 빠듯한 만큼, 장바구니를 계산기로 미리 점검하며 소비를 최적화하려 한다. 마트는 특정 구매 금액 이상일 경우 할인 혜택도 제공한다는데... 과연 어떤 전략이 가장 가성비가 좋을까?

## 문제 1-1 5급

| 시간제한 | 1초 |
|---|---|
| 메모리제한 | 128MB |

**소문제 지문**

세종이는 장바구니에 담은 4개의 생필품 가격을 합산하여 총 구매 금액을 계산하려 한다. 또한 세종이는 일정 금액을 할인받을 수 있는 쿠폰을 가지고 있으며, 이 쿠폰을 사용해 결제 금액을 줄일 수 있다.

프로그램은 4개의 생필품 가격과 쿠폰의 할인 금액을 입력받아, 세종이가 실제로 지불해야 할 금액을 출력하는 프로그램을 작성하시오.

**제한사항**

- 각 상품의 가격은 1,000 이상 50,000 이하이며, 1,000의 배수이다.
- 할인 쿠폰의 금액은 1,000 이상 50,000 이하이며, 1,000의 배수이다.
- 만약 쿠폰 할인 금액이 총 금액보다 크더라도, 세종이는 돈을 돌려받지 않고 최종 결제 금액은 0원으로 처리한다.

**문제 풀이 Steps**

- Step 1 네 개의 상품의 가격과 쿠폰 할인 금액을 입력받는다.
- Step 2 세종이가 지불할 총 금액을 계산한다.
- Step 3 계산한 금액을 출력한다.

**입출력 예시**

| 입력 예시 1 | 출력 예시 1 |
|---|---|
| 2000 ↦ 상품의 가격<br>5000<br>10000<br>4000<br>6000 ↦ 할인 쿠폰 금액 | 15000 ↦ 지불할 금액<br>(2000+5000+10000+4000<br>-6000=15000) |

| 입력 예시 2 | 출력 예시 2 |
|---|---|
| 2000 ↦ 상품의 가격<br>3000<br>4000<br>5000<br>20000 ↦ 할인 쿠폰 금액 | 0 ↦ 지불할 금액<br>(할인 금액이 더 커도 0원<br>으로 처리) |

## 문제 해설

**[문제 접근 방법]**

이 문제는 4개의 상품 가격을 모두 더한 뒤 할인 쿠폰 금액을 빼서 최종 지불 금액을 구하는 문제다. 다만 할인 쿠폰 금액이 총합보다 클 수 있으므로, 결과가 음수가 되면 0으로 처리해야 한다. 따라서 조건문을 활용해 최종 지불 금액을 보정하는 방식으로 접근한다.

**[풀이 및 입출력 설명]**

먼저 4개의 상품 가격과 할인 쿠폰 금액을 입력받는다. 상품 가격 4개를 모두 더한 뒤 할인 쿠폰 금액을 차감하여 최종 금액을 계산한다. 이때 계산된 값이 0보다 작으면 최종 금액은 0으로 출력한다.

상품의 가격이 2,000, 5,000, 10,000, 4,000이고 할인 쿠폰 금액이 6,000이다. 상품의 총 금액은 21,000원이며 할인 쿠폰 금액만큼 차감하면 15,000원이다. 따라서 지불할 금액 15000을 출력한다. 만약 상품의 총 금액이 할인 쿠폰 금액보다 작거나 같다면 0을 출력한다.

## 정리

이 문제는 기본적인 산술 연산과 조건문을 활용하는 문제다. 합계를 구하고 할인 금액을 뺀 뒤 조건으로 음수를 보정하는 단순 구현 유형이다.

## 풀이 코드

```
# 상품 가격 입력
price1 = int(input())
price2 = int(input())
price3 = int(input())
```

```python
price4 = int(input())

# 할인 쿠폰 금액 입력
coupon = int(input())

# 총 상품 금액 계산
total_price = price1 + price2 + price3 + price4

# 최종 지불 금액 (음수일 경우 0 처리)
pay = total_price - coupon
if pay < 0:
    pay = 0

# 결과 출력
print(pay)
```

## 문제 1-2 4급

시간제한 1초
메모리제한 128MB

### 소문제 지문

세종이가 장바구니에 담은 생필품을 계산하려고 하는데, 옆에 다음과 같은 할인 이벤트를 진행하고 있다는 포스터를 보게 되었다.

| 총 구매 금액 | 적용 할인율 |
|---|---|
| 100,000원 이상 | 30% 할인 |
| 50,000원 이상 | 20% 할인 |
| 50,000원 미만 | 할인 없음 |

[그림 4-1-2-1] 총 구매 금액에 따른 적용 할인율

세종이는 위 조건에 따라, 장바구니 총액에 맞는 할인율을 적용해 최종 결제 금액을 계산하려 한다. 상품 수 N을 입력받고 상품 가격 정보를 입력받아 총액과 할인율, 그리고 할인 후 결제 금액을 출력하는 프로그램을 작성하시오.

### 제한사항

- 상품 수 N은 1 이상 10 이하의 정수이다.
- 각 상품의 가격은 1,000 이상 50,000 이하이며, 1,000의 배수이다.

문제 풀이 Steps

Step 1 상품 수 N을 입력받는다.

Step 2 각 상품의 가격을 입력받아 총액을 계산한다.

Step 3 할인율을 결정한다.

Step 4 할인 후 결제 금액을 출력한다.

입출력 예시

**입력 예시 1**

```
4        ↦ N
15000    ↦ 상품의 가격
12000
8000
20000
```

**출력 예시 1**

```
55000    ↦ 할인 전 총액
20%      ↦ 할인율
44000    ↦ 할인 후 결제 금액
```

## 문제 해설

**[문제 접근 방법]**

이 문제는 여러 개의 상품 가격을 입력받아 총 구매 금액을 계산하고, 해당 금액에 따라 할인율을 적용하여 최종 결제 금액을 출력하는 문제다. 입력받은 상품 가격들을 합산한 뒤, 조건문을 이용해 금액 구간에 맞는 할인율을 적용해야 한다. 반복문과 배열을 활용해 총 구매 금액을 구하고, 이후 조건 처리로 할인율을 적용하는 방식으로 구현할 수 있다.

**[입출력 설명]**

먼저 입력으로 상품 개수 N을 받는다. 이후 반복문을 통해 상품 가격을 순차적으로 입력받아 배열에 저장하고, 이를 모두 더해 총 구매 금액을 계산한다. 계산된 총 금액이 100,000원 이상이면 30% 할인을 적용하고, 50,000원 이상이면 20% 할인을 적용한다. 50,000원 미만일 경우에는 할인율이 없다. 이렇게 계산된 할인율을 총 구매 금액에 적용해 최종 결제 금액을 계산한다. 이후 할인 전 총액, 할인율, 할인 후 결제 금액을 출력한다.

| 총 구매 금액 | 적용 할인율 |
|---|---|
| 100,000원 이상 | 30% 할인 |
| **50,000원 이상** | **20% 할인** |
| 50,000원 미만 | 할인 없음 |

| 입력 | |
|---|---|
| 상품 개수 | 4 |

| 상품 가격 | 누적 가격 | | |
|---|---|---|---|
| 15,000 | 15,000 | | |
| 12,000 | 27,000 | | |
| 8,000 | 35,000 | 할인율 | **20%** |
| 20,000 | **55,000** | 할인 후 결제 금액 | **44,000** |

[그림 4-1-2-2] 입력값에 따른 할인율 및 결제 금액 계산 과정

상품 개수는 4, 상품의 가격은 15,000, 12,000, 8,000, 20,000이다. 각 상품을 누적하여 더하면 55,000원이 된다. 적용 할인율에 따라 50,000원 이상이므로 20% 할인이 적용된다. 할인 후 결제 금액은 55,000원에서 20% 할인을 적용하여 0.8을 곱하면 44,000원이 된다. 따라서 55000, 20%, 44000을 출력한다.

## 정리

이 문제는 반복문과 배열을 이용해 합계를 구하고, 조건문을 통해 상황에 맞는 할인율을 적용하는 기본적인 구조를 연습할 수 있다. 특정 범위에 따라 달라지는 조건 처리와, 입력된 데이터를 합산하는 반복 구조가 핵심이다.

## 풀이 코드

```
# 상품 개수 입력
N = int(input())

# 상품 가격 입력 및 총합 계산
prices = []
total_price = 0
for _ in range(N):
    price = int(input())
    prices.append(price)
    total_price += price

# 할인율 결정
discount_rate = 0
if total_price >= 100000:  # 10만 원 이상
    discount_rate = 30
elif total_price >= 50000: # 5만 원 이상
    discount_rate = 20
```

```
# 최종 결제 금액 계산
pay = total_price * (100 - discount_rate) // 100

# 결과 출력
print(total_price)        # 할인 전 총 금액
print("%d%%" % discount_rate) # 할인율
print(pay)        # 할인 후 결제 금액
```

## 문제 1-3 3급

| 시간제한 | 1초 |
| --- | --- |
| 메모리제한 | 128MB |

**소문제 지문**

세종이가 장바구니에 담은 생필품을 계산하려고 하는데, 옆에 다음과 같은 할인 이벤트를 진행하고 있다는 포스터를 보게 되었다.

| 총 구매 금액 | 적용 할인율 |
| --- | --- |
| 100,000원 이상 | 30% 할인 |
| 50,000원 이상 | 20% 할인 |
| 50,000원 미만 | 할인 없음 |

[그림 4-1-2-3] 총 구매 금액에 따른 적용 할인율

세종이는 계산기를 두드리다 흥미로운 점을 발견했다. "조금만 더 사면 할인율이 올라가서 결제 금액이 오히려 줄어들거나 같아질 수도 있겠네?" 이러한 할인 역전 현상이 발생하는지 판단하고 더 구매했을 때 결제 금액이 현재보다 줄어들거나 같아지는 경우가 있다면, 그때의 최소/최대 추가 구매 금액을 계산하려고 한다.

상품 수 N을 입력받고 상품 가격 정보를 입력받아 총액과 할인율, 그리고 할인 후 결제 금액을 출력하고 할인 역전 현상이 일어난다면 'Discount Inversion'을 출력하고 할인 역전 현상이 일어나는 최소, 최대 금액을 출력한다. 할인 역전 현상이 일어나지 않는다면 'Normal'을 출력하는 프로그램을 작성하시오.

(※ 할인 역전 현상의 예: 현재 총액이 98,000원일 때 20% 할인이 적용되어 78,400원을 지불하게 되지만, 2,000원을 더 구매하여 총액이 100,000원이 되면 30% 할인이 적용되어 결제 금액이 70,000원으로 오히려 줄어듦)

**제한사항**

- 물품 수 N은 1 이상 10 이하의 정수이다.
- 각 물품의 가격은 1,000 이상 50,000 이하의 1,000의 배수 정수이다.
- 추가 구매는 1,000의 배수 단위로만 가능하다.

**문제 풀이 Steps**

- Step 1 상품 수 N과 각 상품 가격을 입력받아 총액을 계산한다.
- Step 2 현재 할인율과 할인 후 결제 금액을 계산한다.
- Step 3 추가 구매 금액을 1,000원 단위로 증가시키며 새로운 할인율과 결제 금액을 계산한다.
- Step 4 결제 금액이 현재보다 낮아지는 구간이 있으면 최소/최대 추가 구매 금액을 출력한다.
- Step 5 없다면 관련 메시지를 출력한다.

**입출력 예시**

**입력 예시 1**

```
3           ↦ N
48000       ↦ 상품의 가격
40000
5000
```

**출력 예시 1**

```
93000              ↦ 할인 전 총액
20%                ↦ 할인율
74400              ↦ 할인 후 결제 금액
Discount Inversion ↦ 할인 역전 현상 여부
7000               ↦ 할인 역전 현상이 일어날 수 있는
13000                최소/최대 추가 구매 금액
```

**입력 예시 2**

```
4           ↦ N
18000       ↦ 상품의 가격
10000
5000
20000
```

**출력 예시 2**

```
53000       ↦ 할인 전 총액
20%         ↦ 할인율
42400       ↦ 할인 후 결제 금액
Normal      ↦ 할인 역전 현상 여부
```

## 문제 해설

**[문제 접근 방법]**

이 문제는 상품 가격의 총합에 따라 적용되는 할인율이 변할 수 있고, 경우에 따라서는 추가로 구매했음에도 전체 결제 금액이 오히려 줄어드는 '할인 역전 현상'이 발생하는지를 판단해야 하는 문제다. 따라서 먼저 전체 상품 가격을 합산한 뒤, 조건에 따라 할인율을 적용해 결제 금액을 계산한다. 이후 추가 구매 금액을 1000원 단위로 증가시키며 새로운 결제 금액을 시뮬레이션해보고, 현재보다 낮아지는 경우가 있으면 역전 현상이 발생했다고 본다.

**[풀이 및 입출력 설명]**

먼저 상품의 개수 N을 입력받고, 각 상품 가격을 입력받아 총 구매 금액을 계산한다. 그다음 할

인 조건표에 따라 현재 할인율과 결제 금액을 계산한다. 이후 반복문을 통해 추가 구매 금액을 1000원씩 증가시키며 새로운 총 금액을 구한 뒤, 그 금액에 해당하는 할인율을 다시 적용해 새로운 결제 금액을 계산한다. 이렇게 반복하며 최소 추가 구매 금액과 최대 추가 구매 금액을 갱신한다. 만약 현재 결제 금액보다 더 낮은 금액이 나타난다면 'Discount Inversion'을 출력하고, 그렇지 않다면 'Normal'을 출력한다.

| 총 구매 금액 | 적용 할인율 |
|---|---|
| 100,000원 이상 | 30% 할인 |
| **50,000원 이상** | **20% 할인** |
| 50,000원 미만 | 할인 없음 |

| 입력 | | | |
|---|---|---|---|
| 상품 개수 | 3 | | |
| 상품 가격 | 48,000 | 40,000 | 5,000 |

| | |
|---|---|
| 상품 총 가격 | **93,000** |
| 할인율 | **20%** |
| 할인 후 결제 금액 | **74,400** |

**[그림 4-1-2-4] 입력값에 따른 할인 전 금액, 할인율, 할인 후 결제 금액 계산 과정**

상품 개수는 3, 각 상품 가격은 48,000, 40,000, 5,000이다. 상품의 총 가격은 93,000원이며 20% 할인을 받는다. 할인 후 결제 금액은 총 가격에 0.8을 곱한 74,400원이다. 여기서 100,000원 이상 구매를 하면 30% 할인을 통해 74,400원보다 적은 금액으로 더 많은 가격의 상품을 살 수 있는 할인 역전 현상이 일어난다. 할인 전 가격 93,000원에서 7,000원을 더 구매했을 시 30% 할인을 받을 수 있는 100,000원이 되므로 반복문을 통해 7,000원부터 시작하여 1,000원씩 증가시키며 할인 역전 현상이 끝나는 금액까지 탐색한다.

| 탐색 시작 금액 | 7,000 | 기존 결제 금액 | 74,400 |
|---|---|---|---|

| 추가 구매 금액 | 할인 전 금액 | 할인율 | 할인 후 금액 | 할인 역전 현상 여부 |
|---|---|---|---|---|
| 7,000 | 100,000 | 30% | 70,000 | O |
| 8,000 | 101,000 | 30% | 70,700 | O |
| | | | | |
| 12,000 | 105,000 | 30% | 73,500 | O |
| 13,000 | 106,000 | 30% | 74,200 | O |
| 14,000 | 107,000 | 30% | 74,900 | X |

| | |
|---|---|
| 최소 추가 구매 금액 | **7,000** |
| 최대 추가 구매 금액 | **13,000** |

**[그림 4-1-2-5] 할인 역전 현상이 발생할 경우 할인 역전 현상이 일어나는 최소 추가 구매 금액과 최대 추가 구매 금액 계산 과정**

7,000원을 더 구매하면 100,000원이 되므로 할인율 30%가 적용되며 할인 후 금액은 70,000원이 되어 할인 역전 현상이 일어난다. 다음 8,000원을 더 구매하면 101,000원이 되고 할인율 30%를 적용하여 할인 후 금액은 70,700원이 된다. 이와 같은 방법으로 반복하여 할인 역전 현상이 일어나지 않을 때까지 반복한다.

14,000원을 더 구매하면 107,000원이 되고 할인율 30%를 적용하여 할인 후 금액은 74,900원이 된다. 추가 구매를 하지 않은 할인 후 금액은 74,400원이므로 할인 역전 현상이 일어나지 않는다. 따라서 반복문을 종료하고 할인 역전이 일어나는 최소, 최대 추가 구매 금액을 저장한다.

이후 상품의 총 가격, 할인율, 할인 후 결제 금액, 할인 역전 현상 여부와 할인 역전 현상이 일어나는 최소, 최대 추가 구매 금액을 출력한다. 따라서 93000, 20%, 74400, 'Discount

Inversion', 7000, 13000을 출력한다. 만약 할인 역전 현상이 일어나지 않는다면 상품의 총 가격, 할인율, 할인 후 결제 금액과 'Normal'만 출력한다.



## 정리

이 문제는 할인 조건이 구간별로 달라지면서 역전 현상을 찾는 시뮬레이션 문제다. 반복문을 활용해 결제 금액의 변화를 추적하고, 조건 분기를 통해 할인율을 정확히 적용하는 것이 핵심이다. 이를 통해 단순한 할인 계산 문제에서 한 단계 확장된 사고력과 논리력을 요구한다.

## 풀이 코드

```
# 상품 개수 입력
N = int(input())

# 상품 가격 입력
prices = []
for _ in range(N):
    prices.append(int(input()))

# 총 구매 금액 계산
total_price = sum(prices)

# 현재 할인율 결정
if total_price >= 100000:
    discount_rate = 30
elif total_price >= 50000:
    discount_rate = 20
else:
    discount_rate = 0

# 현재 결제 금액 계산
current_payment = total_price * (100 - discount_rate) // 100

# 최소 추가 결제 금액은 현재 결제 금액으로 초기화
min_payment = current_payment
# 최대 추가 결제 금액은 0으로 초기화
max_payment = 0

# 현재 총액이 100,000 미만이면 추가 구매 시뮬레이션 수행
if total_price < 100000:
    # 최소한 할인 구간에 진입할 수 있도록 필요한 추가 구매 금액 계산
```

```python
    extra = 100000 - total_price
    if total_price < 50000:
        extra = 50000 - total_price

    # 추가 구매 금액을 1000원씩 늘려가며 시뮬레이션
    while True:
        new_total = total_price + extra

        # 새로운 총액에 따른 할인율 결정
        if new_total >= 100000:
            new_discount = 30
        elif new_total >= 50000:
            new_discount = 20
        else:
            new_discount = 0

        # 새로운 결제 금액 계산
        new_payment = new_total * (100 - new_discount) // 100

        # 현재 결제 금액보다 낮아지는 경우만 기록
        if new_payment < current_payment:
            # 최소/최대 추가 구매 금액 갱신
            min_payment = min(min_payment, extra)
            max_payment = max(max_payment, extra)
            # 다음 구간을 탐색하기 위해 추가 구매 금액 1000원 증가
            extra += 1000
        else:
            # 더 이상 결제 금액이 낮아지지 않으면 반복 종료
            break

# 결과 출력
print(total_price)              # 할인 전 총액
print(f"{discount_rate}%")  # 현재 적용된 할인율
print(current_payment)        # 현재 결제 금액

# 역전 현상 여부 확인
if min_payment < current_payment:
    print("Discount Inversion")  # 역전 현상 발생
    print(min_payment)             # 최소 추가 구매 금액
    print(max_payment)             # 최대 추가 구매 금액
else:
    print("Normal")                # 역전 현상 없음
```

# 문제 2 해설 | 이사 비용 계산하기



**전체 지문**

세종이는 이사를 앞두고 이사 비용을 계산하려고 한다. 이사에 드는 비용은 사용하는 이사 서비스 종류와 이삿짐의 양, 이사 거리에 따라서 달라지며, 비용 단가는 아래 표와 같다.

| 서비스 종류 (번호) | 일반 이사 (1) | 포장 이사 (2) | 프리미엄 이사 (3) |
|---|---|---|---|
| 이삿짐 무게당 단가 (원/kg) | 300 | 500 | 700 |

[그림 4-1-2-6] 이사 서비스에 따른 이사 비용 단가

| 이사 거리 | 100km 미만 | 100~200km | 200km 초과 |
|---|---|---|---|
| 추가 비용 | 추가 비용 없음 | 30만원 | 50만원 |

[그림 4-1-2-7] 이사 거리당 추가 비용

## 문제 2-1 5급

시간제한 1초
메모리제한 128MB

**소문제 지문**

세종이가 이사에 사용할 서비스의 종류와 이사 거리(km), 이삿짐의 무게(kg)를 입력받아 이사 비용을 계산하여 출력하는 프로그램을 작성하시오.

**제한사항**

- 이사 서비스의 종류는 1 이상 3 이하의 정수이다.
- 이사 거리는 1 이상 500 이하의 정수이다.
- 이삿짐의 무게는 1 이상 1,000,000 이하의 정수이다.

**문제 풀이 Steps**

Step 1 이사 시 사용할 서비스의 종류, 이사 거리(km), 이삿짐의 무게(kg) 순으로 입력받는다.

Step 2 이사 서비스별 단가와 거리당 추가 비용을 고려하여 총 이사비용(원)을 계산하여 출력한다.

### 입출력 예시

| 입력 예시 1 | 출력 예시 1 |
|---|---|
| 2 ↦ 포장 이사<br>250 ↦ 이사 거리<br>2000 ↦ 이삿짐의 무게 | 1500000 ↦ 총 이사비용<br>(500 × 2000+500000=1500000) |

## 문제 해설

**[문제 접근 방법]**

이 문제는 입력된 서비스 종류, 이사 거리, 이삿짐의 무게에 따라 최종 이사 비용을 계산하는 문제다. 기본 요금은 서비스 종류별 단가와 무게를 곱해 계산하고, 여기에 이사 거리 구간에 따른 추가 요금을 더해야 한다. 따라서 서비스 종류 선택, 거리 조건 분기, 단순한 곱셈, 덧셈 연산을 활용하여 해결할 수 있다.

**[풀이 및 입출력 설명]**

먼저 서비스 종류 번호, 이사 거리, 이삿짐 무게를 입력받는다. 서비스 종류는 1, 2, 3번 중 하나이고 각각 단가는 300, 500, 700이다. 이사 거리에 따라 100km 미만은 추가 요금이 없고, 100~200km는 30만 원, 200km 초과는 50만 원이 추가된다. 따라서 서비스 단가, 무게의 곱한 값과 추가 요금을 더하여 최종 이사 비용을 출력한다.

| 서비스 종류 (번호) | 일반 이사 (1) | 포장 이사 (2) | 프리미엄 이사 (3) |
|---|---|---|---|
| 이삿짐 무게당 단가 (원/kg) | 300 | **500** | 700 |

| 이사 거리 | 100km 미만 | 100~200km | 200km 초과 |
|---|---|---|---|
| 추가 비용 | 추가 비용 없음 | 30만원 | **50만원** |

입력

| 이사 서비스 | 2 | 이사 거리 | 250 | 이삿짐 무게 | 2,000 |
|---|---|---|---|---|---|
| | | 비용 계산 | 500 × 2,000 + 500,000 = **1,500,000** | | |

[그림 4-1-2-8] 입력값에 따른 이사 비용 계산 과정

서비스 종류는 2, 이사 거리는 250, 이삿짐 무게는 2,000이다. 포장 이사를 이용하여 1kg당 단가가 500원이며 이삿짐이 2,000kg이다. 따라서 이사 비용은 500과 2,000을 곱한 1,000,000원이며 추가로 이사 거리가 200km 초과로 추가 비용이 500,000원을 더하여 총 1,500,000원이 되어 1500000을 출력한다.

## 정리

이 문제는 조건문을 통해 서비스 종류와 거리 구간을 분기 처리하는 기본적인 계산 문제다. 단순 곱셈과 덧셈을 이용하여 최종 요금을 산출하며, 거리 조건을 올바르게 분리하는 것이 핵심이다.

## 풀이 코드

```
# 입력받기
service_no = int(input())    # 서비스 종류 번호
distance = int(input())      # 이사 거리 (km)
weight = int(input())        # 이삿짐 무게 (kg)

# 서비스 종류에 따른 단가 설정
if service_no == 1:
    rate = 300
elif service_no == 2:
    rate = 500
else:
    rate = 700

# 거리 구간별 추가 요금
if distance < 100:
    dist_price = 0
elif distance <= 200:
    dist_price = 300000
else:
    dist_price = 500000

# 최종 이사 비용 계산
total_cost = rate * weight + dist_price

# 결과 출력
print(total_cost)
```

1회_문제 2 해설

문제 **2-2** **4급** 

| 시간제한 | 1초 |
|---|---|
| 메모리제한 | 128MB |

**소문제 지문**

세종이가 이사에 사용할 서비스의 종류와 이사 거리(km), 이삿짐의 개수 N과 N개의 이삿짐의 무게를 순서대로 입력받아 이사 비용을 계산하여 출력하는 프로그램을 작성하시오.

**제한사항**

- 이사 서비스의 종류는 1 이상 3 이하의 정수이다.
- 이사 거리는 1 이상 500 이하의 정수이다.
- 이삿짐의 개수 N은 1 이상 100 이하의 정수이다.
- 이삿짐의 무게는 1 이상 1,000,000 이하의 정수이다.

**문제 풀이 Steps**

Step 1 이사 시 사용할 서비스의 종류, 이사 거리(km)를 입력받는다.

Step 2 입력할 이삿짐의 개수 N을 입력받고, 각 이삿짐의 무게(kg)를 반복하여 입력받는다.

Step 3 이사 서비스별 단가와 거리에 따른 추가 비용, 총 이삿짐의 무게를 고려하여 총 이사 비용(원)을 계산하여 출력한다.

**입출력 예시**

| 입력 예시 1 | 출력 예시 1 |
|---|---|
| 3 ↦ 프리미엄 이사<br>150 ↦ 이사 거리<br>3 ↦ 이삿짐의 개수<br>600 ↦ 이삿짐의 무게<br>400 ↦ 이삿짐의 무게<br>1500 ↦ 이삿짐의 무게 | 2050000 ↦ 총 이사비용<br>(700×2500+300000=2050000) |

## 문제 해설

**[문제 접근 방법]**

이 문제는 여러 개의 짐을 옮길 때 발생하는 총 이사 비용을 계산하는 문제다. 기본적으로 서비스 종류에 따른 단가와 이삿짐 무게를 곱해 비용을 계산하고, 이동 거리에 따라 추가 비용을 더해주면 된다. 이삿짐이 여러 개이므로 반복문을 활용하여 무게를 누적 합산해야 한다. 따라서 조건 분기와 반복문을 조합해 문제를 해결할 수 있다.

**[풀이 및 입출력 설명]**

먼저 서비스 번호, 이사 거리, 이삿짐 개수를 입력받는다. 이후 각 이삿짐의 무게를 반복문으로 입력받아 합산한다. 합산된 무게와 서비스별 단가를 곱해 기본 비용을 계산한 뒤, 거리 조건에 따라 추가 비용을 더한다. 최종적으로 계산된 값을 출력한다.

| 서비스 종류 (번호) | 일반 이사 (1) | 포장 이사 (2) | 프리미엄 이사 (3) |
|---|---|---|---|
| 이삿짐 무게당 단가 (원/kg) | 300 | 500 | **700** |

| 이사 거리 | 100km 미만 | 100~200km | 200km 초과 |
|---|---|---|---|
| 추가 비용 | 추가 비용 없음 | **30만원** | 50만원 |

입력

| 이사 서비스 | 3 | 이사 거리 | 150 | 이삿짐 개수 | 3 |
|---|---|---|---|---|---|

| 이삿짐 무게 | 총 이삿짐 무게 |
|---|---|
| 600 | 600 |
| 400 | 1,000 |
| 1,500 | 2,500 |

비용 계산: 700 × 2,500 + 300,000 = **2,050,000**

[그림 4-1-2-9] 입력값에 따른 이사 비용 계산 과정

서비스 종류는 3, 이사 거리는 150, 이삿짐 개수는 3이고 각 이삿짐의 무게는 600, 400, 1,500이다. 프리미엄 이사를 이용하여 1kg당 단가가 700원이며 총 이삿짐 무게는 2,500kg이다. 따라서 이사 비용은 700과 2,500을 곱한 1,750,000원이며 추가로 이사 거리가 100km 이상 200km 미만으로 추가 비용 300,000원을 더하여 총 2,050,000원이 된다. 2050000을 출력한다.

## 정리

이 문제는 거리 조건에 따른 분기와 반복문을 이용한 누적 합산이 핵심이다. 이삿짐 개수가 많아도 동일한 방식으로 처리할 수 있어, 조건문과 반복문을 결합하는 연습에 적합하다.

## 풀이 코드

```
# 서비스별 단가 배열
service = [300, 500, 700]

# 입력받기
service_num = int(input())  # 서비스 종류 번호
distance = int(input())     # 이사 거리 (km)
n = int(input())            # 이삿짐 개수
```

```
# 거리 조건에 따른 추가 비용
if distance < 100:
    dist_price = 0
elif distance <= 200:
    dist_price = 300000
else:
    dist_price = 500000

# 이삿짐 무게 입력 및 합산
total_weight = 0
for _ in range(n):
    weight = int(input())
    total_weight += weight

# 최종 비용 계산
total_cost = service[service_num - 1] * total_weight + dist_price

# 결과 출력
print(total_cost)
```

## 문제 2-3 3급

| 시간제한 | 1초 |
| --- | --- |
| 메모리제한 | 128MB |

**소문제 지문**

이삿짐을 옮기는 데 사용되는 트럭은 최대 5톤을 적재할 수 있다고 한다. 현재 트럭에 추가 이삿짐을 실었을 때 5톤(5000kg)이 초과할 것으로 예상되면 해당 트럭은 출발시키고 새로운 트럭에 이삿짐을 싣는다고 한다. 새로운 트럭을 사용하게 되면 이사 서비스와 관계없이 500,000원의 추가 비용이 발생한다고 할 때, 이사 시 사용할 서비스의 종류와 이사 거리(km), 여러 개의 이삿짐의 무게를 순서대로 입력받아 총 이사 비용을 계산하여 출력하는 프로그램을 작성하시오.

**제한사항**

- 이사 서비스의 종류는 1 이상 3 이하의 정수이다.
- 이사 거리는 1 이상 500 이하의 정수이다.
- 이삿짐의 개수 N은 1 이상 100 이하의 정수이다.
- 이삿짐의 무게는 1 이상 1,000,000 이하의 정수이다.
- 이삿짐은 반드시 입력받은 순서대로 싣고, 하나의 이삿짐을 두 트럭에 나누어 실을 수 없다고 가정한다.

**문제 풀이 Steps**

**Step 1** 이사 시 사용할 서비스의 종류, 이사 거리(km)를 입력받는다.

**Step 2** 입력할 이삿짐의 개수를 입력받고, 각 이삿짐의 무게(kg)를 반복하여 입력받는다.

**Step 3** 이사 서비스별 단가, 이삿짐의 무게, 추가 트럭 사용에 대한 비용, 거리에 따른 추가 비용을 모두 고려하여 총 이사비용(원)을 계산하여 출력한다.

**입출력 예시**

**입력 예시 1**

```
1     ↦ 일반 이사
150   ↦ 이사 거리
5     ↦ 이삿짐의 개수
4800  ↦ 이삿짐의 무게(적재량 4.8톤)
400   ↦ (트럭 추가, 적재량 0.4톤)
100   ↦ (적재량 0.5톤)
4000  ↦ (적재량 4.5톤)
1000  ↦ (트럭 추가, 적재량 1.0톤)
```

**출력 예시 1**

```
4390000    ↦ 총 이사비용
             (300×10300+500000*2
              +300000=4390000)
```

## 문제 해설

**[문제 접근 방법]**

이 문제는 여러 개의 이삿짐 무게를 입력받아 트럭의 적재 한도를 넘는 경우 추가 트럭이 필요하다는 점을 고려하여 총 비용을 계산하는 문제다. 따라서 서비스 종류에 따른 단가, 거리별 추가 요금, 그리고 트럭 추가 비용을 함께 고려해야 한다. 입력되는 이삿짐의 무게를 순서대로 합산하면서 트럭 적재 한도를 초과하면 새로운 트럭을 추가하는 방식으로 풀어야 한다.

**[풀이 및 입출력 설명]**

먼저 서비스 번호, 이사 거리, 이삿짐 개수를 입력받는다. 이후 이삿짐 무게를 반복 입력받으면서 누적 합을 계산한다. 만약 현재 트럭 적재량에 더했을 때 5,000kg을 초과하면 새로운 트럭을 추가하고, 초과한 짐부터 다시 계산을 시작한다. 이 과정에서 트럭이 추가될 때마다 500,000원의 비용이 발생한다. 모든 짐을 입력받은 뒤에는 서비스별 단가와 총 무게의 곱과 거리 추가 비용, 트럭 추가 비용을 합산하여 최종 비용을 출력한다.

| 서비스 종류 (번호) | 일반 이사 (1) | 포장 이사 (2) | 프리미엄 이사 (3) |
|---|---|---|---|
| 이삿짐 무게당 단가 (원/kg) | **300** | 500 | 700 |

| 이사 거리 | 100km 미만 | 100~200km | 200km 초과 |
|---|---|---|---|
| 추가 비용 | 추가 비용 없음 | **30만원** | 50만원 |

| 입력 | | | | | |
|---|---|---|---|---|---|
| 이사 서비스 | 1 | 이사 거리 | 150 | 이삿짐 개수 | 5 |

| 이삿짐 무게 | 트럭 추가 가격 | 현재 트럭의 이삿짐 무게 | 총 이삿짐 무게 |
|---|---|---|---|
| 4,800 | 0 | 4,800 | 4,800 |
| 400 | 500,000 | 400 | 5,200 |
| 100 | 500,000 | 500 | 5,300 |
| 4,000 | 500,000 | 4,500 | 9,300 |
| 1,000 | 1,000,000 | 1,000 | 10,300 |
| 비용 계산 | 300 × 10,300 + 1,000,000 + 300,000 = **4,390,000** | | |

[그림 4-1-2-10] 입력값에 따른 이사 비용 계산 과정

서비스 종류는 1, 이사 거리는 150, 이삿짐 개수는 5이고 각 이삿짐의 무게는 4,800, 400, 100, 4,000, 1,000이다. 일반 이사를 이용하여 1kg당 단가가 300원이다. 트럭은 최대 5,000kg까지만 적재할 수 있으므로, 이삿짐을 순서대로 싣다가 적재 한도를 초과하면 새로운 트럭을 호출하고 추가 요금이 발생한다.

첫 번째 트럭에는 4,800kg의 짐이 실린다. 이후 400kg의 짐을 더 실으려 하면 총 무게가 5,200kg이 되어 5,000kg을 초과하게 된다. 따라서 첫 번째 트럭은 4,800kg만 실은 채 출발하고, 새로운 트럭을 호출한다. 이 시점에서 추가 트럭 요금 500,000원이 발생한다. 두 번째 트럭에는 400kg을 싣고, 이어서 100kg과 4,000kg을 차례로 적재한다. 이때 총 무게는 4,500kg이 된다. 그런데 마지막으로 1,000kg을 더 싣게 되면 5,500kg이 되어 5,000kg을 초과한다. 따라서 두 번째 트럭은 여기서 출발시키고, 또 다른 트럭을 불러야 한다. 이 과정에서 추가 트럭 요금 500,000원이 한 번 더 발생한다. 세 번째 트럭에는 마지막 이삿짐 1,000kg이 실리며, 적재 한도 내에서 모든 짐을 운송할 수 있게 된다.

최종적으로 모든 짐의 무게는 10,300kg이며, 이사 비용은 300과 10,300을 곱한 3,090,000원에 거리 요금 300,000원과 트럭 추가 요금 1,000,000원을 모두 더한 4,390,000원이 된다. 따라서 4390000을 출력한다.

## 정리

이 문제는 조건 분기와 누적 계산을 동시에 다루는 문제다. 특히 단순히 무게 총합만으로 계산하지 않고 트럭 적재 한도를 고려하여 조건에 따라 추가 비용을 발생시키는 시뮬레이션 요소가 포함되어 있다. 따라서 반복문과 조건문을 적절히 조합하여 실제 상황을 코드로 옮기는 사고 과정이 중요하다.

## 풀이 코드

```
# 서비스별 단가 배열
```

```python
service = [300, 500, 700]

# 입력받기
service_num = int(input())  # 서비스 종류 번호
distance = int(input())     # 이사 거리 (km)
n = int(input())            # 이삿짐 개수

# 거리별 추가 비용
if distance < 100:
    dist_price = 0
elif distance <= 200:
    dist_price = 300000
else:
    dist_price = 500000

total_weight = 0    # 총 무게
curr_truck = 0      # 현재 트럭에 실린 무게
truck_price = 0     # 추가 트럭 비용

# 이삿짐 무게 입력 및 합산
for _ in range(n):
    weight = int(input())
    total_weight += weight
    # 현재 트럭 적재 한도 초과 시 새로운 트럭 필요
    if curr_truck + weight > 5000:
        curr_truck = weight
        truck_price += 500000
    else:
        curr_truck += weight

# 최종 비용 계산
total_cost = service[service_num - 1] * total_weight + dist_price + truck
_price

# 결과 출력
print(total_cost)
```

# 문제 3 해설

# 게임 캐릭터 레벨업 계산하기

**전체 지문**

**세종이는 게임을 만들어 보려고 한다. 해당 게임에서 캐릭터는 경험치를 얻으면 레벨이 올라가는 구조를 갖는다고 한다. 레벨은 현재 누적 경험치에 따라 자동으로 오르며, 캐릭터의 직업별로 누적 경험치에 따른 레벨업 기준이 다르다고 한다. 직업별 레벨업 기준은 아래와 같다.**

| 레벨 | | 1 | 2 | 3 | 4 | 5 (최대레벨) |
|---|---|---|---|---|---|---|
| 필요 누적 경험치 | 1번. 전사 | 0 이상 | 100 이상 | 200 이상 | 400 이상 | 800 이상 |
| | 2번. 마법사 | 0 이상 | 80 이상 | 240 이상 | 600 이상 | 1000 이상 |
| | 3번. 도적 | 0 이상 | 120 이상 | 180 이상 | 300 이상 | 500 이상 |

[그림 4-1-2-11] 직업 및 경험치에 따른 레벨업 기준

## 문제 3-1 5급

시간제한 1초
메모리제한 128MB

**소문제 지문**

누적 경험치를 입력받아 전사 직업의 현재 레벨과 다음 레벨까지 남은 필요 경험치를 출력하는 프로그램을 작성하시오.

**제한사항**

- 누적 경험치는 0 이상 2,000 이하의 정수이다.
- 만약 최대 레벨에 도달한 경우 다음 레벨까지 남은 필요 경험치는 0으로 출력한다.

**문제 풀이 Steps**

Step 1 누적 경험치를 입력받는다.

Step 2 누적 경험치를 고려하여 전사 직업의 현재 레벨과 다음 레벨까지 남은 필요 경험치를 출력한다(최대 레벨에 도달한 경우 남은 필요 경험치는 0으로 출력).

**입출력 예시**

| 입력 예시 1 | 출력 예시 1 |
|---|---|
| 420 ↦ 누적 경험치 | 4 ↦ 현재 레벨<br>380 ↦ 다음 레벨까지 남은 경험치 |

## 문제 해설

**[문제 접근 방법]**

이 문제는 누적 경험치를 기준으로 전사의 현재 레벨과 다음 레벨까지 필요한 경험치를 계산하는 문제다. 전사의 레벨은 1부터 시작하며, 특정 경험치 구간을 초과할 때마다 레벨이 하나씩 올라간다. 마지막 최대 레벨에 도달하면 더 이상 경험치를 필요로 하지 않는다. 따라서 누적 경험치가 어느 구간에 속하는지 조건문으로 나누어 판단하고, 현재 레벨과 다음 레벨까지 남은 경험치를 계산하면 된다.

**[풀이 및 입출력 설명]**

먼저 누적 경험치를 입력받는다. 전사의 경험치 기준은 100, 200, 400, 800으로 정해져 있다. 조건문을 활용해 누적 경험치가 800 이상일 경우 레벨 5로 고정하고, 남은 경험치는 0으로 처리한다.

그 외의 경우, 입력된 경험치가 속한 구간을 찾아 현재 레벨을 결정하고, 다음 레벨에 필요한 경험치에서 현재 경험치를 뺀 값을 남은 경험치로 계산한다.

| 레벨 | | 1 | 2 | 3 | 4 | 5 (최대레벨) |
|---|---|---|---|---|---|---|
| 필요 누적 경험치 | 1번. 전사 | 0 이상 | 100 이상 | 200 이상 | 400 이상 | 800 이상 |

| 입력 | | | | | |
|---|---|---|---|---|---|
| 누적 경험치 | 420 | 레벨 | **4** | 다음 레벨까지 남은 경험치 | 800 - 420 = **380** |

**[그림 4-1-2-12] 누적 경험치에 따른 전사 직업의 레벨 및 다음 레벨까지 남은 경험치 계산**

누적 경험치가 420이다. 전사 직업을 기준으로 누적 경험치가 420인 경우 400 이상, 800 미만이므로 레벨 4에 해당한다. 다음 레벨인 5레벨에 도달하기 위해서 5레벨에 필요한 누적 경험치 800에서 현재 누적 경험치 420을 뺀 380의 경험치가 필요하다. 따라서 4, 380을 출력한다.

## 정리

이 문제는 단순 조건문을 통해 구간을 나누어 현재 레벨과 다음 레벨까지 남은 경험치를 계산하는 구현 문제다. if-elif-else 문으로도 풀이 가능하며, 최대 레벨 도달 시 남은 경험치를 0으로 처리하는 예외 처리를 해주는 것이 핵심이다.

## 풀이 코드

```python
# 입력받기
exp = int(input())     # 누적 경험치

level = 1   # 레벨
remain_exp = 0         # 다음 레벨까지 남은 경험치

# 전사 경험치에 따른 레벨 계산
if exp >= 800:   # 누적 경험치가 800 이상
    level = 5
    remain_exp = 0
elif exp >= 400: # 누적 경험치가 800 미만 400 이상
    level = 4
    remain_exp = 800 - exp
elif exp >= 200: # 누적 경험치가 400 미만 200 이상
    level = 3
    remain_exp = 400 - exp
elif exp >= 100: # 누적 경험치가 200 미만 100 이상
    level = 2
    remain_exp = 200 - exp
else:            # 누적 경험치가 100 미만
    level = 1
    remain_exp = 100 - exp

# 결과 출력
print(level)          # 현재 레벨
print(remain_exp)     # 다음 레벨까지 남은 경험치
```

## 문제 3-2 4급

| 시간제한 | 1초 |
| --- | --- |
| 메모리제한 | 128MB |

**소문제 지문**

캐릭터의 직업 번호, 경험치 획득 횟수 N과 N회의 경험치 획득량을 입력받아 현재 레벨과 다음 레벨까지 남은 필요 경험치를 출력하는 프로그램을 작성하시오.

**제한사항**

- 캐릭터의 직업 번호는 1 이상 3 이하의 정수이다.
- 경험치 획득 횟수 N은 1 이상, 100 이하의 정수이다.

- 경험치 획득량은 0 이상 2,000 이하의 정수이다.
- 만약 최대 레벨에 도달한 경우 다음 레벨까지 남은 필요 경험치는 0으로 출력한다.

**문제 풀이 Steps**

**Step 1** 캐릭터의 직업 번호를 입력받는다.

**Step 2** 입력할 총 경험치 획득 횟수를 입력받는다.

**Step 3** 경험치 획득량을 입력받는다.

**Step 4** 캐릭터의 직업과 누적 경험치를 고려하여 현재 레벨과 다음 레벨까지 남은 필요 경험치를 출력한다(최대 레벨에 도달한 경우 남은 필요 경험치는 0으로 출력).

**입출력 예시**

| 입력 예시 1 | 출력 예시 1 |
|---|---|
| 1 ↦ 직업번호(전사)<br>5 ↦ 경험치 획득 횟수 N<br>80 ↦ 획득 경험치(누적 80)<br>100 ↦ 획득 경험치(누적 180)<br>20 ↦ 획득 경험치(누적 200)<br>40 ↦ 획득 경험치(누적 240)<br>200 ↦ 획득 경험치(누적 440) | 4 ↦ 현재 레벨<br>360 ↦ 다음 레벨까지 남은 경험치<br>(800-440=360) |

## 문제 해설

**[문제 접근 방법]**

이 문제는 캐릭터의 직업과 여러 번의 경험치 획득량을 입력받아 누적 경험치를 계산하고, 해당 누적 경험치를 기준으로 현재 레벨과 다음 레벨까지 남은 경험치를 구하는 문제다. 직업마다 레벨업에 필요한 경험치 기준이 다르므로, 직업에 따라 기준 경험치 리스트를 만들고 활용해야 한다. 또한 누적 경험치가 최대 레벨을 초과하는 경우에는 다음 레벨 경험치가 0으로 처리된다.

**[풀이 및 입출력 설명]**

먼저 캐릭터의 직업 번호를 입력받고, 경험치 획득 횟수를 입력받는다. 이후 반복문을 통해 각 획득 경험치를 입력받아 모두 합산하여 누적 경험치를 계산한다. 직업 번호에 따라 전사, 마법사, 도적의 경험치 리스트 중 하나를 선택하여 적용한다. 누적 경험치를 기준으로 현재 레벨을 확인하며, 기준 경험치를 충족하면 레벨이 올라가고, 아직 도달하지 못했다면 해당 기준값에서 현재 경험치를 뺀 값을 다음 레벨까지 남은 경험치로 계산한다. 만약 최대 레벨에 도달했다면 다음 레벨까지 남은 경험치는 0으로 출력한다.

| 레벨 | | 1 | 2 | 3 | 4 | 5 (최대레벨) |
|---|---|---|---|---|---|---|
| 필요 누적 경험치 | 1번. 전사 | 0 이상 | 100 이상 | 200 이상 | 400 이상 | 800 이상 |
| | 2번. 마법사 | 0 이상 | 80 이상 | 240 이상 | 600 이상 | 1000 이상 |
| | 3번. 도적 | 0 이상 | 120 이상 | 180 이상 | 300 이상 | 500 이상 |

| 입력 | | | | | |
|---|---|---|---|---|---|
| 직업 | 1 (전사) | 경험치 획득 횟수 | 5 | | |
| 획득 경험치 | 80 | 100 | 20 | 40 | 200 |

| 누적 경험치 | 440 | 레벨 | **4** | 다음 레벨까지 남은 경험치 | 800 - 440 = **360** |
|---|---|---|---|---|---|

**[그림 4-1-2-13] 입력값에 따른 현재 레벨 및 다음 레벨까지 남은 경험치 계산 과정**

직업은 1 전사이고 경험치 획득 횟수는 5, 각 획득 경험치는 80, 100, 20, 40, 200이다. 따라서 누적 경험치가 440이다. 전사 직업을 기준으로 누적 경험치가 440인 경우 400 이상, 800 미만이므로 레벨 4에 해당한다. 다음 레벨인 5레벨에 도달하기 위해서 5레벨에 필요한 누적 경험치 800에서 현재 누적 경험치 440을 뺀 360의 경험치가 필요하다. 따라서 4, 360을 출력한다.

## 정리

이 문제는 직업별 경험치 기준이 다른 리스트를 활용하여, 입력된 경험치를 누적해 현재 레벨과 다음 레벨까지 남은 경험치를 계산하는 문제다. 배열 선택, 누적 합산, 조건 분기라는 세 가지 요소를 모두 활용해야 하며, 특히 반복 입력을 통한 합산 과정과 레벨 판별 과정을 연결하는 것이 핵심이다.

## 풀이 코드

```
# 직업별 레벨업 경험치 기준
warrior = [100, 200, 400, 800]    # 전사
wizard = [80, 240, 600, 1000]     # 마법사
rogue = [120, 180, 300, 500]      # 도적

# 입력
role = int(input())           # 직업 번호
exp_count = int(input())      # 경험치 획득 횟수

# 직업에 따라 기준 리스트 선택
if role == 1:
    thres = warrior
elif role == 2:
    thres = wizard
```

```python
else:
    thres = rogue

# 누적 경험치 계산
cumm_exp = 0
for _ in range(exp_count):
    exp = int(input()) # 획득 경험치 입력
    cumm_exp += exp

# 현재 레벨과 남은 경험치 계산
level = 1
remaining_exp = 0

# 선택 직업의 경험치 리스트 탐색
for t in thres:
    if cumm_exp >= t: # 해당 레벨의 요구 경험치보다 누적 경험치가 큰 경우
        level += 1
    else: # 해당 레벨의 요구 경험치보다 누적 경험치가 작은 경우
        remaining_exp = t - cumm_exp # 다음 레벨까지 남은 경험치 계산
        break

# 결과 출력
print(level)            # 현재 레벨
print(remaining_exp)  # 다음 레벨까지 남은 경험치
```

## 문제 3-3 3급

| 시간제한 | 1초 |
|---|---|
| 메모리제한 | 128MB |

**소문제 지문**

캐릭터의 직업 번호, 경험치 획득 횟수 N과 N회의 경험치 획득량을 입력받은 뒤, 현재 레벨과 다음 레벨까지 남은 필요 경험치와 지금까지의 레벨업 이력(각 레벨업 시의 레벨과 누적 경험치)을 출력하는 프로그램을 작성하시오.

**제한사항**

- 캐릭터의 직업 번호는 1 이상 3 이하의 정수이다.
- 경험치 획득 횟수 N은 1 이상, 100 이하의 정수이다.
- 경험치 획득량은 0 이상 2,000 이하의 정수이다.
- 만약 최대 레벨에 도달한 경우 다음 레벨까지 남은 필요 경험치는 0으로 출력한다.

- 레벨 변화가 없다면 레벨업 이력은 출력하지 않는다.
- 한 번의 경험치 획득으로 레벨이 두 개 이상 한꺼번에 올랐다고 하더라도 모든 레벨에 대하여 출력한다.

**문제 풀이 Steps**

**Step 1** 캐릭터의 직업 번호를 입력받는다.

**Step 2** 입력할 총 경험치 획득 횟수를 입력받는다.

**Step 3** 경험치 획득량을 입력받는다.

**Step 4** 한 번에 여러 레벨이 오르더라도 각 레벨별로 출력한다.

**Step 5** 각 레벨업 시의 레벨과 누적 경험치를 출력한다.

**입출력 예시**

**입력 예시 1**

```
3     ↦ 직업번호(도적)
6     ↦ 경험치 획득 횟수 N
80    ↦ 획득 경험치(누적 80)
100   ↦ 획득 경험치(누적 180)
20    ↦ 획득 경험치(누적 200)
40    ↦ 획득 경험치(누적 240)
200   ↦ 획득 경험치(누적 440)
20    ↦ 획득 경험치(누적 460)
```

**출력 예시 1**

```
4     ↦ 현재 레벨
40    ↦ 다음 레벨까지 남은 경험치
2     ↦ 2레벨로 레벨업 했을 때의 누적 경험치
180
3     ↦ 3레벨로 레벨업 했을 때의 누적 경험치
180
4     ↦ 4레벨로 레벨업 했을 때의 누적 경험치
440
```

**입력 예시 2**

```
2     ↦ 직업번호(마법사)
3     ↦ 경험치 획득 횟수 N
10    ↦ 획득 경험치(누적 10)
20    ↦ 획득 경험치(누적 30)
30    ↦ 획득 경험치(누적 60)
```

**출력 예시 2**

```
1     ↦ 현재 레벨
20    ↦ 다음 레벨까지 남은 경험치
      ↦ 레벨업 이력이 없으므로 출력X
```

## 문제 해설

**[문제 접근 방법]**

이 문제는 캐릭터의 직업과 경험치 기록을 기반으로 현재 레벨과 다음 레벨까지 남은 경험치를 계산하는 문제다. 각 직업별로 레벨업에 필요한 누적 경험치 기준이 다르므로 직업별 기준 리스트를 활용해야 한다. 입력된 여러 번의 경험치를 순차적으로 누적하면서 현재 레벨을 판정하고, 레벨이 상승할 때마다 해당 시점의 누적 경험치를 기록해 두어 출력한다.

**[풀이 및 입출력 설명]**

먼저 캐릭터의 직업 번호와 경험치 획득 횟수를 입력받는다. 이후 각 경험치를 하나씩 입력받으면서 누적 경험치에 더해간다. 누적 경험치가 레벨 기준을 초과하면 레벨이 증가하고, 그 순간의 누적 경험치를 따로 저장한다. 모든 입력이 끝난 후 현재 레벨과 다음 레벨까지 남은 경험치를 출력한다. 만약 최대 레벨에 도달한 경우에는 다음 레벨까지 필요한 경험치는 0으로 출력한다. 마지막으로 각 레벨업이 발생한 순간의 누적 경험치를 레벨과 함께 출력한다.

| 레벨 | | 1 | 2 | 3 | 4 | 5 (최대레벨) |
|---|---|---|---|---|---|---|
| 필요 누적 경험치 | 1번. 전사 | 0 이상 | 100 이상 | 200 이상 | 400 이상 | 800 이상 |
| | 2번. 마법사 | 0 이상 | 80 이상 | 240 이상 | 600 이상 | 1000 이상 |
| | 3번. 도적 | 0 이상 | 120 이상 | 180 이상 | 300 이상 | 500 이상 |

입력

| 직업 | 3 (도적) | 경험치 획득 횟수 | 6 | | |
|---|---|---|---|---|---|
| **획득 경험치** | **누적 경험치** | **직전 레벨** | **현재 레벨** | **레벨업 당시 레벨 및 누적 경험치** | |
| 80 | 80 | 1 | 1 | | |
| 100 | 180 | 1 | 3 | **2레벨, 180** | **3레벨, 180** |
| 20 | 200 | 3 | 3 | | |
| 40 | 240 | 3 | 3 | | |
| 200 | 440 | 3 | 4 | **4레벨, 440** | |
| 20 | 460 | 4 | 4 | | |

| 레벨 | 4 | 다음 레벨까지 남은 경험치 | 500 - 460 = **40** |
|---|---|---|---|

**[그림 4-1-2-14] 입력값에 따른 현재 레벨 및 다음 레벨까지 남은 경험치 계산 및 레벨업 당시 레벨 및 누적 경험치 출력 과정**

직업은 3 도적이고 경험치 획득 횟수는 6, 각 획득 경험치는 80, 100, 20, 40, 200, 20이다. 누적 경험치를 계산하면서 직전 레벨과 현재 레벨을 비교하여 레벨업 당시의 레벨과 누적 경험치를 계산하여 저장한다.

먼저 경험치 80을 획득한다. 누적 경험치는 80이며 직전 레벨, 현재 레벨 모두 1이므로 넘어간다. 그다음으로 경험치 100을 획득한다. 누적 경험치는 180이 되고, 도적의 기준에 따라 2레벨과 3레벨을 동시에 만족하게 된다. 즉, 직전 레벨은 1이었지만 현재 레벨은 3이 된다. 이 과정에서 2레벨과 3레벨이 연속으로 올라가므로, 각각의 레벨업 순간을 기록한다. 따라서 2레벨, 180과 3레벨, 180을 저장한다. 이와 같은 방법으로 이후 경험치들을 누적하여 비교하면, 총 세 번의 레벨업이 발생한다. 또한 누적 경험치가 460이므로 도적 레벨 4에 해당하며 다음 레벨인 5레벨에 도달하기 위해서 40의 경험치가 필요하다. 따라서 4, 40, 2, 180, 3, 180, 4, 440을 순서대로 출력한다.

## 정리

이 문제는 리스트와 반복문을 통해 직업별 경험치 기준을 관리하고, 경험치 누적 과정에서 조건 분기를 통해 레벨업 순간을 처리하는 구현 문제다. 특히 경험치가 입력될 때마다 즉시 레벨업 여부를 확인해야 하고, 레벨업 순간의 누적 경험치를 기록하는 추가 작업이 요구된다는 점에서 단순 합산보다 사고력이 필요하다. 문제를 풀면서 리스트와 반복문을 통한 데이터 관리, 조건문을 통한 상황 처리 능력을 익힐 수 있다.

## 풀이 코드

```
# 직업별 레벨업 기준 경험치
warrior = [100, 200, 400, 800]   # 전사
wizard = [80, 240, 600, 1000]    # 마법사
rogue = [120, 180, 300, 500]     # 도적

# 입력
role = int(input())           # 직업 번호
exp_count = int(input())      # 경험치 입력 횟수

# 직업에 따라 기준 리스트 선택
if role == 1:
    thres = warrior
elif role == 2:
    thres = wizard
else:
    thres = rogue


cumm_exp = 0        # 누적 경험치
curr_level = 1      # 현재 레벨
prev_level = 1      # 직전 레벨, 레벨업 여부 확인
exp_history = []    # 레벨업 순간의 누적 경험치 기록

# 누적 경험치와 레벨 추적
for _ in range(exp_count):
    exp = int(input()) # 획득 경험치 입력
    cumm_exp += exp

    # 레벨 계산
    temp_level = 1
    remaining_exp = 0

    # 직업별 레벨업 기준과 비교
    for i in range(4):
        if cumm_exp >= thres[i]:
            # 누적 경험치가 레벨업 기준을 넘으면 레벨 증가
            temp_level += 1
```

```
            # 만약 새 레벨이 직전 레벨보다 높아졌다면 레벨업 발생
            if temp_level > prev_level:
                # 레벨업 시점의 누적 경험치를 기록
                exp_history.append(cumm_exp)
        else:
            # 다음 레벨까지 남은 경험치 계산
            remaining_exp = thres[i] - cumm_exp
            break  # 현재 기준에 도달하지 못했으므로 반복 종료

    # 최종 레벨 갱신
    curr_level = temp_level
    prev_level = curr_level  # 이번 반복의 레벨을 다음에 비교하기 위해 저장

# 결과 출력
print(curr_level)          # 현재 레벨
print(remaining_exp)       # 다음 레벨까지 남은 경험치

# 레벨업 순간 기록 출력
for i in range(len(exp_history)):
    print(i + 2)              # 레벨 번호 (2레벨부터 시작)
    print(exp_history[i])  # 해당 레벨이 된 순간의 누적 경험치
```

# 문제 1 부가가치세(VAT) 계산기

**전체 지문**

대한이는 S백화점에 가서 쇼핑을 하기로 하였다. 상품의 가격은 정수로 입력하며, 상품가격은 대한민국 원화의 단위와 동일하게 10원 단위로만 책정이 된다. 출력되는 모든 가격은 정수로 출력이 되며, 소수점 이하는 반올림하도록 한다.

## 문제 1-1 5급

시간제한 1초
메모리제한 128MB

**소문제 지문**

사용자로부터 한 상품의 가격을 입력받고, 가격이 0 이상일 경우 10%의 부가가치세(VAT)를 추가하여 최종 가격을 계산하여 출력하는 프로그램을 작성하시오. 가격이 유효하지 않은 경우 'Wrong'이라고 출력하시오.

**제한사항**

- 입력되는 상품의 가격은 −100,000 이상 100,000 이하의 정수이다.
- 입력된 상품의 가격이 음수이거나 1원 단위의 가격인 경우 가격이 유효하지 않는다고 가정한다.
- 출력 시 대/소문자에 주의한다.

**문제 풀이 Steps**

Step 1 상품의 가격을 입력받는다.
Step 2 입력된 상품의 가격이 유효한지 확인한다.
Step 3 유효한 가격일 경우 10% 부가가치세를 추가하여 출력한다.
Step 4 유효하지 않은 가격일 경우 'Wrong'을 출력한다.

**입출력 예시**

| 입력 예시 1 | 출력 예시 1 |
|---|---|
| 20000 ↦ 상품의 가격 | 22000 ↦ 10% 부가가치세를 추가한 가격 |
| **입력 예시 2** | **출력 예시 2** |
| -1500 ↦ 상품의 가격 | Wrong ↦ 음수 가격은 유효하지 않음 |

## 문제 1-2 4급

시간제한 1초
메모리제한 128MB

### 소문제 지문

사용자로부터 5개의 상품 가격을 입력받는다. 각 가격에 대해 10%의 부가가치세(VAT)를 포함한 최종 가격을 계산하여 출력한다. 이후 다음 정보를 출력한다.

▶ 전체 유효 상품의 VAT 포함 평균 가격
▶ 전체 유효 상품의 총 VAT 금액

단, 가격이 0 이하인 경우 유효하지 않은 입력으로 간주하며 해당 상품에 대해서는 'Wrong'을 출력한다. 이 경우 해당 상품은 평균 가격 및 세금 합계 계산에서 제외한다. 만약 모든 입력이 유효하지 않은 경우, 평균 가격과 세금 총액 출력 대신 'Wrong'을 단 1회 출력한다. 이러한 조건을 만족하는 프로그램을 작성하시오.

### 제한사항

- 입력되는 상품의 가격은 0을 제외한 −100,000 이상 100,000 이하의 정수이다.
- 입력된 상품의 가격이 음수이거나 1원 단위의 가격인 경우 가격이 유효하지 않는다고 가정한다.
- 평균 가격을 출력할 때, 소수점 첫째 자리에서 반올림하여 정수로 출력한다.
- 출력 시 대/소문자에 주의한다.

### 문제 풀이 Steps

Step 1 5개의 상품 가격을 입력받는다.
Step 2 입력받은 상품 가격에 대한 부가가치세를 계산하여 출력한다.
Step 3 유효한 상품의 평균 가격을 정수로 변환한 값과 부가가치세 총합을 출력한다.
Step 4 유효한 상품 가격이 없다면 'Wrong'을 1번만 출력한다.

### 입출력 예시

**입력 예시 1**

```
20000     ↦ 상품의 가격
30000
-15000
5000
123
```

**출력 예시 1**

```
22000 ↦ 10% 부가가치세 추가한 가격
33000
Wrong ↦ 음수 가격은 유효하지 않음
5500
Wrong ↦ 1원 단위 가격은 유효하지 않음
20167 ↦ 유효한 3개 상품의 평균가격
5500  ↦ 유효한 3개 상품의 세금 총액
```

**입력 예시 2**

```
20001       ↦ 상품의 가격
30012
-15000
-5000
123
```

**출력 예시 2**

```
Wrong ↦ 1원 단위 가격은 유효하지 않음
Wrong ↦ 1원 단위 가격은 유효하지 않음
Wrong ↦ 음수 가격은 유효하지 않음
Wrong ↦ 음수 가격은 유효하지 않음
Wrong ↦ 1원 단위 가격은 유효하지 않음
Wrong ↦ 유효한 상품이 없음
```

## 문제 1-3 3급

| 시간제한 | 1초 |
| --- | --- |
| 메모리제한 | 128MB |

**소문제 지문**

사용자로부터 5개의 상품 가격을 입력받는다. 각 가격에 대해 10%의 부가가치세(VAT)를 추가한 최종 가격을 계산하여 출력한다. 이후 다음 항목들을 계산하여 출력한다.

▶ 전체 유효 상품의 VAT 포함 평균 가격
▶ 전체 유효 상품의 총 VAT 금액
▶ 최종 가격 기준 가장 비싼 상품의 가격 및 VAT 포함 가격
▶ 최종 가격 기준 가장 싼 상품의 가격 및 VAT 포함 가격

단, 가격이 0 이하인 경우 유효하지 않은 입력으로 간주하며, 해당 상품에 대해서는 'Wrong'을 출력한다. 이 경우 해당 상품은 전체 평균 및 세금 계산에서 제외한다. 만약 모든 입력된 상품 가격이 유효하지 않은 경우, 모든 결과 대신 'Wrong'을 1번만 출력한다. 이러한 조건을 만족하는 프로그램을 작성하시오.

**제한사항**

- 입력되는 상품의 가격은 0을 제외한 −100,000 이상 100,000 이하의 정수이다.
- 입력된 상품의 가격이 음수이거나 1원 단위의 가격인 경우 가격이 유효하지 않는다고 가정한다.
- 평균 가격을 출력할 때, 소수점 첫째 자리에서 반올림하여 정수로 출력한다.
- 출력 시 대/소문자에 주의한다.

**문제 풀이 Steps**

Step 1 5개의 상품 가격을 입력받는다.
Step 2 입력받은 상품 가격에 대한 부가가치세를 계산하여 출력한다.
Step 3 유효한 상품의 평균 가격을 정수로 변환한 값과 부가가치세 총합을 출력하고 가장 비싼 상품과 싼 상품의 기존 가격과 부가가치세를 적용한 가격을 출력한다.

Step 4 유효한 상품 가격이 없다면 'Wrong'을 1번만 출력한다.

**입출력 예시**

**입력 예시 1**

```
20000      ↦ 상품의 가격
30000
-15000
5000
10000
```

**출력 예시 1**

```
22000   ↦ 10% 부가가치세 추가한 가격
33000
Wrong   ↦ 유효하지 않는 가격의 상품
5500
11000
17875   ↦ 4개 상품의 평균가격
6500    ↦ 4개 상품의 세금 총액
30000 33000 ↦ 가장 비싼 상품, 최종 가격
5000 5500  ↦ 가장 싼 상품, 최종 가격
```

**입력 예시 2**

```
20001
30012
-15000
-5000
123
```

**출력 예시 2**

```
Wrong ↦ 1원 단위 가격은 유효하지 않음
Wrong ↦ 1원 단위 가격은 유효하지 않음
Wrong ↦ 음수 가격은 유효하지 않음
Wrong ↦ 음수 가격은 유효하지 않음
Wrong ↦ 1원 단위 가격은 유효하지 않음
Wrong ↦ 유효한 상품이 없음
```

# 문제 2 OX BINGO 대결

**전체 지문**

세종이와 대양이가 OX BINGO 대결을 한다. 세종이는 'O'를 사용하고 대양이는 'X'를 사용한다. 이 때, 'O'와 'X'는 영문 대문자이다. 빙고 판은 N×N 으로 N은 3 또는 4이다.

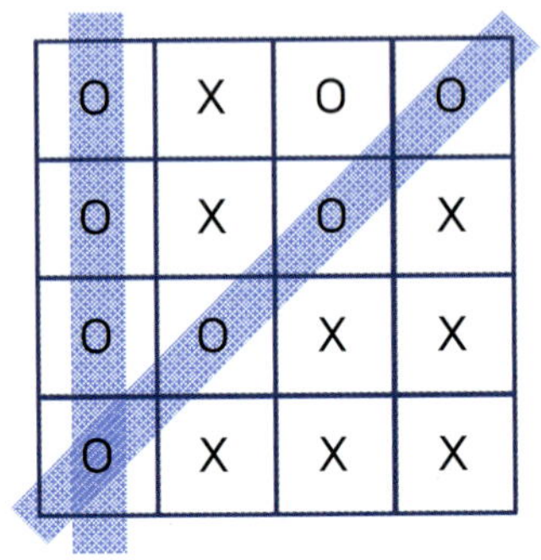


[그림 4-2-1-1] OX BINGO 예시

위는 4×4 크기의 OX BINGO 예시이다. 열 또는 행 그리고 대각선이 모두 같은 글자인 경우 빙고이며 세종이(O)는 2 빙고, 대양이(X)는 0 빙고이다.

## 문제 2-1 5급

| 시간제한 | 1초 |
|---|---|
| 메모리제한 | 128MB |

**소문제 지문**

N이 3인 빙고판으로 먼저 게임을 해보려고 한다. 3×3 OX BINGO 결과판을 입력받고 'O'의 가로 빙고 수, 'X'의 가로 빙고 수를 출력하는 프로그램을 작성하시오.

**제한사항**

- 입력은 'O', 'X'로 이루어져 있으며 알파벳 대문자이다.

**문제 풀이 Steps**

Step 1 3×3 OX BINGO 결과판을 입력받는다.

Step 2 3개의 행에 대해 전부 'O'인지 확인하고 가로 빙고 수를 계산하여 출력한다.

**Step 3** 3개의 행에 대해 전부 'X'인지 확인하고 가로 빙고 수를 계산하여 출력한다.

### 입출력 예시

| 입력 예시 1 | 출력 예시 1 |
|---|---|
| 000 ↦ 0X BINGO 결과판<br>0XX<br>XXX | 1 ↦ 0의 가로 빙고 수<br>1 ↦ X의 가로 빙고 수 |

| 입력 예시 2 | 출력 예시 2 |
|---|---|
| 0XX<br>00X<br>0X0 | 0 ↦ 0의 가로 빙고 수<br>0 ↦ X의 가로 빙고 수 |

## 문제 2-2 4급

| 시간제한 | 1초 |
|---|---|
| 메모리제한 | 128MB |

### 소문제 지문

N이 3인 빙고판으로 먼저 게임을 해보려고 한다. 3×3 OX BINGO 결과판을 입력받고 'O'의 총 빙고 수와 'X'의 총 빙고 수를 출력하는 프로그램을 작성하시오. 총 빙고 수는 가로 빙고 수, 세로 빙고 수, 대각선 빙고 수의 합을 의미한다.

### 제한사항

- 입력은 'O', 'X'로 이루어져 있으며 알파벳 대문자이다.

### 문제 풀이 Steps

**Step 1** 3×3 OX BINGO 결과판을 입력받는다.

**Step 2** 3개의 행에 대해 전부 'O'인지 확인하고 가로 빙고 수를 계산한다.

**Step 3** 3개의 열에 대해 전부 'O'인지 확인하고 세로 빙고 수를 계산한다.

**Step 4** 2개의 대각선에 대해 전부 'O'인지 확인하고 대각선 빙고 수를 계산한다.

**Step 5** Step 2~4를 'X'에 대해 확인하고 'O'와 'X'의 총 빙고수를 출력한다.

### 입출력 예시

| 입력 예시 1 | 출력 예시 1 |
|---|---|
| 000 ↦ 0X BINGO 결과판<br>0XX<br>0XX | 2 ↦ 0의 총 빙고 수<br>0 ↦ X의 총 빙고 수 |

**입력 예시 2**

```
XXX
000
XX0
```

**출력 예시 2**

```
1    ↦ 0의 총 빙고 수
1    ↦ X의 총 빙고 수
```

## 문제 2-3 3급

시간제한 1초
메모리제한 128MB

### 소문제 지문

N이 4인 빙고판으로 게임을 해보려고 한다. 세종이는 'O'를 사용하고, 대양이는 'X'를 사용한다. 4×4 OX BINGO 결과판을 입력받고 'O'의 총 빙고 수와 'X'의 총 빙고 수를 출력하고 세종이(A)와 대양이(B) 중 승리한 학생을 출력하는 프로그램을 작성하시오.

총 빙고 수는 가로 빙고 수, 세로 빙고 수, 대각선 빙고 수의 합을 의미하며 세종이가 이겼을 경우 'Win A'를, 대양이가 이겼을 경우 'Win B'를, 비겼을 경우 'No Winner'를 출력한다.

### 제한사항

- 입력은 'O', 'X'로 이루어져 있으며 알파벳 대문자이다.
- 출력 시 대/소문자에 주의한다.

### 문제 풀이 Steps

- Step 1 4×4 OX BINGO 결과판을 입력받는다.
- Step 2 4개의 행에 대해 전부 'O'인지 확인하고 가로 빙고 수를 계산한다.
- Step 3 4개의 열에 대해 전부 'O'인지 확인하고 세로 빙고 수를 계산한다.
- Step 4 2개의 대각선에 대해 전부 'O'인지 확인하고 대각선 빙고 수를 계산한다.
- Step 5 Step 2~4를 'X'에 대해 확인하고 'O'와 'X'의 총 빙고 수를 출력한다.
- Step 6 'O', 'X' 빙고 수에 따라 게임 결과를 출력한다.

### 입출력 예시

**입력 예시 1**

```
0X00  ↦ 0X BINGO 결과판
0X0X
00XX
0XXX
```

**출력 예시 1**

```
2      ↦ 0의 총 빙고 수
0      ↦ X의 총 빙고 수
A Win  ↦ 결과 출력
```

**입력 예시 2**

```
0000  ↦ 0X BINGO 결과판
0X0X
XXXX
XX00
```

**출력 예시 2**

```
1          ↦ 0의 총 빙고 수
1          ↦ X의 총 빙고 수
No Winner  ↦ 결과 출력
```

# 문제 3 | 세종다방 결제 시스템 만들기

**전체 지문**

세종대학교 후문 근처에 AI 무인카페 '세종다방'을 새롭게 열려고 한다. 이 카페는 모든 주문과 계산을 무인 시스템으로 처리하며, 손님이 직접 음료를 고르고 금액을 계산해 결제해야 한다. 아래는 세종다방에서 판매하는 메뉴이다.

| 번호 / 음료 | 1) 아메리카노 | 2) 카페라테 | 3) 블루베리크림치즈빵 |
|---|---|---|---|
| 가격 | 1,700원 | 3,400원 | 5,200원 |

[그림 4-2-1-2] 세종다방 메뉴 및 가격

세종다방의 계산 시스템은 고객이 선택한 음료의 가격에 따라 지불 금액을 계산하고, 잔돈이 발생할 경우 그 액수를 알려주고, 금액이 부족할 경우 부족한 금액을 안내한다. 또한, 잔돈이 발생했을 경우에는 최소 개수의 화폐 단위로 잔돈을 나누어 제공하는 기능도 포함하고 있다. 세종다방의 AI 계산 시스템 개발자로서 이 기능들을 구현하고자 한다.

## 문제 3-1 5급

| 시간제한 | 1초 |
|---|---|
| 메모리제한 | 128MB |

**소문제 지문**

손님이 메뉴를 하나 주문한다. 구매할 메뉴 번호와 지불한 금액을 입력받아 잔돈 또는 부족 금액을 계산하는 프로그램을 작성하시오.

**제한사항**

- 메뉴 번호는 1 이상 3 이하의 정수로 입력된다.
- 지불 금액은 0 이상 50,000 이하의 정수로 입력된다.
- 지불 금액이 음료 가격보다 적을 경우, 부족 금액을 음수로 출력한다.

**문제 풀이 Steps**

Step 1 메뉴 번호와 지불 금액을 입력받는다.

Step 2 선택한 메뉴의 가격을 기준으로 잔돈 또는 부족 금액을 계산한다.

Step 3 계산된 금액을 출력한다.

### 입출력 예시

| 입력 예시 1 | 출력 예시 1 |
|---|---|
| 3 ↦ 구매할 메뉴 번호<br>3000 ↦ 지불 금액 | -2200 ↦ 부족한 금액 |

| 입력 예시 2 | 출력 예시 2 |
|---|---|
| 1 ↦ 구매할 메뉴 번호<br>5000 ↦ 지불 금액 | 3300 ↦ 거슬러 받을 잔돈 금액 |

## 문제 3-2 4급

시간제한 1초
메모리제한 128MB

### 소문제 지문

손님이 메뉴를 하나 주문한 뒤 잔돈이 발생할 경우, 잔돈을 최소 개수의 화폐 단위로 출력한다. 잔돈이 0원 이하일 경우에는 잔돈 분배 없이 잔돈 액수만 음수로 출력하는 프로그램을 작성하시오. 사용할 수 있는 화폐 단위는 10,000원, 5,000원, 1,000원, 500원, 100원이며 큰 단위부터 순서대로 출력한다.

### 제한사항

- 메뉴 번호는 1 이상 3 이하의 정수로 입력된다.
- 지불 금액은 0 이상 50,000 이하의 정수이며 100의 배수로 입력된다.
- 잔돈이 양수일 경우에만 각 화폐 단위별 거슬러 줄 개수를 나누어 출력한다.
- 거스름돈으로 사용할 화폐는 제한 없이 제공 가능하다고 가정한다.

### 문제 풀이 Steps

Step 1 메뉴 번호와 지불 금액을 입력받는다.

Step 2 선택한 메뉴의 가격을 기준으로 잔돈 또는 부족 금액을 계산한다.

Step 3 계산된 금액을 출력한다.

Step 4 잔돈이 양수인 경우, 최소 개수의 화폐 단위로 나누어 각 단위별 개수를 순서대로 출력한다.

**입출력 예시**

| 입력 예시 1 | 출력 예시 1 |
|---|---|
| 1 ↦ 구매할 메뉴 번호<br>10000 ↦ 지불 금액 | 8300 ↦ 거슬러 받을 잔돈 금액<br>0 ↦ 10,000원 개수<br>1 ↦ 5,000원 개수<br>3 ↦ 1,000원 개수<br>0 ↦ 500원 개수<br>3 ↦ 100원 개수 |

| 입력 예시 2 | 출력 예시 2 |
|---|---|
| 2 ↦ 구매할 메뉴 번호<br>1000 ↦ 지불 금액 | -2400 ↦ 부족한 금액 |

## 문제 3-3 3급

시간제한 1초
메모리제한 128MB

**소문제 지문**

세종다방에서는 여러 메뉴를 주문할 수 있도록 하고자 한다. 구매할 음료의 개수 N과 N개의 메뉴 번호와 지불한 금액을 입력받아, 총 주문 금액을 계산하여 출력하고, 지불 금액과 비교하여 잔돈을 출력한다. 잔돈이 양수일 경우, 잔돈을 최소 개수의 화폐 단위로 나누어 출력하고 잔돈이 0원 이하일 경우 잔돈 분배 없이 잔돈 액수만 음수로 출력하는 프로그램을 작성하시오.
사용할 수 있는 화폐 단위는 10,000원, 5,000원, 1,000원, 500원, 100원이며 큰 단위부터 순서대로 출력한다.

**제한사항**

- 메뉴 주문 개수 N은 1 이상 10 이하의 정수이다.
- 메뉴 번호는 1 이상 3 이하의 정수로 입력된다.
- 지불 금액은 0 이상 50,000 이하의 정수이며 100의 배수로 입력된다.
- 잔돈이 양수일 경우에만 각 화폐 단위별 거슬러 줄 개수를 나누어 출력한다.
- 거스름돈으로 사용할 화폐는 제한 없이 제공 가능하다고 가정한다.

**문제 풀이 Steps**

- Step 1 메뉴 주문 개수 N을 입력받는다.
- Step 2 N개의 메뉴 번호와 지불 금액을 입력받는다.
- Step 3 합계 가격을 기준으로 잔돈 또는 부족 금액을 계산한다.
- Step 4 계산된 금액을 출력한다.
- Step 5 잔돈이 양수인 경우, 최소 개수의 화폐 단위로 나누어 각 단위별 개수를 순서대로 출력한다.

### 입출력 예시

**입력 예시 1**

```
3      ↦ 메뉴 주문 개수 N
1      ↦ 1번째 구매할 메뉴 번호
2      ↦ 2번째 구매할 메뉴 번호
2      ↦ 3번째 구매할 메뉴 번호
15000  ↦ 지불 금액
```

**출력 예시 1**

```
8500   ↦ 총 주문 금액
6500   ↦ 거슬러 받을 잔돈 금액
0      ↦ 10,000원 개수
1      ↦ 5,000원 개수
1      ↦ 1,000원 개수
1      ↦ 500원 개수
0      ↦ 100원 개수
```

**입력 예시 2**

```
3      ↦ 메뉴 주문 개수 N
1      ↦ 1번째 구매할 메뉴 번호
2      ↦ 2번째 구매할 메뉴 번호
2      ↦ 3번째 구매할 메뉴 번호
5000   ↦ 지불 금액
```

**출력 예시 2**

```
8500   ↦ 총 주문 금액
-3500  ↦ 부족한 금액
```

# 문제 1 해설 | 부가가치세(VAT) 계산기

**전체 지문**

대한이는 S 백화점에 가서 쇼핑하기로 하였다. 상품의 가격은 정수로 입력하며, 상품가격은 대한민국 원화의 단위와 동일하게 10원 단위로만 책정이 된다. 출력되는 모든 가격은 정수로 출력이 되며, 소수점 이하는 반올림하도록 한다.

## 문제 1-1 5급

| 시간제한 | 1초 |
|---|---|
| 메모리제한 | 128MB |

**소문제 지문**

사용자로부터 한 상품의 가격을 입력받고, 가격이 0 이상일 경우 10%의 부가가치세(VAT)를 추가하여 최종 가격을 계산하여 출력하는 프로그램을 작성하시오. 가격이 유효하지 않은 경우 'Wrong'이라고 출력하시오.

**제한사항**

- 입력되는 상품의 가격은 –100,000 이상 100,000 이하의 정수이다.
- 입력된 상품의 가격이 음수이거나 1원 단위의 가격인 경우 가격이 유효하지 않는다고 가정한다.
- 출력 시 대/소문자에 주의한다.

**문제 풀이 Steps**

- Step 1 상품의 가격을 입력받는다.
- Step 2 입력된 상품의 가격이 유효한지 확인한다.
- Step 3 유효한 가격일 경우 10% 부가가치세를 추가하여 출력한다.
- Step 4 유효하지 않은 가격일 경우 'Wrong'을 출력한다.

**입출력 예시**

| 입력 예시 1 | 출력 예시 1 |
|---|---|
| 20000 ↦ 상품의 가격 | 22000 ↦ 10% 부가가치세를 추가한 가격 |

| 입력 예시 2 | 출력 예시 2 |
|---|---|
| -1500 ↦ 상품의 가격 | Wrong ↦ 음수 가격은 유효하지 않음 |

## 문제 해설

**[문제 접근 방법]**

이 문제는 입력된 상품 가격이 유효한지 판별하고, 유효하다면 부가가치세 10%를 추가하여 최종 가격을 계산하는 문제다. 가격이 음수이거나 1원 단위라면 'Wrong'을 출력해야 한다. 따라서 조건문을 이용해 입력의 유효성을 먼저 검증한 뒤, 계산을 수행하는 방식으로 접근한다.

**[풀이 및 입출력 설명]**

먼저 상품 가격을 입력받는다. 상품 가격이 음수이거나 1원 단위인지 확인한다. 음수는 0보다 작은 값인지 확인하고, 1원 단위인지는 10으로 나눈 나머지가 0이 아닌지 확인한다. 이 조건에 해당한다면 'Wrong'을 출력한다. 조건을 만족한다면 상품 가격에 10%를 더해 최종 결제 금액을 계산한다.

상품 가격이 20,000원이다. 20,000은 0보다 크고 10으로 나누었을 때, 나머지가 0이므로 조건에 만족한다. 부가가치세를 더하기 위해 20,000에 1.1을 곱하여 22,000원이 된다. 따라서 22000을 출력한다. 만약 입력값이 −1,500과 같이 음수이거나, 123처럼 10원 단위가 아닌 경우에는 'Wrong'을 출력한다.

## 정리

이 문제는 입력값의 조건을 먼저 검증한 뒤 유효할 경우에만 계산을 수행하는 단순 조건 처리 문제다. 특히 유효하지 않은 입력에 대한 예외 처리를 통해 프로그램의 안정성을 높이는 것이 핵심이다.

## 풀이 코드

```python
# 상품 가격 입력
price = int(input())

# 가격 유효성 검사
if price < 0 or price % 10 != 0:
    print("Wrong")
else:
    # 부가가치세 10% 추가
    final_price = int(price * 1.1)
    print(final_price)
```

문제 1-2 **4급**

| 시간제한 | 1초 |
| --- | --- |
| 메모리제한 | 128MB |

**소문제 지문**

사용자로부터 5개의 상품 가격을 입력받는다. 각 가격에 대해 10%의 부가가치세(VAT)를 포함한 최종 가격을 계산하여 출력한다. 이후 다음 정보를 출력한다.

▶ 전체 유효 상품의 VAT 포함 평균 가격

▶ 전체 유효 상품의 총 VAT 금액

단, 가격이 0 이하인 경우 유효하지 않은 입력으로 간주하며 해당 상품에 대해서는 'Wrong'을 출력한다. 이 경우 해당 상품은 평균 가격 및 세금 합계 계산에서 제외한다. 만약 모든 입력이 유효하지 않은 경우, 평균 가격과 세금 총액 출력 대신 'Wrong'을 단 1회 출력한다. 이러한 조건을 만족하는 프로그램을 작성하시오.

**제한사항**

- 입력되는 상품의 가격은 0을 제외한 –100,000 이상 100,000 이하의 정수이다.
- 입력된 상품의 가격이 음수이거나 1원 단위의 가격인 경우 가격이 유효하지 않는다고 가정한다.
- 평균 가격을 출력할 때, 소수점 첫째 자리에서 반올림하여 정수로 출력한다.
- 출력 시 대/소문자에 주의한다.

**문제 풀이 Steps**

Step 1 5개의 상품 가격을 입력받는다.

Step 2 입력받은 상품 가격에 대한 부가가치세를 계산하여 출력한다.

Step 3 유효한 상품의 평균 가격을 정수로 변환한 값과 부가가치세 총합을 출력한다.

Step 4 유효한 상품 가격이 없다면 'Wrong'을 1번만 출력한다.

**입출력 예시**

**입력 예시 1**

```
20000     ↦ 상품의 가격
30000
-15000
5000
123
```

**출력 예시 1**

```
22000 ↦ 10% 부가가치세 추가한 가격
33000
Wrong ↦ 음수 가격은 유효하지 않음
5500
Wrong ↦ 1원 단위 가격은 유효하지 않음
20167 ↦ 유효한 3개 상품의 평균가격
5500  ↦ 유효한 3개 상품의 세금 총액
```

❷회_문제 1 해설

**입력 예시 2**

```
20001      ↦ 상품의 가격
30012
-15000
-5000
123
```

**출력 예시 2**

```
Wrong ↦ 1원 단위 가격은 유효하지 않음
Wrong ↦ 1원 단위 가격은 유효하지 않음
Wrong ↦ 음수 가격은 유효하지 않음
Wrong ↦ 음수 가격은 유효하지 않음
Wrong ↦ 1원 단위 가격은 유효하지 않음
Wrong ↦ 유효한 상품이 없음
```

## 문제 해설

**[문제 접근 방법]**

이 문제는 입력된 상품 가격의 유효성을 판별한 뒤, 유효한 상품만 대상으로 최종 합계와 평균을 구하는 문제다. 가격이 음수인지, 또한 1원 단위인지 여부를 검사하여 잘못된 경우는 오류 메시지를 출력한다. 모든 상품이 유효하지 않으면 합계와 평균 대신 오류 메시지를 출력해야 한다. 따라서 입력 검증과 유효한 데이터만을 대상으로 누적 계산을 수행하는 흐름을 구현해야 한다.

**[풀이 및 입출력 설명]**

먼저 5개의 상품 가격을 입력받는다. 각 가격에 대해 유효성 검사를 실시하는데, 음수이거나 1원 단위의 가격이라면 'Wrong'을 출력한다. 유효한 가격이라면 부가가치세 10%를 추가한 가격을 출력하고 상품 가격의 누적 합과 개수 그리고 세금 총합에 포함시켜 합계를 계산한다. 유효한 가격이 하나라도 있으면 평균 가격과 세금 총액을 출력한다. 만약 모든 입력이 유효하지 않다면 'Wrong'만 출력한다.

| 입력<br>상품 가격 | 유효한 가격 여부 | VAT 포함가격 | 유효한 가격 총합 | 유효한 가격 개수 | VAT 총합 |
|---|---|---|---|---|---|
| 20,000 | 유효 | **22,000** | 22,000 | 1 | 2,000 |
| 30,000 | 유효 | **33,000** | 55,000 | 2 | 5,000 |
| -15,000 | 음수는 유효하지 않음 | - | 55,000 | 2 | 5,000 |
| 5,000 | 유효 | **5,500** | 60,500 | 3 | 5,500 |
| 123 | 1원 단위는 유효하지 않음 | - | 60,500 | 3 | 5,500 |
| | | 유효한 상품의 평균 가격 | 60,500 / 3 = **20167** | VAT 총합 | **5,500** |

**[그림 4-2-2-1] 입력값에 따른 가격이 유효한 상품의 평균 가격과 VAT 총합 계산 과정**

상품 가격이 20,000, 30,000, −15,000, 5,000, 123이다. 20,000원은 양수이면서 10원 단위의 가격이므로 유효한 가격이다. VAT를 포함하여 20,000에 1.1을 곱한 값 22,000을 출력한다. 또한 유효한 가격 총합, 유효한 가격의 상품 개수, VAT 총합에 누적하여 더한다. 30,000원도 유효한 가격이다. VAT를 포함하여 30,000에 1.1을 곱한 값 33,000을 출력한다. 마찬가지로 각 항목에 누적하여 더한다. 다음 가격 −15,000원은 음수이므로 유효하지 않은 가격이다. 따라서 'Wrong'을 출력한다. 이와 같이 5개의 상품의 가격이 유효한 가격인지 여부를 검사하고 값들을 누적하여 더한다.

위 예시의 경우 유효한 가격의 총합은 60,500원, 유효한 가격의 개수는 3개, VAT 총합은 5,500

원이다. 유효한 가격의 상품이 1개 이상 존재하므로 평균 가격인 60,500 / 3의 값을 정수로 반올림하여 20167을 출력하고 VAT 총합인 5500을 출력한다. 만약 유효한 가격의 상품이 존재하지 않는다면 'Wrong'을 출력한다.

## 정리

이 문제는 입력 데이터 검증과 조건 분기를 함께 다루는 문제다. 단순히 합계와 평균을 구하는 것이 아니라, 주어진 조건을 만족하는 입력만을 누적 계산 대상으로 삼아야 하며, 유효하지 않은 입력은 그때그때 오류 메시지를 출력해야 한다. 마지막에는 유효한 데이터가 하나라도 있었는지 확인하여 전체 계산 결과를 출력하거나, 없으면 전체 오류 메시지를 출력해야 한다. 입력 검증 과정과 누적 합산을 동시에 다루는 연습을 할 수 있는 문제다.

## 풀이 코드

```
# 사용자가 입력한 5개의 상품 가격을 저장할 리스트
prices = []

# 상품 가격 입력
for _ in range(5):
    price = int(input())
    prices.append(price)

valid_sum = 0        # 부가가치세 포함한 유효 가격의 총합
valid_count = 0      # 유효한 상품 개수
valid_vat_sum = 0    # 전체 유효 상품에 대해 부가가치세(VAT) 총합

# 각 가격 검사
for price in prices:
    # 유효성 검사, 음수 가격이거나 10원 단위가 아니면 무효
    if price < 0 or price % 10 != 0:
        print("Wrong")  # 잘못된 가격이면 "Wrong" 출력
    else:
        # 부가가치세 10% 포함한 가격 계산
        vat_price = int(price * 1.1)

        # 유효 가격 합산
        valid_sum += vat_price
        valid_count += 1

        # 부가가치세만 따로 합산
        valid_vat_sum += vat_price - price
```

```python
        # 개별 상품의 최종 가격 출력
        print(vat_price)

# 결과 출력
if valid_count > 0:
    # 평균 가격 = 총합 / 유효한 상품 개수
    avg_price = round(valid_sum / valid_count) # 정수로 반올림

    print(avg_price)      # 유효 상품의 평균 가격 출력
    print(valid_vat_sum) # 유효 상품의 부가가치세 합 출력
else:
    # 모든 상품이 무효라면 "Wrong" 한 번만 출력
    print("Wrong")
```

## 문제 1-3 3급

| 시간제한 | 1초 |
| --- | --- |
| 메모리제한 | 128MB |

### 소문제 지문

사용자로부터 5개의 상품 가격을 입력받는다. 각 가격에 대해 10%의 부가가치세(VAT)를 추가한 최종 가격을 계산하여 출력한다. 이후 다음 항목들을 계산하여 출력한다.

▶ 전체 유효 상품의 VAT 포함 평균 가격
▶ 전체 유효 상품의 총 VAT 금액
▶ 최종 가격 기준 가장 비싼 상품의 가격 및 VAT 포함 가격
▶ 최종 가격 기준 가장 싼 상품의 가격 및 VAT 포함 가격

단, 가격이 0 이하인 경우 유효하지 않은 입력으로 간주하며, 해당 상품에 대해서는 'Wrong'을 출력한다. 이 경우 해당 상품은 전체 평균 및 세금 계산에서 제외한다. 만약 모든 입력된 상품 가격이 유효하지 않은 경우, 모든 결과 대신 'Wrong'을 1번만 출력한다. 이러한 조건을 만족하는 프로그램을 작성하시오.

### 제한사항

- 입력되는 상품의 가격은 0을 제외한 −100,000 이상 100,000 이하의 정수이다.
- 입력된 상품의 가격이 음수이거나 1원 단위의 가격인 경우 가격이 유효하지 않는다고 가정한다.
- 평균 가격을 출력할 때, 소수점 첫째 자리에서 반올림하여 정수로 출력한다.
- 출력 시 대/소문자에 주의한다.

**문제 풀이 Steps**

- **Step 1** 5개의 상품 가격을 입력받는다.
- **Step 2** 입력받은 상품 가격에 대한 부가가치세를 계산하여 출력한다.
- **Step 3** 유효한 상품의 평균 가격을 정수로 변환한 값과 부가가치세 총합을 출력하고 가장 비싼 상품과 싼 상품의 기존 가격과 부가가치세를 적용한 가격을 출력한다.
- **Step 4** 유효한 상품 가격이 없다면 'Wrong'을 1번만 출력한다.

**입출력 예시**

**입력 예시 1**

```
20000        ↦ 상품의 가격
30000
-15000
5000
10000
```

**출력 예시 1**

```
22000    ↦ 10% 부가가치세 추가한 가격
33000
Wrong    ↦ 유효하지 않는 가격의 상품
5500
11000
17875    ↦ 4개 상품의 평균가격
6500     ↦ 4개 상품의 세금 총액
30000 33000 ↦ 가장 비싼 상품, 최종 가격
5000 5500   ↦ 가장 싼 상품, 최종 가격
```

**입력 예시 2**

```
20001        ↦ 상품의 가격
30012
-15000
-5000
123
```

**출력 예시 2**

```
Wrong ↦ 1원 단위 가격은 유효하지 않음
Wrong ↦ 1원 단위 가격은 유효하지 않음
Wrong ↦ 음수 가격은 유효하지 않음
Wrong ↦ 음수 가격은 유효하지 않음
Wrong ↦ 1원 단위 가격은 유효하지 않음
Wrong ↦ 유효한 상품이 없음
```

## 문제 해설

**[문제 접근 방법]**

이 문제는 입력된 여러 상품 가격을 검증하고, 유효한 가격만을 활용해 다양한 통곗값을 계산하는 문제다. 각 상품마다 유효성을 먼저 검사해야 하며, 이후 유효한 가격들에 대해서 평균, 합계, 최댓값과 최솟값을 처리해야 한다. 따라서 입력 검증을 위한 조건문과 유효 상품을 누적 처리하는 계산 구조가 핵심이다.

**[풀이 및 입출력 설명]**

먼저 다섯 개의 상품 가격을 입력받는다. 각 가격에 대해 유효성 검사를 수행하는데, 가격이 음수이거나 10원 단위가 아닌 경우 'Wrong'을 출력하고 유효 상품 집계에서 제외한다. 유효한 가격이라면 부가가치세 10%를 추가하여 출력하고, 동시에 누적 합, 개수, VAT 합계를 계산한다. 모든 입력 검증이 끝난 뒤, 유효한 상품이 하나라도 있으면 평균 가격, 전체 VAT 합계, 최댓값 상품의 가격과 VAT 포함 가격, 최솟값 상품의 가격과 VAT 포함 가격을 출력한다. 반대로 유효 상품이 하나도 없으면 마지막에 'Wrong'을 출력한다.

| 입력 | | |
|---|---|---|
| 상품 가격 | 유효한 가격 여부 | VAT 포함가격 |
| 20,000 | 유효 | **22,000** |
| 30,000 | 유효 | **33,000** |
| -15,000 | 음수는 유효하지 않음 | - |
| 5,000 | 유효 | **5,500** |
| 10,000 | 유효 | **11,000** |

| 유효한 가격 리스트 | 20,000 | 30,000 | 5,000 | 10,000 |
|---|---|---|---|---|
| VAT를 포함한 평균 | 반올림(리스트의 합 × 1.1 / 리스트의 길이) = **17,875** | | | |
| VAT 합계 | 리스트의 합 // 10 = **6,500** | | | |
| 최대 가격과 VAT포함 가격 | 리스트의 최댓값, 리스트의 최댓값 × 1.1 = **30,000, 33,000** | | | |
| 최소 가격과 VAT포함 가격 | 리스트의 최솟값, 리스트의 최솟값 × 1.1 = **5,000, 5,500** | | | |

**[그림 4-2-2-2] 입력값에 따른 유효한 상품의 VAT 포함 가격 및 유효한 가격의 상품들의 VAT 포함 평균 가격, VAT 합계 및 최대, 최소 상품 가격과 VAT 포함 가격 계산 과정**

5개의 상품의 가격은 20,000, 30,000, −15,000, 5,000, 10,000이다. 20,000원은 유효한 가격이므로 VAT를 포함한 가격 22,000원을 출력하고, 30,000원은 33,000원을 출력한다. 반면 −15,000원은 음수이므로 유효하지 않아 'Wrong'으로 출력한다.

유효한 가격들만 모아서 리스트를 만들고, 이를 기반으로 여러 지표를 계산한다. 먼저 유효한 가격 리스트는 [20,000, 30,000, 5,000, 10,000]이다. 이 가격들을 모두 합해 1.1을 곱한 뒤 리스트의 길이로 나누면, VAT가 포함된 평균 가격은 17,875원이 된다. 또한 VAT 합계는 유효한 가격 리스트의 합인 65,000에서 10으로 나눈 값으로 6,500원이 된다.

마지막으로, 최댓값과 최솟값에 대해서도 VAT 포함 가격을 계산한다. 유효한 가격 중 최댓값은 30,000원이므로 VAT 포함 가격은 33,000원, 최솟값은 5,000원이므로 VAT 포함 가격은 5,500원이 되므로 순서대로 출력한다.

## 정리

이 문제는 조건 검사를 통해 유효 데이터를 구분하고, 이후 유효 데이터에 대해서만 평균, 합계, 최댓값, 최솟값을 구하는 종합 처리 문제다. 단순히 합계만 구하는 것이 아니라 여러 통곗값을 함께 구해야 하므로, 각 단계를 차근차근 나눠서 구현하는 것이 중요하다.

## 풀이 코드

```
# 상품 가격 입력
prices = []
for _ in range(5):
    price = int(input())
```

```python
    prices.append(price)

# VAT 미포함된 유효 가격 저장
valid_prices = []

# 각 가격 검사
for price in prices:
    if price < 0 or price % 10 != 0:   # 유효하지 않은 경우
        print("Wrong")
    else:
        vat_price = int(price * 1.1)   # 부가세 포함 가격
        print(vat_price)
        valid_prices.append(price)

# 결과 출력
if len(valid_prices) > 0:
    avg_price = sum(valid_prices) * 1.1 / len(valid_prices)   # 평균
    print(round(avg_price))          # 평균 가격
    print(sum(valid_prices) // 10)   # VAT 합계
    # 최댓값 상품과 VAT 포함 가격
    print(max(valid_prices), round(max(valid_prices) * 1.1))
    # 최솟값 상품과 VAT 포함 가격
    print(min(valid_prices), round(min(valid_prices) * 1.1))
else:
    print("Wrong") # 유효 상품 없음
```

# 문제 2 해설 OX BINGO 대결

**전체 지문**

세종이와 대양이가 OX BINGO 대결을 한다. 세종이는 'O'를 사용하고 대양이는 'X'를 사용한다. 이 때, 'O'와 'X'는 영문 대문자이다. 빙고 판은 N×N 으로 N은 3 또는 4이다.

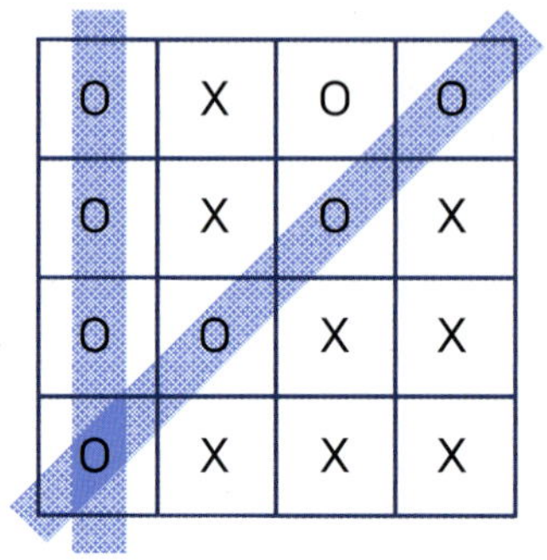


[그림 4-2-2-3] OX BINGO 예시

위는 4×4 크기의 OX BINGO 예시이다. 열 또는 행 그리고 대각선이 모두 같은 글자인 경우 빙고이며 세종이(O)는 2 빙고, 대양이(X)는 0 빙고이다.

## 문제 2-1 5급

| 시간제한 | 1초 |
|---|---|
| 메모리제한 | 128MB |

**소문제 지문**

N이 3인 빙고판으로 먼저 게임을 해보려고 한다. 3×3 OX BINGO 결과판을 입력받고 'O'의 가로 빙고 수, 'X'의 가로 빙고 수를 출력하는 프로그램을 작성하시오.

**제한사항**

- 입력은 'O', 'X'로 이루어져 있으며 알파벳 대문자이다.

**문제 풀이 Steps**

Step 1 3×3 OX BINGO 결과판을 입력받는다.

Step 2 3개의 행에 대해 전부 'O'인지 확인하고 가로 빙고 수를 계산하여 출력한다.

Step 3 3개의 행에 대해 전부 'X'인지 확인하고 가로 빙고 수를 계산하여 출력한다.

**입출력 예시**

**입력 예시 1**

```
000   ↦ OX BINGO 결과판
OXX
XXX
```

**출력 예시 1**

```
1   ↦ O의 가로 빙고 수
1   ↦ X의 가로 빙고 수
```

**입력 예시 2**

```
OXX   ↦ OX BINGO 결과판
OOX
OXO
```

**출력 예시 2**

```
0   ↦ O의 가로 빙고 수
0   ↦ X의 가로 빙고 수
```

## 문제 해설

**[문제 접근 방법]**

이 문제는 빙고판의 가로줄이 모두 같은 문자, 'O' 또는 'X'인지 판별하여 각각의 빙고 수를 세는 문제다. 3×3 빙고판에서 세 줄만 확인하면 되므로, 조건문을 나열하는 방식으로 풀 수 있다.

**[풀이 및 입출력 설명]**

먼저 빙고판의 세 줄을 입력받아 각각 문자열로 저장한다. 그 후 각 줄이 'OOO'이면 O의 빙고 수를 1 증가시키고, 'XXX'이면 X의 빙고 수를 1 증가시킨다. 모든 가로줄에 대해 검사가 끝나면 최종적으로 'O'와 'X'의 빙고 수를 각각 출력한다.

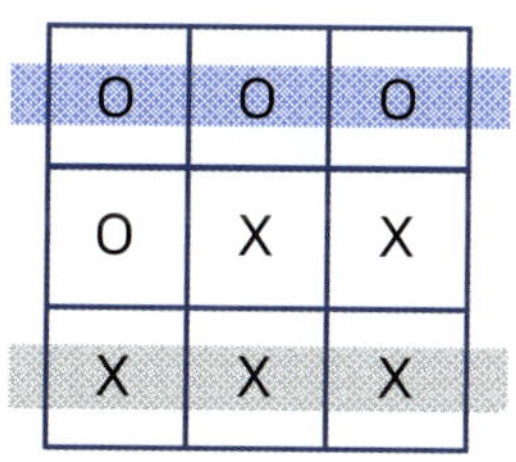


[그림 4-2-2-4] 입력값에 따른 'O'와 'X'의 빙고 계산

빙고판의 결과가 'OOO', 'OXX', 'XXX' 이다. 첫 번째 줄이 'OOO'이므로 'O'의 빙고 수는 1이 되고, 세 번째 줄이 'XXX'이므로 'X'의 빙고 수는 1이 된다. 따라서 1, 1 을 출력한다.

## 정리

이 문제는 단순 조건 분기만으로 해결할 수 있으며, 입력 문자열 비교를 통해 전체 가로줄을 판별하는 기본적인 사고 과정을 연습할 수 있다.

## 풀이 코드

```python
# 각 줄 입력받기
row1 = input()
row2 = input()
row3 = input()

o_bingo = 0  # O 빙고 수
x_bingo = 0  # X 빙고 수

# 가로줄 O 확인
if row1 == "OOO":
    o_bingo += 1
if row2 == "OOO":
    o_bingo += 1
if row3 == "OOO":
    o_bingo += 1

# 가로줄 X 확인
if row1 == "XXX":
    x_bingo += 1
if row2 == "XXX":
    x_bingo += 1
if row3 == "XXX":
    x_bingo += 1

# 결과 출력
print(o_bingo)
print(x_bingo)
```

## 문제 2-2 4급

| 시간제한 | 1초 |
| --- | --- |
| 메모리제한 | 128MB |

**소문제 지문**

N이 3인 빙고판으로 먼저 게임을 해보려고 한다. 3×3 OX BINGO 결과판을 입력받고 'O'의 총 빙고 수와 'X'의 총 빙고 수를 출력하는 프로그램을 작성하시오. 총 빙고 수는 가로 빙고 수, 세로 빙고 수, 대각선 빙고 수의 합을 의미한다.

**제한사항**

- 입력은 'O', 'X'로 이루어져 있으며 알파벳 대문자이다.

**문제 풀이 Steps**

- Step 1 3×3 OX BINGO 결과판을 입력받는다.
- Step 2 3개의 행에 대해 전부 'O'인지 확인하고 가로 빙고 수를 계산한다.
- Step 3 3개의 열에 대해 전부 'O'인지 확인하고 세로 빙고 수를 계산한다.
- Step 4 2개의 대각선에 대해 전부 'O'인지 확인하고 대각선 빙고 수를 계산한다.
- Step 5 Step 2~4를 'X'에 대해 확인하고 'O'와 'X'의 총 빙고 수를 출력한다.

**입출력 예시**

| 입력 예시 1 | 출력 예시 1 |
|---|---|
| OOO ↦ OX BINGO 결과판<br>OXX<br>OXX | 2 ↦ O의 총 빙고 수<br>0 ↦ X의 총 빙고 수 |

| 입력 예시 2 | 출력 예시 2 |
|---|---|
| XXX ↦ OX BINGO 결과판<br>OOO<br>XXO | 1 ↦ O의 총 빙고 수<br>1 ↦ X의 총 빙고 수 |

## 문제 해설

**[문제 접근 방법]**

이 문제는 3×3 OX 빙고판을 입력받아 'O'와 'X' 각각이 만든 빙고의 개수를 구하는 문제다. 빙고는 가로줄, 세로줄, 대각선이 모두 같은 문자로 채워진 경우에만 성립한다. 따라서 행 단위, 열 단위, 대각선 단위로 문자열 비교를 통해 각각의 빙고 여부를 판단해야 한다.

**[입출력 설명]**

먼저 3개의 문자열을 입력받아 빙고판의 각 행으로 저장한다. 이후 다음 세 가지의 방향으로 빙고 개수를 센다.

- 각 행이 전부 'O'인지 'X'인지 확인해 가로 빙고 개수를 센다.
- 각 열의 세 위치를 비교하여 전부 'O'인지 'X'인지 확인해 세로 빙고 개수를 센다.
- 좌상단-우하단, 우상단-좌하단 두 개의 대각선을 검사하여 대각선 빙고 개수를 센다.

'O'와 'X'에 대하여 각각 가로, 세로, 대각선 줄의 빙고 개수를 계산하여 출력한다.

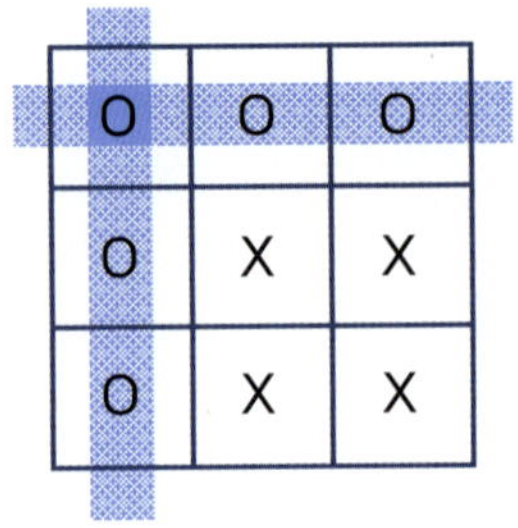

[그림 4-2-2-5] 입력값에 따른 'O'와 'X'의 빙고 계산

OX 빙고 결과판이 위 예시와 같다. 먼저 가로줄 빙고에 대해 검사한다. 첫 행이 'OOO'이므로 'O'의 빙고 개수를 1 증가시킨다. 두 번째와 세 번째 행은 모두 같은 문자가 아니므로 넘어간다. 다음 세로줄 빙고에 대해 검사한다. 입력받은 각 행의 같은 인덱스끼리 검사하여 모두 'O'이거나 'X'인지 확인한다. 첫 열의 경우 모두 'O'이므로 'O'의 빙고 개수를 1 증가시킨다.

마지막으로 대각선 빙고에 대해 검사한다. 첫 번째 행의 첫 번째 인덱스와 두 번째 행의 두 번째 인덱스, 세 번째 행의 세 번째 인덱스로 좌상단에서 우하단으로 가는 대각선을 검사하고 반대로 우상단에서 좌하단으로 가는 대각선을 검사하여 모두 같은 문자인지 확인한다. 검사 결과 대각선 빙고가 없으므로 넘어간다. 최종적으로 'O'의 빙고는 2개, 'X'의 빙고는 0개로 2, 0을 출력한다.

## 정리

이 문제는 단순히 조건문을 반복적으로 적용하여 빙고 여부를 판별하는 조건 처리 문제다. 문자열 비교만으로 빙고 성립 여부를 확인할 수 있다. 주어진 크기가 3×3으로 고정되어 있어 조건문 나열만으로 해결이 가능하므로 조건 처리를 통한 직관적 접근을 연습하는 문제이다.

## 풀이 코드

```
# 행 입력
row1 = input()
row2 = input()
row3 = input()

N = 3  # 빙고판의 크기

o_bingo = 0  # O 빙고 수
x_bingo = 0  # X 빙고 수

# 가로줄 확인
if row1 == "OOO":    # 각 행의 문자가 모두 같은 문자인지 확인
    o_bingo += 1
```

```python
if row2 == "OOO":
    o_bingo += 1
if row3 == "OOO":
    o_bingo += 1

if row1 == "XXX":
    x_bingo += 1
if row2 == "XXX":
    x_bingo += 1
if row3 == "XXX":
    x_bingo += 1

# 세로줄 확인
for i in range(N):
    # 각 행의 같은 자리가 모두 같은 문자인지 확인
    if row1[i] == "O" and row2[i] == "O" and row3[i] == "O":
        o_bingo += 1
    elif row1[i] == "X" and row2[i] == "X" and row3[i] == "X":
        x_bingo += 1

# 대각선 확인
if row1[0] == "O" and row2[1] == "O" and row3[2] == "O": # 좌상단-우하단 확인
    o_bingo += 1
if row1[0] == "X" and row2[1] == "X" and row3[2] == "X":
    x_bingo += 1
if row1[2] == "O" and row2[1] == "O" and row3[0] == "O": # 우상단-좌하단 확인
    o_bingo += 1
if row1[2] == "X" and row2[1] == "X" and row3[0] == "X":
    x_bingo += 1

# 결과 출력
print(o_bingo)
print(x_bingo)
```

## 문제 2-3 3급

| 시간제한 | 1초 |
|---|---|
| 메모리제한 | 128MB |

### 소문제 지문

N이 4인 빙고판으로 게임을 해보려고 한다. 세종이는 'O'를 사용하고, 대양이는 'X'를 사용한다. 4×4 OX BINGO 결과판을 입력받고 'O'의 총 빙고 수와 'X'의 총 빙고 수를 출력하고 세종이(A)와 대양이(B) 중 승리한 학생을 출력하는 프로그램을 작성하시오.

총 빙고 수는 가로 빙고 수, 세로 빙고 수, 대각선 빙고 수의 합을 의미하며 세종이가 이겼을 경우 'Win A'를, 대양이가 이겼을 경우 'Win B'를, 비겼을 경우 'No Winner'를 출력한다.

### 제한사항

- 입력은 'O', 'X'로 이루어져 있으며 알파벳 대문자이다.
- 출력 시 대/소문자에 주의한다.

### 문제 풀이 Steps

- Step 1 4×4 OX BINGO 결과판을 입력받는다.
- Step 2 4개의 행에 대해 전부 'O'인지 확인하고 가로 빙고 수를 계산한다.
- Step 3 4개의 열에 대해 전부 'O'인지 확인하고 세로 빙고 수를 계산한다.
- Step 4 2개의 대각선에 대해 전부 'O'인지 확인하고 대각선 빙고 수를 계산한다.
- Step 5 Step 2~4를 'X'에 대해 확인하고 'O'와 'X'의 총 빙고 수를 출력한다.
- Step 6 'O', 'X' 빙고 수에 따라 게임 결과를 출력한다.

### 입출력 예시

**입력 예시 1**

```
OXOO  ↦ OX BINGO 결과판
OXOX
OOXX
OXXX
```

**출력 예시 1**

```
2      ↦ O의 총 빙고 수
0      ↦ X의 총 빙고 수
A Win  ↦ 결과 출력
```

**입력 예시 2**

```
OOOO  ↦ OX BINGO 결과판
OXOX
XXXX
XXOO
```

**출력 예시 2**

```
1          ↦ O의 총 빙고 수
1          ↦ X의 총 빙고 수
No Winner  ↦ 결과 출력
```

## ● 문제 해설

**[문제 접근 방법]**

이 문제는 OX 빙고판을 문자열로 입력받아 행, 열, 대각선을 검사하여 빙고 여부를 판별하는 문제다. 각 줄의 문자열 비교와 반복문을 통해 빙고 성립 여부를 확인하고, 최종적으로 'O' 빙고 수와 'X' 빙고 수를 비교하여 승자를 판정해야 한다.

**[풀이 및 입출력 설명]**

먼저 4×4 크기의 빙고판을 입력받는다. 이후 각 행이 모두 동일한 경우를 검사해 빙고 수를 센다. 이어서 열은 고정된 위치를 기준으로 모든 줄의 동일 여부를 반복문으로 확인한다. 대각선도 좌상에서 우하, 우상에서 좌하 방향으로 두 가지 경우를 검사한다. 모든 검사가 끝난 뒤 'O'빙고 수와 'X' 빙고 수를 출력한다. 마지막으로 'O' 빙고 수가 더 많으면 세종이가 승리하므로 'A Win', 'X' 빙고 수가 더 많으면 대양이가 승리하므로 'B Win', 같으면 'No Winner'를 출력한다.

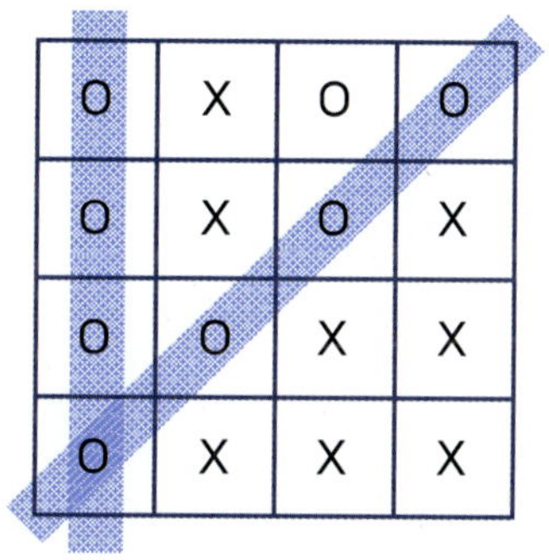


[그림 4-2-2-6] 입력값에 따른 'O'와 'X'의 빙고 계산

OX 빙고 결과판이 위 예시와 같다. 먼저 가로줄 빙고에 대해 검사한다. 모든 행이 모두 같은 문자가 아니므로 넘어간다. 다음 세로줄 빙고에 대해 검사한다. 입력받은 각 행의 같은 인덱스끼리 검사하여 모두 'O'이거나 'X'인지 확인한다. 첫 열의 경우 모두 'O'이므로 'O'의 빙고 개수를 1 증가시킨다.

마지막으로 대각선 빙고에 대해 검사한다. 첫 번째 행의 첫 번째 인덱스와 두 번째 행의 두 번째 인덱스, 세 번째 행의 세 번째 인덱스, 네 번째 행의 네 번째 인덱스로 좌상단에서 우하단으로 가는 대각선을 검사하고 반대로 우상단에서 좌하단으로 가는 대각선을 검사하여 모두 같은 문자인지 확인한다. 검사 결과 우상단, 좌하단 대각선으로 모든 문자가 'O'이므로 'O' 빙고 개수를 1 증가시킨다.

최종적으로 'O'의 빙고는 2개, 'X'의 빙고는 0개로 2, 0을 출력하고 'O'의 빙고 수가 'X'의 빙고 수보다 크므로 'A Win'을 출력한다. 만약 'X'의 빙고 수가 더 많다면 'B Win'을, 빙고 수가 같다면 'No Winner'를 출력한다.

## 정리

이 문제는 문자열 비교와 조건 분기를 통해 빙고 여부를 단순히 판별하는 문제다. 행, 열, 대각선을 각각 독립적으로 검사하여 빙고 개수를 세는 구조로 구현할 수 있으며, 승패 판정까지 연결하는 과정을 연습할 수 있다.

## 풀이 코드

```
N = 4 # 빙고판의 크기

row = []
# 각 행의 빙고 결과 입력
for i in range(N):
    r = input()
    row.append(r)

o_bingo = 0  # O의 빙고 수를 저장할 변수
x_bingo = 0  # X의 빙고 수를 저장할 변수


# 가로줄 확인
for i in range(N):
    if row[i] == "OOOO":      # 한 행이 모두 'O'일 경우
        o_bingo += 1
    elif row[i] == "XXXX":    # 한 행이 모두 'X'일 경우
        x_bingo += 1

# 세로줄 확인
for i in range(N):                          # 각 열에 대해 확인
    first_letter = row[0][i]                # 열의 첫 번째 문자를 기준
    col_all_same = True                     # 해당 열이 모두 같은지 여부
    for j in range(N):
        if first_letter != row[j][i]:       # 같은 열의 모든 행 확인
            col_all_same = False
            break
    if col_all_same:                        # 모두 같은 문자의 열인 경우
        if first_letter == "O":
            o_bingo += 1
        elif first_letter == "X":
            x_bingo += 1

# 대각선 확인
# 좌상단, 우하단 대각선
```

```
if row[0][0] == "O" and row[1][1] == "O" and row[2][2] == "O" and
row[3][3] == "O":
    o_bingo += 1
elif row[0][0] == "X" and row[1][1] == "X" and row[2][2] == "X" and
row[3][3] == "X":
    x_bingo += 1

# 우상단, 좌하단 대각선
if row[0][3] == "O" and row[1][2] == "O" and row[2][1] == "O" and
row[3][0] == "O":
    o_bingo += 1
elif row[0][3] == "X" and row[1][2] == "X" and row[2][1] == "X" and
row[3][0] == "X":
    x_bingo += 1


# 결과 출력
print(o_bingo)
print(x_bingo)

# 승자 판정
if o_bingo > x_bingo:        # O 빙고가 많으면 세종이(A) 승리
    print("A Win")
elif o_bingo < x_bingo:      # X 빙고가 많으면 대양이(B) 승리
    print("B Win")
else:                        # 같으면 무승부
    print("No Winner")
```

❷회_문제2 해설

# 문제 3 해설 세종다방 결제 시스템 만들기

**전체 지문**

세종대학교 후문 근처에 AI 무인카페 '세종다방'을 새롭게 열려고 한다. 이 카페는 모든 주문과 계산을 무인 시스템으로 처리하며, 손님이 직접 음료를 고르고 금액을 계산해 결제해야 한다. 아래는 세종다방에서 판매하는 메뉴이다.

| 번호 / 음료 | 1) 아메리카노 | 2) 카페라테 | 3) 블루베리크림치즈빵 |
|---|---|---|---|
| 가격 | 1,700원 | 3,400원 | 5,200원 |

[그림 4-2-2-7] 세종다방 메뉴 및 가격

세종다방의 계산 시스템은 고객이 선택한 음료의 가격에 따라 지불 금액을 계산하고, 잔돈이 발생할 경우 그 액수를 알려주고, 금액이 부족할 경우 부족한 금액을 안내한다. 또한, 잔돈이 발생했을 경우에는 최소 개수의 화폐 단위로 잔돈을 나누어 제공하는 기능도 포함하고 있다. 세종다방의 AI 계산 시스템 개발자로서 이 기능들을 구현하고자 한다.

## 문제 3-1 5급

| 시간제한 | 1초 |
|---|---|
| 메모리제한 | 128MB |

**소문제 지문**

손님이 메뉴를 하나 주문한다. 구매할 메뉴 번호와 지불한 금액을 입력받아 잔돈 또는 부족 금액을 계산하는 프로그램을 작성하시오.

**제한사항**

- 메뉴 번호는 1 이상 3 이하의 정수로 입력된다.
- 지불 금액은 0 이상 50,000 이하의 정수로 입력된다.
- 지불 금액이 음료 가격보다 적을 경우, 부족 금액을 음수로 출력한다.

**문제 풀이 Steps**

Step 1 메뉴 번호와 지불 금액을 입력받는다.

Step 2 선택한 메뉴의 가격을 기준으로 잔돈 또는 부족 금액을 계산한다.

Step 3 계산된 금액을 출력한다.

**입출력 예시**

**입력 예시 1**

```
3        ↦ 구매할 메뉴 번호
3000     ↦ 지불 금액
```

**출력 예시 1**

```
-2200 ↦ 부족한 금액
```

**입력 예시 2**

```
1        ↦ 구매할 메뉴 번호
5000     ↦ 지불 금액
```

**출력 예시 2**

```
3300 ↦ 거슬러 받을 잔돈 금액
```

## 문제 해설

**[문제 접근 방법]**

이 문제는 선택한 메뉴 번호에 따라 메뉴 가격을 불러오고, 지불 금액과 비교하여 잔돈 또는 부족 금액을 계산하는 문제다. 입력값을 그대로 조건문으로 처리하면서 단순 산술 연산으로 해결할 수 있다.

**[풀이 및 입출력 설명]**

먼저 메뉴 번호와 지불 금액을 입력받는다. 조건문을 통해 선택한 메뉴 번호에 따라 가격을 불러오고, 지불 금액에서 음료 가격을 뺀다. 결과가 음수이면 지불 금액이 부족한 경우로, 부족 금액을 출력한다. 결과가 음수가 아닌 경우엔 잔돈이 발생한 경우로, 그대로 잔돈을 출력한다. 따라서 지불한 금액에서 메뉴의 가격을 뺀 가격을 그대로 출력하면 된다.

| 번호 / 음료 | 1) 아메리카노 | 2) 카페라테 | 3) 블루베리크림치즈빵 |
|---|---|---|---|
| 가격 | 1,700원 | 3,400원 | 5,200원 |

[그림 4-2-2-8] 세종다방 메뉴에 따른 조건 분기 예시

구매할 메뉴 번호가 3이고 지불 금액이 3,000이다. 메뉴 번호 3의 블루베리크림치즈빵은 5,200원이며 지불 금액이 3,000원이므로 2,200원이 부족해 −2200을 출력한다. 결국 지불 금액에서 메뉴 금액을 뺀 결과를 출력하면 된다.

## 정리

이 문제는 조건문을 활용해 메뉴 가격을 선택하고 단순 뺄셈으로 결과를 도출하는 조건 처리 문제다. 지불 금액과 가격의 차이를 계산하는 기초적인 분기 처리 연습에 적합하다.

## 풀이 코드

```
# 메뉴 가격 설정
americano = 1700
latte = 3400
bread = 5200

# 입력받기
menu = int(input())     # 메뉴 번호
money = int(input())    # 지불 금액

# 선택한 메뉴 가격 결정
if menu == 1:
    price = americano
elif menu == 2:
    price = latte
else:
    price = bread

# 잔돈 또는 부족 금액 계산
change = money - price

# 결과 출력
print(change)
```

## 문제 3-2 4급

| 시간제한 | 1초 |
| --- | --- |
| 메모리제한 | 128MB |

**소문제 지문**

손님이 메뉴를 하나 주문한 뒤 잔돈이 발생할 경우, 잔돈을 최소 개수의 화폐 단위로 출력한다. 잔돈이 0원 이하일 경우에는 잔돈 분배 없이 잔돈 액수만 음수로 출력하는 프로그램을 작성하시오. 사용할 수 있는 화폐 단위는 10,000원, 5,000원, 1,000원, 500원, 100원이며 큰 단위부터 순서대로 출력한다.

**제한사항**

- 메뉴 번호는 1 이상 3 이하의 정수로 입력된다.
- 지불 금액은 0 이상 50,000 이하의 정수이며 100의 배수로 입력된다.
- 잔돈이 양수일 경우에만 각 화폐 단위별 거슬러 줄 개수를 나누어 출력한다.

- 거스름돈으로 사용할 화폐는 제한 없이 제공 가능하다고 가정한다.

**문제 풀이 Steps**

- Step 1 메뉴 번호와 지불 금액을 입력받는다.
- Step 2 선택한 메뉴의 가격을 기준으로 잔돈 또는 부족 금액을 계산한다.
- Step 3 계산된 금액을 출력한다.
- Step 4 잔돈이 양수인 경우, 최소 개수의 화폐 단위로 나누어 각 단위별 개수를 순서대로 출력한다.

**입출력 예시**

**입력 예시 1**

```
1        ↦ 구매할 메뉴 번호
10000    ↦ 지불 금액
```

**출력 예시 1**

```
8300   ↦ 거슬러 받을 잔돈 금액
0      ↦ 10,000원 개수
1      ↦ 5,000원 개수
3      ↦ 1,000원 개수
0      ↦ 500원 개수
3      ↦ 100원 개수
```

**입력 예시 2**

```
2        ↦ 구매할 메뉴 번호
1000     ↦ 지불 금액
```

**출력 예시 2**

```
-2400  ↦ 부족한 금액
```

## 문제 해설

**[문제 접근 방법]**

이 문제는 선택한 메뉴 번호와 지불 금액을 기반으로 거스름돈 또는 부족 금액을 계산하는 문제다. 계산된 거스름돈은 10,000원, 5,000원, 1,000원, 500원, 100원 단위로 나누어 출력해야 한다. 즉, 단순 조건문과 나눗셈, 나머지 연산을 반복하여 각 단위별 지폐와 동전의 개수를 구하면 된다.

**[입출력 설명]**

먼저 메뉴 번호와 지불 금액을 입력받는다. 메뉴 번호에 따라 해당 메뉴의 가격을 결정하고, 지불 금액에서 가격을 뺀 결과를 계산한다. 결과가 음수이면, 부족한 금액을 출력한다. 반대로 결과가 양수이면, 거스름돈을 단위별로 나누어 몫을 출력하고, 나머지를 다음 단위로 이어서 계산한다.

| 번호 / 음료 | 1) 아메리카노 | 2) 카페라테 | 3) 블루베리크림치즈빵 |
|---|---|---|---|
| 가격 | 1,700원 | 3,400원 | 5,200원 |

| 입력 | | | |
|---|---|---|---|
| 메뉴 번호 | 1 | 지불 금액 | 10,000 |
| 잔돈 | 10,000 - 1,700 = **8,300** | | |

| 잔돈 화폐 단위 | 화폐 개수 (몫 계산) | 남은 거스름돈 (나머지 계산) |
|---|---|---|
| 10,000 | 8,300 // 10,000 = **0** | 8,300 % 10,000 = 8,300 |
| 5,000 | 8,300 // 5,000 = **1** | 8,300 % 5,000 = 3,300 |
| 1,000 | 3,300 // 1,000 = **3** | 3,300 % 1,000 = 300 |
| 500 | 300 // 500 = **0** | 300 % 500 = 300 |
| 100 | 300 // 100 = **3** | 300 % 100 = 0 |

[그림 4-2-2-9] 입력값에 따른 잔돈 계산 및 최소 개수의 화폐 단위 계산 과정

구매할 메뉴 번호가 1이고 지불 금액이 10,000이다. 메뉴 번호 1의 아메리카노는 1,700원이며 지불 금액이 10,000원이므로 8,300원을 거슬러 주어야 한다.

큰 화폐 단위부터 남은 거스름돈을 화폐로 나눈 몫을 통해 화폐 개수를 계산하고 나눈 나머지를 통해 남은 돈을 계산한다. 먼저 8,300원을 10,000원으로 나눈 몫은 0이며, 나머지는 8,300이다. 따라서 10,000원짜리는 0개 사용되며 8,300원의 거스름돈이 남는다. 다음으로 남은 거스름돈 8,300원을 5,000원으로 나눈 몫은 1이며, 나머지는 3,300이다. 따라서 5,000원짜리는 1개 사용되며 3,300원의 거스름돈이 남는다. 남은 거스름돈 3,300원을 1,000원으로 나눈 몫은 3이며, 나머지는 300이다. 따라서 1,000원짜리는 3개 사용되며 300원의 거스름돈이 남는다. 같은 방법으로 100원까지 계산한다.

위 예시의 경우 잔돈은 8,300원이고 10,000원은 0개, 5,000원은 1개, 1,000원은 3개, 500원은 0개, 100원은 3개로 거스름돈을 줄 수 있다. 따라서 8300, 0, 1, 3, 0, 3을 순서대로 출력한다.

## 정리

이 문제는 지불 금액과 실제 가격의 차이를 단순히 계산하여 조건에 따라 거스름돈 또는 부족 금액을 출력하는 기본적인 조건 처리 문제다. 특히 거스름돈을 여러 단위로 나누어 출력하는 과정을 통해 나눗셈과 나머지 연산을 연습할 수 있다.

## 풀이 코드

```
# 메뉴별 가격
menu = [1700, 3400, 5200]

# 입력
menu_num = int(input())    # 메뉴 번호
pay = int(input())         # 지불 금액
```

```python
    # 메뉴 번호에 따라 가격 결정
    price = menu[menu_num -1]

    # 잔돈 또는 부족 금액 계산
    change = pay - price

    # 결과 출력
    if change <= 0:
        # 부족하거나 잔돈이 없는 경우
        print(change)
    else:
        print(change)   # 전체 잔돈 금액

        # 단위별로 잔돈 개수 출력
        for unit in [10000, 5000, 1000, 500, 100]:
            count = change // unit # 화폐 개수 계산
            print(count)
            change %= unit          # 남은 잔돈 계산
```

## 문제 3-3 3급

| 시간제한 | 1초 |
| --- | --- |
| 메모리제한 | 128MB |

**소문제 지문**

세종다방에서는 여러 메뉴를 주문할 수 있도록 하고자 한다. 구매할 음료의 개수 N과 N개의 메뉴 번호와 지불한 금액을 입력받아, 총 주문 금액을 계산하여 출력하고, 지불 금액과 비교하여 잔돈을 출력한다. 잔돈이 양수일 경우, 잔돈을 최소 개수의 화폐 단위로 나누어 출력하고 잔돈이 0원 이하일 경우 잔돈 분배 없이 잔돈 액수만 음수로 출력하는 프로그램을 작성하시오.

사용할 수 있는 화폐 단위는 10,000원, 5,000원, 1,000원, 500원, 100원이며 큰 단위부터 순서대로 출력한다.

**제한사항**

- 메뉴 주문 개수 N은 1 이상 10 이하의 정수이다.
- 메뉴 번호는 1 이상 3 이하의 정수로 입력된다.
- 지불 금액은 0 이상 50,000 이하의 정수이며 100의 배수로 입력된다.
- 잔돈이 양수일 경우에만 각 화폐 단위별 거슬러 줄 개수를 나누어 출력한다.
- 거스름돈으로 사용할 화폐는 제한 없이 제공 가능하다고 가정한다.

**문제 풀이 Steps**

- Step 1 메뉴 주문 개수 N을 입력받는다.
- Step 2 N개의 메뉴 번호와 지불 금액을 입력받는다.
- Step 3 합계 가격을 기준으로 잔돈 또는 부족 금액을 계산한다.
- Step 4 계산된 금액을 출력한다.
- Step 5 잔돈이 양수인 경우, 최소 개수의 화폐 단위로 나누어 각 단위별 개수를 순서대로 출력한다.

**입출력 예시**

**입력 예시 1**

```
3      ↦ 메뉴 주문 개수 N
1      ↦ 1번째 구매할 메뉴 번호
2      ↦ 2번째 구매할 메뉴 번호
2      ↦ 3번째 구매할 메뉴 번호
15000  ↦ 지불 금액
```

**출력 예시 1**

```
8500   ↦ 총 주문 금액
6500   ↦ 거슬러 받을 잔돈 금액
0      ↦ 10,000원 개수
1      ↦ 5,000원 개수
1      ↦ 1,000원 개수
1      ↦ 500원 개수
0      ↦ 100원 개수
```

**입력 예시 2**

```
3      ↦ 메뉴 주문 개수 N
1      ↦ 1번째 구매할 메뉴 번호
2      ↦ 2번째 구매할 메뉴 번호
2      ↦ 3번째 구매할 메뉴 번호
5000   ↦ 지불 금액
```

**출력 예시 2**

```
8500   ↦ 총 주문 금액
-3500  ↦ 부족한 금액
```

## 문제 해설

**[문제 접근 방법]**

이 문제는 여러 개의 음료를 주문했을 때 총 결제 금액을 계산하고, 지불 금액과 비교하여 잔돈 또는 부족 금액을 출력하는 문제다. 계산된 거스름돈은 10,000원, 5,000원, 1,000원, 500원, 100원 단위로 나누어 출력해야 한다. 즉, 조건문과 나눗셈, 나머지 연산을 반복하여 각 단위별 지폐와 동전의 개수를 구하면 된다.

**[풀이 및 입출력 설명]**

먼저 메뉴 주문 개수와 주문 개수만큼 메뉴 번호를 입력받고 지불 금액을 입력받는다. 메뉴 주문 개수만큼 반복하여 메뉴 번호에 따른 해당 메뉴의 가격을 누적하여 더한다. 이후 지불 금액에서 총 가격을 뺀 결과를 계산하여 결과가 음수이면, 부족한 금액을 출력한다. 반대로 결과가 양수이면, 거스름돈을 단위별로 나누어 몫을 출력하고, 나머지를 다음 단위로 이어서 계산한다.

| 번호 / 음료 | 1) 아메리카노 | 2) 카페라테 | 3) 블루베리크림치즈빵 |
|---|---|---|---|
| 가격 | 1,700원 | 3,400원 | 5,200원 |

| 입력 | | | | |
|---|---|---|---|---|
| 메뉴 개수 | 3 | | | |
| 메뉴 번호 | 메뉴 가격 | 총 금액 | | |
| 1 | 1,700 | 1,700 | | |
| 2 | 3,400 | 5,100 | 지불 금액 | 15,000 |
| 2 | 3,400 | **8,500** | 잔돈 | 15,000 - 8,500 = **6,500** |

[그림 4-2-2-10] 입력값에 따른 잔돈 계산 과정

구매할 메뉴 개수가 3이고 각 메뉴의 번호는 1, 2, 2이며 지불 금액이 15,000이다. 첫 번째 메뉴의 번호는 1이며 아메리카노는 1,700원이다. 총 금액에 1,700원을 더한다. 두 번째 메뉴의 번호는 2로 카페라테는 3,400원이다. 총 금액은 3,400원을 더하여 5,100원이 된다. 마지막 세 번째 메뉴까지 더하면 총 금액은 8,500원이 된다. 잔돈은 지불 금액인 15,000원에서 총 금액 8,500원을 뺀 6,500원이다.

| 잔돈 화폐 단위 | 화폐 개수 (몫 계산) | 남은 거스름돈 (나머지 계산) |
|---|---|---|
| 10,000 | 6,500 // 10,000 = **0** | 6,500 % 10,000 = 6,500 |
| 5,000 | 6,500 // 5,000 = **1** | 6,500 % 5,000 = 1,500 |
| 1,000 | 1,500 // 1,000 = **1** | 1,500 % 1,000 = 500 |
| 500 | 500 // 500 = **1** | 500 % 500 = 0 |
| 100 | 0 // 100 = **0** | 0 % 100 = 0 |

[그림 4-2-2-11] 잔돈에 따른 최소 개수의 화폐 단위 계산 과정

잔돈이 양수이므로 큰 화폐 단위부터 남은 거스름돈을 화폐로 나눈 몫을 통해 화폐 개수를 계산하고 나눈 나머지를 통해 남은 돈을 계산한다. 먼저 6,500원을 10,000원으로 나눈 몫은 0이며, 나머지는 6,500이다. 따라서 10,000원짜리는 0개 사용되며 6,500원의 거스름돈이 남는다. 다음으로 남은 거스름돈 6,500원을 5,000원으로 나눈 몫은 1이며, 나머지는 1,500이다. 따라서 5,000원짜리는 1개 사용되며 1,500원의 거스름돈이 남는다. 남은 거스름돈 1,500원을 1,000원으로 나눈 몫은 1이며, 나머지는 500이다. 따라서 1,000원짜리는 1개 사용되며 500원의 거스름돈이 남는다. 같은 방법으로 100원까지 계산한다.

위 예시의 경우 메뉴의 총 주문 금액은 8,500원이며 잔돈은 6,500원이고 10,000원은 0개, 5,000원은 1개, 1,000원은 1개, 500원은 1개, 100원은 0개로 거스름돈을 줄 수 있다. 따라서 8500, 6500, 0, 1, 1, 1, 0을 순서대로 출력한다.

## 정리

이 문제는 입력받은 여러 개의 메뉴 번호를 합산하여 총 주문 금액을 계산한 뒤, 조건에 따라 잔돈 혹은 부족 금액을 출력하는 문제다. 특히 잔돈을 출력할 때는 가장 큰 화폐 단위부터 차례대로 나누어 최소 개수를 계산하는 것이 핵심이다.

## 풀이 코드

```python
# 메뉴별 가격
menu = [1700, 3400, 5200]

# 입력받기
N = int(input())    # 주문할 메뉴 개수
total_price = 0     # 총 주문 금액

# 메뉴 번호 입력받아 총 금액 계산
for _ in range(N):
    menu_num = int(input())
    total_price += menu[menu_num - 1]

# 지불 금액 입력
pay = int(input())

# 잔돈 계산
change = pay - total_price

# 출력
print(total_price) # 주문 총 금액
print(change)      # 잔돈

# 잔돈이 양수인 경우, 최소 화폐 단위 개수 출력
if change > 0:
    # 단위별로 잔돈 개수 출력
    for unit in [10000, 5000, 1000, 500, 100]:
        count = change // unit # 화폐 개수 계산
        print(count)
        change %= unit         # 남은 잔돈 계산
```

# 색인